바이블 히스토리

: 성경이 나에게 오기까지의 여행

바이블 히스토리

저자 남성덕

초판 1쇄 발행 2019. 12. 18.
개정판 1쇄 발행 2023. 5. 9.

발행처 도서출판 브니엘
발행인 권혁선

책임편집 김지연
책임교정 조은경

등록번호 서울 제2006-50호
등록일자 2006. 9. 11.

서울특별시 송파구 백제고분로28길 25 B101호 (05590)
마케팅부 02)421-3436
편집부 02)421-3487
팩시밀리 02)421-3438

ISBN 979-11-93092-00-2 03230

독자의견 02)421-3487
이메일 editorkhs@empal.com

북카페 주소 cafe.naver.com/penielpub.cafe
인스타그램 @peniel_books

도서출판 브니엘은 독자들의 원고를 설레는 마음으로 기다리고 있습니다.
위의 이메일로 간단한 기획 내용 및 원고, 연락처 등을 보내주십시오.

도서출판 브니엘은 갓구운 빵처럼 항상 신선한 책만을 고집합니다.

BIBLE

바이블 히스토리
: 성경이 나에게 오기까지의 여행

남성덕 | 지음

● 성경과 기독교 역사를 관통하여 나에게로 이어지는 성경이야기

HISTORY

브니엘

우주의 역사로 본다면 인류는 잠깐의 점에 지나지 않습니다. 인류 전체의 역사에서 보면 백 년도 못 사는 개인은 흩날리는 먼지에 불과합니다. 우주의 역사에서 개인을 바라보면 어떨까요? 깨알처럼 작은 점을 운동장만큼 부풀리고, 그 안에 떨어진 모래알보다 못한 존재가 우주의 시각에서 보는 인간입니다.

이렇게 작은 존재인 우리는 어디에서 왔다가 어디로 가는 것일까요? 우리가 생겨나기 전에 세상은 어떤 모습이었을까요? 한갓 인간이 우주를 조망해보고, 우주의 역사를 계산해볼 수 있다는 것은 대단한 능력입니다. 티끌보다 작은 인간이 전체 우주를 생각하다니 가당키나 한 일입니까? 그런데 그것이 가능합니다. 우리가 생각하고 유추해서, 개념을 정립하고 이해할 수 있기 때문입니다.

하나님이 계십니다. 하나님이 태초에 우주를 만드셨습니다. 지구가 생겼고, 인간이 창조되었습니다. 하나님은 인간이 지탱하며 서 있도록 시간과 공간을 만드셨습니다. 우리는 지금 하나님이 창조하신 시간과 공간의 어디쯤에 속해 있습니다. 하나님은 인간에게 역사를 주셨고, 그것을 기록하고 깨달을 수 있는 능력도 주셨습니다.

하나님은 자신의 힘으로는 어찌할 바를 모르는 죄인인 인간들을 위해 인류 역사에 직접 뛰어들 계획을 세우셨습니다. 그리고 그 일을 이루셨습니다. 그다음은 하나님을 믿고 신뢰하는 인간의 손과 입을 빌어 그 내용을 기록하고 나누게 하셨습니다. 성경입니다. 하나님이 성경을 주셨고, 우리는 성경을 통해 우주를 바라보게 되었습니다. '나'라는 존재가 누구인지 생각해볼 수 있게 하셨습니다.

성경은 단순한 책이 아닙니다. 성경은 하나님의 말씀이기에 그 안에는 온갖 질문에 대한 답이 있고, 많은 사람이 찾고 고민하던 길이 있습니다. 하지만 성경을 대하는 것이 그리 쉽지만은 않습니다. 그래도 가까이해야 합니다. 많은 크리스천이 성경을 읽기 위해 애쓰지만 이해하는 데 한계를 느낍니다. 다양한 방법을 사용해서 이해의 폭을 넓히려고 읽습니다. 그럴 때 누군가 도움을 주면 성경의 계단을 하나 더 오를 수 있습니다.

저 또한 성경을 잘 모릅니다. 넓은 바다를 눈앞에 두고 조개껍데기나 줍고 있는지도 모르겠습니다. 그런데도 성경의 길을 함께 걸어가고픈 마음으로 이 책을 썼습니다. 때로 이해가 안 될 때는 단순하게 생각하면 길이 보이기도 합니다. 복잡하고 혼란한 어둠은 환한 빛이 비추면 사라집니다. 세상 모든 짐을 진 것 같은 청소년은 어른이 되면 아이의 일을 버립니다. 예전과 다른 짐이 있지만 어렸을 때의 짐은 어느새 사라집니다. 이 책을 쓰면서 성경을 명확하고 단순하게 보려고 했습니다.

때로는 줄이기도 하고, 때로는 길게 늘려보기도 했습니다. 그러다 보면 간단히 답을 찾을 수 있기도 합니다. 성경에 대해 어른이 되어가는 과정이라 여기면 좋겠습니다.

이 책은 학술적으로 성경을 규명하거나 학문적인 방법론을 통해서 교회의 역사를 논증하기 위해 쓴 책이 아닙니다. 오히려 소박한 목적을 가지고 있습니다. 평신도와 청년들을 위해서, 성경에 대한 작은 수준의 이해라도 더 갖기 원하는 분들을 위해서, 신앙은 없지만 성경과 기독교 역사에 대해 관심 있는 분들을 위해서 썼습니다. 평범하게, 접근하기 쉽게 썼습니다.

길고 거대한 이야기를 과감히 생략하기도 하고, 때로는 작은 이야기에도 가까이 다가갔습니다. 모든 것은 순전히 제 자신의 취향과 결정이었습니다. 성경을 역사적 순서대로 보고 싶어서 창세기에서 요한계시록까지 넓고 크게 보려고 했습니다. 성경이 끝나고서 고대와 중세, 근세를 거쳐 현재의 나에게까지, 성경에서 시작된 인간 역사가 지금에 이르기까지 어떤 길을 걸어왔는지 살펴보았습니다. 오류와 잘못이 있다면 전적으로 부족한 제 탓입니다.

왜 이런 책이 세상에 나와야 할까요? 우리에게는 시간이 없기 때문입니다. 진부한 표현이지만 세월은 화살처럼 빠르게 지나갑니다. 각자가 처해진 인생의 여유분은 점점 고갈되어가고, 우리의 이성과 체력도 시간이 지날수록 닳아갑니다. 어린 시절 한없이 늦게 흘러갔던 하루에 비하면 요즘의 하루는 그 빠르기가 광속을 추월합니다. 영원히 지지 않을 것 같던 어제의 해도 벌써 지고 말았습니다. "세월을 아끼라. 때가 악하니라"(엡 5:16). 우리는 성경을 읽어야 하고 성경으로 돌아가야 합니다. 더 빨리 돌아갈 수 있도록 도전을 주고 싶었습니다. 어서 속히 책상에 앉아서 이 책을 진지하게 대하십시오. 준비가 되셨습니까? 자, 이제 성경의 히스토리를 시작해 보겠습니다.

글쓴이 남성덕

| Section 7 | **우리 삶의 주인이신 예수님의 히스토리**

- 〈요한계시록〉의 첫 인상, 난해와 공포

- 〈요한계시록〉 각 장의 줄거리

- 어떻게 이해하고 해석할 것인가?

- 어떻게 적용하고 실천할 것인가?

- 소아시아 일곱 교회를 향한 예언

- 요한은 왜 계시록을 썼을까?

【 일러두기 】

1. 이 책에서 인용한 성경은 대한성서공회에서 1998년 개정 발행된 『개역개정판 성경』입니다.

2. 본문 내용 중 성경과 성경기자를 구분하고자 성경은 〈 〉 속에 넣어 표기했습니다. 예를 들어 에스더서는 〈에스더〉, 성경기자는 에스더로.

3. 이 책에 사용된 외래어는 1988년 개정된 〈한글 맞춤법 외래어 표기법〉을 기본으로 하지만, 성경지명과 인명, 국가명 등은 성경을 우선으로 표기합니다.

▶ 성경을 왜 읽어야 하는가?

무신론자들이 득시글한 게시판에 종종 들어가곤 합니다. 주로 영화나 책, 음악 등 문화에 대해 이야기하는 곳입니다. 흔히 볼 수 있는 그런 카페 게시판이에요. 그곳은 대놓고 반기독교를 표방하지는 않지만 교회에 대한 날선 비판들이 계절처럼 올라오곤 하는 곳입니다. 덕분에 교회 밖 사람들의 일반적인 정서를 엿볼 수 있지요. 그런데 그 게시판에 가뭄에 콩 나듯이 이런 내용의 글이 올라옵니다.

"기독교를 믿고 싶어서가 아니라 성경을 읽고 싶은데 추천할 만한 책이 있나요?"

"저는 무신론자입니다만 서양 역사를 알려고 하니까 성경 읽기가 필수더라고요. 성경을 어떻게 읽으면 좋을까요?"

"성경에 대한 관심이 많습니다. 성경의 체계를 잡을 수 있는 책이나 쉽게 읽히는 성경은 무엇인가요?"

이에 대한 반응은 놀랍습니다. 그동안 숨어 있던 기독교인과 성경에 관심 있는 사람들이 그토록 많았던지, 댓글이 주렁주렁 달립니다. 그리고 대부분의 조언은 교회에 처음 온 분에게 그대로 소개해도 될 정도로 양질의 정보들입니다. "성경은 왜 읽냐? 기독교는 허구에 불과하다"라는 조롱 섞인 댓글도 있기는 합니다. 그러나 대부분은 진지하게 성경에 대한 경험과 조언을 이야기합니다. 교회는 욕을 먹고 있지만 성경에 대한 관심은 교회 밖에도 많다는 사실을 알게 됩니다.

성경은 기독교인만의 유산이 아닙니다. 성경 이야기에 관심을 갖고 성경을 알고 싶다는 사람들은 얼마든지 있습니다. 성경은 인류 전체의 자산이고 누구나 보유할 수 있어야 합니다. 특히 서양의 역사는 성경과는 떼려야 뗄 수가 없을 정도로 밀접한 관계가 있습니다. 문학하는 사람들은 반드시 성경을 알아야 합니다. 서양 문화와 역사를 이해하려면 꼭 성경을 이해해야 합니다. 기독교의 허구를 밝히겠다고 성경을 읽는 사람들도 있습니다. 의도가 좀 나쁘죠. 그런데 성경은 마치 체급이 다른 상대를 요리하는 권투 선수처럼 그렇게 다가온 사람들의 마음에 강펀치를 먹이기도 합니다.

이슬람 국가에서 선교하시는 분들의 말씀에 의하면 전도가 금지되어 있기에 복음을 전하는 일이 힘들다고 합니다. 그때 허를 찌르는 방법이 있는데 바로 성경을 선물하는 것입니다. 쿠란(Quran)에는 성경의 인물들도 등장하고, 이슬람교에는 성경의 영향력도 있기에 성경이 완전히 낯선 책은 아닙니다. 그들이 직접 성경을 읽고 스스로 판단하게 하면 꽤 효과적이어서 예수님을 믿는 경우가 있다고 합니다. 성경 스스로가 전도하는 것이지요. 정말 대단하지 않습니까! 그런데 문제는 이슬람교도들이 아니라 우리입니다.

이슬람교 얘기가 나왔으니까, 쿠란에 대해서 말해볼게요. 서점에서 처음으로 쿠란을 본 적이 있습니다. 말로만 듣던 쿠란이 눈앞에 있으니 얼마나 신기합니까? 쿠란은 2014년 종교인구 자료에 의하면 무려 15억이 넘는 무슬림이 받드는 경전입니다. 이슬람의 선지자 무함마드가 23년 동안 신으로부터 받은 계시를 기록한 책이며, '쿠란'이란 이름 자체가 '읽어야 하는 것'이란 의미가 있습니다. 두껍기도 두꺼웠고, 겉은 은박을 입힌 양장이라 권위가 있어 보였습니다.

쿠란을 집어들 때 그냥 만져서는 안 됩니다. 반드시 손을 씻어야 하고 단정한 자세로 봐야 합니다. 쿠란은 원어인 아랍어로 읽고 낭독하게 되어 있습니다. 서점에서 만난 한국어로 된 쿠란은 엄밀히 말하면 쿠란이 아닙니다. 그러나 아랍어를 모르니 번역된 것이라도 읽어야 되지 않겠습니까? 이슬람교도가 아니기에 손을 씻지는 않고 쿠란을 집어 들었지만 매우 조심스러운 마음으로 펼쳤습니다. 쿠란을 읽다가 이슬람교로 개종할까 봐 경계하며 읽기 시작했습니다.

읽은 지 얼마 되지 않아 그만 실망하고 말았습니다. 무슨 말인지 도대체 알아들을 수 없었기 때문입니다. 아무리 읽어보려 해도 머릿속에 들어오지 않았습니다. 15억 정도의 이슬람교도들에게 절대적인 쿠란이 저에게는 아무런 감동도 안 된 이유가 무엇일까요? 그것은 쿠란에 대한 몰이해 때문입니다. 이슬람교에 대한 배경 지식이 없으니 읽어도 별 느낌이 없었던 것입니다. 그러고는 제 인생에서 쿠란은 다시는 펼쳐볼 일 없는 책이 되고 말았습니다.

어쩌면 기독교인들도 성경을 그런 식으로 볼 때가 있습니다. 그냥 펼쳐서 읽다가 무슨 말인지 이해도, 감동도 없어 덮어버리고 맙니다. 그러고는 다시는 펼쳐볼 생각 없는 책이 되어버리지요. 설교를 듣기 전에 본문을 확인하는 것 외에는 가까이하지 않습니다. 이것은 매우 위험한 현상입니다. 기독교인이 쿠란을 읽는 일과 기독교인이 성경을 읽는 일은 달라야 합니다. 성경은 무슨 말인지 모르면 그냥 덮어버려도 되는 책이 아니기 때문입니다. 기독교 신앙은 성경을 통해서 오기에 우리는 성경을 경원시해서는 안 됩니다.

이해하기 어려워도 무조건 성경을 읽어야 된다는 이야기가 아닙니다. 선교가 금지된 나라처럼 비밀리에 성경을 읽어야 하는 것이 아니라면 성경 외에 필요한 정보와 내용들을 찾아서 읽어야 합니다. 이해한 만큼 감동이 오고, 마음이 움직이면 실천도 이루어집니다. 그런데 이해가 되지 않으면 누군가의 독단과 주장을 맹목적으로 따르게 됩니다. 성경 자체가 주는 의미보다 인간적인 해석만 따르다 보니 진리와는 상관없는 일도 행하게 됩니다. 대표적인 예가 이단에 빠지는 현상입니다.

이단에 미혹되는 일은 항상 성경에 대한 몰이해에서 시작됩니다. 성경이 말씀하고자 하는 바를 모른 채 누군가의 짜 맞추기 해석만 따르다가 결국 인간인 교주가 하나님이라고 주장해도 틀린 줄을 모릅니다. 성경 자체보다 교주의 말을 더 맹신해버립니다. 하나님의 말씀을 믿어야지 누군가의 말을 고수하기 위해 기독교 신앙에 들어온 것은 아니지 않습니까?

그래서 성경을 읽을 때 배경을 알아야 하며, 성경 전체 내용을 이해하고 읽는 것이 중요합니다. 성경을 이해하기 어렵다면 누군가의 도움을 받아야 합니다. 주석도 보고 지도도 찾아보며, 문화적인 배경도 보아야 합니다. 성경은 찾아보고 따져보며, 질문하고 생각하고 기도하면서 읽어야 합니다. 이 책을 쓴 이유가 거기에 있습니다. 성경의 전체 윤곽을 잡는 데 조금이라도 일조하는 것이 목표입니다. 읽다 보면 머릿속에 성경 전체의 줄거리가 들어오게 될 것입니다. 그러나 그것이 이 책의 유일한 목적은 아닙니다.

성경은 완결된 책이지만 끝난 책이 아닙니다. 아담에서부터 시작되어 예수님에서 절정을 이루며 교회가 생기고 제자들이 활약합니다. 성경은 완료되었지만 그때부터 다시 시작됩니다. 성경의 히스토리 뒤에 교회와 인간의 역사가 이어지기 때문입니다. 성경은 예수님이 다시 오시면 비로소 끝나게 됩니다. 성경의 역사는 사도행전의 마지막 장으로 끝나고 요한계시록으로 마지막 장을 덮게 되지만, 제자들에게 제자가 생기고, 그 제자들은 또 제자를 낳으면서 인간의 역사를 이루어갔습니다.

이 책은 성경 밖으로 나와서 오늘, 지금 이 순간까지 와보려고 합니다. 성경 이후의 역사를 독자 개개인에게까지 이어보려 합니다. 이 작은 책에 성경과 모든 역사를 다 쓸 수 없기에 단순한 일반화와 과감한 생략, 요약, 축약 등의 방법이 사용되었습니다. 비어 있는 부분은 누군가 채워나가겠죠. 아니면 여러분이 직접 그 작업을 하시면 됩니다. 우리가 가야 할 길은 머릿속에 성경의 히스토리와 그 이후의 역사를 그려보는 것입니다. 그것이 수박 겉핥기일지라도 의미 없는 일은 아닐 것입니다.

성경을 연구하는 데 있어서 우리가 기억할 만한 두 청년을 소개하면서 성경 읽기의 필요성을 고취시키고자 합니다. 한 명은 디모데입니다. 바울은 디모데에게 이렇게 조언합니다.

"그러나 너는 배우고 확신한 일에 거하라. 너는 네가 누구에게서 배운 것을 알며 또 어려서부터 성경을 알았나니 성경은 능히 너로 하여금 그리스도 예수 안에 있는 믿음으로 말미암아 구원에 이르는 지혜가 있게 하느니라. 모든 성경은 하나님의 감동으로 된 것으로 교훈과 책망과 바르게 함과 의로 교육하기에 유익하니 이는 하나님의 사람으로 온전하게 하며 모든 선한 일을 행할 능력을 갖추게 하려 함이라"(딤후 3:14-17).

디모데의 아버지는 그리스 사람이었고, 어머니는 유대인이었습니다. 혼혈인 그는 어머니의 영향력 아래서 자랐습니다. 로마식 교육이 아닌 유대교의 가르침을 받았다는 의미입니다. 어렸을 때부터 성경을 가까이했습니다. 지금과 같은 성경은 아니었고 유대교의 경전인 모세오경과 시편, 잠언 등이었습니다. 디모데라는 이름은 '하나님을 공경하는 자'라는 의미입니다. 할머니는 더 신실한 분이었습니다. 기도하는 할머니가 손주들의 정신적인 스승이 되는 경우가 많은데, 디모데도 딱 그랬습니다. 디모데는 외할머니와 어머니 품에서 잘 자랐습니다.

제1차 선교여행을 성공적으로 마친 바울이 제2차 선교여행을 떠나려고 할 때 바나바와 심하게 다투고 말았습니다. 바나바는 자신의 조카인 마가를 데려가려 했지만 바울은 선교지에서 무단 이탈해버린 무책임한 청년은 필요 없다고 맞섰습니다. 둘은 결별합니다. 바나바가 마가와 함께 고향 키프로스 섬으로 가자 바울은 실라를 데리고 시리아와 길리기아를 돌게 됩니다. 그들은 내친 김에 더베와 루스드라까지 가는데 거기에서 디모데라는 청년을 만납니다.

　반듯하고 성실한 청년, 거기에다가 어머니와 할머니의 신앙 유산을 물려받은 신실한 태도가 마음에 들었습니다. 마가라는 청년에게 받은 상처를 디모데라는 청년이 치유해줄 정도였습니다. 바울은 마가에게 못다 해준 사랑을 디모데에게 쏟아냅니다. 아버지처럼 잘 가르칩니다. 디모데는 바울과 함께 제2차 선교여행에 동행합니다. 그리고 나중에 바울이 개척한 교회 중의 하나인 에베소교회를 목회지로 맡겨줍니다. 아직 어리고 오랜 병도 있었으나 바울은 그를 신뢰했습니다.

　바울은 디모데에게 보낸 편지에서 목회에 대한 조언을 해줍니다. 주옥같은 말씀입니다. 젊은 목회자라면 모두 디모데전후서를 잘 읽어야 합니다. 바울은 디모데후서 3장에서 어렸을 때부터 알았던 바로 그 성경을 더욱 가까이하라고 일러줍니다. 성경이 교훈과 책망을 주며 바르게 함과 의로 교육하게 해줄 것이라고 말했습니다. 이것은 비단 디모데에게만 해당되는 말씀이 아닙니다. 우리 모두에게 그런 교훈이 필요합니다. 우리는 너무나 부족하기 때문입니다. 우리에겐 아버지 같은 바울은 없지만 다행히 성경이 있습니다.

　어렸을 때부터 잘 알았던 성경, 그래서 한때 성경대회에서 상을 휩쓸곤 했던 사람은 나중에 교만해져서 다 아는 얘기라고 성경을 덮어버릴 수 있습니다. 그럴 때 바울의 교훈을 기억하십시오. 성경이 당신을 온전한 사람이 되도록 만들어줍니다. 그리고 선한 일을 행할 능력을 줍니다. 그러니 성경을 더욱더 가까이해야 합니다.

또 한 명의 청년은 아볼로입니다. 바울은 제2차 선교여행 말미에 에베소로 갑니다. 브리스길라, 아굴라 부부와 함께 아시아 지역으로 이동합니다. 제일 처음 간 곳이 에베소였습니다. 바울은 회당에 들어가서 유대인들과 토론합니다. 유대인들은 바울에게 호의적이었고 더 배우고 싶어 했습니다. 바울에게 더 머물러달라고 요청했습니다. 그러나 바울은 에베소를 떠났습니다. 하나님의 뜻이 있다면 다시 돌아오겠다는 말을 남긴 채. 그리고 예루살렘에 머물렀다가 파송 교회인 안디옥으로 돌아갑니다. 제2차 선교여행이 끝났지요. 그 사이에 에베소에 도착한 사람이 있었는데 아볼로였습니다.

아폴로는 아폴로니우스(apollonios)라고도 부르는데, 그리스식 이름으로 '파괴하다' 라는 뜻인 '아폴뤼미' 란 단어에서 왔습니다. 이름부터가 매우 야심적이지요? 그는 알렉산드리아 출신 유대인이었습니다. 이집트의 나일강 하류 북동 해안에 위치한 알렉산드리아는 BC 332년 알렉산더 대왕이 세웠는데, 세월이 흐르면서 아주 유서 깊은 도시가 됩니다. 프톨레미 왕조 때는 이집트의 수도였고, 로마와 비잔틴 시대에는 이집트의 중요한 행정도시였습니다.

그곳에서는 의복, 유리, 파피루스가 생산되었고, 아라비아와 인도의 생산물들이 수입되기도 했습니다. 금융의 도시였으며, 학문과 문화가 꽃핀 곳이기도 했습니다. 국제적인 도시라서 이집트 사람을 비롯한 그리스 사람과 아프리카 사람, 유대인 등 수많은 외국인이 뒤섞여 살았습니다. 공동체를 이루어 살던 유대인들은 활발한 경제활동으로 그 문화의 한 축이 되었지요. 아볼로는 그곳에서 태어나 어린 시절을 보냈습니다.

그는 유대교 경전뿐만 아니라 세계적인 학문도 섭렵했습니다. 부유한 가정에서 태어난 그에게 부모는 누군가 앞길을 막으면 파괴하며 해쳐나가라고 '아볼로'라는 이름을 붙여주었습니다. 야심만만한 청년 아볼로는 견문을 넓히기 위해 에베소에 도착했고, 회당을 돌아다니면서 토론을 했습니다. 아볼로는 유대인과 기독교인들에게 자신의 주장을 논박해 나갔습니다. 유대인들은 그런 아볼로에게 매료되었습니다.

바울은 에베소에 브리스길라와 아굴라를 남겨두었습니다. 부부는 에베소의 회당을 돌아다니며 강론하는 아볼로를 주목하고 있었습니다. 아볼로의 말을 들으니 논리력과 웅변술이 대단했고 지적인 수준 또한 상당했지만, 예수님에 대해서는 왜곡된 지식을 갖고 있었습니다. 요한의 세례밖에 알지 못할 정도였으니 말 다했죠(행 18:25). 브리스길라와 아굴라는 아볼로를 데려다가 성경공부를 시킵니다. 처음부터 자세히 예수님에 대해 설명해줍니다. 부부에게 배운 아볼로는 아가야로 건너가고 싶었습니다. 에베소 교인들은 아볼로를 축복해주었고, 아가야에서 만날 교인들을 위한 추천서도 손에 들려보냅니다. 아볼로는 어떻게 됐을까요?

"아볼로가 아가야로 건너가고자 함으로 형제들이 그를 격려하며 제자들에게 편지를 써 영접하라 하였더니 그가 가매 은혜로 말미암아 믿은 자들에게 많은 유익을 주니 이는 성경으로써 예수는 그리스도라고 증언하여 공중 앞에서 힘 있게 유대인의 말을 이김이러라"(행 18:27-28).

아볼로는 바울을 대신해서 그의 역할을 완벽하게 해냅니다. 그는 바울이 가진 약점을 보완했습니다. 바울은 유대인들과 툭하면 부딪혔지만 아볼로는 유대인들의 환대를 받으면서 예수님을 증언했습니다. 어떻게 이런 일이 가능했을까요? 아볼라가 성경을 제대로 배웠기 때문입니다. 만약 아볼로가 브리스길라와 아굴라를 만나지 못했다면 그는 자신의 이름처럼 초대교회를 파괴하고 분열시키는 예수님의 적이 되었을 것입니다. 그러나 성경을 제대로 배우고 알게 되자 그의 지적 능력이 합쳐지면서 초대교회의 매우 중요한 인물 중의 하나가 되었고, 바울의 동역자로 오랫동안 귀한 사역을 해냅니다(고전 3:6, 4:6, 16:12, 딛 3:13).

성경이 세상을 바꿉니다. 보다 명확하게 말하자면 성경을 읽고 배우고 믿고 아는 사람이 세상을 바꿉니다. 디모데나 아볼로 같은 청년들이 훌륭한 일을 해낸 이유는 그들이 성경을 가까이했고, 성경이 그들을 변화시켰기 때문입니다. 디모데나 아볼로뿐이겠습니까? 무수히 많은 증인이 있습니다. 그리고 이제 당신에게도 차례가 왔습니다. 여기 당신 눈앞에 성경이 있습니다. 성경과 함께 자신을 바꾸고 세상도 바꿔보지 않겠습니까?

▶ 이것만은 알고 성경을 읽자

성경을 펴들고 읽기 전에 먼저 할 일이 있습니다. 무턱대고 읽지 말고 체계를 잡아보는 게 좋습니다. 디모데나 아볼로가 성경을 배울 때와는 달리 우리는 훨씬 유리한 상황입니다. 얼마든지 성경을 가까이할 수 있거든요. 여러분의 집에는 몇 권의 성경이 있을 것입니다. 읽지 않는 게 문제이지 성경을 보유하는 일은 어렵지 않습니다. 그러나 이렇게 된 것은 얼마 되지 않은 일입니다.

디모데나 아볼로가 읽었던 성경은 두루마리 성경이었습니다. 두루마리 성경은 민수기(민 5:23)와 시편(시 40:7)에 등장하며, 예레미야가 바룩에게 쓰게 한 것도 두루마리 성경입니다(렘 36:2). 요시야 왕이 성전을 수리했을 때 발견한 것도 두루마리 성경이었습니다(왕하 22:8).

두루마리 성경은 무엇으로 만들었을까요? 종이로 만들지는 않았습니다. 종이는 105년경에 중국의 채륜이란 사람에 의해서 발명되었습니다. 엄밀히 말하면 채륜의 독창적인 발명품이 아니라 시장에서 뒤죽박죽 아무렇게나 만들던 것을 체계화한 것입니다. 종이는 고가의 비단이나 쉽게 썩는 대나무의 단점을 보완했습니다. 실크로드를 따라 서양으로 전래되었기에 종이로 만든 성경이 나오려면 한참 기다려야 합니다. 따라서 두루마리 성경은 종이로 만들지 않았습니다. 그렇다면 무엇일까요? 둘 중에 하나입니다. 파피루스와 양피지.

역사적으로 오래 된 것은 파피루스(Papyrus)입니다. 이집트 나일강변에 파피루스라는 식물이 많이 자랐는데, 이 식물을 따다가 줄기 속의 부드러운 부분을 얇게 찢습니다. 긴 조각을 가로와 세로로 덧대고 전체를 강하게 두들기면 줄기에서 진액이 나옵니다. 그 자체가 접착력이 있기에 덧댄 것에 무거운 것을 눌러 건조시키면 삼베처럼 얇은 천이 생기지요. 그 조각들을 길게 연결하면 짜잔, 두루마리가 됩니다. 파피루스(papyrus)가 영어 단어 종이(paper)라는 말의 시초입니다. 파피루스는 만들기도 쉽고 가격도 쌌지만 강도가 약했습니다. 쉽게 찢어지고 조금만 습해도 곰팡이가 피었습니다. 파피루스보다 좋은 것은 없을까요? 양피지(羊皮紙)가 있습니다.

양피지를 만들기 위해서는 양이라든가 동물의 가죽을 벗겨 씻어놓는 것으로 시작합니다. 그 후에 가죽을 석회액에 담가서 털이나 지방 같은 조직을 제거합니다. 그리고 틀을 이용해서 가죽을 사방으로 잡아당기고 그 상태에서 건조시킵니다. 그러면 양피지가 완성됩니다. 파피루스는 섬유로 되어 있어 한쪽밖에 사용할 수 없는 반면, 양피지는 양면을 다 사용할 수 있습니다. 파피루스보다 훨씬 오래갔고 한 꺼풀을 벗겨내면 거기에 다시 글을 쓸 수 있다는 장점도 있습니다. 여러모로 좋은 재료가 양피지였습니다. 그런데 문제는 비용이지요. 양피지로 책을 만들려면 너무 비쌌습니다. 아무 책이나 한 권을 만들려면 최소 수십 마리의 양을 잡아야 했습니다.

'양피지'를 영어로 쉽스킨(sheepskin)이라고 하지만 파트트먼트(parchment)라고 부르기도 합니다. 이 말은 원래 파르슈맹(parche-min)인데 소아시아 지역에 페르가몬(Pargmon)이라는 도시 이름에서 유래했습니다. 페르가몬의 왕 에우메니오스 2세가 처음으로 양피지를 사용한 것으로 알려졌습니다. 양피지가 대중화된 것은 그로부터 한참 뒤인 기원후 3~4세기에 걸친 기술적인 발전에 힘입게 됩니다(소피 카샤 뉴 브루케, 「세상은 한 권의 책이었다」(서울: 마티, 2013), 21쪽). 그러니까 디모데, 아볼로 시대에 그들이 읽었던 두루마리 성경은 구하기 어려운 고가의 양피지 성경이었습니다.

중세 시대에 양피지로 성경 한 권을 만들려면 어느 정도의 수고와 비용이 들었을까요? 대략 200마리의 양을 잡아야 했습니다. 양이 있다고 다 되는 것도 아니었습니다. 준비하는 시간도 오래 걸렸습니다. 양피지가 준비되면 손으로 직접 기록했는데, 주로 거위의 깃털로 필사했습니다. 그중에서도 집 거위 수놈의 왼쪽 날개 세 번째나 네 번째 깃털이 제일 좋았다고 합니다. 거위 한 마리에 열 개 정도의 깃털만 사용할수 있었으니 성경책 한 권에 수십 마리의 거위가 희생되었습니다. 필경사는 또 어떻습니까? 여러 명이 달라붙어도 18개월은 족히 걸렸습니다. 그들의 수고비와 생활비를 준비해야 했으니, 성경 한 권이 웬만한집값이라는 말도 과장이 아니었습니다(앞의 책, 27쪽).

젊은 시절 링컨이 성경책을 빌려 읽다 잠이 들었는데, 비가 내려 책이 못쓰게 된 적이 있었습니다. 그 값을 보전하기 위해서 3일 동안 열심히 일해서 갚았다는 얘기가 있습니다. 하루 일당을 10만 원으로 치면30만 원짜리가 넘는 책입니다. 그때가 19세기인데도 책은 비쌌습니다. 중세 시대의 성경이라면 고가임에 분명했습니다. 그렇다면 그보다 더오래 전은 어떨까요? 디모데가 읽었던 성경은 그야말로 고가 중에 고가였습니다.

그렇다고 성경이 계속 조각이나 두루마리로만 존재하지는 않았습니다. 오늘날의 책과 같은 형태로 발전된 것은 1세기경 코덱스(codex)의 발명 덕분이었습니다. 코덱스란 사각형으로 된 페이지들을 묶어놓은 것으로 오늘날 책의 조상입니다. 탁자 위에 올려놓고 글을 쓸 수도있고, 필요한 곳을 찾기도 쉽게 되어 있습니다. 두루마리보다 훨씬 편리하지요. 유대인들이 두루마리 성경책을 선호했다면 기독교인은 코덱스를 채택했습니다. 코덱스 형태의 성경은 2세기에 모습을 드러냅니다(앞의 책, 16-17쪽).

양피지나 파피루스로 만들었든, 두루마리나 코덱스로 제작된 성경이든 간에 구하기 어렵고 비싼 것은 틀림없습니다. 그러니 디모데나 아볼로에 비하면 우리는 얼마나 쉽게 성경을 접할 수 있습니까! 값싸고 질긴 양질의 종이 성경책뿐만 아니라 디지털로 되어 있는 성경도 볼 수 있지요. 얼마든지 다양한 역본의 성경을 읽을 수 있으니 세상 참 좋아졌습니다.

그렇다면 성경의 원본(original)은 어디에 있을까요? 안타깝게도 지구상에 남아 있지 않습니다. 제일 처음 쓰인 책이 있을 텐데, 그것은 사라지고 맙니다. 하나님께서 모세에게 직접 돌에 새겨주신 십계명도 어느 순간 없어졌습니다. 파피루스나 양피지로 처음 기록된 성경 역시 사라지고 말았습니다. 어딘가 있다면 참 좋을 텐데요, 아쉽습니다. 그러나 여기에는 하나님의 뜻이 있습니다. 보이는 것을 숭배하는 인간의 욕망은 만약 성경의 원본이 어딘가에 있다면 그것도 경배의 대상, 즉 우상으로 숭배할 수 있기 때문에 하나님은 원본 자체를 없애셨습니다 (이재철, 「성숙자반」(서울: 홍성사, 2007), 150쪽). 원본은 없어졌지만 대신에 사본 (manuscript)이 굉장히 많습니다. 파피루스나 양피지로 되어 있는 성경들, 단편적인 조각들, 코덱스로 되어 있는 것들, 파피루스나 양피지가 합쳐진 두루마리 형태의 사본들이 대단히 많이 전래되었습니다.

구약의 사본만 해도 지금까지 발견된 것이 약 천여 개로 추정되고 있습니다. 구약성경은 히브리어로 쓰였는데, 히브리어 성경 사본은 알레포 사본(920년경)과 레닌그라드 사본(1008년)이 가장 오래된 것이었습니다. 그런데 최근에 쿰란에서 사본이 대량으로 발견됩니다. '쿰란' 이란 사해에서 서쪽으로 더 들어가면 사막 지역이 나오는데 유대인들이 핍박을 피해서 머문 곳입니다. 이스라엘은 여러 차례에 걸쳐 침략을 당했지요. 그들은 사막의 동굴로 피신해서 공동체생활을 했습니다. 그리고 세월이 흘러 사람들은 사라지고 동굴만 남게 됩니다. 그러다가 1947년에 사건이 벌어집니다.

아랍계 유목민인 베두인들이 양과 염소를 치고 있었는데 가끔 이 동굴에 양이 들어갈 때가 있었습니다. 한 목동이 양을 찾다가 벼랑의 동굴 입구에서 동굴이 얼마나 깊은지를 알아보려고 돌을 던졌습니다. 동굴에 내려갔다가 양도 못 찾고 죽으면 안 되니까요. 돌이 동굴로 떨어질 때 무언가 깨지는 소리가 났습니다. 이상하게 여긴 목동은 다음날 사촌형을 데리고 다시 동굴로 갔지요. 기어서 들어가 보니 그곳에는 깨진 항아리가 있었습니다.

항아리는 여덟 개나 더 있었습니다. 그중 하나에 큰 두루마리 한 권과 작은 두루마리 두 권이 있었어요. 두루마리는 고물상에게 넘어갔고, 예루살렘의 히브리대학 학자가 이 두루마리를 우연히 사들이게 됩니다. 두루마리가 심상치 않음을 알게 된 학자들은 출처를 알아내 동굴로 들어가게 됩니다. 오래된 성경과 각종 유품들이 쏟아졌습니다. 두루마리 성경은 발견 순서에 따라서 1Q(Qumran, 쿰란)라고 번호를 붙였고, 그것은 11번까지 됩니다.

이후 쿰란과 여러 지역에서 다양한 사본들이 발견됩니다. 1947년부터 수년 동안 사해의 서북쪽과 서쪽 연안에 있는 동굴, 황야, 폐허 등에서 고사본들이 계속 발견되었고, 지금도 분류가 끝나지 않았다고 합니다. 열두 개의 동굴에서 600개의 사본이 발견되었고, 구약성경 중에 에스더를 제외하고는 모든 부분의 성경이 발견되었으니 대단한 양이었습니다. 쿰란 사본의 연대는 기원후 100년 이내로 올라갑니다. 알레포 사본이나 레닌그라드 사본보다 훨씬 고대의 사본이고, 역사적인 발견입니다. 위기를 피해 동굴로 숨었던 유대인들은 그곳에서 필사적(必死的)으로 성경을 필사(筆寫)했고, 그것이 세상의 위대한 유산으로 남아 있게 되었습니다.

'칠십인역'이라는 성경에 대해서 들어보셨나요? 이 성경도 우리가 기억할 필요가 있습니다. 앞부분 아볼로 얘기에서 언급했던 이집트의 알렉산드리아에 100만 명이 넘는 유대인들이 살고 있었습니다. 세월이 흐르다 보니 유대인 2세, 3세들이 히브리어를 자꾸 잊어버리는 겁니다. 이러다 유대인의 정체성마저 잃어버릴까 봐 그들은 구약성경을 그리스어로 번역할 필요성을 느꼈습니다. 그때가 대략 BC 3세기 정도로 알렉산더 사후 여러 장군들에 의해서 제국이 사분오열되던 때였습니다. 장군 중의 하나였던 프톨레미는 알렉산더의 시신을 이집트로 옮기고 왕으로 자칭합니다. 그때부터 프톨레미 왕조가 시작되는데 그의 아들 프톨레미 2세는 알렉산드리아에 세계에서 가장 큰 도서관을 건립했습니다. 로마가 이집트를 점령한 BC 30년까지 알렉산드리아의 도서관은 학문과 지식의 중심 역할을 합니다.

유대인들은 구약성경을 그리스어로 번역할 필요성을 느꼈고, 프톨레미 2세는 그리스어 성경책이 도서관에 놓이면 좋겠다는 생각을 했습니다. 유대인 랍비와 학자들은 헬라어로 성경 번역작업을 했습니다. 이스라엘 열두 지파에서 6명씩 총 72명이 파견되어 100년 이상을 번역한 책이 바로 칠십인역 성경(셉투아진타, septuaginta LXX)입니다.

이제 칠십인역 덕분에 히브리어를 몰라도 성경을 읽을 수 있게 되었습니다. 히브리어는 쓰는 사람도 별로 없는 언어였으나 그리스어는 세계적인 언어였기에 그리스어만 안다면 어느 나라 사람이든 상관없이 쉽게 성경을 접할 수 있게 되었습니다. 칠십인역은 예수님 시대와 사도 시대까지도 디아스포라 유대인들에게 유용한 성경이었습니다. 디모데와 아볼로도 칠십인역의 그리스어로 된 성경을 읽었을 겁니다.

그러면 한국어로는 언제 성경이 번역되었을까요? 놀랍게도 외국인 선교사가 한국에 성경을 가져오기 이전에 이미 한글로 된 성경이 간행되었습니다. 최초의 한글 성경은 1882년으로 거슬러 올라갑니다. 당시 중국의 심양에 '동관교회'라고 있었습니다. 지금도 있습니다. 이 교회는 스코틀랜드 출신의 장로교 선교사인 존 로스 선교사가 1876년에 개척한 교회입니다. 1876년이면 미국이 건립된 지 100주년이 되는 해이고, 조선과 일본 간에 최초로 맺은 강화도조약이 체결되던 해였습니다.

일본은 메이지 유신으로 세계무대로 나갈 준비를 하고 있었지만 조선은 흥선 대원군의 쇄국정책으로 문을 닫아걸던 때였습니다. 대원군이 권좌에서 물러나자 일본은 조선에게 압력을 넣지요. 조선을 발판으로 중국과 세계로 가려던 겁니다. 일본은 고종 12년(1875년)에 군함 운요호를 보내서 저항하는 조선군에게 포격을 가합니다. 일방적인 피해를 입으며, 이듬해에 굴욕적인 강화도조약을 맺고 개항을 강요당했습니다.

존 로스가 세운 동관교회는 중국 외에 여러 나라 사람들에게 복음을 전했고, 그 나라들의 언어로 번역된 성경을 발간하는 데 도움을 주었습니다. 존 로스는 조선에도 들어와 교회를 세우고 싶었지만 쇄국정책으로 길이 막혔습니다. 당시 심양에는 조선 사람들의 왕래가 잦았습니다. 존 로스는 조선에 들어가는 대신에 심양에 온 조선인들을 전도하기로 했습니다. 그들이 중국과 조선을 자유롭게 오가니까 성경을 쥐어주면 조선에도 말씀이 들어갈 수 있었습니다. 조선말로 번역된 성경이 필요했습니다.

매킨타이어와 함께 서상륜, 백홍준, 이성하, 이응찬 등이 중국어 성경을 한글로 번역하기 시작했습니다. 1882년에 한글 최초로 요한복음과 누가복음이 번역되었고, 이어서 뎨자행전(사도행전), 맛대복음(마태복음) 등이 번역되었습니다. 1887년에는 신약성경이 모두 완역되어 〈예수셩교젼서〉라는 이름으로 출간되었습니다.

성경 번역은 중국에서만 이루어지지 않았습니다. 전남 곡성에서 태어난 이수정은 당시 조선의 군인으로 복무하고 있었습니다. 구식군대는 신식군대에 비해 차별을 받자 궁궐로 쳐들어갔습니다. 임오군란입니다. 그때 이수정은 농부로 변장해서 명성황후를 지게에 지고 궁궐을 빠져나갔습니다. 사태가 해결된 후에 왕실은 이수정에게 공로상과 벼슬을 내렸습니다. 이수정은 상을 거부하고 신사유람단의 일원이 되게 해달라고 청원했습니다. 그는 일본에 건너갈 기회를 얻게 되었습니다.

이수정은 일본에서 신문물을 연구하다가 농학박사이자 기독교 지도자인 츠다셴(津田仙)을 만나서 성경을 처음 접하게 되었습니다. 이수정은 기독교인이 되었고, 일본어가 아니라 조선말로 된 성경이 있으면 좋겠다고 생각하여 번역작업에 착수했습니다. 미국의 성서공회는 이수정의 번역사업을 도왔습니다. 이수정은 1884년에 〈현토한한신약전서〉(懸吐韓漢新約全書)라는 한문성경에 한글 토를 단 성경을 발간했고, 이어서 〈신약마가전복음서언해〉도 번역해냅니다.

이수정은 아펜젤러, 언더우드 선교사에게 한국어를 가르쳐주었고, 일본 유학생들 중에 서재필, 김옥균, 홍영식, 서광범 같은 개화파들에게도 성경을 가르쳤습니다. 1885년에 언더우드와 아펜젤러가 제물포에 입국할 때 그들의 품속에는 이수정이 번역한 마가복음이 있었습니다. 최초의 한글 번역은 일본에서도 일어났습니다.

이후에 성경은 꾸준히 번역되었습니다. 1887년 이후 성경번역자회(The Board of Official Translators)가 신약성경을 번역하여 〈신약전서〉 완역본을 출간했습니다(1900년). 영국성서공회, 미국성서공회의 공인 번역도 이루어졌지요. 구약은 시편을 시작으로 〈구약젼셔〉가 발행되었습니다(1911년).

각각 출판되던 신약과 구약을 하나로 합치고 개정해서 〈개정번역성경〉이 나왔습니다. 1938년의 일입니다. 일제 강점기였고, 윤봉길 의사의 의거 이후 임시정부가 상해에서 중국 내륙으로 옮기던 때였으며, 만주에서 일본의 힘이 확대되어 해외 무장투쟁이 어려울 때 임에도 성경이 완역된 쾌거였습니다. 1952년이 되면 한글맞춤법 통일안이 발표되는데, 성경도 거기에 맞춰 수정되었습니다. 1956년에 나온 〈개역한글성경〉은 지금까지 우리가 보고 있는 바로 그 성경입니다. 1998년에는 그것을 개정해서 〈개역개정성경〉이 나왔습니다. 〈개역개정성경〉도 이후 몇 번의 개정과 보완을 거쳤습니다. 여러분은 보통 〈개역한글성경〉이나 〈개역개정성경〉을 보실 겁니다.

천주교와 개신교가 힘을 합쳐서 1977년에 〈공동번역〉을 출간한 것도 기억할 만합니다. 천주교는 지금도 쓰지만 개신교는 사용하지 않습니다. 〈공동번역〉에는 외경도 들어 있고, 하나님을 '야훼'라고 번역해서 논란이 있었지요. 1993년에는 보다 쉽게 읽을 수 있도록 〈표준새번역〉을 출간합니다. '여호와'를 주님이라고 번역했습니다. 여러 교파에서 교리적, 신학적인 이의가 있어 상용하지는 않습니다. 그러나 쉽게 이해되는 성경입니다. 그 외에도 다양한 한글 번역 성경이 있습니다.

현재 성경은 733개의 언어로 번역되어 있습니다. 7억 8,600만 명 이상의 사람들이 자기가 가장 잘 이해할 수 있는 언어로 성경을 보고 있지요. 신약을 다 번역한 언어는 1,622개이고, 현재도 170개 이상의 나라에서 2,584개의 언어로 번역되고 있습니다. 그리고 아직도 번역할 엄두도 못 내는 언어가 3,776개나 있다고 합니다(위클리프 성경 번역 사이트 https://www.wycliffe.org.uk/about/our-impact/). 한글로 성경이 번역된 것은 하나님의 놀라운 은혜가 아닐 수 없습니다.

현재 우리가 보고 있는 성경은 구약이 39권, 신약이 27권, 총 66권입니다. 이것을 정경(Cannon)이라고 하는데, 처음에는 기껏해야 두루마리나 코덱스로 만들었으니 이렇게 체계적이지는 않았습니다. 그렇다면 언제, 어떻게 정경화가 되었을까요? 구약성경은 90년에 얌니아에서 유대 랍비와 학자들의 회의를 통해 정경화작업을 했습니다. 70년에 로마의 티투스 장군에 의해서 예루살렘 성전이 무너지자 바리새파 지도자들은 텔아비브 남쪽 20km에 있는 성읍 얌니아(야브느엘)로 피신했습니다. 성전이 없어졌으니 율법(말씀)을 중심으로 신앙을 이어갈 수밖에 없었습니다.

그렇게 세월이 흐르다 교회가 세워지고 기독교가 점점 확장되어 구약성경뿐만 아니라 사도들의 서신도 예배시간에 읽게 되었습니다. 유대인들은 유대교와 기독교의 구별을 두기 위해서 구약성경의 정경화 필요성을 느꼈습니다. 얌니아에 사는 유대인 랍비들이 주도했지요. 그때 구약성경을 24권으로 정하는데, 사무엘기, 역대기 등을 묶었기 때문입니다. 내용은 현재 우리가 보는 구약의 39권과 같습니다.

신약성경은 카르타고회의에서 27권으로 확정되었습니다(397년). 방금 '확정'이라고 얘기했듯이 그때 27권으로 정한 것이 아니라 정경으로 최종 인정된 것입니다(11장에서 자세한 이야기가 나옵니다). 예수님께서 '곧 오겠다'고 약속하셨는데 재림은 늦어졌고 세상을 떠나는 제자들은 자꾸 생겼습니다. 이러다 예수님의 행적을 잊어버릴까 봐 기록하는 사람들이 생겨났습니다. "처음부터 목격자와 말씀의 일꾼 된 자들이 전하여 준 그대로 내력을 저술하려고 붓을 든 사람이 많은지라"(눅 1:2).

베드로를 비롯한 제자들이나 바울 같은 사도들이 기독교 신앙의 중요한 내용을 편지로 써서 여러 교회에 보냈고 널리 읽히게 되었습니다. 그런 문헌과 동시에 이단들도 생겨나서 사도들의 이름을 빙자한 글을 유포했습니다. 예수님의 행적과 사도의 서신들이 이단의 글과 혼동되는 것을 염려한 교회의 지도자들은 이단의 글을 가려내고 바른 성경을 구별하기 위해서 정경을 확정했습니다.

그렇다면 어떤 성경들이 정경에 포함이 되었을까요? 사도가 직접 기록했거나 사도와 직접 관련된 이가 썼거나, 성령의 영감으로 썼다고 믿어지거나, 다른 문헌과 모순되지 않거나, 보편적인 교회가 받아들이기에 적합한가의 기준으로 분류되었습니다. 여기에는 교회 지도자들의 오랜 시간의 수고가 있었습니다.

로마의 클레멘스, 헤르마스, 이레니우스, 무라토리, 터툴리안, 키프리아누스, 키릴, 히에로니무스, 호모루구메나, 안티레고메나, 노타, 키릴루스, 어거스틴 등이 긴 세월을 거치면서 인정할 만한 성경에 대해 확인해주었지요. 그들의 활약에 힘입어 알렉산드리아의 주교인 아타나시우스가 정경을 정리합니다. 그리고 레기우스회의(393년)와 카르타고회의(397년)를 통해 27권의 신약이 정경으로 '확정' 됩니다.

이렇게 구약과 신약이 다 확정이 되었어도 지금 우리가 보고 있는 성경과 결정적으로 다른 점이 있습니다. 초기의 성경은 장과 절의 구분이 없었습니다. 누가 언제 이것을 구분했을까요? 바티칸 사본이나 알렉산드리아 사본에도 장의 구분이 있었으나 지금 우리가 보는 것과는 달랐습니다.

장(章)은 13세기 초에 캔터베리 대주교였던 스테판 랑톤(Stephan Langton)이 구분했습니다. 절(節)은 구약은 알 나탄(R. Nathan, 1448년)이, 신약은 프랑스의 궁정 인쇄업자인 로버트 스테파누스(Robert Stephanus, 1551년)가 나누었습니다(이재철, 「성숙자반」, 158쪽). 스테파누스는 파리에서 리용으로 가는 마차 안에서 절을 나누었다고 합니다. 마차는 일정한 속도로 움직이며 바퀴가 돌때 살짝 흔들립니다. 그는 흔들리는 리듬에 맞춰서 절을 구분했다고 합니다. 그래서 어떤 절은 조금 어색하게 나눠져 있기도 합니다. 1560년에 출판된 제네바 성경의 장절 구분이 오늘날 우리가 보는 성경과 완벽하게 일치합니다.

마지막으로 순서와 주제에 따른 분류를 해놓고 서론 부분을 마치도록 하겠습니다. 구약성경 39권의 순서와 신약성경 27권의 순서는 다음 〈도표 1〉과 같습니다. 한눈에 성경 전체 개괄을 볼 수 있습니다. 여기서 우리가 주의 깊게 살펴볼 필요가 있는 것은 '구분'입니다. 이 구분은 각 성경의 특징과 주제를 묶었는데요. 구약은 모세오경, 역사서, 시가서, 예언서 이렇게 4개의 주제로 구분됩니다.

신약 역시 4개의 주제로 나눌 수 있는데, 사복음서, 역사서, 서신서, 예언서입니다. 물론 더 세분화가 가능하겠지만 이 정도만 이해해도 잘하고 있는 겁니다. 1600년이란 세월에 걸쳐서 60여 명의 성경 기자들이 제각각 다른 상황과 형편에서 성경을 기록했는데 구약과 신약이 모두 4가지 주제를 통해 분류될 수 있다는 점은 성령의 감동이 아닐 수 없습니다. 성경을 읽을 때는 구분에 따라 읽는 호흡도 달라져야 합니다.

'모세오경' '사복음서' '역사서'에는 이야기가 있습니다. 줄거리가 있어 읽기에 수월하지요. 육하원칙이라고 아시죠? "누가, 언제, 어디서, 무엇을, 어떻게, 왜." 줄거리를 따라 육하원칙을 생각하면서 읽으면 명확하게 내용을 따라갈 수 있습니다. 사건의 주체가 모세인지, 하나님이신지를 구별하고, 바울이 한 말인지, 제자가 했던 말인지를 잘 파악해야 합니다. 장소는 어디이며, 시간대가 저녁인지 아침인지를 확인하고, 무엇을 했는지 살펴도 성경을 이해하기가 쉬워집니다.

'시가서'는 어떨까요? 시가서를 읽을 때는 줄거리가 있는 성경과는 다르게 읽어야 합니다. 욥기는 주로 토론이 나오는데 누가 한 말인지를 파악하고, 강조와 고백의 내용을 보면 됩니다. 시편이나 아가서는 시(詩)로 읽어야 하는데, 시는 운율과 리듬이 있어서 음악과 더불어 읽기에 좋습니다. 시편이 찬양으로 많이 작곡되어 있는 것도 이 같은 맥락

〈도표 1〉 순서와 주제에 따른 성경 분류표

구 약 (39권, 929장)				신 약 (27권, 260장)			
구분(4)	약자	성경(39)	장수	구분(4)	약자	성경(27)	장수
모세오경 (5)	창	창세기	50장	사복음서 (4)	마	마태복음	28장
	출	출애굽기	40장		막	마가복음	16장
	레	레위기	27장		눅	누가복음	24장
	민	민수기	36장		요	요한복음	21장
	신	신명기	34장	역사서(1)	행	사도행전	28장
역사서 (12)	수	여호수아	24장	서신서 (21)	롬	로마서	16장
	삿	사사기	21장		고전	고린도전서	16장
	룻	룻기	4장		고후	고린도후서	13장
	삼상	사무엘상	31장		갈	갈라디아서	6장
	삼하	사무엘하	24장		엡	에베소서	6장
	왕상	열왕기상	22장		빌	빌립보서	4장
	왕하	열왕기하	25장		골	골로새서	4장
	대상	역대상	29장		살전	데살로니가전서	5장
	대하	역대하	36장		살후	데살로니가후서	3장
	스	에스라	10장		딤전	디모데전서	6장
	느	느헤미야	13장		딤후	디모데후서	4장
	에	에스더	10장		디	디도서	3장
시가서 (5)	욥	욥기	42장		몬	빌레몬서	1장
	시	시편	150편		히	히브리서	13장
	잠	잠언	31장		약	야고보서	5장
	전	전도서	12장		벧전	베드로전서	5장
	아	아가	8장		벧후	베드로후서	3장
예언서 (17)	사	이사야	66장		요일	요한일서	5장
	렘	예레미야	52장		요이	요한이서	1장
	애	예레미야애가	5장		요삼	요한삼서	1장
	겔	에스겔	48장		유	유다서	1장

예언서(17)	단	다니엘	12장	예언서(1)	계	요한계시록	22장
	호	호세아	14장	구약 39권 + 신약 27권 = 총 66권 장수 : 1189장 성경 기자 : 60여 명 기록 기간 : 1600년 기록된 언어 : 구약 - 히브리어, 아람어 신약 - 헬라어(그리스어)			
	욜	요엘	3장				
	암	아모스	9장				
	옵	오바댜	1장				
	욘	요나	4장				
	미	미가	7장				
	나	나훔	3장				
	합	하박국	3장				
	습	스바냐	3장				
	학	학개	2장				
	슥	스가랴	14장				
	말	말라기	4장				

에서 이해가 됩니다. 감정과 상상력으로 읽고, 함축적이고 비유적인 부분도 유념해서 읽어야 합니다. 잠언과 전도서는 교훈의 말씀입니다. 잠언은 31장이라서 하루에 한 장씩, 한 달 동안 묵상하며 읽기 좋습니다. 전도서는 염세적인 내용 같지만 모든 것을 다 누렸던 전도자가 인생의 핵심을 짚어주었습니다.

'예언서'는 어떨까요? 확실히 읽기에 어렵습니다. 다니엘서나 요한계시록을 읽으면 도대체 무슨 말인가 싶어지지요. 이상과 꿈, 환상을 인간의 언어로 풀어냈으니 어려운 게 당연합니다. 시대 상황은 성경 기자들에게 녹록하지 않았습니다. 목숨이 위태로웠습니다. 권력자의 비위를 거스르지 않으면서도 우리 편에게는 똑똑히 전달해야 했으니 비유나 상징을 사용했습니다. 그때는 명백히 알았는데, 지금은 당대의 문화와 배경을 이해해야 해독할 수 있습니다. 공부가 많이 필요합니다.

마지막으로 '서신서'는 편지의 발신자와 수신자가 누구인지를 파악해야 합니다. 편지를 쓰는 사람은 읽는 사람의 생각이 바뀌고 삶이 달라지기 바라는 마음으로 썼습니다. 그래서 서신서에는 논리와 설득이 있습니다. 문장의 형식과 짜임새를 이해하십시오. 주어와 동사, 수식어, 술어를 찾아야 합니다. 구문을 분석하면서 자주 반복되는 단어를 살피고 나에게 쓴 편지라 생각하고 읽으면 좋습니다. 수신인이 교회인 경우, 그 교회가 어느 지역에 속했는지, 어떤 특징이 있는지를 알아두면 이해하는 데 도움이 됩니다.

자, 이 정도면 성경에 관한 기본적인 내용은 어느 정도 알게 된 것 같습니다. 성경의 깊고 오묘한 세계로 떠날 준비가 되었나요? 이제 본격적으로 「바이블 히스토리」로 출발해봅시다.

첫 사람 **아담에서**
요셉까지의 히스토리

Bible
History

생육과 번성

    새해가 되면 누구나 성경 일독을 계획합니다. 올해는 기필코 한 번은 꼭 읽어보리라, 다짐하지요. 그러면 대부분 〈창세기〉부터 읽기 시작합니다. 성경을 펼치면 〈창세기〉가 나옵니다. 〈창세기〉는 재미있게 금방 읽을 수 있습니다. 의문점은 있지만 흥미로운 이야기가 많습니다. 내친 김에 〈출애굽기〉까지도 무난하게 넘어갑니다. 육하원칙을 생각하면서 줄거리를 따라가면 박진감 넘치는 이야기를 읽을 수 있습니다. 그러다가 출애굽기 20장에 십계명이 나온 뒤로 〈레위기〉나 〈민수기〉, 〈신명기〉까지 가면 율법이라든가 이해하기 어려운 내용이 나오면서 미궁에 빠져듭니다. 하지만 〈창세기〉를 잘 이해하면 율법 부분도 그리 어렵지 않게 이해할 수 있습니다.

    이번 장은 〈창세기〉에 대한 이야기를 해보겠습니다. 〈창세기〉를 이해하려면 핵심적인 키워드를 따라가야 합니다. 뭘까요? 〈창세기〉니까 '창조'가 중요한 단어일까요? 아닙니다. 창조는 1장에서 끝납니다. 더 중요한 키워드를 찾아야 합니다. 먼저 창세기 1장을 정리하고 갑시다.

하나님은 6일 동안 세상을 창조하셨는데, 첫째 날에는 빛을 만드십니다. 이 빛은 태양이 아닙니다. 태양은 4일째 만드니까요. 그럼 이 빛은 무엇일까요? 창조 이전의 무질서와 어둠, 혼란에서 질서와 조화를 드러내는 빛입니다. 말씀과 진리의 빛, 시작과 서막의 빛이라고 이해하시면 됩니다. 하나님은 "보시기에 좋았다"고 하셨습니다.

둘째 날에는 궁창을 만듭니다. 궁창이란 히브리어로 '라키아'(ra-qia)라고 하는데, 우리는 쉽게 '하늘'로 이해합니다. 조금 더 확장해서 '무엇인가로 가득 찬 공간'을 궁창이라고 합시다. 여기에는 하늘과 바다가 모두 해당되지요. 하늘은 공기로 가득 차 있고, 바다는 물로 가득 차 있으니까요. 셋째 날에는 땅과 풀, 나무, 채소 등을 만듭니다. 이 셋째 날까지를 기억하면 나머지는 자동으로 기억할 수 있습니다.

넷째 날은 첫째 날의 빛과의 관계를 생각하면 쉽습니다. '빛' 하면 떠오르는 게 해니까 금방 이해할 수 있죠. 이날 해, 달, 별이 창조됩니다. 다섯째 날은 둘째 날의 궁창을 떠올려보세요. 궁창은 무엇인가로 가득 찬 공간이라고 했죠? 하늘은 공기로 가득 차 있고, 바다는 물로 가득 차 있습니다. 하늘에 새를 만들어 날리고, 바다에 물고기를 헤엄치게 하십니다. 여섯째 날은 셋째 날에 만든 것을 기억하면 됩니다. 땅과 풀과 나무와 채소를 만드셨습니다. 그러면 그 위에서 누가 먹고 누릴까요? 맞습니다. 바로 짐승, 동물, 가축과 사람입니다. 〈도표 2〉를 보면 한눈에 쉽게 파악할 수 있습니다.

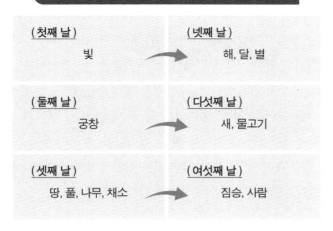

〈도표 2〉 하나님이 천지창조 6일 동안 하신 일

(첫째 날)	(넷째 날)
빛	해, 달, 별

(둘째 날)	(다섯째 날)
궁창	새, 물고기

(셋째 날)	(여섯째 날)
땅, 풀, 나무, 채소	짐승, 사람

어떻게 생육하고 번성할 것인가?

창조는 창세기 1장에만 있습니다. 그러니 〈창세기〉 전체의 키워드는 '창조'가 아니죠. 1장의 창조는 사람을 지은 것으로 마무리됩니다. 사람과 동물은 "생육하고 번성하라"는 명령을 받습니다. 〈창세기〉 전체를 이해하려면 이 단어를 잘 알아야 합니다. '생육과 번성.' 이것이 핵심 키워드입니다. 이 단어는 창세기의 처음과 중간, 끝부분에 두루 나오고(창 1:22,28, 8:17, 9:1,7, 17:20, 28:3, 35:11, 47:27, 48:4), 출애굽기의 처음 부분에도 나옵니다(출 1:7). '생육과 번성'은 무슨 의미일까요? 그냥 뭉뚱그려서 자손을 많이 낳는 것으로 볼 수도 있지만 조금 더 정밀하게 두 단어의 차이를 생각해 보겠습니다.

먼저 '생육'이 양적인 성장을 말한다면, '번성'은 질적인 성장을 뜻합니다. 생육은 자녀를 많이 낳는다든지, 동물의 새끼가 많이 태어난다든지 하는 것을 의미합니다. 반면에 '번성'은 단지 증가하는 것만이 아니라 확장되고 퍼지는 것을 말합니다. 차이점을 아시겠습니까? 자손을 많이 낳는 것이 '생육'이라면, 부유하고 강해지는 것은 '번성'입니다. 번성은 다른 단어로 '번영'이라고도 할 수 있습니다. '생육과 번성'을 키워드로 창세기 전체를 파악해 볼 수 있습니다. 창세기에 나오는 모든 인물은 '생육과 번성'을 해야 했습니다. 그런데 믿음과 순종으로 이루느냐, 편법과 힘의 논리로 이루고 있느냐가 달랐습니다.

단어	히브리어	의미
생육	파라(parah)	fruitful. 낳고, 기르고, 자라고, 증가하는 것
번성	라바(rabah)	multiply. 세력이 확장되고 번창하며 많고 대단해지는 것

창세기 1장에서 맨 마지막은 사람의 창조입니다. 우리가 잘 아는 대로 아담과 하와입니다. 그들은 에덴동산에서 삽니다. 거기에서 할 일은 무엇일까요? 마음껏 먹고 즐기면 그만이었을까요? 아닙니다. 아담과 하와도 하나님의 명령처럼 생육하고 번성해야 했습니다. 그들은 '번성'은 했습니다. 동물들 이름을 짓고, 동산을 아름답게 가꾸면서 풍요로운 나날을 보냈습니다. 그러나 '생육'은 못했어요. 아직 자식을 낳지 않았거든요.

그런데 그만 하나님이 금하신 선악과를 먹는 죄를 범했습니다. 생육도 못했는데 죄에 빠진 이유가 무엇일까요? '번성' 때문이었습니다. 어느 날 에덴동산에 뱀이 찾아왔습니다. 간교한 뱀은 혼자 있는 하와에게 "하나님이 동산 모든 나무의 열매를 먹지 말라고 하시더냐?"라고 물었습니다. 아담과 하와가 지금까지 먹은 것이 에덴동산의 나무 열매였습니다. 하와는 단지 동산 중앙에 있는 나무의 열매를 먹어서는 안 된다고 대답했습니다. 다른 것은 먹으며 살았지만 선악과의 열매만큼은 먹으면 죽는다는 사실을 기억했습니다. 뱀은 그것을 먹어도 죽지 않을 뿐 아니라 하나님처럼 된다고 유혹했습니다. 뱀의 유혹은 '번성'에 대한 유혹, 하나님처럼 부유하고 강해진다는 유혹이었습니다. 하와는 번성이라는 유혹에 넘어가 선악과를 먹고 아담에게도 주었습니다. 그들은 하나님의 말씀보다 번성에 대한 욕망을 따랐고 선악과에 손을 대고 말았습니다.

하나님께 순종하지 못한 아담과 하와는 결국 에덴동산에서 쫓겨났습니다. 그들은 가인과 아벨을 낳았습니다. 생육하게 된 것이지요. 반역한 죄에도 하나님은 그들에게 생육하는 복을 주셨습니다. 그렇게 아담, 하와, 가인, 아벨 네 식구가 되었습니다.

그러던 어느 날, 가인이 아벨을 죽였습니다. 들로 나가서 아벨을 쳐죽였습니다. 하나님이 아벨의 제물만 받자 가인은 질투와 분노로 동생을 죽였습니다. 가인은 힘이 있었습니다. 그 힘의 논리로 약한 자를 핍박했습니다. 성경의 시선은 잠시 가인을 따라가는 듯합니다. 가인은 도시를 세우고 번성합니다. 그러나 그 번성은 하나님의 인도하심과는 관계가 없었습니다. 그래서 창세기 4장 이후 가인을 향한 관심은 사라집니다. 그걸로 끝이었어요.

이제 아담과 하와에게 세 번째 아들 '셋'이 주어졌습니다. 셋째라서 셋이 아니라 히브리어로 셋트(Seth, 허락하다)입니다. 셋에서부터 하나님은 아담의 계보를 계속 이어가십니다. 창세기 5장을 보세요. 아담의 후손들이 자세히 나옵니다(〈도표 3〉 참조).

아담의 10대손이 노아입니다. 10대가 흘러오는 동안에 그들은 모두 생육하고 번성하는 데 성공합니다. 이들 열 명의 평균나이를 계산해보니 857.5세였습니다. 장남을 낳을 때는 평균 155.6세였습니다. 굉장히 젊은 나이(?)에 장남을 낳았지요. 그리고 그들은 각각 "큰아들을 낳은 후 00년을 지내며 자녀들을 낳았"(창 5:4,7,10,13,19,30)습니다. 평균

〈도표 3〉 아담으로부터 10대손 노아까지의 계보

대수	이름	장남 낳을 때 나이	큰아들 이름	죽은 나이
1	아담	130세	셋	930세
2	셋	105세	에노스	912세
3	에노스	90세	게난	905세
4	게난	70세	마할랄렐	910세
5	마할랄렐	65세	야렛	895세
6	야렛	162세	에녹	962세
7	에녹	65세	므두셀라	365세
8	므두셀라	187세	라멕	969세
9	라멕	182세	노아	777세
10	노아	500세	셈, 함, 야벳	950세

155세에 아들을 낳고, 평균 700년을 살며 계속 자녀를 낳았습니다. 생육하고 번성한 것이죠. 노아 이후의 후손들은 창세기 11장에 나옵니다 (〈도표 4〉 참조).

노아의 큰아들인 셈에서부터 10대손으로 내려가면 아브람(아브라함)이 나옵니다. 10대가 흘러오는 동안 그들 역시 생육하고 번성하는데 성공했습니다. 이들 열 명의 평균나이를 계산해보니 329.5세였습니다. 장남을 낳은 때는 평균 49세였지요. 성경은 그들에 대해서 "큰아들을 낳은 후 ○○년을 지내며 자녀를 낳았"(창 11:11,13,15,17,19,21,23,25)다고 말씀합니다. 똑같은 패턴이지요.

〈도표 4〉 노아의 큰아들 셈으로부터 20대손 아브람까지의 계보

대수	이름	장남 낳을 때 나이	큰아들 이름	죽은 나이
11	셈	100세	아르박삿	600세
12	아르박삿	35세	셀라	438세
13	셀라	30세	에벨	433세
14	에벨	34세	벨렉	464세
15	벨렉	30세	르우	239세
16	르우	32세	스룩	239세
17	스룩	30세	나홀	230세
18	나홀	29세	데라	148세
19	데라	70세	아브람	205세
20	아브람	100세	이삭	175세

그런데 보세요! 앞서 아담에서 노아까지의 10대손에 비해서, 다음 10대손의 평균나이가 확 줄어들었습니다. 평균 317.1세면 여전히 많은 나이지만 조상들의 평균 857.5세에 비하면 1/3 가까이 줄었습니다. 창세기 5장의 족보와 창세기 11장의 족보 사이에 무언가 있었다는 말입니다! 무슨 일이 있었을까요? 창세기 6장부터 노아가 주인공으로 등장합니다. 그 무렵 인류는 엄청나게 증가했습니다. 그러나 죄도 확대되었습니다.

"하나님이 노아에게 이르시되 모든 혈육 있는 자의 포악함이 땅에 가득하므로 그 끝 날이 내 앞에 이르렀으니 내가 그들을 땅과 함께 멸하리라"(창 6:13).

하나님은 생육하고 번성한 인류를 멸할 계획을 세우셨습니다. 그들의 죄 때문이었습니다. 하나님은 편법과 힘의 논리가 아닌 믿음과 순종의 사람 노아를 통해서 다시 새로운 시대를 열었습니다. 여덟 식구가 들어갈 방주가 지어졌고, 40일간의 홍수로 인류는 모두 몰살당합니다. 노아와 그의 식구만이 홍수에서부터 구원을 받았습니다. 창세기 10장으로 가면 하나님은 노아의 세 아들을 통해 생육과 번성을 다시 시작하게 하신 것을 볼 수 있습니다.

그러다가 11장에서 바벨탑 사건이 나옵니다. 그때의 인류는 금방 '생육과 번성'을 해냅니다. 그렇지만 그들은 번성은 하되 탑에 머물려고 했습니다. 인간적인 힘의 논리입니다. "자, 성읍과 탑을 건설하여 그 탑 꼭대기를 하늘에 닿게 하여 우리 이름을 내고 온 지면에 흩어짐을 면하자"(창 11:4). 이것은 진정한 생육과 번성이 아니었습니다. 하나님이 지으신 세상에서 생육하고 번성하라는 하나님의 말씀에 순종하지 않았습니다. 하나님은 말씀을 이루기 위해 언어를 혼잡하게 해서 인류를 흩었습니다.

창세기 5장과 11장 사이에 무엇이 있었는지 아시겠습니까? 바로 '노아의 방주'와 '바벨탑'입니다. 이 두 가지는 '생육과 번성'과 함께 '심판'이라는 공통점이 있습니다. 하나님의 방식이 아닌 인간적인 욕망과 죄로 인한 '생육과 번성'은 하나님의 심판을 가져왔습니다. 홍수와 언어의 혼잡으로 그들을 심판하시고, 진정한 '생육과 번성'이 되도록 하십니다.

네 명의 족장 : 아브라함, 이삭, 야곱, 요셉

하나님은 순종할 사람을 찾았습니다. 약속을 붙들고 믿음으로 살아갈 사람, 이것이 아브라함 이야기의 핵심입니다. 이제 창세기 12장으로 가봅시다. 〈창세기〉의 시선은 아브라함에게 맞춰집니다. 성경의 카메라가 멀리에서 인간의 모습을 비추다가 이제부터 한 사람을 좇기 시작합니다. 그와 그의 아들과 그 자손에게 집중합니다. 우리는 여기에서부터 아브라함, 이삭, 야곱, 요셉으로 이어지는 가족사에 주목해야 합니다.

"여호와께서 아브람에게 이르시되 너는 너의 고향과 친척과 아버지의 집을 떠나 내가 네게 보여 줄 땅으로 가라. 내가 너로 큰 민족을 이루고 네게 복을 주어 네 이름을 창대하게 하리니 너는 복이 될지라. 너를 축복하는 자에게는 내가 복을 내리고 너를 저주하는 자에게는 내가 저주하리니 땅의 모든 족속이 너로 말미암아 복을 얻을 것이라 하신지라"(창 12:1-3).

이것이 아브라함에게 하신 하나님의 약속입니다. 당시의 복 중에 최고의 복은 자식 복이었습니다. 창세기 5장과 11장의 족보에는 자녀를 낳은 얘기만 나오지 않습니까? 자식을 많이 낳아야 했고, 그래야 '생육하고 번성' 할 수 있었습니다. 그런데 아브라함은 지지리도 자식 복이 없는 사람이었습니다. 자녀도 없이 75세에 고향과 친척, 아버지의 집을 떠났습니다.

아버지 데라는 비교적 늦은 나이인 70세에 아브라함을 낳았습니다. 아브라함은 85세나 되었지만 여전히 자식이 없었습니다. 하나님의 약속을 받고 10년이 지났지만 하나님은 자식을 허락하지 않으셨습니다. 큰 민족을 이루기는커녕 자식 없이 죽게 생겼습니다. 아브라함은 더는 기다리지 못하고, 아내 사라의 권유로 여종 하갈과 동침하여 이스마엘을 낳습니다. 그의 나이 86세에 일어난 일입니다.

그런데 이 일이 화근이 되지요. 무슬림은 그들의 조상을 이스마엘로 여깁니다. 본부인인 사라의 자식은 아니지만 아브라함의 장남이기에 무슬림은 자신들이 아브라함의 적자라고 생각합니다. 아브라함은 99세에 할례를 받고 1년 뒤 백 살에 드디어 이삭을 낳았습니다. 그는 175세에 세상을 떠납니다. 여기까지가 아브라함의 인생입니다.

아브라함의 일생에서 중요한 사건은 창세기 22장에 나옵니다. 하

〈 아브라함의 인생 〉

- 75세 : 아버지 집을 떠남
- 85세 : 하갈을 얻음
- 86세 : 이스마엘 출생
- 99세 : 할례
- 100세 : 이삭 출생
- 175세 : 죽음

나님의 약속, 믿음과 순종이 아브라함 이야기의 핵심입니다. 아브라함은 기다리지 못해 이스마엘을 낳았지만 여전히 그가 믿음과 순종의 사람인지 알아봐야 했습니다. 그래서 하나님은 이삭에 대한 시험을 했습니다. 과연 아브라함은 약속을 지킬 믿음의 사람인가? 만약 이 테스트를 통과하지 못하면 아들을 주어봤자, 그러니까 '생육과 번성'을 주어봤자 '노아의 방주'나 '바벨탑' 꼴이 나기 십상이었습니다.

어느 날, 하나님께서 아브라함을 불렀습니다. 하나님은 아브라함에게 너무나 소중한 아들 이삭을 번제로 바치라는 명령을 내렸습니다. '생육과 번성'의 입장에서는 안 될 말이었습니다. 100세에 기적적으로 얻은 아들이었습니다. 이삭을 태워 바치면 하나님의 뜻인 '생육과 번성'은 끝입니다. 아브라함은 혼란스러웠습니다. 그러나 순종하기로 작정했습니다. 아브라함은 모리아산으로 올라가 아들 이삭을 죽여 하나님께 바치기로 했습니다.

그러나 아브라함의 칼이 이삭의 심장에 꽂히기 직전에 하나님은 아브라함을 말렸습니다. 아브라함은 테스트를 통과했습니다. 아직 '생육과 번성'이 다 주어지지 않았지만 하나님께 순종했습니다. 이제 아브라함에게 얼마든지 '생육과 번성'이 이루어져도 됩니다. 인간적인 방법이 아닌 하나님의 뜻에 순종했기 때문입니다.

만약 아브라함이 아들을 아껴서 도망쳤다면 아브라함에게 '생육과 번성'은 저주가 되었을 것입니다. 하나님의 방식이 아니니까요. 아브라함을 해칠 수 있고 그 후손들을 망칠 수 있었습니다. 그러나 아브라함은 시험에 통과했기에, 결국 그는 '생육과 번성'을 얻게 됩니다. 아브라함은 이삭 말고도 자녀를 많이 낳았습니다(창 25장). 사라가 죽은 뒤에 아브라함은 제일 먼저 새장가를 들었습니다. '그두라'라는 후처를 얻었습니다. 그녀를 통해 아브라함은 여섯 명의 아들을 얻습니다.

다음은 이삭입니다. 이삭의 키워드는 '번성'입니다. 그는 농사로 백 배의 소출을 얻어냅니다(창 26:12). 창세기 26장 전체가 이삭이 축복받는 이야기입니다. 번성은 했으나 생육은 쌍둥이가 전부였습니다. 그 마저도 자기들끼리 싸웠습니다. 아브라함과 사라는 열 살 차이가 났습니다(창 17:17). 사라가 127세에 죽었으니까(창 23:1) 이삭의 나이 37세에 어머니를 잃었습니다. 이삭은 사귀는 여자도 없었습니다. 그때까지도 어머니 품에 있었습니다.

아브라함은 종을 시켜 이삭도 장가를 가게 했습니다. 그의 나이 40세에 리브가와 결혼했습니다. 어머니를 여의고 3년간 슬프게 지낸 이삭에게 리브가는 큰 위로가 되었습니다. 이삭은 결혼하고도 20년간 자녀가 없었습니다. 그러다가 60세에 쌍둥이를 낳았습니다. 아브라함은 175세에 죽었으니(창 25:7), 이삭이 쌍둥이를 낳고서도 15년을 더 살았습니다.

아브라함은 그의 말년에 손자인 에서와 야곱이 티격태격했단 얘기를 들었을 겁니다. 야곱이 팥죽으로 장자권을 사고, 이삭한테 축복을 받았다는 소식도 전해 들었겠죠. 그런데도 아브라함은 이삭의 삶에 개입하지 않았습니다. 대부분의 재산을 이삭에게 주었고(창 25:5), 첩 그두라의 자식들에게도 몫을 떼어주었습니다(창 25:6). 아브라함이 죽은 후 이삭과 이스마엘이 장례식을 치렀습니다(창 25:9). 이삭은 어려움이나 갈등 없이 번성하며 살았습니다.

그다음은 '생육과 번성'의 대표적인 주자 야곱입니다. 이삭의 나이 60세에 형 에서와 간발의 차이로 태어난 야곱은 형의 약점을 노려 장자권을 사고 아버지를 속여 장자의 축복을 얻어냈습니다. 인간적인 방식으로 '번성'하려고 했지만 야반도주하며 형에게서 피해야 했습니다. 그가 도망친 곳은 어머니의 친정이었습니다. 그곳에서 삼촌 라반에게 당하기만 했습니다. 그래도 야곱은 사랑하는 라헬을 얻었고, 언니 레아와 여종들까지 모두 4명의 아내와 총 12명의 아들을 낳았으니 '생육'하는 데는 성공했습니다.

그렇다면 야곱은 언제 요셉을 낳았을까요? 요셉이 나이 서른에 이집트의 총리가 되었고(창 41:46), 7년의 풍년에 이어 7년의 흉년 중에 2년쯤 되었을 때 야곱의 가족은 요셉의 도움으로 이집트 이민을 왔습니다. 그러면 요셉의 나이가 39세입니다. 야곱은 바로를 만나서 자신의 나이가 130세라고 했습니다(창 47:9). 그러니까 야곱의 130세에 요셉의 나이 39세를 빼면 야곱은 91세에 요셉을 낳았습니다(130-39=91).

야곱은 몇 세에 결혼했을까요? 야곱은 요셉을 낳은 그해에 삼촌에게 고향에 가겠다고 선언했습니다(창 30:25). 그때는 라헬과 레아를 위해서 14년, 삼촌 라반을 위해서 6년, 도합 20년 동안 라반의 집에서 일한 뒤였습니다(창 31:41). 야곱은 삼촌의 집에서 일한 지 7년 만에 결혼했습니다. 그러니까 요셉을 낳은 91세에서 20년을 빼면 71세, 즉 야곱은 71세에 삼촌의 집에 도착했고, 라헬에게 반한 지 7년 뒤에 결혼했으니 야곱은 78세에 결혼했다는 계산이 나옵니다. 야곱은 40세에 결혼한 이삭보다 훨씬 늦은 나이에 장가를 들었습니다. 야곱은 인간적인 계산과 술수로 '생육하고 번성' 하려 했지만, 결혼도 늦었고 재산도 빼앗길 뻔한 참으로 파란만장한 인생이었습니다.

〈 야곱의 인생 〉

- 71세 : 고향을 떠나 삼촌의 집에 도착
- 78세 : 레아와 결혼, 7일 후 라헬과 결혼
- 91세 : 요셉 출생
- 130세 : 바로 만남 (요셉 39세)
- 147세 : 죽음

창세기의 마지막 주인공은 요셉입니다. 요셉을 따라 다니는 키워드는 아브라함처럼 '믿음과 순종' 입니다. 아브라함이 시험을 받았다면 요셉은 그의 형들을 시험했습니다. 아버지의 사랑을 독차지하던 요셉은 형들에 의해 이집트에 팔려갔지만 갖은 고생 끝에 이집트의 총리가 됩니다. 요셉은 바로 왕의 꿈을 해석하여 총리가 되어 전 세계에 닥칠 7년 풍년과 7년 흉년을 대비하게 했습니다.

가나안에 살던 야곱 일가는 흉년이 오자 2년을 버티지 못했습니다.

양식이 있다는 소문을 듣고 야곱의 아들들이 이집트에 찾아왔을 때 실권자는 총리 요셉이었습니다. 요셉은 형들을 알아보았으나 정체를 밝히지 않고 여러 가지 테스트를 했습니다. 자신을 팔아버린 잔인한 형들이 믿을 만한 사람들로 변했는지 알아보았지요. 넷째 유다의 지혜로운 대답(창 44장)을 통해서 시험은 넘어갔고, 야곱 일가 총 70명은 이집트로 이민을 오게 됩니다(창 46:27).

〈 요셉의 인생 〉

- 17세 : 이집트에 팔려감
- 30세 : 이집트의 총리가 됨
- 37세 : 7년의 풍년 끝
- 39세 : 2년의 흉년 후에 형들을 만남
- 110세 : 죽음

요셉은 죽을 때 유해를 고향인 가나안으로 가져가라는 유언을 했습니다(창 50:25). 요셉은 17세에 이집트에 와 죽을 때까지 그곳에서 살았습니다. 가나안보다 이집트에서 더 오래 살았고 이집트의 문화와 환경에 익숙했습니다. 그는 이집트의 총리였습니다. 이집트에 묻히면 성대한 무덤과 함께 후대의 존경을 받을 텐데 이상하게도 요셉은 뼈라도 가나안으로 가기를 바랐습니다.

흉년 2년에 야곱 일가가 이집트에 왔으니 흉년이 끝난 뒤에 고향으로 돌아가도 되는데 그들은 이집트에 눌러 앉았습니다. 요셉의 유언은 곧바로 이행되지 못하고 야곱의 자손들은 이집트에 자리 잡고 살면서 세월이 흘렀습니다. 가나안은 먼 나라가 되어버렸습니다. 창세기는 이렇게 황망하게 끝납니다.

　창세기를 정리해보면 1장에서 11장까지는 창조의 이야기와 아담에서 노아까지의 이야기, 노아로부터 아브라함까지의 자손들을 통해 '생육과 번성'의 인류를 보여줍니다. 그러나 인간에게 죄가 들어왔고, 그 것은 노아의 홍수와 바벨탑의 언어가 갈라진 사건을 통해 인간적인 방법이 올바르지 않다는 사실을 알려줍니다. 12장부터는 하나님의 뜻대로 순종할 아브라함과 이삭, 야곱, 요셉이라는 그의 자손 이야기를 통해 '생육과 번성'이 어떻게 이루어지는지를 보여주었습니다. '생육과 번성'이 인간적인 술수와 방법으로 이루어지는지, 믿음과 순종을 통한 것인지 보여주는 창세기였습니다. 과연 그들은 약속의 땅으로 돌아갈 수 있을까요?

〈 창세기 정리 〉	
키워드	생육과 번성, 믿음과 순종
주요 인물	아담, 노아, 아브라함, 이삭, 야곱, 요셉
주요 사건	창조, 홍수, 바벨탑
주요 내용	▶ 1-11장 : 창조와 족장들 이전 이야기 　1-2장 : 창조 　3-5장 : 타락 　6-10장 : 홍수 　11장 : 바벨탑 ▶ 12-50장 : 믿음의 조상들 이야기 　12-23장 : 아브라함 　24-26장 : 이삭 　27-36장 : 야곱 　37-50장 : 요셉

율법을 연
모세 시대에서
사사 시대까지의
히스토리

Bible
History

*　*　*　*　*　*

　　야곱의 가족 70명이 이집트로 이민을 갔습니다. 당시 이집트는 선진국이었습니다. 그러나 야곱은 출세나 자녀교육을 위해서 이집트에 간 것이 아니었습니다. 가나안 땅의 기근으로 양식을 구하러 아들들을 보냈다가 이집트의 총리가 된 요셉을 만나 이민초청을 받은 것이었죠. 이집트에서 야곱이 죽고, 요셉도 죽으면서 창세기가 끝납니다.

　　야곱은 130세에 바로 왕을 만났습니다. 그때는 흉년이 2년 동안 계속되던 때였습니다. 5년이 지나 야곱의 나이 135세에 흉년은 끝났습니다. 야곱은 그때라도 고향으로 돌아갈 수 있었습니다. 너무 고령이라 움직이기 힘들 거라고요? 180세까지 살았던 이삭에 비하면 창창한 때였습니다. 흉년이 끝나고도 야곱과 식구들은 이집트를 떠날 생각을 않습니다.

　　요셉이 110세에 죽었는데 요셉의 나이 44세에 흉년이 끝났습니다.

그 뒤로도 요셉이 죽으려면 66년이나 남았으니 그들이 꿈쩍도 하지 않은 것은 어찌 보면 당연한 일처럼 여겨질지도 모릅니다. 세월이 흘러가는 동안 '생육과 번성'이 일어났습니다(출 1:7). 무려 430년의 시간을 건너뛰지요(출 12:41). 그들은 어떻게 되었을까요? 70명이었던 야곱의 가족은 20세 이상의 남자만 60만 명으로 불어났습니다(출 38:26). 안타깝게도 그들은 모두 이집트의 노예가 되어버렸지만요. 이제 〈출애굽기〉가 시작됩니다.

창세기 32장에서 야곱은 '이스라엘'이란 이름으로 바뀌었습니다. 야곱의 열두 아들은 이스라엘 12지파가 되었습니다. 이스라엘의 아들 중에 레위라는 아들이 있었습니다. 레위의 후손은 대대로 제사장 가문이 됩니다. 레위는 아들을 셋 낳았는데 둘째가 고핫입니다. 고핫의 장남 아므람이 요게벳과 결혼했습니다(출 6:16-20).

그들이 큰딸 미리암을 낳고, 장남 아론을 낳을 때만 해도 이집트 당국이 이스라엘 민족을 죽이는 일은 없었습니다. 그런데 막내 모세가 태어났을 때 바로 왕은 히브리 여인이 해산할 때 아들을 낳으면 강물에 던지라는 명령을 내렸습니다. 노예의 숫자를 억제하려는 정책이었습니다. 살아 있는 아기를 물에 던지기란 쉽지 않았습니다. 그러나 왕의 명령은 절대적이었습니다. 하는 수 없이 요게벳은 하늘의 뜻에 아기 모세의 운명을 맡긴 채 갈대 상자에 역청과 송진을 바르고 아기를 넣어 강에 띄우지요. 태어난 지 고작 석 달이었을 때였어요.

야곱(이스라엘) → 레위 → 고핫 → 아므람(+요게벳) → 미리암, 아론, 모세(1녀 2남)

마침 그때 강에서 목욕하던 애굽 공주의 눈에 갈대 상자가 보였고, 아기는 공주의 양아들이 됩니다. 공주는 '물에서 건져냈다' 는 뜻의 모세라는 이름을 지어줍니다. 모세는 왕실에서 잘 살았습니다. 그러다가 우발적으로 이집트 사람을 살해하고 광야로 도망갔습니다. 그의 나이 마흔이었습니다. 모세는 미디안 광야에서 십보라를 만나 아들을 낳고 살았습니다. 그렇게 40년의 세월이 무심히 흘러갑니다.

어느 날, 양 떼를 몰고 광야를 지날 때 모세는 이상한 광경을 보았습니다. 떨기나무에 불이 붙었는데 금방 재가 될 것 같은 나무는 맹렬히 타오르고 있었습니다. 불은 붙었는데 나무는 타지 않았습니다. 이상히 여겨 가까이 갈 때 음성을 듣게 됩니다. 하나님이었습니다.

모세가 광야에서 이름 없이 사는 동안 이스라엘 자손들은 고생이 심했습니다. 그들의 탄식과 부르짖음을 듣고 하나님께서 마침내 움직이기 시작한 것이지요. 이스라엘이 이집트에 들어간 것도, 다시 그곳을 나온 것도 모두 하나님께서 하신 일입니다. 그런데 그들이 노예가 된 것은 운명의 장난이었습니다. 요셉은 이민 온 가족들을 이집트 사람과 격리된 '고센' 이란 땅에 배정했는데, 그야말로 고생한 땅이 되지요. 요셉은 이집트 사람에게 자신의 가족들이 거리끼는 직업을 갖고 있다고 소개했습니다(창 46:34). 흉년만 지나면 가나안으로 돌아갈 거란 계산이었습니다. 모든 예측은 빗나갔습니다. 그렇게 400년의 세월이 흘렀고, 모세가 광야에서 살던 40년은 이스라엘 자손들의 고통이 극에 달했던 시기였습니다.

이스라엘은 노예였지만 민족의식은 잊지 않았습니다. 그들만의 언어인 히브리어를 썼고, 할례 같은 고유한 풍습을 유지했습니다. 이집트나 이민족들과도 분별되는 그들만의 특별함을 지켜나갔습니다. 그것이 바로 여호와 신앙이었습니다.

때로는 다른 종교와 결합되어 이집트의 다신관을 받아들이거나, 금송아지 우상 숭배를 한다거나(출 32장), 가나안 땅에서 우상을 받아들이기도 했으나, 그런데도 그들 마음 깊은 곳에는 여호와 신앙이 있었기에 올바른 지도자가 나타나기만 하면 하나님께 돌아올 수 있었습니다. 그래서 그들은 하나님께 부르짖었고, 하나님은 모세의 나이 팔십에 드디어 움직이기 시작했습니다.

> "여러 해 후에 애굽 왕은 죽었고 이스라엘 자손은 고된 노동으로 말미암아 탄식하며 부르짖으니 그 고된 노동으로 말미암아 부르짖는 소리가 하나님께 상달된지라. 하나님이 그들의 고통 소리를 들으시고 하나님이 아브라함과 이삭과 야곱에게 세운 그의 언약을 기억하사 하나님이 이스라엘 자손을 돌보셨고 하나님이 그들을 기억하셨더라"(출 2:23-25).

〈출애굽기〉의 키워드는 바로 '언약'입니다. 모세를 통해서 언약을 주시고 실천하기를 기대했습니다. 그래서 〈출애굽기〉를 읽을 때는 이스라엘 민족이 노예로 전락한 것과 모세의 지도로 이집트에서 탈출하는 내용을 주목해야 합니다. '언약'이란 지켜야 하는 것입니다. 어기거나 바꾸어서는 성립될 수 없습니다. 하나님은 400년의 긴 세월을 기다려서 언약을 주셨고, 그것을 지키게 함으로써 하나님 나라의 백성으로 삼았습니다.

"세계가 다 내게 속하였나니 너희가 내 말을 잘 듣고 내 언약을 지키면 너희는 모든 민족 중에서 내 소유가 되겠고, 너희가 내게 대하여 제사장 나라가 되며, 거룩한 백성이 되리라. 너는 이 말을 이스라엘 자손에게 전할지니라"(출 19:5-6).

여기에서 우리는 〈출애굽기〉, 〈레위기〉, 〈민수기〉, 〈신명기〉, 〈여호수아〉, 〈사사기〉를 관통하는 중요한 키워드를 발견하게 됩니다. 방금 말했던 '언약'과 '제사장 나라' '거룩한 백성'이 그것입니다. 국가에는 세 가지 요소가 있습니다. 국민, 영토, 주권입니다. 이스라엘에 이 세 가지 요소가 있을까요? 있습니다. 60만 명이 넘는 이스라엘 국민이 있습니다. 여자와 아이, 노인들까지 하면 300만 명이라는 숫자입니다. 이 숫자의 내용은 〈민수기〉에 나옵니다. 영토는 어디일까요? 현재는 없지만 젖과 꿀이 흐르는 땅, 가나안이 그곳입니다(출 3:8). 가나안 땅에 들어가는 내용은 〈여호수아〉와 〈사사기〉에 자세히 다루게 됩니다.

주권은 무엇일까요? '주권'(主權)이란 '주인 된 권리, 즉 국가의 의사를 최종적으로 결정하는 권력'을 말합니다. 어떤 국가든지 주권은 헌법에 명시되어 있습니다. 우리나라 헌법의 1조는 "대한민국은 민주공화국이다. 대한민국의 주권은 국민에게 있고, 모든 권력은 국민으로부터 나온다"라고 명시되어 있습니다. 그렇다면 이스라엘의 주권은 어디에 나올까요? 바로 율법에 있습니다. 출애굽기 20장에서 모세는 시내산에 올라가 십계명을 받습니다. 〈출애굽기〉, 〈레위기〉는 율법에 대한 이야기입니다. 그렇게 언약, 제사장 나라, 거룩한 백성이라는 키워드로 성경을 읽어나갈 수 있습니다.

출애굽 경로와 십계명

요셉 이후에 400여 년의 세월이 흘렀습니다. '생육과 번성'의 관점에서 보면 생육은 잘했습니다. 그러나 번성은 많이 아쉬웠습니다. 환난과 핍박으로 가득했거든요. 세월이 흐르면서 요셉의 은혜를 잊어버린 이집트의 새로운 왕조는 이스라엘 민족을 노예로 만들어버렸습니다. 고통 속에서 부르짖는 그들에게 하나님은 모세를 출동시켰습니다. 당시 이집트의 왕 바로는 고집 세기가 황소보다 강해 말로는 이스라엘 자손들을 풀어줄 것 같지 않았습니다. 하나님은 열 가지 재앙을 내렸습니다.

10가지 재앙 (출 7-11장)	피 - 개구리 - 이 - 파리 - 악질 - 독종 - 우박 - 메뚜기 - 흑암 - 장자의 죽음

마지막 장자의 죽음에서 유월절(passover)이 유래되었습니다. 유월절이란 죽음이 넘어간다는 의미입니다. 이집트의 모든 장자는 죽었지만 이스라엘 자손의 장자는 다 살았습니다. 이스라엘의 아들들을 죽였던 이집트가 자기 아들들의 죽음은 막지 못했습니다. 하나님은 이스라엘의 장자들은 하나님의 것이라 선언했습니다(출 13:2). 이후 유월절은 이스라엘 백성들에게 매우 중요한 절기가 됩니다. 예수님께서 십자가에 못 박혀 죽으신 때도 유월절 절기였습니다(눅 22:7).

이집트의 장자가 죽으면서 10가지의 재앙이 끝나고 이스라엘의 노예생활도 끝납니다. 바로 왕이 이스라엘 백성들을 풀어주거든요. 이스라엘 백성들은 고센 땅에서 당당하게 출발하여 이집트를 빠져나갑니다. 모세는 약속대로 요셉의 유골을 가지고 나갑니다(출 13:19). 출애굽기를 읽으면서 출애굽의 경로를 잘 살피는 것도 도움이 됩니다(〈도표 5〉 참조).

출애굽기 20장은 매우 중요합니다. 십계명이 나오거든요. 그리고 그 계명을 시작으로 〈레위기〉, 〈민수기〉, 〈신명기〉에서 나오는 많은 계명이 다 연결됩니다. 십계명의 내용은 〈도표 6〉과 같습니다.

그 외에도 여러 가지 계명이 있는데 제물을 바치는 법, 제단을 돌로 쌓는 법, 종에 관한 법, 폭력에 관한 법, 배상에 관한 법, 성에 관한 법, 판결에 관한 법, 안식년과 안식일에 관한 법, 3대 절기(무교절, 맥추절, 수장절)에 관한 법 등이 있고, 성막을 어떻게 지을 것인지, 크기와 형태, 재료에 대한 자세한 사항이 나와 있습니다. 제사장을 누구로 세우고, 어떤 옷을 입으며, 제사와 관련된 기구들이 무엇인지에 대해서도 언급합니다.

모세는 십계명을 들고 산에서 내려옵니다. 그런데 산 아래 이스라엘 백성들 사이에서 뜻밖의 일이 벌어지고 있었습니다. 모세가 시내산에 머문 기간은 40일이었습니다. 모세가 없던 40년 노예생활을 잘도 참아낸 그들이 모세가 없는 40일을 못 참고 아론에게 몰려갔습니다. "모세가 죽었는지도 모르니 우리를 인도할 신을 만들어라!" 그들의 요구에 아론은 금 고리를 모으게 했습니다. 그것을 녹여서 송아지 우상을 만들지요. 금은 가장 비싸고 귀한 광물이었고, 송아지는 가장 힘이 세

〈도표 5〉 출애굽 경로와 그 주요 내용

출애굽 경로	내 용
고센 (9:26)	이집트에 내렸던 재앙이 이스라엘이 사는 땅에 내리지 않음
라암셋 (12:37)	이스라엘이 출발한 지역. 라암셋은 고센 땅 안의 지역 이름
숙곳 (12:37-41)	60만 명이 누룩 없는 빵을 가지고 출발. 430년 노예생활의 끝
에담 (13:20-22)	낮에는 구름기둥, 밤에는 불기둥으로 지켜주심
비하히롯 (14:2)	바알스본 맞은쪽. 바로가 군대를 데리고 추격함
홍해 (14:10-31)	모세가 지팡이를 내밀자 바다가 갈라져 마른 땅이 됨
수르광야 (15:22)	물을 찾지 못함
마라 (15:23-26)	물이 써서 못 마심. 단물로 바꿈. 치료하시는 여호와(여호와 라파)
엘림 (15:27)	오아시스. 샘 12개와 종려나무 70그루가 있음
신광야 (16장)	만나가 내리기 시작. 메추라기도 먹을 수 있었음
르비딤 (17:1-16)	바위를 쳐서 물 나옴. 므리바, 맛사라고도 부름. 아말렉과 전쟁
시내 광야 (19:1)	가장 오래 머문 곳. 시내산에서 십계명을 받음

고 유용한 동물이었기에 이 둘을 합치니 이상적인 신이 되는 겁니다.

이스라엘을 제사장의 나라로 만들 위대한 언약을 받은 모세가 얼마나 황당했을까요? 십계명 돌 판을 그 자리에서 깨어버릴 정도로 분노했습니다. 모세뿐이겠습니까? 하나님은 이스라엘 백성을 모두 없애고, 모세로부터 다시 시작하고 싶었습니다. 그러나 모세는 "그들의 죄를 용서해주시지 않으면 저를 생명책에서 지워주십시오"라고 기도했습니다(출 32:32). 지도자다운 모습이었습니다.

이스라엘 백성들 중에 3천 명이 처형됩니다. 형벌은 레위 지파가 앞

〈도표 6〉 출애굽기 20장에 나오는 십계명의 내용

계명 (절)	내 용
제1계명 (3절)	너는 나 외에는 다른 신들을 네게 두지 말라
제2계명 (4-6절)	새긴 우상을 만들지 말고 그것들을 섬기지 말라
제3계명 (7절)	너는 네 하나님 여호와의 이름을 망령되게 부르지 말라
제4계명 (8-11절)	안식일을 기억하여 거룩하게 지키라
제5계명 (12절)	네 부모를 공경하라
제6계명 (13절)	살인하지 말라
제7계명 (14절)	간음하지 말라
제8계명 (15절)	도둑질하지 말라
제9계명 (16절)	네 이웃에 대하여 거짓 증거하지 말라
제10계명 (17절)	네 이웃의 집을 탐내지 말라

장서서 했습니다. 이 일을 계기로 그들은 제사장 지파가 됩니다. 사람을 죽이는 일로 시작했지만 그들의 업(業)은 죄에 대한 의로운 분노로 소와 양을 죽이는 희생 제사를 담당하는 업(業)을 갖게 되었습니다. 〈출애굽기〉는 계명과 율례, 회막의 완성에 대한 기록으로 끝을 맺습니다.

Bible History
/ 레 / 위 / 기 /

분별과 거룩을 위한
제사법과 제사장

하나님과 만나기 위해서는 성전이 필요했으나 솔로몬 때 성전이 지어지기 전까지는 성막을 통해 하나님을 만났습니다. 그래서 성막을 회막(會幕)이라고도 했습니다. 성막은 천으로 지어졌습니다. 광야에서 이동생활을 하는 이스라엘이 하나님을 만나려면 고정되지 않고 운반이 가능해야 했습니다. 비록 천으로 지었지만 성막에 대한 상세한 규정과 정교한 만듦새가 있어야 했습니다. 손재주가 비상한 브살렐, 오홀리압이 회막을 만들었습니다(출 35:30-34).

회막이 완성된 후에도 아무나, 아무 때나, 아무렇게나 들어가서는 안 되었습니다. 인간은 죄인이고 하나님은 거룩하시기에 인간이 하나님을 만나면 죽게 되거든요. 방법이 필요했고, 그것이 바로 제사입니다. 레위기는 이 제사법에 유념해서 읽어야 합니다. 이스라엘의 5대 제

Section2
율법을 연 모세 시대에서 사사 시대까지의 히스토리 073

사 이름과 그 제사 내용은 〈도표 7〉과 같습니다.

이 5대 제사 외에도 다양한 제사가 있었습니다. 그렇다면 제사를 드릴 사람이 필요하겠죠? 그들이 바로 제사장입니다. 레위 지파에서 제사장이 나오지만 레위 지파라고 무조건 제사장이 되는 건 아니었습니다. 아론이 제1대 대제사장이 되고, 그의 아들들이 제사장을 이어받았습니다. 최초의 제사가 시작되었습니다. 아론이 드린 제사는 훌륭했습니다. 속죄제를 드렸고, 번제로 짐승을 살라 바쳤으며, 백성들을 위한 희생 제물과 화목제까지 어느 것 하나 허투루 하지 않았습니다. 불이 내려 모든 제물을 태우는 것으로 첫 번째 제사는 잘 마무리되었습니다(레 9장).

그런데 바로 이어 아론의 장남과 차남인 나답과 아비후가 제사를 지내다가 불에 타 즉사했습니다. 향을 피울 때 금지된 불을 사용한 것이 원인이었습니다(레 10장). 나답과 아비후는 나름대로 정성껏 불을

〈도표 7〉 레위기에 나오는 이스라엘의 5대 제사와 그 내용

제사 이름 (구절)	제사 내용
번제 (1:1-17)	짐승을 제단 위에 올려서 태워 드리는 제사
소제 (2:1-16)	곡식 제물로 드리는 제사 누룩, 꿀을 넣어서는 안 되고 소금, 기름, 향을 넣어서 드린다
화목제 (3:1-17)	바칠 제물의 머리 위에 손을 얹고 드린다 일부는 번제로 태워드리고 나머지는 먹을 수 있다
속죄제 (4:1-5:13)	죄를 짓거나 실수한 사람들이 바치는 제사
속건제 (5:14-6:7)	거룩한 제물에 대해서 잘못할 경우에 바치는 제사

준비했을 겁니다. 하나님을 욕되게 하려는 의도가 없었습니다. 그러나 그것은 금지된 불이었고, 그들의 죽음으로 제사는 멈추게 되었습니다. 여기에서 우리가 알 수 있는 것은 제사장은 한 치의 흐트러짐도, 율법의 규정 하나라도 어기면 안 된다는 사실입니다. 레위기의 키워드는 '분별'입니다.

"그리하여야 너희가 거룩하고 속된 것을 분별하며 부정하고 정한 것을 분별하고"(레 10:10).

무엇을 분별해야 하는 것일까요? '거룩'과 그 밖의 것입니다. 왜 그래야 하죠? 하나님은 거룩하신 분이고 이스라엘은 거룩한 백성이 되어야 하기 때문입니다. 레위기는 제사법, 제사장 규례와 더불어 분별에 대한 다양한 율법이 나열되어 있습니다. 아무리 제사장의 장남, 차남이라 해도 예외 없이 지켜야 할 법이었습니다. 제사, 제물, 음식법, 피부병, 정결 예식, 성관계에 관한 법과 속죄일, 안식일, 유월절, 초막절, 희년 등의 절기에 대한 자세한 내용을 분별과 거룩의 관점에서 읽으면 〈레위기〉를 이해하는 데 도움이 될 것입니다.

행군을 위한 백성의 숫자

〈민수기〉(民數記)는 이름부터가 백성(民)의 숫자(數)를 기록했다 (記)는 의미입니다. 이집트에서 나온 지 1년이 지난 제2년 2월 1일이 되었을 때 그들은 시내 광야에 머물고 있었습니다(민 1:1). 거기에서 인구를 조사합니다. 20세 이상으로 군대에 갈 수 있는 남자들을 계수하되 지파별로 숫자를 세었습니다. 그 숫자가 603,550명이었습니다. 여기에는 레위 지파의 숫자 22,000명은 제외되었습니다. 그들은 제사와 성막의 일을 담당했기 때문입니다.

장자는 하나님의 소유였습니다. 그 당시 이스라엘 모든 장자의 숫자는 22,273명, 레위 지파의 숫자는 22,000명, 그 차이는 273명이었습니다. 레위인은 군대 의무가 면제된 대신에 장자처럼 하나님께 바쳐져 일을 해야 했습니다. 그런데 273명이 모자랍니다. 이들은 1인당 5세겔씩을 내는 것으로 충당했습니다. 이것이 '속전' 입니다. 속전은 히브리어로 '코페르' 라고 하며, '갚는다' 거나 '가린다' 는 뜻이 있습니다. 가난한 자나 부자나 할 것 없이 5세겔의 속전을 바치는 것으로 장자 역할을 갈음했습니다. 정밀한 계산을 엿볼 수 있습니다(민 3:46-47).

이렇게 이스라엘의 인원을 센 데는 이유가 있었습니다. 효율적인 행군 때문이었지요. 평소에는 각자의 장막에서 쉬다가 나팔 소리를 신호로 출발합니다. 므리바에서 뒤처진 사람들이 아말렉에게 당한 전력이 있었습니다(출 17장). 그 뒤 정확한 이스라엘의 인구가 계수되었고, 스무 살 이상의 군인들이 전체 진영을 사방으로 감싸고 있어서 그런 문제를 예방할 수 있게 되었지요. 행군 시 이스라엘 각 지파의 위치 편성표는 〈도표 8〉과 같습니다.

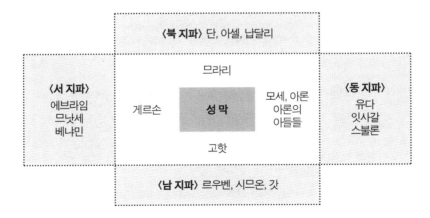

〈도표 8〉 행군 시 이스라엘 각 지파 위치 편성도

〈북 지파〉 단, 아셀, 납달리

〈서 지파〉
에브라임
므낫세
베냐민

므라리

게르손

성 막

모세, 아론
아론의
아들들

고핫

〈동 지파〉
유다
잇사갈
스불론

〈남 지파〉 르우벤, 시므온, 갓

제사에 대한 계율과 제사장 자손들의 임무, 제사장의 축복이 언급된 뒤에, 드디어 백성들은 시내 광야에서 출발합니다. 그때가 출애굽 제2년 2월 20일입니다(민 10:11). 2월 1일에 시작한 인구조사는 20일 동안에 완료되었습니다. 〈민수기〉에 기록된 광야의 경로는 〈도표 9〉와 같습니다.

바란 광야의 가데스 바네아에서 가나안 땅으로 정탐을 간 12명의 대표는 정확한 정보를 제공했습니다. 그렇지만 해석이 분분했습니다. 땅은 좋으나 거기에 있는 원주민들이 너무나 거대해서 이스라엘은 메뚜기에 불과하다는 견해와 들어가기만 하면 이길 것이고, 그들은 우리의 밥에 불과하다는 주장이 있었습니다. 아쉽게도 10명의 부정적인 반

〈도표 9〉 민수기에 기록된 광야의 이동 경로

지 역	주요 내용
출애굽기의 경로	고센(라암셋) → 숙곳 → 에담 → 비하히롯 → 홍해 → 수르 광야 → 마라 → 엘림 → 신광야 → 르비딤 → 시내 광야 → 다베라
다베라 (11:1-3)	이스라엘 백성들의 불평. 불이 나와 살라버림
기브롯 핫다아와 (11:31-34)	이스라엘 백성들의 불평. 메추라기 고기 씹는 중에 죽음
하세롯 (11:35)	모세가 구스 여인과 결혼. 미리암이 문둥병에 걸림
바란 광야 (12:16)	가나안 땅을 정탐할 12명을 뽑음 여호수아, 갈렙 제외 부정적인 반응
모압 평야 (21장, 33:48)	요단강을 건너기 바로 전에 가나안 동쪽인 시혼과 옥을 이김
이집트에서 출발해서 요단강을 건너기 전까지의 경로는 민수기 33장에 자세히 나와 있음	

응에 이스라엘 백성들이 넘어가서 이후 40년간의 지루한 광야생활로 이어지게 됩니다.

〈민수기〉는 고라, 다단, 아비람의 반역과 아론의 지팡이에 싹이 난 이야기, 미리암이 가데스에서 죽는 이야기(민 20:1)와 아론이 호르산에서 죽는 이야기(민 20:28), 모압 왕 발락이 예언자 발람을 매수해서 이스라엘을 저주하려다가 오히려 복을 빌게 된 이야기, 40년의 광야생활 후반부에 두 번째 인구조사를 해서 그 인원이 601,730명이라는 것(민 26:51), 다양한 제사와 절기에 대한 것과 가나안의 땅과 재산에 대한 분배를 순서대로 이야기하면서 마치게 됩니다.

출애굽기, 레위기, 민수기를 복습하기

〈신명기〉는 거듭 신(申)과 명령 명(命)을 씁니다. 하나님의 명령과 규례를 거듭 반복하고 있습니다. 성경은 반복하고 강조하는 경향이 있습니다. 그래서 우리가 성경을 어렵고 지루하게 느끼게 됩니다. 간략하게 해도 될 것 같은데 자꾸 반복하니까요. 신명기를 읽으면 같은 얘기가 나와서 지루해 보이지만 그렇지 않습니다. 〈신명기〉는 단순한 반복이 아닙니다. 모세는 광야생활 40년을 정리하면서 새로운 세대를 향해 말씀을 선포했습니다.

"모세가 온 이스라엘을 불러 그들에게 이르되 이스라엘아 오늘 내가 너희의 귀에 말하는 규례와 법도를 듣고 그것을 배우며 지켜 행하라. 우리 하나님 여호와께서 호렙산에서 우리와 언약을

세우셨나니 이 언약은 여호와께서 우리 조상들과 세우신 것이
아니요 오늘 여기 살아 있는 우리 곧 우리와 세우신 것이라"(신
5:1-3).

모세는 명령을 복습하면서 40년 전 이집트를 탈출한 첫 세대하고
만 언약을 세운 것이 아니라 현재 살아 있는 광야 세대를 위한 말씀이
라고 강조합니다. 부모 세대에게 들었던 이야기를 모세가 말씀하고 있
으니 얼마나 신선하게 들리겠습니까? 이렇게 다시 반복하여 강조하기
때문에 하나님의 말씀은 세월을 뛰어넘어 오늘 여기에 있는 우리에게
도 유효한 말씀임을 알게 됩니다. 그런 면에서 〈신명기〉는 지루하고 답
답한 이야기가 아니라 나에게 들려주는 생생한 말씀인 것이지요.

모세는 〈신명기〉에서 〈출애굽기〉, 〈레위기〉, 〈민수기〉를 반복하는
데, 특별히 십계명은 거의 '복붙' 수준입니다. 당연하지요. 율법의 핵
심이 십계명이니까요. 그런데 십계명을 잘 보면 뭔가 미세한 변화가 일
어났습니다. 40년의 세월이 지나는 동안 계명의 내용은 그대로인데 시
대정신이 바뀐 것을 알 수 있습니다. 그게 뭘까요? 특히 네 번째 계명

〈 출애굽기 20장 〉		〈 신명기 5장 〉	
11절	이는 엿새 동안에 나 여호와가 하늘과 땅과 바다와 그 가운데 모든 것을 만들고 일곱째 날에 쉬었음이라. 그러므로 나 여호와가 안식일을 복되게 하여 그날을 거룩하게 하였느니라.	15절	너는 기억하라. 네가 애굽 땅에서 종이 되었더니 네 하나님 여호와가 강한 손과 편 팔로 거기서 너를 인도하여 내었나니 그러므로 네 하나님 여호와가 네게 명령하여 안식일을 지키라 하느니라.

"안식일을 기억하여 거룩하게 지키라"의 세부 내용인 안식일을 지켜야 할 이유가 달라졌습니다.

〈출애굽기〉에서는 하나님이 6일 동안 만물을 만드시고 7일째 되는 날 쉬셨기에 안식해야 한다면, 〈신명기〉에서는 이집트의 종인 이스라엘을 하나님이 인도하셨기에 안식일을 지켜야 한다고 명령합니다. 광야에 머물던 세대와 가나안 땅에 들어가는 세대가 가져야 할 시대정신이 달라졌습니다. '창조'의 하나님에서 '구원'의 하나님으로 관점이 새로워졌습니다.

〈신명기〉를 하나의 설교라고 본다면 우리는 새로운 시대정신과 광야 시대의 의미를 읽을 수 있습니다. 출애굽 시대의 정신이 '창조'에 있었다면, 이제는 '구원'이라는 새로운 역사적 장을 열게 된 것이지요. 40년의 광야생활 동안에 그들은 하나님의 계명을 지키는지 아닌지 시험대에 올랐었고, 만나를 통해 하나님의 입에서 나오는 말씀으로 살아야 했습니다. 이것은 예수님이 40일 동안 광야에서 금식한 후에 사탄의 유혹을 물리칠 때 사용된 말씀이기도 합니다(마 4:4 참조). 이제 훈련은 끝나고 약속의 땅에 들어가서도 말씀으로 시험을 이겨야 합니다.

〈신명기〉의 끝부분에는 순종의 복과 불순종의 저주에 대해서 길게 묘사합니다. 모세는 여호수아를 후계자로 세우고(31장), 모세의 노래가 나오며(32장), 모세의 축복이 있은(33장) 후에 모세의 죽음으로 마무리됩니다(34장). 잠깐만요! 모세가 죽었다는 얘기가 나온다고요? 〈신명기〉는 모세가 썼는데 죽었다는 것이 어떻게 기록될 수가 있죠? 이것은 성경이 두루마리에 보관되었다는 것에 착안해 설명할 수 있습니다. 두루마리 성경은 〈신명기〉와 〈여호수아〉의 경계가 따로 없었습니다. 모세는 모든 것을 끝내지 못하고 죽었습니다. 그리고 모세의 후계자들이 모세의 죽음을 장엄하게 마무리해줍니다. 그래서 모세 이후 자연스럽게 〈여호수아〉로 넘어갈 수 있게 되었습니다.

기적의 세대인 여호수아 세대

〈여호수아〉는 "여호와의 종 모세가 죽은 후에"로 시작합니다. 〈신명기〉에서 모세가 죽고, 이제 그의 후계자인 여호수아가 새로운 리더가 됩니다. 이집트에서 태어난 1세대는 모두 광야에서 죽었고, 광야에서 태어난 다음 세대는 약속의 땅 가나안을 눈앞에 두고 있습니다. 오랜 시간이 걸렸네요. 야곱의 식구들이 이집트로 이주해서 430년의 세월이 지나고, 다시 광야생활 40년이 흐른 뒤였지요. 왜 그토록 오래 걸려 다시 가나안으로 돌아와야 했던 것일까요?

그들은 이집트에서도 타민족과 동화되지 않았습니다. 세상의 숱한 민족이 이합집산을 하면서 본래의 모습을 잃어버리곤 합니다. 그런데 이스라엘은 몇 백 년이 지나도 민족의 동질성을 잃지 않았습니다. 그들은 이집트인이 될 수 없었고, 그래서 노예로 전락할 빌미가 되었지요.

이스라엘이 가나안으로 돌아온 이유는 그곳에 조상들이 묻혀 있었기 때문입니다. 아브라함은 사라가 죽은 뒤에 적절한 비용을 지불하고 막벨라 굴을 구입했습니다. 그 후에 아브라함, 사라, 야곱, 레아가 그곳에 안장되었습니다(창 49:31). 요셉의 뼈도 가나안 땅으로 운구됩니다. 막벨라 굴은 헤브론에 있고, 요셉의 유골은 세겜에 장사되었으니(수 24:32), 이스라엘이 조상의 땅으로 향할 수밖에 없는 중요한 이유가 됩니다.

광야에서 태어나 가나안 땅으로 들어간 두 번째 세대를 편의상 '여호수아 세대'라고 부르겠습니다. 여호수아 세대는 '순종'과 '기적'의 세대였습니다. 이집트에서 탈출한 1세대와 비교하면 여호수아 세대는 더 훌륭해졌습니다. 모세 세대가 수동적으로 기적을 받아들였다면, 여호수아 세대는 적극적으로 기적을 일으켰습니다. 1세대가 홍해를 건널 때는 물이 갈라진 후에 들어갔는데, 여호수아 세대는 요단강을 건널 때 먼저 물을 밟아야 했습니다. 물에 휩쓸려 죽을 수 있었으나 순종했습니다. 그러자 기적을 체험하게 됩니다(여호수아 3장).

가나안 땅에 들어온 그들이 제일 먼저 한 일은 할례였습니다. 그런데 할례를 해야 한다면 강을 건너기 전에 했어야죠. 창세기에 보면 시므온과 레위가 여동생 디나에 대한 복수로 세겜 성읍의 남자들을 전멸시킨 일이 있었습니다. 그때 할례를 받은 세겜 남자들은 힘도 못쓰고 죽었습니다(창 34:24-25). 이처럼 할례 때문에 여호수아 세대는 몰살당할 수도 있었지만 순종했습니다. 할례받은 그들에게 누구도 쳐들어오지 못했습니다.

그 이후 여리고성을 함락하고, 아이성을 무찌르고, 기브온과 화친하며, 남방의 아모리 다섯 왕과의 전쟁에서 이기고, 북방의 하솔 왕 야빈의 많은 병거를 완벽하게 물리쳤습니다. 그야말로 기적의 세대였습니다. 여호수아 세대가 정복한 왕은 모두 31왕이었습니다(여호수아 12장).

여호수아 세대는 이렇게 가나안의 중요거점들을 섭렵했습니다. 그리고 땅을 분배합니다. 아직 차지하지 못한 땅은 각 지파가 스스로 확보하라는 뜻이었죠. 구역을 나누고, 땅을 분할하고, 제비를 뽑는 일이 〈여호수아〉 후반부에 일어납니다. 도피성을 비롯한 레위 지파의 성읍들에 대해서 언급하고, 요단강으로 동쪽과 서쪽이 나뉘게 된 백성들이 단을 세웠다가 오해를 샀으나 곧 화해했고, 이후 여호수아의 고별사로 〈여호수아〉는 마무리됩니다.

여호수아는 하나님만 섬기면서 언약을 지키라고 강조했습니다. 백성들은 모두 동의했습니다. 그런데 이상하게도 여호수아는 다짐대로 되지 않을 거라 말했습니다. 백성들은 큰 돌로 굳건한 맹세를 했습니다. 여호수아는 죽고 아론의 셋째 아들인 대제사장 엘르아살도 죽었습니다. 이로써 또 한 시대가 저물었습니다(수 24:33). 여호수아 세대는 모두 사라졌습니다. 남아 있는 다음 세대에게 도전의 시간이 왔습니다. 과연 그들은 잘 해낼 수 있을까요?

사사 시대의 패턴

    잘 해내지 못합니다. 여호수아가 죽고 가나안 땅을 점령하기 시작한 지 얼마 되지 않아 그들은 계속 실패합니다. 그 실패의 이야기가 〈사사기〉입니다. 지도자는 죽었고, 직업은 농사로 바뀌었으며, 유목민에서 정착민으로 변했습니다. 누군들 변화가 두렵지 않겠습니까? 여호수아 세대까지는 어떻게든 하나님의 말씀대로 살려고 했는데, 이 이후에 일어난 세대는 하나님을 떠나기 시작합니다(삿 2:10). 이 새로운 세대를 '사사 세대'라고 합시다.

    사사 세대는 가나안 족속들을 쫓아내지 않았을 뿐만 아니라 그들과 타협하며 섞여 살았습니다. 가나안의 문화를 받아들이고, 통혼했으며, 우상 숭배까지 했습니다. 그러자 가나안의 원주민들은 이스라엘이 별게 아님을 알게 됩니다. 하나님을 믿는 신앙 외에 내세울 게 없는 이스라엘이었습니다. 하나님을 떠난 '사사 시대'는 시시하기 그지없었습니다. 가나안 거민들의 반격이 시작되었습니다. 이스라엘은 재산을 빼앗기고 노예가 되었습니다.

가나안의 다양한 왕이 나타나서 이스라엘을 괴롭히자, 이스라엘 백성들은 하나님께 울부짖었습니다. 하나님은 그들의 소리를 듣고 구원자를 보내시는데, 그들이 바로 사사(士師)였습니다. 사사가 적을 물리치고 평화를 되찾아오면 이스라엘은 또다시 우상 숭배를 하고, 그러면 다시 억압받고, 또 부르짖고, 하나님은 다시 사사를 보냈습니다. 이렇게 반복되는 것이 사사 시대의 패턴입니다.

〈 사사 시대의 패턴 〉

우상 숭배 → 적의 억압(심판) →
부르짖음 → 사사 출동 → 평화 →
우상 숭배 → 적의 억압(심판)

우리는 이 속에서 어떤 사사들이 등장해서, 어떻게 적들을 이겼고, 몇 년간 평화를 지켰는지 살펴볼 필요가 있습니다. 안타깝게도 억압의 기간은 점점 길어졌고, 평화의 시기는 짧아졌습니다. 결국 사사 시대는 그렇게 어두운 막을 내리고 말았습니다. 여호수아 세대에 비해서 사사 세대는 암흑기였고, 억압받는 시대였으며, 불순종의 세대였습니다. 이스라엘 백성들을 보면서 이리 쉽게 변질되기도 하는구나, 하는 허탈함을 느끼게 됩니다.

그렇게 된 원인이 무엇이었을까요? 〈사사기〉는 "그때에 이스라엘

〈도표 10〉 사사 시대에 쓰임받은 사사들의 활약상

성경 장	사사	지파(출신)	고통	평화	적	내 용
3장	옷니엘	유다	8년	40년	메소보다미아	갈렙의 아우, 그나스의 아들
	에훗	베냐민	18년	80년	모압	왼손잡이
	삼갈				블레셋	소모는 막대기로 600명 죽임
4장	드보라		20년	40년	가나안 하솔	여자 사사, 군대 장관 : 바락
6-8장	기드온	므낫세	7년	40년	미디안	별명 : 여룹바알, 300명의 용사
10장	돌라	잇사갈		23년		
	야일	므낫세		22년		아들 30명, 나귀 30마리, 성읍 30개 소유
11-12장	입다	길르앗	18년	6년	암몬	무남독녀를 제물로
12장	입산	베들레헴		7년		아들 30명, 딸 30명
	엘론	스불론		10년		스불론 땅 아얄론에 장사됨
	압돈	비라돈사람		8년		아들 40명, 손자 30명 → 어린나귀 70마리
13-16장	삼손	단	40년	20년	블레셋	나실인, 들릴라

에 왕이 없으므로 사람이 각기 자기의 소견에 옳은 대로 행하였더라"
(삿 21:25)고 진단합니다. 왕이 없는 시대, 기준이 없고 언약을 지키지
않는 시대가 사사 시대였습니다. 어둠 속의 불빛이랄까요? 이어서 사
사 시대를 배경으로 하는 아름다운 사랑 이야기가 나오는데, 사사 시대
와 왕정 시대를 이어주는 가교 역할을 합니다. 바로 〈룻기〉입니다.

시대를 연결하는 다리

사사 시대는 신앙적으로만 어려운 게 아니라 물질적으로도 곤궁했습니다. 가나안 땅에 기근이 왔습니다. 떡집이라고 불리던 베들레헴에도 먹을 것이 없어서 베들레헴 사람들은 힘든 시절을 보내고 있었습니다. 그곳에 살던 엘리멜렉은 아내 나오미와 두 아들을 데리고 기근을 모면하려 모압으로 이민을 갔습니다. 모압에서 엘리멜렉이 먼저 죽고, 결혼한 아들들도 모두 죽고 말았습니다. 그때 마침 베들레헴에 풍년이 왔다는 소식을 듣고, 나오미는 모압 출신 며느리들을 재가시키고 고향에 돌아가려 했습니다. 그런데 며느리 중 하나인 룻이 시어머니를 따라가겠다는 게 아닙니까!

하는 수 없이 나오미는 룻을 데리고 고향 베들레헴으로 돌아왔습니다. 율법에 의하면 최하층인 고아, 과부, 객들을 위해서 추수할 때 떨어진 곡식은 줍지 않고 남겨두게 했습니다(레 19:9). 베들레헴에 돌아온 룻은 시어머니를 위해 밭에 나가 이삭을 챙겼습니다. 그러다가 주인인 보아스가 그녀를 눈여겨보고, 시어머니는 보아스가 가문의 유력한 사람임을 알게 되어 며느리에게 비밀스러운 일을 지시합니다. 보아스보다 우선권이 있는 기업 무를 자가 손해를 보기 싫어 엘리멜렉 가문의 땅을 포기하자, 보아스는 책임감 있게 그 가문을 받아들이고 룻과 결혼합니다. 그리고 그들에게 아들이 태어난다는 짧은 이야기가 〈룻기〉의 전부입니다. 그런데 어떻게 이 이야기가 사사 시대와 왕정 시대를 잇는 다리가 될 수 있을까요? 그것은 〈룻기〉 끝부분에 나오는 족보 때문입니다.

이스라엘(야곱)의 네 번째 아들인 유다가 며느리 다말과의 관계를 통해 쌍둥이를 낳았고, 그중에 하나인 베레스가 이스라엘의 족보를 이었습니다. 베레스로부터 시작된 족보가 〈룻기〉 끝에 나옵니다. 이 짧은 구절 속에는 가나안에 살던 야곱의 세대, 이집트에 들어간 세대, 광야 세대, 여호수아 세대, 사사 세대, 왕정 시대를 연결하는 인물들이 나옵니다. 족보의 제일 마지막에는 다윗이라는 인물이 처음으로 언급되면서 드디어 다윗 시대가 열린다는 기대감을 갖게 합니다.

〈 보아스(+룻)의 족보 〉 (룻기 4:18-22)

유다(+다말) → 베레스 → 헤스론 → 람 →
암미나답 → 나손 → 살몬(+라합) →
보아스(+룻) → 오벳 → 이새 → 다윗

시대의 주인공
다윗에서
시드기야까지의
히스토리

Bible
History

다윗이라는 걸출한
주인공의 등장

〈룻기〉에 나오는 족보를 통해 우리는 다윗까지 이어지는 면면한 성
경 히스토리를 보았습니다. 그런데 〈사무엘상〉을 열고 한참이 지나도
록 주인공은 등장하지 않습니다. 〈룻기〉에서 다윗의 이름을 적어놓고
도 한동안 시침을 뚝 뗍니다. 그 대신에 우리는 사무엘을 만날 수 있습
니다. 사무엘은 제사장이면서 나실인이고 사사였습니다. 사사 시대의
패턴은 뒤로 갈수록 억압은 길어지고, 끔찍한 일들은 계속 벌어지면서
악화되어 갑니다. 〈룻기〉라는 러브 스토리가 없었다면 처참한 시기로
만 기억될 뻔 했습니다.

〈사사기〉는 레위인과 관련된 두 가지 사건으로 마무리됩니다. 하나
는 레위인 젊은이가 부자인 미가의 집에 세운 우상 신전에 들어오면서
벌어진 일이고, 또 하나는 레위인이 첩을 얻어 그 첩과 관련된 끔찍한

사건을 겪으면서 일어난 일입니다. 사사 시대 말엽의 분위기가 그랬습니다. 그 배경을 바탕으로 〈사무엘상〉이 놓여 있습니다. 사무엘이 태어나기 전 레위인인 그 부모의 이야기부터 시작됩니다.

라마 출신의 엘가나라는 사람이 두 명의 아내를 얻었는데, 하나는 자녀가 없었고 또 다른 하나는 자식이 있어서 둘의 사이가 좋지 않았습니다. 공교롭게도 자식이 없는 쪽이 본처라서 업신여김을 당하는 처지였어요. 그녀는 하나님께 절실히 기도했고, 그 응답으로 얻은 아들이 바로 사무엘입니다. 그리고 억울했던 이 여인은 한나입니다.

한나의 기도는 서원의 기도였습니다. 아들을 주시면 하나님께 바치겠다는 내용이었지요. 한나는 약속대로 사무엘을 하나님께 드렸습니다. 사무엘은 성막에서 일하는 아이가 됩니다. 당시 성막은 실로에 있었는데 그곳의 책임자는 제사장 엘리였습니다. 제사장이란 직업은 대물림됩니다. 엘리의 두 아들 홉니와 비느하스가 아버지를 이어 젊은 제사장으로 일하고 있었으나 그들은 폭력배나 다름없었습니다. 제사에 대한 규정을 무시하는가 하면(삼상 2:13), 회막에서 일하는 여인들과 성적인 관계도 저질렀습니다(삼상 2:22). 자기 소견에 마음대로 하는 시대였습니다.

하나님의 법이 무시되는 것은 법궤를 블레셋에 뺏기는 사건을 통해 상징적으로 드러납니다. 이스라엘과 블레셋 사이에 전쟁이 벌어졌고 수세에 몰린 이스라엘은 법궤를 전쟁터로 가져갔습니다. 하나님의 뜻에 순종할 생각도 없으면서 법궤만 있으면 이길 거라 생각한 자체가 이미 미신적인 행동이었습니다. 법궤가 전장으로 나가자 젊은 제사장인 홉니와 비느하스도 법궤를 따라 참전했습니다. 그리고 전쟁 통에 죽고 말지요. 법궤는 블레셋에서 떠돌다가 기럇여아림으로 이송되었습니다. 아비나답의 집에서 그 아들 엘리아살이 궤를 지키고(삼상 7:1), 다윗이 왕이 될 때까지 법궤는 방치됩니다.

〈 법궤 이동 경로 〉 (삼상 5-6장, 삼하 6장, 대상 13장)

실로 → 에벤에셀 → 아스돗 → 에그론 → 벧세메스
→ 기럇여아림 아비나답의 집 → 나곤의 타작마당 →
가드 사람 오벳에돔의 집 → 다윗 성

반면 사무엘은 홉니와 비스하스를 본받지 않고 훌륭한 제사장으로 성장합니다. 사무엘이 등장한 이후부터 이 시대에 작은 균열이 일어납니다. 사무엘은 시대를 바꾼 인물이 됩니다. 사무엘은 사사 시대를 왕정 시대로 이끌었습니다. 시대를 바꾸기는 했으나 그가 시대의 주인공은 아니었습니다. 주인공은 따로 있었습니다. 사무엘은 최고의 제사장, 최고의 사사로서 하나님의 뜻을 구현했습니다. 사무엘 덕분에 이스라엘이라는 나라가 점점 바른 길로 들어갈 수 있었습니다. 그러나 사무엘의 두 아들 요엘과 아비야가 사무엘처럼 바르지 못한 것이 패착이었습니다. 그들은 돈을 받고 엉터리로 재판하는 등 평판이 좋지 못했습니다. 백성들은 사사가 아니라 왕을 요구했습니다.

당시 트렌드는 왕이었습니다. 주변의 아무리 작은 나라라도 왕이 있었습니다. 사사 시대를 마감할 때가 된 것입니다. 그렇지만 사무엘은 이에 대해서 회의적이었습니다. 왕이 생기면 일어나게 될 어려움이 무엇인지 사무엘은 이미 알고 있었습니다. 그래서 사무엘은 백성들에게 경고합니다. "왕이 생기게 되면 백성의 아들들은 왕의 병거와 말을 다루는 일을 해야 하고, 백성의 딸들은 왕을 위해 요리해야 한다. 왕에게 양 떼와 소출과 종들을 바쳐야 하며 무기와 장비들을 만들기 위해 세금을 쏟아야 한다. 그런데도 왕이 있으면 좋겠는가?" 백성들은 사무엘의 말을 듣지 않았습니다. 백성들은 왕이란 제도를 매력적으로 보았습니다. 그들의 눈에는 장밋빛 미래만 보였습니다.

하나님은 사무엘에게 왕을 세우도록 허락했습니다. 그리하여 이스라엘 초대 왕으로 등극한 사람이 바로 사울이라는 청년입니다. 사울 왕에 대해 결말부터 말하자면, 아쉽게도 실패였습니다. 처음부터 잘못된 인물은 아니었습니다. 사울은 장점이 많았습니다. 키가 크고 잘 생겼으며(삼상 9:2), 아버지의 나귀들을 찾아 온 나라를 뒤질 정도로 책임감이 강했습니다. 하나님의 영이 내릴 만큼 영적인 사람이기도 했습니다. 사울은 기름 부음을 받았고(삼상 10:1), 제비뽑기에서도 당첨되었습니다(삼상 10:17-21). 사울을 반대하는 사람이 있었으나 실력으로 자신의 역량을 보여주었고(삼상 10:27), 뛰어난 능력에 겸손까지 겸비했습니다.

그러나 사울의 한계가 드러난 것은 그의 조급증 때문이었습니다. 마흔에 왕이 된 그가 왕위 2년을 지날 때였습니다(삼상 13:1). 블레셋과의 전쟁을 앞두고 제사드린 후 출정하려 했으나 사무엘이 나타나지 않습니다. 기다리다 지친 사울은 자신이 직접 제사를 이행해버립니다. 이것은 왕의 역할을 넘어선 일이었습니다. 왕정이란 엄밀히 말하면 정교분리(政敎分離)를 의미합니다. 왕은 정치를 하고, 제사장은 신앙을 이끌었습니다. 그런데 사울은 제사장 역할까지 해버렸습니다. 사울은 일차 경고를 받습니다.

"사무엘이 사울에게 이르되 왕이 망령되이 행하였도다. 왕이 왕
의 하나님 여호와께서 왕에게 내리신 명령을 지키지 아니하였
도다. 그리하였더라면 여호와께서 이스라엘 위에 왕의 나라를
영원히 세우셨을 것이거늘 지금은 왕의 나라가 길지 못할 것이
라. 여호와께서 왕에게 명령하신 바를 왕이 지키지 아니하였으
므로 여호와께서 그의 마음에 맞는 사람을 구하여 여호와께서
그를 그의 백성의 지도자로 삼으셨느니라"(삼상 13:13-14).

그 뒤 사울은 아말렉과의 전쟁에서 전무후무한 승리를 거둡니다.
사무엘은 전쟁 전에 아말렉을 전멸하라고, 그들의 소유를 남기지 말고
진멸하도록 명령했습니다. 그러나 승리한 사울은 아말렉의 가장 좋고
기름진 양과 소를 빼돌렸습니다. 아말렉의 왕 아각도 살려두고요. 사무
엘이 지적하자, 사울은 하나님께 바치기 위한 것이라고 변명합니다. 말
이 될 리가 없지요. 사울은 두 번째 경고를 받습니다.

"여호와의 말씀이 사무엘에게 임하니라. 이르시되 내가 사울을
왕으로 세운 것을 후회하노니 그가 돌이켜서 나를 따르지 아니
하며 내 명령을 행하지 아니하였음이니라 하신지라. 사무엘이
근심하여 온 밤을 여호와께 부르짖으니라"(삼상 15:10-11).

이 두 가지 잘못으로 사울은 하나님의 눈 밖에 납니다. 사무엘은 죽

을 때까지 사울을 만나지 않았으니 얼마나 실망했는지 안 봐도 뻔합니다. 그렇다면 왕정에서 사사 시대로 회귀해야 할까요? 그럴 리가요. 이 시점에서 드디어 〈사무엘상〉의 주연이 등장합니다. 베들레헴에 사는 이새의 집에 여덟 아들 중 막내인 다윗입니다. 사무엘은 베들레헴까지 찾아와 다윗에게 기름을 부어주었습니다. 다윗은 등장하자마자 왕으로 선발되었을 뿐만 아니라 사울에게 내린 악한 영을 치료하는 수금 연주자로도 데뷔했습니다(삼상 16장).

다윗이 이스라엘에 본격적으로 출연하는 계기는 우리가 다 아는 전설적인 장면 때문입니다. 골리앗과의 대결이지요. 세상 사람이 다 아는 이야기이므로 우리는 다른 면에서 다윗에 대해 주목해보려 합니다. 골리앗을 이긴 것 외에 다윗이 왕으로 인정될 만한 이유가 있었을까요? 다윗은 여덟 형제 중에서 막내라고 했습니다. 위로 세 형이 군대에 갔으니 네 번째 아들부터는 스무 살이 되지 않았다는 뜻이고, 여덟째인 다윗은 상당히 어렸을 것으로 추측할 수 있습니다.

다윗은 어린 나이에도 가계를 책임졌습니다. 혼자 양 치는 일을 하면서요. 이새의 집안에 다른 가업이 있었는지 모르겠으나, 적어도 목축업은 가계에 중요한 일이었습니다. 그런데 다윗이 홀로 그 일을 맡았습니다. 당시 전도유망한 직업은 양치기가 아니었습니다. 종교적으로는 제사장, 정치적으로는 군인이 출세가도를 달렸습니다. 목동이요? 평생 양이나 치다가 죽을 운명이었지요. 다윗의 미래는 뻔했습니다.

군대에 가 있는 세 형에게 심부름을 가는 일도 다윗의 몫이었습니다. 다윗 위로 네 명의 형이 더 있었으나 그들은 가지 않았습니다. 그렇다고 대신 양떼를 지켜주지도 않았습니다. 이기적인 형들이지요. 반면에 다윗은 순종했습니다. 책임감이 강했고 의협심도 있었습니다. 전장에서 골리앗이 이스라엘을 향해 무시와 모욕을 퍼붓는 모습을 보았습니다. 다윗은 참을 수가 없었습니다. 자진해서 골리앗과 독대했습니다. 어린 다윗이 골리앗을 깨부숴버리지요.

다윗은 양치기라서 군인을 상대해본 적이 없었습니다. 기껏해야 곰이나 사자와 싸운 게 전부였습니다. 그런데 어떻게 당시 최고의 장수 골리앗을 이길 수 있었을까요? 그것은 다윗의 전략이 먹혔기 때문입니다. 본격적인 싸움이 벌어지기 전에 다윗은 골리앗에게 가까이 다가갔습니다(삼상 17:40). 목소리가 서로 들릴 정도의 거리였습니다. 골리앗은 방패를 든 사람을 대동하고 움직였습니다. 그렇게 가까운 거리는 혼자 움직이는 게 빨랐습니다. 골리앗은 창과 갑옷으로 중무장한 상태였지만 다윗은 지팡이와 돌 몇 개를 든 홀가분한 상태였지요. 여러 명이 싸울 때는 중장비가 유리하지만 일대일로 싸울 때는 신속함과 정확성이 중요합니다.

"블레셋 사람이 일어나 다윗에게로 마주 가까이 올 때에 다윗이 블레셋 사람을 향하여 빨리 달리며"(삼상 17:48).

골리앗은 낮은 상태에서 일어나 다윗을 향해 다가갔습니다. 뭔가 굼뜬 느낌입니다. 반면에 다윗은 전광석화처럼 뛰었습니다. 그는 무릿매를 던졌습니다. 다윗은 그동안 곰이나 사자와 경쟁했습니다. 그에 비하면 골리앗은 거북이 같았습니다. 뛰면서 골리앗의 이마에 돌을 맞추는 일이 놓치는 일보다 더 쉬웠습니다. 평소의 다윗은 돌 던지는 일을

반복해서 연습했습니다. 골리앗과 접근하기까지가 문제였지 싸움은
별 일 아니었습니다. 다윗의 순종, 책임감, 의협심이 골리앗과의 대결
로 이끌었고, 싸움이 시작되자 다윗은 골리앗을 이길 수밖에 없었습니
다. 그의 장점은 그것만이 아니었습니다.

사울 왕은 당시 최고의 엘리트만 모았습니다(삼상 14:52). 반면에
다윗 주변에는 별 볼일 없는 사람들, 가슴에 응어리진 백성들이 모였습
니다(삼상 22:2). 그것도 어두컴컴한 동굴에서요. 다윗은 골리앗을 이
긴 뒤 증오심에 불타는 사울에게서 도망쳐야만 했습니다. 도피 중에도
부모를 챙기고, 어려운 사람들을 도와주며, 적국에서도 기지를 발휘하
는 등 어려움을 잘 헤쳐나갔습니다.

사울은 힘과 실력이 있었고 처음부터 왕이었습니다. 그러나 더 잘
나가고 싶은 욕심과 조바심으로 잘난 사람들만 모았고, 듣고 싶은 소리
만 들었습니다. 그것이 그의 인생을 망쳤습니다. 반면에 다윗은 실패했
고, 지루하고 긴 어려움의 터널을 건너야 했습니다. 위기를 극복하면서
경험과 힘을 길렀고, 고통을 당해봤기에 어려운 사람의 입장에 설줄 알
았습니다. 그것이야말로 왕에게 알맞은 자질이었습니다. 오랜 위기가
다윗의 중요한 자산이 되었지요.

〈 다윗이 사울을 피해 도망간 경로 〉

놉(삼상 21:1) → 가드왕 아기스(삼상 21:10) → 아둘람 굴(삼상 22:1) →
헤렛 숲(삼상 22:5) → 그일라(삼상 23:5) → 십 광야 산간지역(삼상 23:14) →
십 광야 수풀(삼상 23:15) → 엔게디(삼상 24:1) → 바란 광야(삼상 25:1) →
십 광야(삼상 26:2) → 가드 왕 마옥의 아들 아기스(삼상 27:2) → 시글락(삼상 27:6)

다윗은 시편 72편에서 이렇게 기도합니다.

"하나님이여 주의 판단력을 왕에게 주시고 주의 공의를 왕의 아들에게 주소서. 그가 주의 백성을 공의로 재판하며 주의 가난한 자를 정의로 재판하리니 의로 말미암아 산들이 백성에게 평강을 주며 작은 산들도 그리하리로다. 그가 가난한 백성의 억울함을 풀어주며 궁핍한 자의 자손을 구원하며 압박하는 자를 꺾으리로다"(1-4절).

다윗은 왕이 어떤 역할을 해야 하는지를 알았습니다. 사울과 달리 다윗은 정확한 판단력과 억울한 자의 마음을 헤아리는 도량이 있었습니다. 사울은 끝내 증오심을 버리지 못했고, 그 틈을 탄 블레셋과의 전쟁 중에 죽었습니다. 길보아산에서 사울과 그의 세 아들이 죽는 것으로 〈사무엘상〉은 막을 내립니다. 그리고 우리의 주인공 다윗은 드디어 왕이 됩니다.

다윗의 쓸쓸한 몰락과 분열

사울이 죽은 후에 다윗은 헤브론으로 올라갔습니다. 헤브론은 유다의 성읍입니다. 그곳에서 다윗은 유다의 왕으로 등극하지요. 전체 이스라엘의 왕이 되려면 아직 좀 기다려야 합니다. 사울의 후손이 남아 있기 때문입니다. 사울의 군사령관 아브넬은 사울의 아들 이스보셋을 왕으로 추대했습니다. 에브라임과 베냐민을 포함한 대부분의 이스라엘 지파들도 이에 동조하여 그를 왕으로 옹위했습니다(삼하 2:9).

다윗에게는 스루야와 아비가일이라는 두 명의 누나가 있었습니다 (대상 2:16). 스루야는 세 아들 아비새, 요압, 아사헬을 낳았는데, 이중에 요압을 기억할 필요가 있습니다. 막내 아사헬은 우사인 볼트처럼 빨랐습니다. 그러나 아사헬은 아브넬을 쫓아가다가 창에 찔려 죽습니다. 노련한 아브넬을 당할 수가 없었지요. 요압은 동생에 대한 원한을 가슴에 새겨 넣습니다.

아브넬에게도 야망이 있었습니다. 그는 사울의 후궁인 리스바를 노렸습니다. 왕의 여자를 넘본다는 것은 왕에 대한 야심이 있단 소리입니다. 이 때문에 아브넬과 이스보셋 사이에 균열이 생깁니다. 이스보셋은 아브넬을 비난했고 아브넬은 다윗 쪽에 붙었습니다. 다윗과 접선을 하고 돌아가는 길에 요압은 아브넬을 암살합니다. 동생에 대한 복수였지요. 그리고 이스보셋은 낮잠을 자다가 부하들에게 살해당합니다. 이렇게 이스라엘 지파를 이끌던 아브넬과 이스보셋이 죽자, 나머지 이스라엘 지파들은 헤브론에 있는 다윗을 왕으로 옹립합니다. 다윗은 헤브론에서 예루살렘으로 왕궁을 옮겨 전체 이스라엘의 왕이 됩니다.

다윗은 승승장구했습니다. 주변 정세도 다윗에게 유리하게 돌아갔고, 이스라엘 백성들도 다윗에게 열광했습니다. 다윗 왕은 모든 전쟁에서 승리했고, 모든 백성의 지지를 받았으며, 모든 신하로부터 신임을 얻었습니다. 그것만이 아니었습니다. 하나님은 선지자 나단을 통해 영원한 다윗 왕조를 약속했습니다(삼하 7장). 다윗의 전성기와 이스라엘의 황금기가 시작되었습니다. 다윗에게 무엇이 있었습니까? 순종, 책임감, 의협심, 위기를 기회로 바꾼 경험, 어려운 사람들에 대한 공감…. 다윗은 모든 것을 갖춘 말씀의 사람이었습니다.

말씀을 중요시 여긴 점은 법궤를 옮겨오는 과정에서도 확인됩니다. 소가 끄는 수레에 법궤를 실어오다가 아비나답의 아들 중에 웃사가 즉사한 일은 잘못된 운반방법 때문이었습니다. 즉 하나님의 법과는 상관없는 블레셋의 방법을 사용했기 때문이었지요. 이를 깨달은 다윗은 율법에 따라 제사장들이 법궤를 메고 절차에 맞게 운반하게 합니다(삼하

6:13). 이렇게 해서 법궤는 무사히 다윗 성으로 들어옵니다.

사사 시대는 왕이 없어서 망했습니다(삿 21:25). 그러나 왕이 있다고 해서 모든 혼란이 사라진 것은 아니었습니다. 사울은 왕이었지만 이스라엘을 일으키지 못했습니다. 왕의 조건은 하나님의 말씀을 지키는 것입니다. 사울은 순종하지 않아 실패했으나 다윗은 말씀을 상징하는 법궤를 통해 하나님의 뜻에 순종했습니다.

탄탄대로로 뻗어가던 다윗이 몰락하게 된 일도 말씀에 대한 태만 때문이었습니다. 법궤 안에는 십계명 돌판이 들어 있고, 그것은 하나님의 말씀을 대표합니다. 십계명을 요약하면 '하나님 사랑과 이웃 사랑'입니다. 타인에 대한 공감과 이웃에 대한 사랑으로 가득 찼던 다윗은 우리아의 아내를 범하면서 간음, 살인, 탐욕 등의 죄를 지어 말씀에서 벗어났습니다(삼하 11장). 이때부터 다윗은 파멸의 길로 들어섭니다.

하나님은 나단을 통해서 칼부림이 떠나지 않고, 아내들이 대낮에 몹쓸 짓을 당하며, 아들이 죽을 것이라는 예언을 다윗에게 전했습니다. 밧세바를 통해 태어난 아들이 죽고, 왕자들끼리 서로 죽이며, 다윗의 아들 중 하나인 압살롬이 다윗의 후궁들을 범하면서 예언은 실제가 됩니다. 이렇게 〈사무엘하〉는 혼란과 충돌로 향합니다.

다윗을 여전히 신뢰하는 사람들과 압살롬에게 유착한 세력 간의 대결은 다윗의 승리로 끝납니다. 요압은 머리채가 상수리나무에 걸려 허공에 매달린 압살롬의 심장을 꿰뚫어버립니다. 그렇게 전쟁은 종식되었습니다. 하지만 압살롬에 대한 미련이 남은 다윗은 슬픔에서 헤어나오지 못했습니다. 요압은 다윗에게 밖으로 나가 부하들을 격려하지 않으면 곤란하다면서 회유하고, 다윗은 억지로 지지자들을 달래는 선에서 사건은 마무리되는 듯했습니다.

그러나 다윗이 예루살렘으로 돌아오는 동안 이스라엘 백성들 중 일부가 베냐민 사람 세바를 왕으로 추대했습니다. 여전히 모반이 가라앉지 않은 뒤숭숭한 분위기에서 요압은 압살롬의 군사지휘관 아마사를 죽이고, 세바를 사살해서 혼란을 잠재웁니다. 무질서 속에서 요압은 차곡차곡 영향력을 넓혀갔습니다. 〈사무엘하〉는 다윗의 승전가(삼하 22장), 다윗의 유언(삼하 23장), 다윗의 용사들(삼하 23장), 다윗의 실수(인구조사, 삼하 24장)로 막을 내립니다.

〈도표 11〉 다윗과 솔로몬의 정계 비교

다윗의 정계		솔로몬의 정계
전기 ┃ 삼하 8:16-18	후기 ┃ 삼하 20:23-26	왕상 4:2-6
군사령관 : 요압 사관 : 여호사밧 제사장 : 사독, 아히멜렉 서기관 : 스라야 그렛과 블렛 관할 : 브나야 대신 : 다윗 아들들	전체 이스라엘 군 지휘관 : 요압 사관 : 여호사밧 제사장 : 사독, 아비아달 서기관 : 스와 그렛과 블렛 관할 : 브나야 다윗의 대신 : 이라 감역관 : 아도람	군사령관 : 브나야 제사장 : 아사리아 서기관 : 엘리호렙, 아히야 사관 : 여호사밧 제사장 : 사독, 아비아달 지방 두령 : 아사리아 제사장(왕 자문) : 사붓

Bible History

열/왕/기/상/하

순종하는 왕들과
불순종하는 왕들

다윗의 죽음이 가까웠습니다. 늙은 다윗은 총기도 사라지고 몸도 연약해졌습니다. 헤브론에서 7년, 예루살렘에서 33년, 도합 40년의 치세를 마감할 때가 되었습니다. 다윗이 죽으면 이스라엘은 어떻게 될까요? 걱정할 것이 없습니다. 그의 아들을 통해 다윗 왕조는 이어집니다. 문제는 아들이 너무 많다는 점입니다. 압살롬의 반역으로 다윗의 아들끼리 서로 죽였지만 여전히 아들은 많이 남았습니다. 제일 처음 움직인 사람은 다윗과 학깃 사이에서 태어난 아도니야였습니다. 아도니야는 압살롬 다음으로 그 역시 용모가 뛰어났습니다(왕상 1:6).

아도니야가 왕이 되려고 한 이유는 무엇일까요? 그의 배후에 요압이 있었기 때문입니다. 주요 제사장 중에 하나인 아비아달도 아도니야에게 동조했습니다. 아도니야는 호위병 50명을 대동하고 소헬렛이란 바위 옆에서 소와 살찐 송아지를 잡고, 이스라엘의 핵심 인사와 왕자들을 초청하여 잔치를 벌였습니다(왕상 1:9). 차기 왕으로 등극하는 순간이었습니다. 요압은 자기가 왕을 세울 정도로 막강해졌습니다. 요압은 허수아비 왕을 세우고 세상을 쥐기 일보직전이었습니다.

그때 전세를 역전시킨 이는 선지자 나단이었습니다. 그는 하나님의 말씀을 기억했습니다. 밧세바를 통해 태어난 아들이 이스라엘의 왕이 되는 것이 하나님의 뜻임을 알았습니다. 나단은 밧세바를 통해 다윗을 설득한 뒤 솔로몬을 왕으로 인준하게 만들었습니다. 제사장 사독과 부하인 브나야, 시므이, 레이는 솔로몬 쪽으로 합류했습니다(왕상 1:8).

"보라. 한 아들이 네게서 나리니 그는 온순한 사람이라. 내가 그로 주변 모든 대적에게서 평온을 얻게 하리라. 그의 이름을 솔로몬이라 하리니 이는 내가 그의 생전에 평안과 안일함을 이스라엘에게 줄 것임이니라"(대상 22:9).

다윗은 죽기 전에 하나님의 약속을 기억하고 솔로몬을 인정했습니다. 야망에 휩싸인 요압과 자신을 저주한 시므이를 주의하라는 유언을 남기기도 했습니다. 이렇게 해서 다윗의 유언이 밝혀지고, 나단 선지자의 도움으로 하나님의 뜻대로 이스라엘의 왕은 솔로몬이 됩니다. 차기 왕을 준비하던 아도니야의 꿈은 일장춘몽으로 끝나지요. 이제 요압과 시므이는 물론이고 왕을 꿈꾸었던 아도니야와 제사장 아비아달은 어떻게 될까요? 솔로몬은 요압, 시므이, 아도니야를 죽이고, 아비아달은 고향으로 보냈습니다.

어린 나이에 등극한 솔로몬에게는 넘어야 할 산이 많았습니다. 아도니야 외에 다윗의 아들들은 잔존했습니다. 솔로몬이 얼마나 잘하나 보자, 벼르던 신하들도 많았어요. 솔로몬은 왕이 되자, 먼저 기브온 산당으로 가서 일천번제를 드렸습니다. 그날 밤 꿈에 하나님은 솔로몬에게 소원을 물었습니다. 솔로몬에게 필요한 것이 무엇일까요? 반대세력을 물리치고 자기편을 많이 만들어야 했습니다. 그러나 누가 적이고 누가 아군인지 알 수가 없었습니다. 그래서 필요한 것이 지혜였습니다. 하나님은 지혜를 구하는 솔로몬이 마음에 들었습니다.

며칠 뒤에 솔로몬은 난해한 재판을 맡았습니다. 비슷한 시기에 아들을 낳은 두 창녀 중 하나가 자식을 깔아 죽인 뒤 살아 있는 아기를 자기 아들이라 우겼습니다. 유전자를 검사하는 시대가 아니기에 진실은 가리어졌습니다. 솔로몬은 시퍼런 칼을 가져오게 해서 살아 있는 아기를 공평하게 나눠주라고 명령합니다. 가짜 어머니는 잘됐다고 좋아하는 반면에 진짜 어머니는 가슴이 타들어가는 것 같았습니다. 아들을 살리기 위해 진짜 어머니는 아들을 포기했고, 그 순간 솔로몬은 진짜 어머니를 가려냈습니다(왕상 3:16-28). 이 재판이 보여주는 것은 무엇일까요? 신하들은 왕이 자신들의 마음도 꿰뚫어볼 줄 안다고 생각했고 더 이상 솔로몬을 업신여기지 못하게 되었습니다. 이후 지혜로운 솔로몬을 중심으로 왕권이 강화되었습니다.

솔로몬은 지혜에서뿐만 아니라 건축으로도 천하제일이었습니다. 솔로몬이 했던 중요한 일 중의 하나는 성전을 건축하는 것이었습니다. 총 7년의 공사기간에 노동자가 3만 명, 레바논에서부터 가져온 재목을 운반하는 사람이 7만 명, 건축자재인 돌을 캐는 채석공이 8만 명이었습니다. 그들을 관리하는 감독관도 3천 3백 명이니 말 다했죠.

솔로몬이 즉위한 지 4년, 이집트를 탈출한 지 480주년이 되는 해에 시작된 공사는 7년 만에 완공되었습니다. 솔로몬은 그것으로 끝내지 않고 궁전을 짓는 데도 13년이나 걸렸습니다. 아내 중 하나인 이집트 바로 왕의 딸을 위한 궁전을 비롯해서 각종 성과 도시 등을 건축했습니다. 솔로몬은 건축 왕이었습니다.

〈 방주, 성전, 궁전의 크기 비교 〉	
방주 (창 6:15)	길이 300규빗, 너비 50규빗, 높이 30규빗
성전 (왕상 6:2)	길이 60규빗, 너비 20규빗, 높이 30규빗
궁전 (왕상 7:2)	길이 100규빗, 너비 50규빗, 높이 30규빗

역사상 건축 왕은 많았습니다. 그러나 그들은 어마어마한 건축물과 함께 자신도 멸망한 경우가 잦았습니다. 인도 무굴제국의 샤 자한은 사랑했던 아내의 무덤을 위해 멋진 건축물을 만들었습니다. 이름하여 타지마할. 번영과 평화를 누리던 무굴제국은 타지마할을 건축하려고 막대한 세금과 인력을 동원하다 국력이 소진되어 결국 샤 자한은 실각되었습니다. 건축으로 흥한 자 건축으로 망하게 되었지요.

솔로몬은 어떨까요? 우선 솔로몬에게는 막대한 재산이 있었습니다. 두로의 왕인 히람이 금 120달란트를 주었고(왕상 9:14), 오빌에서 금 420달란트를 가져왔으며(왕상 9:28), 스바 여왕이 갖다 바친 금이 120달란트였고(왕상 10:10), 매해 솔로몬의 수입이 금 666달란트였습니다(왕상 10:14). 한 달란트의 금은 약 34kg에 해당되는 무게이므로 솔로몬의 수입은 도합 1,326달란트, 즉 45,084kg입니다. 45톤이니까 8톤 트럭 5대가 넘는 분량이지요. 현재 시세로 따지면 금 1kg짜리 골드바의 가격이 2023년도에 8천만 원 정도이므로 솔로몬의 재산은 3조 6천억 원 정도였습니다. 해마다 금 수익이 666달란트가 더 들어오고 있었고, 그 외에도 유무형의 자산이 있었으니 그의 재산은 상상을 초월하는 것이었습니다.

그러나 막대한 재산도 엄청난 건축 앞에서는 밑 빠진 독의 물처럼 사라지기 마련입니다. 아무리 대단한 건물도 하나님 앞에서는 아무것도 아닙니다. 솔로몬은 성전 건축을 마무리하고 봉헌식을 했습니다(왕상 8장). 하나님은 솔로몬에게 나타나셔서 칭찬과 격려를 아끼지 않았지만 법도와 율례에 대한 강조도 잊지 않으셨습니다(왕상 9:3-5). 웅장한 성전도 말씀이 아니면 아무 소용이 없는 일이었습니다.

"내가 이스라엘을 내가 그들에게 준 땅에서 끊어 버릴 것이요 내 이름을 위하여 내가 거룩하게 구별한 이 성전이라도 내 앞에서 던져버리리니 이스라엘은 모든 민족 가운데에서 속담거리와 이야기거리가 될 것이며 이 성전이 높을지라도 지나가는 자마다 놀라며 비웃어 이르되 여호와께서 무슨 까닭으로 이 땅과 이 성전에 이같이 행하셨는고 하면 대답하기를 그들이 그들의 조상들을 애굽 땅에서 인도하여 내신 그들의 하나님 여호와를 버리고 다른 신을 따라가서 그를 경배하여 섬기므로 여호와께서 이 모든 재앙을 그들에게 내리심이라 하리라 하셨더라"(왕상 9:7-9).

다윗이 죽기 전에 솔로몬에게 했던 유언에도 이와 비슷한 내용이 포함되어 있었습니다. 다윗은 솔로몬에게 힘써 대장부가 되라고 하면서 하나님의 명령을 지키라고 거듭 강조했습니다.

"네 하나님 여호와의 명령을 지켜 그 길로 행하여 그 법률과 계
     명과 율례와 증거를 모세의 율법에 기록된 대로 지키라. 그리하
     면 네가 무엇을 하든지 어디로 가든지 형통할지라"(왕상 2:3).

크고 웅장한 건물을 짓는 것도 훌륭한 일이지만, 더 중요한 것은 하나님의 법과 말씀입니다. 안타깝게도 솔로몬은 여기에서 무너지고 말았습니다.

솔로몬은 이방 나라의 공주들을 아내로 맞았습니다. 정치적이고 전략적인 계산이었습니다. 하나님은 이스라엘에게 이방의 우상에게 마음을 빼앗길 수 있으므로 이방 여자와 결혼하지 말라고 명령하셨습니다(왕상 11:2). 그러나 솔로몬은 이방 여인들에게 홀딱 빠지고 말았습니다. 그 결과 성전과 궁궐을 짓던 솜씨로 우상을 숭배하는 산당을 만들고 신들에게 절하게 되었죠. 솔로몬의 영화롭던 시절은 하닷, 르손, 여로보암이라는 적들이 나타나면서 몰락의 징조를 보였습니다. 그중에서 여로보암은 솔로몬의 아들 르호보암 왕 때 이스라엘의 열 지파를 차지하면서 북이스라엘의 초대 왕이 됩니다. 그렇게 해서 이스라엘은 남과 북으로 갈라지고 말았습니다.

〈열왕기서〉라고 할 때 '열왕'이란 10명의 왕이란 뜻이 아니라 '열

왕'(列王), 즉 왕들이 나열되었다는 뜻입니다. 북이스라엘은 여로보암부터 호세아까지 19명의 왕들이 명멸했고, 남유다는 르호보암부터 시드기야까지 20명의 왕들이 등장했다가 사라졌습니다. 이것이 솔로몬 이후 〈열왕기상〉과 〈열왕기하〉가 보여주는 내용입니다.

성경은 왕들을 하나님의 말씀에 순종하느냐 그렇지 않느냐로 나누었습니다. 막강한 국력에 위대한 업적을 쌓아도 하나님의 계명대로 살지 않으면 그는 악한 왕이었고, 아무리 어리고 나라가 가난해져도 하나님의 말씀을 지키면 선한 왕으로 기록되었습니다. 옳고 그른 왕을 구별하는 기준은 하나님의 말씀이었습니다. 어떤 왕인지에 따라 나라의 운명도 똑같이 돌아갔습니다.

솔로몬 이후, 성경을 읽다 보면 왕들의 이름이 비슷하기도 하고, 북이스라엘의 왕들과 남유다의 왕들이 섞여 있기 때문에 굉장히 헷갈립니다. 따라서 〈도표 12〉를 활용하면서 성경을 읽으면 도움이 될 것입니다. 왕과 함께 활약하던 선지자들을 주목하는 것도 좋은 방법입니다. 왕과 백성들을 권면했던 다양한 선지자들이 등장하는데 엘리야, 엘리사, 호세아, 아모스, 요나 등 기라성 같은 인물이 바로 이 시대에 출현했습니다.

북이스라엘의 왕들 중에 여덟 명은 선왕을 암살하고 왕위에 올라섰습니다. 피로 정권을 잡은 왕들로 인해 북이스라엘은 항상 살벌한 분위기였죠. 북이스라엘에는 10대 왕 예후를 제외하고는 모든 왕이 악했습니다. 우상을 숭배하고, 온갖 가증한 죄를 일삼았으며, 하나님의 말씀을 도외시했습니다. 그래서 결국 19대 왕 호세아 9년, BC 722년에 앗시리아에 의해 역사 속으로 사라지고 맙니다.

〈도표 12〉 북이스라엘과 남유다 왕국의 왕과 선지자들

대순	북이스라엘 왕	재위 연수	혁명	선지자	대순	남유다 왕	즉위 나이 / 재위 연수	선악	선지자
1	여로보암	22년		아히야	1	르호보암	41세 / 17년	악	스마야
2	나답	2년			2	아비얌	/ 3년	선	하나니
3	바아사	24년	o	예후	3	아사	/ 41년	선	아사랴
4	엘라	2년			4	여호사밧	35세 / 25년	선	야하시엘
5	시므리	7일	o		5	여호람	32세 / 8년	악	
6	오므리	12년	o	미가야	6	아하시야	22세 / 1년	악	
7	아합	22년		엘리야	7	아달랴	/ 6년	악	
8	아하시야	2년			8	요아스	7세 / 40년	선	
9	여호람 (=요람)	12년			9	아마샤	25세 / 29년	선	
10	예후	28년	o		10	웃시야 (=아사랴)	16세 / 52년	선	이사야
11	여호아하스	17년			11	요담	25세 / 16년	선	미가
12	요아스 (=여호아스)	16년		엘리사	12	아하스	20세 / 16년	악	
13	여로보암 2세	41년		아모스, 요나	13	히스기야	25세 / 29년	선	
14	스가랴	6개월		나훔	14	므낫세	12세 / 55년	악	
15	살룸	1개월	o		15	아몬	22세 / 2년	악	
16	므나헴	10년	o	호세아	16	요시야	8세 / 31년	선	스바냐
17	브가히야	2년			17	여호아하스	23세 / 3개월	악	예레미야
18	베가	20년	o		18	여호야김	25세 / 11년	악	
19	호세아	9년	o	오뎃	19	여호야긴	18세 / 3개월	악	
					20	시드기야	21세 / 11년	악	

북이스라엘의 수도 사마리아는 6대 왕인 오므리가 세멜에게 은 2 달란트라는 헐값을 주고 사들인 땅이었습니다. 세멜의 이름을 따서 '사마리아' 라고 지명을 붙였지요(왕상 16:24). 북이스라엘을 멸망시킨 앗시리아는 식민지에 자기 민족 남자들을 심는 정책을 사용했습니다 (왕하 17:24). 사마리아를 점령한 앗시리아는 남자들은 죽이고 여자들에게는 몹쓸 짓을 했습니다. 그래서 생긴 자녀들이 사마리아에서 살았습니다. 이로써 북이스라엘의 순수 혈통은 깨어지고 남유다는 사마리아를 냉소했습니다.

> "히스기야 왕 제사년 곧 이스라엘의 왕 엘라의 아들 호세아 제칠년에 앗수르의 왕 살만에셀이 사마리아로 올라와서 에워쌌더라. 삼 년 후에 그 성읍이 함락되니 곧 히스기야 왕의 제육년이요 이스라엘 왕 호세아의 제구년에 사마리아가 함락되매 앗수르 왕이 이스라엘을 사로잡아 앗수르에 이르러 고산 강가에 있는 할라와 하볼과 메대 사람의 여러 성읍에 두었으니 이는 그들이 하나님 여호와의 말씀을 듣지 아니하고 그의 언약과 여호와의 종 모세가 명령한 모든 것을 따르지 아니하였음이더라"(왕하 18:9-12).

그렇다면 남유다는 어땠을까요? 20명의 왕 중에서 악한 왕이 11명, 선한 왕이 9명이었습니다. 북이스라엘보다는 낫지만 비율적으로는 악한 왕이 더 많았습니다. 선한 왕들도 완벽하지는 않았습니다. 산당을 제거하는 등 말씀을 완벽히 지킨 왕은 극소수였습니다. 악한 왕이 한번 등장하면 온 나라는 비리와 우상으로 가득 차게 되었습니다. 16대 요시야 왕은 개혁적인 정치를 펼치기도 했지만, 14대 므낫세 왕 때 여호와 하나님을 격노하게 한 그 죄악이 너무나 커 결국 BC 586년에 바벨론에게 망하고 맙니다.

"요시야가 또 유다 땅과 예루살렘에 보이는 신접한 자와 점쟁이와 드라빔과 우상과 모든 가증한 것을 다 제거하였으니 이는 대제사장 힐기야가 여호와의 성전에서 발견한 책에 기록된 율법의 말씀을 이루려 함이라. 요시야와 같이 마음을 다하며 뜻을 다하며 힘을 다하여 모세의 모든 율법을 따라 여호와께로 돌이킨 왕은 요시야 전에도 없었고 후에도 그와 같은 자가 없었더라. 그러나 여호와께서 유다를 향하여 내리신 그 크게 타오르는 진노를 돌이키지 아니하셨으니 이는 므낫세가 여호와를 격노하게 한 그 모든 격노 때문이라"(왕하 23:24-26).

바벨론의 느부갓네살 왕은 남유다의 19대 왕인 여호야긴을 바벨론으로 사로잡아가고, 그의 삼촌 시드기야를 20대 왕으로 세웠습니다. 그러나 시드기야의 최후는 너무나 끔찍했습니다. 바벨론에 의해 왕으로 세워진 시드기야가 배반을 하자, 느부갓네살 왕은 그의 모든 군대를 이끌고 예루살렘 성을 포위했습니다. 성벽에 토성을 쌓아 공격했지요. 시드기야는 용케도 예루살렘 성이 함락되기 직전에 몇 명의 군사를 데리고 야반도주했습니다. 그러나 멀리 가지 못하고 여리고 평원에서 붙잡혀 모진 고문을 당했습니다. 그뿐만 아니라 시드기야 왕 앞에 그의 왕자들을 배열시켜 목을 잘라버리고는 이어 시드기야의 두 눈을 뽑아버렸습니다. 그러곤 놋 사슬로 결박하여 바벨론으로 끌고 갔습니다.

왕이 이 정도였으니 백성들이야 말할 것도 없었겠지요. 나라를 뺏긴 지 37년이 되는 해에 바벨론으로 끌려갔던 여호야긴은 특사로 옥에서 풀려났습니다. 일정한 생계비를 받으면서 바벨론의 왕과 겸상을 할 정도로 명예가 회복되었으나 남유다와 예루살렘의 어둠은 깊어만 갔습니다.

주인공 다윗의 복습

성경은 같은 이야기를 복습할 때가 많습니다. 〈역대기〉는 〈사무엘
상〉, 〈사무엘하〉, 〈열왕기상〉, 〈열왕기하〉의 반복입니다. 그러나 조금
다릅니다. 〈역대상〉은 야심차게도 아담에서부터 시작해서 노아까지,
그리고 노아의 장남 셈부터 아브라함까지의 명단을 보여주고 야곱(이
스라엘)의 넷째 아들 유다의 자손을 추적하다가 다윗에게까지 이어집
니다. 대놓고 우리의 주인공은 다윗이야, 라고 외치고 있지요.

〈역대상〉에서 아담부터 다윗까지의 족보를 일필휘지로 배열한 끝
에(대상 9장) 사울 왕의 죽음을 잠시 보여주고 다윗이 왕이 되는 장면
으로 넘어갑니다. 다윗 용사들의 명단과 다윗의 활약, 언약궤가 옮겨지
는 과정, 다윗의 기도, 다윗의 찬양, 다윗의 활동을 보여주는 등 모든
이야기는 다윗에게로 집중됩니다. 그야말로 '기승전다윗'입니다.

다윗이 비록 인구조사를 통해 재앙은 받았지만 '오르난의 타작 마당'을 구입하면서 그곳이 성전 터임을 알게 됩니다(대상 22:1). 그리고 〈역대상〉의 후반부는 성전 건축을 위한 다양한 준비, 이를테면 성전에서 일할 레위인들, 제사장들, 찬양대, 성전 관리자, 군인들의 명단이 제시됩니다. 다윗은 성전을 건축할 만반의 준비를 다 해놓고 퇴장합니다.

Bible History
/역/대/하/

남유다 왕들의 복습

　다윗을 이어 왕이 된 솔로몬이 얼마나 막강한 부귀영화를 누리고 있는지를 소개하며 시작하는 〈역대하〉는 솔로몬의 성전 건축을 가장 비중 있게 다룹니다. 40년 동안 이스라엘을 다스린 솔로몬에 대한 온갖 칭찬이 이어진 뒤에 〈역대하〉 9장에서 솔로몬은 퇴장합니다. 그러나 솔로몬은 그렇게 훌륭한 왕이 아니었습니다. 알다시피 솔로몬이 죽은 후 이스라엘이 남북왕조로 나눠지기 때문입니다. 〈역대하〉는 다윗과 그의 왕조가 중심이기 때문에 솔로몬 이후 북이스라엘 쪽의 왕은 생략하고 남유다의 왕들에게만 초점을 맞춥니다. 〈열왕기〉에서 다룬 유다의 왕들을 〈역대기〉를 읽으면서 보완할 수 있습니다.

　여러 위대한 왕들의 업적에도 하나님의 말씀을 떠난 악한 왕들 때문에 남유다는 역사의 뒤안길로 사라졌습니다. 마지막 왕 시드기야가 그토록 비극적인 운명을 맞은 이유를 마음이 완악하여 이스라엘 하나님 여호와께로 돌아오지 않았기 때문이라고 평가합니다(대하 36:13). 이제 모든 것이 다 끝난 것 같습니다. 그러나 마지막 불씨가 남아 있었습니다. 하나님이 예레미야를 통해 70년이 지나면 다시 회복될 것이라고 하신 약속처럼 대제국 바벨론은 갑자기 끝나고 페르시아의 고레스라는 왕이 세상을 장악하면서 전혀 엉뚱한 전개가 벌어집니다.

"바사(=페르시아)의 고레스 왕 원년에 여호와께서 예레미야의 입으로 하신 말씀을 이루시려고 여호와께서 바사의 고레스 왕의 마음을 감동시키시매 그가 온 나라에 공포도 하고 조서도 내려 이르되 바사 왕 고레스가 이같이 말하노니 하늘의 신 여호와께서 세상 만국을 내게 주셨고 나에게 명령하여 유다 예루살렘에 성전을 건축하라 하셨나니 너희 중에 그의 백성된 자는 다 올라갈지어다. 너희 하나님 여호와께서 함께 하시기를 원하노라 하였더라"(대하 36:22-23).

분열 왕국의
멸망 이후 히스토리

Bible
History

제1차, 2차 포로귀환 때
일어난 일

〈에스라〉의 시작은 〈역대하〉의 마지막과 흡사합니다. "바사 왕 고
레스 원년에 여호와께서 예레미야의 입을 통하여 하신 말씀을 이루게
하시려고 바사 왕 고레스의 마음을 감동시키시매 그가 온 나라에 공포
도 하고 조서도 내려 이르되 바사 왕 고레스는 말하노니 하늘의 하나님
여호와께서 세상 모든 나라를 내게 주셨고 나에게 명령하사 유다 예루
살렘에 성전을 건축하라 하셨나니"(스 1:1).

고레스라는 왕은 식민지에 대한 포용정책을 쓰는데 이스라엘의 귀
환허락 이유는 신앙고백 수준입니다. 그는 창고지기 미드르닷을 시켜
서 바벨론이 예루살렘 성전에서 빼돌렸던 그릇과 물품들을 돌려주었
습니다. 예레미야가 눈물을 흘리며 기다렸던 이스라엘 회복이 고레스
를 통해 실현되는 순간이었습니다.

제1차 포로귀환의 주역은 세스바살이었습니다(스 1:8). 미드르닷은 유다의 총독 세스바살에게 모든 그릇을 넘겨주었습니다. 그런데 막상 예루살렘으로 귀환하는 리더의 명단에는 세스바살이 사라집니다. 귀환자들을 이끄는 11명 리더의 이름은 아래와 같습니다.

"곧 스룹바벨과 예수아와 느헤미야와 스라야와 르엘라야와 모르드개와 빌산과 미스발과 비그왜와 르훔과 바아나 등과 함께 나온 이스라엘 백성의 명수가 이러하니"(스 2:2).

여기에서 리더는 스룹바벨입니다. 세스바살은 사라지고 스룹바벨이 리더가 되는데 어찌된 영문일까요? 동일인이라는 주장도 있고 연로한 세스바살이 스룹바벨에게 총독의 자리를 넘겨주었다는 주장도 있습니다. 스룹바벨은 귀환하는 이스라엘 백성들을 이끌며 예루살렘까지 무사히 돌아옵니다. 그는 스알디엘의 아들이었습니다(스 3:2).

스알디엘이 여호야긴(여고냐) 왕의 아들이었으니(대상 3:17) 스룹바벨은 왕의 장손입니다. 나라가 망하지 않았다면 다음 세대 왕이 되기에 충분한 인물이었습니다. 그러나 그는 왕이 아니라 총독으로 예루살렘 귀환을 주도했습니다. 망국의 한이 느껴지는 대목이지요. '스룹바벨'이란 '스룹'(심다, 뿌리다)이란 말과 '바벨론'의 합성어입니다. 이름 자체가 '바벨론에서 태어난 사람', 즉 바벨론 출신이란 뜻입니다. 바벨론이 고향인 스룹바벨이 예루살렘 성전 재건의 주역이 됩니다.

제1차 귀환자의 명단은 〈에스라〉 2장에 나옵니다. 남녀 종과 노래하는 자들까지 합치면 총 인원이 49,897명입니다. 그들은 고향에 도착하자 각자의 마을로 흩어졌습니다. 7개월이 지나도록 원래 귀환한 목적, 즉 성전 건축은 하나도 진척되지 않았습니다. 스룹바벨과 예수아는 백성들을 소집합니다. 제단을 쌓고 초막절을 지키며 성전 건축을 독려하지요. 그러고서도 또 7개월이 지나고서야 드디어 성전 기초가 세워집니다(스 3:8). 제사장들은 나팔을 불고, 레위 사람들은 제금을 연주하며 "주는 지극히 선하시므로 그의 인자하심이 이스라엘에게 영원하시도다"(스 3:11)라고 찬양했습니다.

얼마나 감격스러웠던지 젊은이들은 함성을 지르며 노래를 불렀고, 나이가 많은 사람들은 폐허 위에 성전이 보이는 것처럼 눈시울이 뜨거워졌습니다. 어린 시절 성전 근처에서 뛰놀던 때가 생각나서 아이처럼 통곡했습니다. 이때가 제1차 귀환 후 14개월이 지난 BC 536년이었습니다. 그러나 기초공사가 끝나자마자 건축은 다시 중단되고 맙니다. 잠시 쉬는 줄 알았던 공사는 16년 동안 멈추었고, 그러고도 4년이 흘러서야 겨우 준공되었습니다(BC 516년).

그토록 오랫동안 중지된 이유는 무엇일까요? 비용이 없어서만은 아니었습니다. 솔로몬 때처럼 풍부한 자원이 없는 것도 이유 중에 하나일 테지만 중요한 것은 사마리아 사람들 때문이었습니다(스 4:1). 그들은 앗시리아제국에 멸망한 이후 혼합된 민족인데 스룹바벨에게 성전을 짓는 데 돕겠다고 나섭니다. 조상이 같으며 여호와를 섬긴다고 하면서요. 스룹바벨은 단호히 거절했습니다. 성전은 유대인만의 몫이라고 했습니다. 거부당한 원한 때문일까요? 그들은 집요하게 성전 재건을 방해했습니다.

사마리아 주재 페르시아 행정관 르훔과 서기관 심새가 페르시아 왕에게 상소를 올리면서 성전 건축은 중지됩니다. 사마리아의 여론과 예루살렘의 형편에 대해 보고하는 것은 그들의 임무였으나 성전이 범죄와 반역의 소굴이라는 왜곡된 내용을 전달하는 것은 이상한 일이었습니다(스 4:12-16). 어떤 왕이 그런 내용의 편지를 보고 가만히 있겠습니까? 당장 성전 건축이 중단되는 건 당연한 이치였습니다.

르훔은 왜 그런 편지를 보냈을까요? 사마리아 사람들의 뇌물을 받았기 때문입니다(스 4:5). 그런 것을 보면 사마리아 사람들이 성전을 짓는 걸 돕겠다던 말은 진실이 아니라 처음부터 방해할 목적이란 것을 알 수 있습니다. 때문에 긴 세월 동안 성전 건축은 중단된 채 파리만 날립니다.

제도의 벽에 부딪히고 현실에 갇힌 유다의 귀환자들은 사명은 내팽개친 채 자기 생활을 영위하기에 바빴습니다. 유대인들은 어디에서나 적응을 잘했고, 그렇게 세월은 염치없이 흘러갑니다. 그때 백성들을 각성시킨 이들이 등장하는데 예언자 학개와 스가랴였습니다. 피를 토하는 심정으로 성전에 대한 사명을 외쳤고, 백성들은 정신을 바짝 차렸습니다. 손을 놓았던 스룹바벨과 예수아도 공사를 재개하는 데 앞장섰습니다.

모처럼 착수된 성전 공사의 분위기는 총독 닷드내와 스달보스내로 인해서 다시 중단될 위기에 처해졌습니다(스 5:3). 성전 공사가 시작되었다는 소식을 듣고 경위를 파악하기 위해 예루살렘으로 달려온 사람이 유프라테스강 서쪽의 총리란 사실은 이것이 얼마나 심각한 일인지를 짐작하게 합니다. 닷드내는 스룹바벨은 물론이고 르훔이나 심새보다 더 막강한 권력을 쥐고 있던 자였습니다. 그는 자기가 관할하는 지역에서 반란이 일어나지 않도록 늘 긴장해야 했습니다. 그런데 왕의 허락도 없이 성전 공사가 시작되었으니 신경이 쓰일 법도 했습니다.

닷드내는 다리우스 왕에게 상소를 올렸습니다. 페르시아의 시조인 고레스 왕이 예루살렘 성전 건축을 허락했다는 주장이 사실인지 파악해달라는 편지였습니다. 고레스의 친서는 아무리 찾아도 발견되지 않았습니다. 바벨론 궁의 서고란 서고는 다 뒤졌지만 코빼기조차 보이지 않았습니다. 그러다 우연히 여름 휴양지인 악메다 별궁에서 두루마리가 발견됩니다(스 6:1). 메대(Media)의 수도였던 악메다는 지금의 이란 하마단(Hamadan) 지역입니다. 고레스가 정복하여 페르시아에 편입시킨 뒤 가끔 별장처럼 사용하는 곳이었습니다.

고레스의 칙령에는 성전의 크기, 재료, 그릇까지 자세히 기록되어 있었습니다. 고레스의 명령을 안 이상 다리우스 왕은 외면할 수 없었습니다. 왕은 닷드내와 스달보스내에게 성전 건축에 대한 비용을 지원하도록 명령했습니다. 그렇게 성전 건축은 재개되었고, 순풍에 돛을 단 듯 했습니다. 드디어 다리우스 왕 6년 2월 3일에 봉헌식이 거행됩니다(스 6:16). 제2의 예루살렘 성전이라고 불리는 스룹바벨 성전이 완성되었습니다(BC 516년). 솔로몬 성전이 파괴된 BC 586년으로부터 정확하게 70년이 흐른 뒤였습니다. 하나님께서 예레미야를 통해서 보여주신 비전이 성취된 것입니다(렘 29:10).

성전 봉헌 이후 유대인들은 유월절을 지키면서 이스라엘의 회복에 대한 꿈을 키웠습니다. 제1차 귀환 후 79년이 지난 BC 458년에 제2차 포로귀환이 이루어집니다. 페르시아의 아닥사스다 왕 때였는데, 제사장 겸 율법 학자 에스라가 그 주역이었습니다. 그는 제사장들, 레위 사람들, 성전 문지기들, 성전 일꾼들과 함께 예루살렘으로 올라갔습니다. 에스라의 손에는 아닥사스다의 칙령이 들려 있었습니다. 왕은 에스라에게 전권을 위임했고, 지원을 아끼지 않겠다고 약속했습니다(스 7:25-26).

에스라는 율법전문가였습니다. 왕의 천명도 받은 터라 의기양양하게 귀환자들을 이끌기 시작했습니다. 그런데 아하와 강가에서 야영할 때 백성들을 살펴보니 레위 사람이 하나도 없다는 사실을 알게 되었습니다(스 8:15). 예루살렘에 들어가면 율법과 계명대로 제사를 드려야 하는데 낭패가 아닐 수 없었습니다.

에스라는 아하와 근처의 가시뱌 지방의 잇도에게 사람을 보내 레위인들을 보내달라고 부탁했습니다. 그 지역이 레위인 정착지라 세레뱌의 친척 중에서 18명, 므라리 자손 중에서 20명, 성전 막일꾼 220명 등 총 258명을 확보할 수 있었습니다(스 8:18-20). 제1차 귀환 때 제사장은 4천 명이 넘었으나 이번에 레위인은 겨우 341명에 불과했습니다.

에스라가 무사히 예루살렘에 도착하여 번제와 속죄제를 드리면서 귀환에 감사하고 있을 때였습니다. 이미 정착해서 살던 백성의 지도자들이 에스라를 찾아왔습니다. 그들은 가나안, 암몬, 모압뿐만 아니라 이집트의 여인들을 아내나 며느리로 삼은 유대인들의 형편을 폭로했습니다.

에스라는 기가 막혔습니다. 어떻게 귀환한 백성들이고 어떻게 되찾은 예루살렘인데, 제1차 귀환 후 79년 동안 유대인들은 정체성을 잃고 있었습니다. 에스라는 성전 앞에 엎드려 울며 기도했습니다. 기도시간이 길어지자 에스라 주변으로 어른, 아이 할 것 없이 많은 백성이 모여들었습니다(스 10:1).

에스라는 흩어진 이스라엘 백성들을 예루살렘으로 모았습니다. 성전 앞뜰에 백성들이 모여들었습니다. 그들은 자리에 앉아 에스라의 명령을 기다렸습니다. 비장하게 각오한 백성의 머리 위로 장대 같은 비가 쏟아지기 시작했습니다. 그날은 9월 20일, 마침 우기였습니다. 차가운 비 때문이기도 했지만 그들은 죄악으로 벌벌 떨고 있었습니다.

에스라는 중대 발표를 합니다. 첫째, 이방 여인과의 관계를 끊을 것. 둘째, 이방 여자와 결혼한 사람들을 조사할 것. 셋째, 각자 숫양 한 마리씩을 속죄 제물로 바칠 것. 백성들은 명령에 따라 3개월에 걸쳐 명단을 제출했는데, 그 내용은 〈에스라〉 10장 말미에 나열됩니다.

에스라는 율법에 통달한 학자이기에 다른 죄악들도 발견할 수 있었을 텐데, 왜 하필이면 이방인 여자와의 혼인을 가장 큰 죄악으로 여긴 것일까요? 숱하게 많은 율법과 계명 중에 왜 하필 이것이 강조되었을까요? 아무리 이방인이어도 누군가의 며느리이자 아내이며, 엄마이지 않겠습니까? 그들을 내보내고 단절하는 것은 너무한 일 아닐까요?

그러나 이것은 당시 가장 큰 문제가 결혼이라는 것을 의미했습니다. 이방 여인과의 부적절한 관계는 다윗이 원조였습니다. 다윗은 이방 여인 밧세바를 범했습니다. 다윗이 육체적 정욕에 빠져 죄를 지은 것입니다. 이 일로 인해 다윗의 인생뿐만 아니라 이스라엘 역사 전체가 꼬이게 됩니다. 그러니 이스라엘이 혼란에 빠지는 일은 이방 여인과의 관계가 핵심임을 부인할 수 없습니다.

솔로몬의 이방 여인과의 무분별한 결혼은 어떻습니까? 여인들과 함께 우상이 한가득 왕국으로 들어왔고, 그것은 이스라엘 백성들의 삶을 황폐하게 만들었습니다. 남유다가 망하고 70년이 흘러 예루살렘 성전은 회복되었지만 유대인들은 다윗, 솔로몬처럼 여전히 이방 여인들과 살고 있었습니다. 그 죄악을 끊지 않고서는 백성들의 미래는 없는 것입니다.

이방 여인들이 무슨 잘못이 있겠습니까? 그들을 무원칙적으로 받아들인 유대인들의 죄가 훨씬 더 크지요. 그러나 이방 여인들도 유다 백성들의 일그러진 욕망의 노예로 사느니 차라리 그들을 떠나 독립하여 사는 게 낫습니다. 이방 여인과 단절하는 일이 그리 쉽지만은 않겠지만 그렇게 하지 않으면 유다 백성들은 살아 있으나 죽은 것과 마찬가지입니다. 이방 여인들 역시 치욕적인 삶을 사는 것이고요. 그래서 에스라는 결정을 내립니다. 이방 여인을 내보내라! 에스라가 철저하게 잘라내지 않았다면 유대 민족은 사마리아처럼 혼합되었을 것입니다. 그것이 〈에스라〉의 결론입니다.

제3차 포로귀환 때 생긴 사건

에스라의 제2차 귀환이 지나 17년 뒤, 고향 예루살렘을 다녀온 유대인이 페르시아 수산성에 사는 고위관리인 형에게 찾아갔습니다. 형은 고향의 형편이 궁금했습니다. 들자 하니 성전도 다시 세워졌고, 동포들의 회개운동도 일어났으며, 이제쯤 예루살렘은 부흥이 되어야 정상이지 않을까 생각했습니다. 그런데 동생으로부터 들은 내용은 전혀 뜻밖이었습니다.

"그들이 내게 이르되 사로잡힘을 면하고 남아 있는 자들이 그 지방 거기에서 큰 환난을 당하고 능욕을 받으며 예루살렘 성은 허물어지고 성문들은 불탔다 하는지라"(느 1:3).

살아남은 사람들은 온갖 고생을 하고, 예루살렘 성은 허물어졌으며, 성벽은 불에 타서 흉물이 되었다는 소식이었습니다. 그는 자리에 털썩 주저앉고 말았습니다. 어린아이처럼 엉엉 울면서 며칠 동안 식사도 하지 않고 잠도 자지 않았습니다. 고통은 사명이 되었습니다. 그가 바로 제3차 포로귀환의 주역인 느헤미야입니다.

느헤미야는 왕의 술을 책임지는 관원이었습니다. 독살의 위험에 시달리는 왕은 믿을 수 있는 사람에게만 음식을 맡겼습니다. 따라서 왕의 술을 맡은 고위관리인 느헤미야는 왕을 알현할 때 표정을 관리해야 했습니다. 술에 독을 탔다는 누명이라도 쓰면 그 자리에서 죽을 수도 있었습니다. 그러나 며칠 금식과 불면으로 지냈기에 안색이 좋을 리가 없었습니다. 예민한 왕은 금방 알아차렸습니다.

"무슨 걱정거리라도 있느냐?"

왕의 물음에 느헤미야는 정신을 차렸습니다. 제일 좋은 방법은 언제나 정공법입니다. 그는 있는 사실 그대로 말합니다. 고향의 성읍이 폐허가 되었고 성문들이 불에 탔다는 소식 때문이라고 말했습니다. 이것은 무례한 대답이었습니다. 공인이 사사로운 일 때문에 자기 관리를 못하다니요. 그런데 왕은 느헤미야에게 고향 방문을 허락해주었습니다. 유프라테스 서쪽 지방의 총독들에게 보내는 친서 몇 통과 모든 비용을 지원해주면서요.

예루살렘에 도착한 날 밤에 순찰을 나선 느헤미야는 생각보다 더 처참한 상황에 마음이 아팠습니다. 그는 예루살렘의 관리들을 불러서 공사를 시작하게 했습니다. 그러나 예루살렘 근처에 사는 호론 사람 산발랏, 암몬 사람 도비야, 아랍 사람 게셈 등을 비롯한 이방인들은 느헤미야가 하는 일을 방해했습니다.

왕의 후광에도 느헤미야는 여러 어려움을 당했습니다. 폐허가 된 예루살렘 성벽과 성문 자체가 첫 번째요(느 2:17), 적들의 끈질긴 방해가 두 번째였으며(느 2:19), 유대인들 내부의 자포자기 심정이 세 번째였고 (느 4:10), 공사와 무장을 동시에 하는 번거로움이 네 번째(느 4:16), 마지막으로 유대인 사채업자들이 동포를 노예로 팔아먹는 일이 다섯 번째였습니다(느 5:5). 어디에서부터 손을 대야 하는 것일까요?

느헤미야는 하나씩 해결해 나갔습니다. 유대인들에게 고리 이자를 금지하고(느 5:10), 자신은 일절 사례비를 사양했으며(느 5:14), 친인척의 수익사업을 철저히 배제하고(느 5:14), 적들의 흉계를 정확히 알아챘습니다(느 6:2-8). 가장 중요한 것은 그가 끊임없이 기도했다는 사실입니다(느 1:4, 2:4, 4:4, 5:19, 6:9,14, 9:5-37, 13:14,22,29,31). 그 결과 성벽 건축을 시작한 지 52일 만에 드디어 공사가 완성되었습니다 (느 6:15).

남유다가 망한 이후에 예레미야의 예언에 따라 70년 뒤부터 회복이 일어났습니다. 세 차례의 귀환을 통해 에스라는 성전을 건축했고, 느헤미야는 성벽 건축을 완성합니다. 그러나 느헤미야의 이야기는 성벽 건축으로 끝이 아니었습니다.

느헤미야가 처음 고향 소식을 들었을 때 기도했던 내용이 〈느헤미야〉 1장에 나옵니다. 거기에는 예루살렘 폐허의 이유가 분명히 드러납니다.

"주를 향하여 크게 악을 행하여 주께서 주의 종 모세에게 명령하신 계명과 율례와 규례를 지키지 아니하였나이다"(7절).

느헤미야는 이스라엘 백성들에게 필요한 것이 무엇인지 알았습니다. 외형적으로는 성벽을 건축해서 방어력을 갖추는 것이지만 내부적으로는 말씀을 통해 부흥하는 것이었습니다.

〈느헤미야〉 8장에 보면 느헤미야가 에스라를 초청해서 말씀을 가르치는 장면이 나옵니다. 장소는 수문 앞 광장이었습니다. 에스라가 성전 앞뜰에서 개혁을 했다면 느헤미야는 수문 앞에서 변화를 추구했습니다. 장소가 바뀐 이유는 백성들의 숫자가 늘어났기 때문입니다. 성전 뜰은 모든 백성을 수용할 수 없었습니다. 예루살렘 동쪽 성벽 수문(느 3:26)에 넓은 장소가 있었습니다. 그곳에 백성들이 모여들었습니다.

에스라는 백성들 앞에서 율법 책을 읽기 시작합니다. 모두 귀를 쫑긋 세웠습니다. 낭송되는 율법의 한 자락이라도 놓칠까 봐 숨 쉬는 것도 조심하였습니다. 에스라는 단 위에서 백성들의 모습을 지켜보았습니다. 율법 책을 펼 때 모두 자리에서 일어섰습니다. 에스라가 손을 들어 하나님을 찬양하면 백성들도 모두 손을 들고 "아멘!"이라고 화답했습니다. 에스라가 하나님의 뜻을 선포하면 백성들은 엎드려 얼굴을 땅

〈 남유다의 바벨론에 의한 멸망 〉	
제1차 포로 : BC 606년	바벨론의 애굽 점령, 다니엘 등 잡혀감
제2차 포로 : BC 598년	여호야긴, 에스겔, 모르드개 등 잡혀감
제3차 포로 : BC 586년	포도원지기, 농부 제외 다 잡아감

에 댔습니다. 그들은 하나님께 모든 경배를 드렸습니다.

　"느헤미야가 또 그들에게 이르기를 너희는 가서 살진 것을 먹고
　단 것을 마시되 준비하지 못한 자에게는 나누어주라. 이날은 우
　리 주의 성일이니 근심하지 말라. 여호와로 인하여 기뻐하는 것
　이 너희의 힘이니라 하고"(느 8:10).

　백성들은 말씀을 듣고 율법을 지키기로 결심했습니다. 마침 그때가
7월 절기였는데 수문 앞 광장을 비롯해 여러 곳에 초막을 세웠습니다.
출애굽을 기념했던 초막절을 지키기 위해서였습니다. 그 달 24일이 되
자 백성들은 굵은 베 옷을 입고 먼지를 뒤집어썼습니다. 밤에는 자고,
낮에는 율법 책을 읽으며 회개를 반복했습니다. 그들은 언약을 지키기
위해 서명을 하는데 그 명단이 〈느헤미야〉 10장에 나열됩니다.
　율법을 읽다 보니 말씀을 놓친 것이 얼마나 많은지 알았습니다. 하
나님의 총회에 이방인들, 특히 암몬과 모압인은 참석할 수 없었습니다
(느 13:1). 그런데 등잔 밑이 어둡다고 성전의 안방 중의 하나를 차지
한 사람은 암몬 사람 도비야였고, 예루살렘 중요 부분을 할당받은 사

〈 남유다의 페르시아에 의한 귀환 〉		
제1차 귀환 : BC 537년	고레스 왕	세스바살, 스룹바벨, 예수아 등 49,897명 : 성전 재건
제2차 귀환 : BC 458년	아닥사스다 왕	에스라 등 1,754명 : 회개 및 개혁
제3차 귀환 : BC 444년	아닥사스다 왕	느헤미야 : 성벽 재건

람은 호론 사람 산발랏이란 사실을 알게 되었습니다. 도비야와 산발랏이 성벽 재건을 그토록 방해하면서도 유대인들 사이에서 버젓이 살 수 있었던 이유는 배후에 대제사장 엘리아십이 있었기 때문이었습니다 (느 13:4,28). 느헤미야가 무엇을 했을까요? 그들을 모두 쫓아냈습니다. 그것으로 멈추지 않은 느헤미야는 안식일과 십일조 등에 대한 개혁정책에 온 열정을 다했습니다.

제국 페르시아에서 발생한 일

〈에스라〉가 예루살렘 성전 건축, 〈느헤미야〉가 예루살렘 성벽 건축의 이야기라면 〈에스더〉는 "한편 수산성에서는"입니다. 고레스 왕의 칙령 이후 세 차례에 걸친 귀환은 스룹바벨, 에스라, 느헤미야라는 걸출한 리더들을 낳았습니다. 그러나 전체 이스라엘 백성들에 비하면 귀환한 사람들은 극소수였습니다. 대부분의 유대인들은 페르시아의 구석구석에서 살고 있었습니다.

그런데 그들에게 큰 위기가 찾아왔습니다. 히틀러가 유태인을 학살한 것에 버금가는 엄청난 음모였습니다. 페르시아에 살고 있는 유대인을 모두 한 날 한 시에 참수형에 처한다는 끔찍한 계획이었습니다. 그것은 아하수에로 왕의 오른 팔인 하만이 꾸민 짓이었습니다. 작은 나라 출신이지만 입지전적인 인물인 하만은 자존심이 강한 사람이었습니다. 교만과 권력이 합쳐진 사람이며, 왕의 신뢰를 얻고 있었습니다. 하만은 자신에게 절하지 않는 모르드개를 보고 자존심이 상했습니다. 모르드개가 유대인이라는 이유로 모르드개 뿐만 아니라 전체 유대인을 죽이려고 했습니다.

페르시아의 왕 아하수에로는 인도에서부터 에티오피아까지를 다스렸는데, 그 땅을 127지방으로 나누어서 관리하고 있었습니다. 재위 3년째가 되는 날 공적을 치하하기 위한 잔치를 열었습니다. 무려 180일 동안이었지요. 왕은 왕비를 자랑하기 위해 와스디를 불렀습니다. 그러나 왕비는 여자들끼리 잔치를 한다며 거절했습니다. 왕의 명령을 거절하다니! 신하들은 제국의 기강을 세우기 위해 와스디를 폐위했고, 새로운 왕비를 공모했습니다.

제2차 포로로 끌려왔던 모르드개는 수산성의 일개 공무원으로 일했습니다. 그에게는 사촌 여동생 하닷사가 있었는데 딸처럼 잘 돌보았지요. 페르시아의 차기 왕비를 뽑는 소식을 알게 된 모르드개는 하닷사를 후보로 준비시켰습니다. 1년간 치열한 경합 끝에 하닷사가 왕비로 발탁됩니다. 하닷사의 또 다른 이름이 '에스더' 입니다.

하만은 엄청난 재산의 소유자였습니다. 그는 왕에게 상당한 뇌물을 갖다 바치면서 유대인 도살 날짜를 뽑아 보고했습니다. 별 관심이 없던 왕은 하만의 의도대로 조서에 도장을 찍어주었습니다. 이제 12월이면 전국에 흩어져 사는 유대인들은 다 죽어 역사에서 사라질 판이었습니다.

모르드개는 자신으로 인해 민족이 몰살당할 일로 대성통곡합니다. 울다 곰곰이 생각해보니 사촌 동생 에스더가 왕비란 사실을 떠올렸습니다. 에스더에게 왕을 말려달라고 편지를 썼습니다. 에스더는 거절했습니다. 왕을 만난 지도 오래되었고 허락 없이 왕에게 갔다가 죽을 수도 있다는 이유였습니다. 모르드개는 다시 한번 편지를 보냈습니다. "네가 왕비가 된 것은 이때를 위함이다!" 에스더는 오빠의 편지에 '죽으면 죽으리라'고 답했고 그 심정 그대로 왕에게 나아갔습니다.

페르시아의 최고 실력자인 하만과 하찮은 유다 출신 에스더가 대결하면 누가 이길까요? 왕은 누구의 말을 들을까요? 죽음을 각오하고 왕에게 간 에스더는 그날따라 외모가 눈부셨습니다. 왕비에게 반한 왕은 에스더에게 무슨 청이든 말하라고 했습니다. 에스더는 잔치를 준비해서 왕과 함께 하만을 초청했습니다. 기분이 좋아진 왕은 에스더의 요구를 물었으나 에스더는 한 번 더 잔치에 초청하겠다고 대답했습니다. 그녀의 소원은 미뤄졌습니다.

기대에 들뜬 왕은 잠을 이루지 못하고 밤새 궁중실록을 읽었습니다. 거기에 모르드개가 자신을 구해 준 활약상이 적혀 있었습니다. 왕은 모르드개를 치하하고 싶었습니다. 새벽에 왕궁에 들어온 하만에게 모르드개를 높이도록 명령했습니다. 모르드개를 죽여도 시원치 않을 참에 하루 종일 가마에 태워 온 도성을 돌아다닌 하만은 골치가 아팠습니다.

곧 두 번째 잔치가 시작되었습니다. 그 자리에서 에스더는 왕에게 소원을 말했습니다. 하만이 자기 민족 유대인들을 죽이려고 제비를 뽑았고, 12월에 모든 유대인이 죽을 운명이기에 어명을 취소해달라는 요청이었습니다. 생명의 은인인 모르드개와 사랑하는 아내인 에스더를 잃을 뻔한 왕은 더 이상 하만을 좋게 보지 않았습니다. 유대인을 학살하려던 하만은 모르드개를 매달 장대에 자신이 달려 죽었고, 모든 재산과 권리는 모르드개에게 넘어갔습니다.

한편 왕의 이름을 쓰고 왕의 반지로 인친 조서는 누구든 철회할 수 없었기에(에 8:8), 왕은 유대인들이 생명을 보호할 수 있는 다른 조서에 도장을 찍어 파발꾼에게 보냈습니다(에 8:11). 12월이 되기 전에 전국에 내용을 전달해야 했습니다. 페르시아의 영토는 인도에서부터 에티오피아까지라 파발꾼이 다 돌아다니려면 9개월이나 걸렸습니다. 유대인의 죽음의 날은 적들이 죽는 날로 바뀌었습니다. 그 뒤 유대인들은 제비를 뽑는다는 '부르' 라는 의미의 부림절을 지켰습니다. 〈에스라〉와 〈느헤미야〉와는 달리 '한편 페르시아에서는 무슨 일이 벌어졌을까?'의 답이 바로 〈에스더〉였습니다.

침묵하시는 하나님

〈창세기〉부터 〈에스더〉까지 쭉 읽어 오셨다면 그다음 이야기가 궁금해질 겁니다. 그러나 그것은 〈에스더〉 다음인 〈욥기〉를 읽어서는 해소가 되지 않습니다. 스토리가 이어지지 않기 때문입니다. 〈에스더〉서 이후 400년 정도가 지나야 신약이 시작됩니다. 구약성경의 히스토리는 〈느헤미야〉와 〈에스더〉, 또는 〈말라기〉가 마지막이며, 그다음은 복음서입니다. 그렇다면 그 사이에 어떤 일이 있었을까요? 구약과 신약 사이를 '신구약 중간기'라고 부릅니다. 또는 하나님이 아무 말씀도 하지 않으셨기에 '침묵기'라고도 부릅니다. 그렇다고 히스토리가 없는 것은 아닙니다. 이 기간은 역사가들을 통해서 메울 수 있습니다.

고대 그리스의 역사가인 헤로도토스는 BC 490년부터 그리스와 페르시아의 전쟁을 기록했고, 고대 그리스 아테네의 역사가인 투키디데스는 BC 465년에서 BC 400년까지의 전쟁인 〈필로폰네소스 전쟁사〉를 기록했습니다. 작가이자 철학자인 플루타르코스는 그리스와 로마의 역사를 기록한 〈영웅전〉을 남겼고, 헬레니즘 시대의 그리스 역사가인 폴리비오스는 BC 220년에서 BC 146년 시대를 다룬 〈히스토리아〉를 남겼습니다. 그리스 역사가 말고도 플라비우스 요세푸스라는 유대인 출신의 역사가는 예루살렘 함락의 전말을 〈유대 전쟁사〉로 남겼습니다.

우리는 이스라엘을 점령했던 대제국들을 중심으로 크게 〈앗시리아 시대〉, 〈바벨론 시대〉, 〈페르시아 시대〉, 〈알렉산더 시대〉, 〈프톨레미와 셀류코스 시대〉, 〈마카비 왕조 시대〉, 〈로마 시대〉로 이야기를 이어가려고 합니다. 물론 매우 얕은 요약이 되겠으나 잘 따라오면 어느새 신약으로 진입해 있을 것입니다.

앗시리아 시대 (BC 912-612년)

가나안의 다섯 족속 중에 하나인 헷 족속(창 23:3)을 영어로 히타이트라고 합니다. BC 18세기부터 BC 8세기까지 청동기 시대를 장악했던 히타이트는 앗시리아라는 나라에 의해서 망했습니다. 메소포타미아 문명을 이끌었던 앗시리아는 보병, 기병, 마차병 등 군대의 재편을 통해서 제국을 건설했습니다. 크고 작은 반란들이 있었지만 BC 745년 디글랏빌레셋 3세가 등장하면서 기적적인 성장을 이루어냅니다. 현재는 이라크 북부와 시리아 북동부 등에서 그 흔적을 찾을 수 있습니다.

티그리스강 상류 지역에서 시작되어 대제국으로 성장한 앗시리아

제국은 BC 912년에서 BC 612년까지를 '신(新)앗시리아' 라고 하여 매우 강력한 나라가 됩니다. 이때 강하고 능력이 있는 여섯 명의 왕이 등장하면서 전성기를 이루어내지요. 그 첫 번째인 디글랏빌레셀 3세(BC 745-727년)는 성경에서 '불' 이라고 불렀습니다(왕하 15:19). 두 번째인 살만에셀 5세(BC 727-722년)는 사마리아까지 올라왔고 북이스라엘의 마지막 왕 호세아는 그에게 조공을 바쳤습니다(왕하 17:3, 18:9).

세 번째인 사르곤 2세(BC 722-705년)는 이사야가 3년간 벗은 몸과 벗은 발로 예언할 때 아스돗을 점령했습니다(사 20:1-3). 네 번째인 산헤립(BC 705-681년)은 히스기야 왕을 괴롭힌 왕입니다(왕하 18:13, 19:36). 히스기야가 산헤립의 편지를 받고 성전에서 기도했더니 하룻밤에 앗시리아 군대 185,000명이 죽었고, 산헤립은 니느웨로 피신했다가 암살당했습니다.

다섯 번째는 산헤립의 아들 에살핫돈(BC 681-669년)인데 성경에서 특별한 사건 하나 없이 이름만 언급됩니다(왕하 19:37, 사 37:38, 스 4:2). 마지막은 앗수르바니팔(BC 669-627년)입니다. 그가 죽은 후 아들들이 왕위를 물려받았지만 앗시리아는 내분으로 역사 속에서 사라지게 됩니다.

바벨론 시대 (BC 625-539년)

앗시리아는 바벨론 문명의 영향을 받았습니다. 강했던 앗시리아가 유독 바벨론에 유화정책을 쓴 것은 바벨론 문명의 혜택 때문이었습니다. 바벨론은 부족들로 구성되었기에 한꺼번에 점령하는 것이 힘들었고, 바벨론이 머물던 메소포타미아 남쪽은 늪지대라 앗시리아의 손을 벗어나 있기도 했습니다. 바벨론은 수메르인과 아카드인이 차례로 통치했고 상업적, 전략적으로 중요한 지형이라서 이민족의 침입을 많이 받았습니다. 오늘날의 이라크라고 보면 됩니다.

바벨론제국은 나보폴라살(BC 625-605년)이 일으키기 시작했고, 느부갓네살(BC 605-562년) 때는 최고 전성기를 이루어냈습니다. 느부갓네살 왕은 〈예레미야〉, 〈다니엘〉, 〈에스겔〉, 〈하박국〉, 〈스바냐〉, 〈열왕기하〉, 〈역대하〉 등에서 쉽게 찾아볼 수 있습니다. 그는 예루살렘에 쳐들어와 여호야긴을 폐위시키고 시드기야를 꼭두각시 왕으로 세웠습니다. 시드기야가 이집트에 구원을 요청하자 예루살렘을 완전히 점령해버렸습니다(BC 588년).

느부갓네살은 아들 아멜 마르둑(성경에서는 에윌므로닥 BC 562-560년)에게 정권을 물려주었고, 아멜 마르둑은 여호야긴을 석방, 복위시켜주었습니다(왕하 25:27-30). 네리글라살(BC 560-556년)은 아멜 마르둑을 암살해서 4년간 왕위에 올랐습니다. 그러나 자신도 신하들에게 암살당하고, 아들 라바시 마르둑(BC 556년)이 왕이 되었으나 3개월이 고작이었습니다. 이어서 왕이 된 하란 출신인 나보니두스(BC 556-539년)는 바벨론의 신을 섬기지 않고 달의 신 신(Sin)에게 광신적으로 열광했습니다. 바벨론의 마지막 왕은 벨사살(?-BC 539년)이었는데, 귀족 천 명을 불러 예루살렘 성전의 그릇으로 술을 마시며 잔치를 벌이다가 벽에 쓰인 글씨를 보게 되었습니다. 다니엘이 글씨의 내용을 해석하는데 바벨론이 끝이 났다는 뜻이었습니다. 그날 밤 벨사살은 죽었고,

메대의 다리우스 왕이 바벨론을 점령하게 됩니다(단 5장).

페르시아 시대 (BC 559-331년)

메대의 왕인 아스티아게스는 의심에 불타는 독재자였습니다. 자기 딸이 앞으로 낳을 아들이 자기에게 대적한다는 해괴한 꿈을 꾸고 딸을 멀리 보내 손자가 태어나면 죽이도록 명령했습니다. 총리 하르파고스는 왕의 명령을 따르지 않고 아기를 살려주었습니다. 왕의 손자는 변방에서 무럭무럭 자랐습니다. 세력을 모으며 성장한 그는 할아버지 아스티아게스를 죽이고 메대와 바사(페르시아)를 통일합니다. 그가 바로 고레스입니다. 페르시아는 오늘날의 이란이라고 보면 됩니다.

성경에서는 '메대와 바사'가 한 묶음으로 나오는데 고레스도 메대 출신이고, 메대가 무시할 수 없는 나라였기에 메대라는 이름이 꼭 나옵니다. 그러나 페르시아 시대라고 이해하면 됩니다. 고레스는 바벨론을 멸망시키고 세계를 통일해서 대제국 페르시아를 만들었습니다. 그는 점령한 나라들을 위한 유화정책으로 각국의 종교를 존중해주었습니다. 고레스는 유다 민족들이 고향으로 돌아가 성전을 건축하도록 허락해주었지요(대하 36:22-23, 스 1:1-3).

페르시아의 왕들 중에서 우리가 주목할 왕은 고레스 말고도 여럿이 있습니다. 그중에 크세르크세스 1세(BC 486-465년)는 성경에서 아하수에로라고 하며 〈에스더〉에서 이미 살펴보았습니다. 그를 이은 아닥사스다 1세(BC 465-425년)는 〈에스라〉와 〈느헤미야〉에서 등장합니다. 페르시아는 전성기를 지나 왕에 대한 독살 등으로 홍역을 치르다가 마지막 다리우스 3세(BC 336-331년)가 왕위에 오를 때는 국력이 많이 쇠퇴했습니다. 그리고 동시에 그 해에 마케도니아에서 알렉산더가 왕위에 올랐습니다.

그리스는 페르시아와 마라톤(BC 490년), 테르모펠레스(BC 480년), 플라타리아(BC 479년), 살라미스 해전(BC 466년) 등에서 대등하거나 월등하게 이기곤 했습니다. 그리스 지역에서도 가장 낙후된 마케도니아라는 도시국가에서는 왕을 암살하고 왕위를 차지한 필립 2세(BC 359-336년)가 등장하더니 그리스를 통일해냅니다. 필립 2세가 죽고 그의 어린 아들 알렉산더가 왕이 되자 세계는 전운에 휩싸입니다. 동물의 왕국에 주인이 둘이 될 수 없는 법, 다리우스 왕과 알렉산더와의 진검승부가 기다리고 있었습니다.

알렉산더 시대 (BC 336-323년)

알렉산더는 핍립 2세가 전쟁에서 이기고 돌아오면 불만을 터뜨렸다고 합니다. 아버지가 세상을 다 정복하면 자기는 어디를 차지하냐는 소리였죠. 필립 2세는 아들을 대견해 했습니다. 어렸을 때부터 남달리 용맹스러웠던 알렉산더는 아버지가 죽고 스무 살이라는 어린 나이에 마케도니아의 왕이 되었습니다. 그는 페르시아 원정에 나섰습니다. 페르시아의 다리우스와 그라니쿠스강(BC 334년), 잇수스(BC 333년), 가우가멜라(BC 331년)에서 전쟁을 벌여 연승을 거두고 일약 세계의 제왕

으로 등극하게 됩니다.

알렉산더의 군대가 행군하면 현지 주민들은 자발적으로 알렉산더 군으로 들어왔고, 근동의 제후들은 싸우지도 않고 알렉산더에게 항복했으며, 페니키아의 해변 도시들은 자동문처럼 열렸습니다. 가장 어려웠던 것은 섬나라인 두로(암 1:9-10, 사 23:1-3, 겔 28:1-10)였으나 알렉산더는 바다를 메워서 두로를 점령했습니다.

알렉산더는 이집트에 자신의 이름을 붙여서 알렉산드리아라는 도시를 세웠습니다. 이집트의 아몬 신전에서 '신의 아들'이란 신탁을 받기도 했지요. 요세푸스의 기록에 의하면 알렉산더는 구약 시대 마지막 제사장인 얏두아(느 12:11)를 예루살렘에서 만나 하나님께 희생제사를 드리는데 함께했다고 합니다.

파죽지세로 온 세계를 점령하던 알렉산더는 33세의 나이에 갑자기 세상을 떠났습니다. 당시에 세상의 끝은 인도였는데 그 앞에서 "더 이상 정복할 땅이 없다"고 울었다는 후문도 있습니다. 알렉산더는 인도에서 돌아오던 길에 횡사했는데 열병이나 독살, 혹은 말라리아였다는 주장이 있으나 그 원인은 밝혀지지 않았습니다.

알렉산더가 요절한 뒤 그 넓은 땅을 누가 차지할지에 관심이 집중되었습니다. 이복동생인 필립 아리대우스는 지적장애가 있었고, 록산나 사이에 태어난 알렉산더 4세는 너무 어렸습니다. 결국 알렉산더의 힘 있고 젊은 네 명의 장군이 제국을 나눠 갖는데, 그중에서도 프톨레미가 이집트, 동아프리카, 페니키아, 소아시아 등을 차지했고, 셀류코스는 페르시아제국의 대부분과 시리아 북부 등을 차지했습니다.

다니엘이 예언한 그대로였습니다. "그러나 그가 강성할 때에 그의 나라가 갈라져 천하 사방에 나누일 것이나 그의 자손에게로 돌아가지도 아니할 것이요 또 자기가 주장하던 권세대로도 되지 아니하리니 이는 그 나라가 뽑혀서 그 외의 다른 사람들에게로 돌아갈 것임이라"(단 11:4).

프톨레미와 셀류코스 시대 (BC 323-163년)

프톨레미 왕조는 유클리드 기하학이라든가 70인역의 번역이라든가 다양한 기술의 발전을 가져왔고, 셀류코스 왕조는 안디옥 신도시를 건설하고 이스라엘 지역을 차지하는 등 서로 숙적으로 싸우면서 격변의 세월을 지냈습니다. 그중에서도 우리는 셀류코스 왕조의 안티오쿠스 4세(BC 175-163년)를 주목할 필요가 있습니다.

제우스의 화신인 에피파네스라 불리기를 원했던 그는 팔레스타인 지배를 확실히 하고 싶었습니다. 로마와의 전쟁에서 졌기에 전쟁 배상금을 갚고 재정을 확보하기 위해서 그는 점령 국가들의 수탈을 자행했습니다. 식민지 국가에 그리스 문화를 억지로 주입하는데도 공을 들였습니다.

안티오쿠스 4세는 유대교를 탄압하면서 메넬라우스라는 허수아비 제사장을 세우고, 성전의 성물을 훔쳤으며, 금을 입힌 성전 벽을 뜯어갔습니다. 부정한 동물 제사를 드리게 하고, 유대인들에게 억지로 돼지고기를 먹였으며, 할례받은 유대인을 사형시켰고, 안식일을 지키는 자는 칼로 쳤습니다. 다니엘이 경고한 일이었습니다.

〈도표 13〉 프톨레미 왕국과 셀류코스 왕국의 비교	
프톨레미 왕국	**셀류코스 왕국**
프톨레미 1세 (BC 323-283년)	셀류코스 1세 (BC 312-281년)
프톨레미 2세 (BC 283-247년)	안티오쿠스 1세 (BC 281-261년)
프톨레미 3세 (BC 247-221년)	안티오쿠스 2세 (BC 261-246년)
프톨레미 4세 (BC 221-203년)	셀류코스 2세 (BC 246-225년)
프톨레미 5세 (BC 203-181년)	안티오쿠스 3세 (BC 225-187년)
	셀류코스 4세 (BC 187-175년)
	안티오쿠스 4세 (BC 175-163년)

"군대는 그의 편에 서서 성소 곧 견고한 곳을 더럽히며 매일 드리는 제사를 폐하며 멸망하게 하는 가증한 것을 세울 것이며" (단 11:31).

당시 유대인들은 두 부류였는데, 헬레니즘 문화의 영향을 받은 유대인들은 현실을 받아들여 안티오쿠스 황제의 지시대로 따르자고 했고, 율법에 충실한 또 한 그룹은 저항했습니다. 전자는 후에 사두개파로 이어졌고 후자는 바리새파의 선조가 되지요. 당연히 후자에 속한 사람들이 박해로 많이 죽었습니다.

마카비 왕조 시대 (BC 142-63년)

맛다디아라는 늙은 제사장에게는 다섯 명의 아들이 있었습니다. 시골에 사는 이 노인에게도 안티오쿠스의 군사들이 닥쳐서 돼지고기 제사를 강요했습니다. 맛다디아는 군사들을 제압하고 아들들과 함께 항쟁에 나섰습니다. 다섯 아들은 요한, 시몬, 유다, 엘르아살, 요나단인데 그중에 셋째 유다가 주도권을 잡았습니다. 그는 망치를 들고 전쟁에 나섰기에 망치라는 뜻의 히브리어 '마카비'가 여기에서 등장합니다.

유다는 안티오쿠스 군대와 전쟁을 하면서 한편으로는 로마와 동맹을 맺었고, 막내 요나단은 교묘한 외교술로 팔레스타인의 우위를 점했습니다. 형제들이 차례로 공을 세운 덕분에 마지막 남은 둘째 시몬은 셀류코스 왕국과 협정을 맺는 데 성공하여 독립 국가로 인정받았습니다. 시몬은 마카비 왕조 최초의 왕이 됩니다.

여리고 요새에서 암살을 당한 시몬에 이어 아들 요한 힐카누스는 적들을 물리치고 예루살렘에 입성하면서 두 번째 왕이 되지요. 그때쯤이면 셀류코스 왕조도 퇴락하여서 힐카누스는 솔로몬 시대만큼이나 넓은 영토를 차지합니다. 내친김에 힐카누스 왕은 이두매의 에돔 족속들에게도 할례를 강제하여 유대교로 개종을 시킵니다. 이것은 후에 이두매 출신의 헤롯이 이스라엘의 분봉왕이 되는 근거가 됩니다.

요한 힐카누스가 죽은 후에 아리스토불루스 1세가 왕이 되어 1년간 통치했습니다. 이때부터 사두개인들은 여당이 됩니다. 아리스토불루스 1세는 사마리아 북쪽 갈릴리를 정복해 유대인들을 이주시키는데, 예수님의 육신의 아버지인 요셉 일가가 이때 갈릴리로 갔습니다.

아리스토불루스 1세가 죽은 뒤 그의 아내 살로메 알렉산드라가 왕위에 올랐습니다. 그러나 살로메는 감옥에 갇힌 남편의 동생 알렉산더 얀네우스를 풀어주고 그와 결혼하여 왕으로 추대했습니다. 바리새인

〈도표 14〉 마카비 왕조 시대 왕들의 업적

이 름	업 적
시몬 (BC 142-134년)	독립 국가 인정받음, 아크라 함락
요한 힐카누스 (BC 134-104년)	바리새파 불신임, 이두매 강제 개종
아리스토불루스 1세 (BC 104-103년)	갈릴리 정복(요셉의 조상 이주)
알렉산더 얀네우스 (BC 103-76년)	사두개파지지, 가장 넓은 땅 소유
살로메 알렉산드라 (BC 76-67년)	최초의 여왕, 바리새파 지지, 평화와 번영
(장남) 힐카누스 2세 (차남) 아리스토 불루스 2세	장남 - 무능, 바리새파 지지 차남 - 권력욕, 사두개파 지지, 로마 개입의 빌미

들이 좋아할 리가 없지요. 얀네우스는 왕이 되어 대규모 반란을 일으킨 바리새인들 6천 명을 살해하는 등 끔찍하게 국정을 이끌어갔습니다. 얀네우스는 죽으면서 아내에게 왕위를 돌려주었고, 그녀는 이스라엘 최초의 합법적 여왕이 되었습니다.

살로메가 죽은 뒤에 두 아들은 서로 왕위를 차지하고 싶었습니다. 장남 힐카누스 2세는 바리새인들의 지지를, 차남 아리스토불루스 2세는 사두개인들의 지지를 받으면서 팽팽한 긴장이 흘렀습니다. 명석하고 재빠른 동생이 먼저 움직여 주도권을 차지했으나 이두매 출신의 교활한 안티파테르가 힐카누스 2세에게 붙으면서 갈등은 심화되었습니다. 마카비 왕조가 저물어가고 있었습니다.

로마 시대 (BC 63년에서 예수님 오실 때까지)

마카비 왕조의 내란을 수습한 이는 로마의 폼페이우스 장군이었습니다. 그는 유대를 로마의 속주로 강등시켰습니다. 안티파테르는 재빠르게 폼페이우스에게 줄을 대면서 후원자 힐카누스 2세를 유대의 왕으로 내세웠습니다. 뒤에서 조종하고 싶었던 것이지요. 로마의 제1차 삼두정치(BC 63-55년)의 주인공 중에 하나인 폼페이우스는 군사력과 인기를 등에 업고 있었습니다.

그는 해적을 소탕하기 위해 로마 1년 예산의 절반을 지원하는 등 파격적인 행보를 통해서 로마를 지중해의 최강으로 키웠습니다. 셀류코스 왕국을 없애 시리아로 편입 시킨 폼페이우스는 안티파테르의 400달란트 지원금을 받고 힐카누스 2세를 대제사장으로, 안티파테르를 유대의 행정관으로 임명해 버렸습니다.

한편 삼두정치의 또 다른 주인공인 율리우스 카이사르는 스페인 총독의 임기를 마치고 집정관이 됩니다. 폼페이우스와 카이사르 사이의 묘한 라이벌 의식이 생길 수밖에 없었습니다. 폼페이우스는 늙어갔고 카이사르는 천년 로마의 유일한 천재라는 별명답게 세력을 착착 넓혀 나갔습니다. 얼마 후 카이사르는 무장한 채 로마로 진격했습니다. 그가 루비콘강을 건너며 "주사위는 던져졌다"는 유명한 말을 남기지요(BC 49년).

폼페이우스와 카이사르의 대결은 젊은 카이사르의 승리로 끝납니다. 쿠데타에 성공한 카이사르는 원로원으로부터 정당성을 확보받았으며 폼페이우스는 이집트로 도망갔습니다. 이집트에서 클레오파트라와 사랑에 빠진 폼페이우스는 얼마 못 가 죽게 됩니다. 카이사르는 폼페이우스를 죽이기 위해 이집트에 갔다가 그가 죽은 것을 확인하고 그대로 이집트에 눌러 앉았고 자신도 클레오파트라와 사랑에 빠지고 말죠. 카이사르가 허송세월을 하다 그만 적의 기습 공격을 받게 되는데, 이때 안티파테르가 지원군을 보내 카이사르의 목숨을 구해주었습니다.

로마로 돌아온 카이사르는 안티파테르에게 팔레스타인의 독보적인 권력을 안겨주었습니다. 안티파테르는 장남 파사엘을 유대 총독으로 차남 헤롯을 갈릴리 총독으로 앉혔습니다. 카이사르는 브루투스에게 암살당하고 후임으로 18세의 옥타비아누스가 등장을 합니다. 안토니우스, 레피두스와 함께 2차 삼두정치가 시작되었습니다(BC 43-33년).

옥타비아누스는 천재적인 통치능력으로 반대파를 숙청하면서 강한 로마를 만들어갔습니다. 안티파테르의 아들 헤롯은 옥타비아누스와 안토니우스 양 진영의 지지를 받아 유대의 분봉왕이 되었습니다. 예수님이 태어났을 때 베들레헴의 두 살 미만의 아기를 죽인 천인공노할 짓을 벌인 사람이 바로 헤롯 대왕이었습니다(BC 38-4년). 이렇게 구약을 지나 중간기를 거쳐 우리는 신약 시대로 진입하게 되었습니다(신구약 중간기는 저자의 또 다른 책 「갓 히스토리」(서울: 브니엘, 2022), 380-415쪽에서 발췌 정리한 것입니다).

하나님을
찬양하는 시와
지혜의 히스토리

Bible
History

고통의 의미

우스 땅에 흠이 없고 정직한 동방 최고의 부자가 살고 있었습니다. 그 이름도 유명한 '욥'입니다. 욥이란 이름은 '원수'라는 의미의 히브리어 '아야브'에서 따왔다거나, '회개하다'는 의미의 아람어 동사에서 왔다거나, '환난, 재앙'이란 단어에서 왔다고도 하는데 그 진위는 알 수 없습니다. 다만 셈족 중에 '욥'이란 이름이 흔히 발견되기에 아브라함 시대와 비슷한 때에 살던 사람이라고 보기도 합니다. 〈욥기〉는 시가서 5권 중에서 제일 처음 등장하는 지혜 문학입니다. 솔로몬 시대에 기록되었다면 BC 1000년 전후라 추정할 수 있겠지요. 그러나 여전히 〈욥기〉의 저자와 연대는 확실하지 않습니다.

욥에게는 아들이 일곱, 딸이 셋, 총 열 명의 자녀가 있었고, 그의 재산은 양이 7,000마리, 낙타가 3,000마리, 소가 500겨리, 암나귀가

500마리 그 외에도 셀 수 없이 많은 종을 거느리고 있었습니다. 현재 시가로 치면 양 한 마리는 호주나 뉴질랜드에서 대략 30~100만 원에 거래됩니다. 낙타는 인도 푸쉬카르 지역에서 거래되는 가격이 대략 17~27만 원 정도이고, 아랍에서는 농장용이 56만 원 정도이며 경주용은 그보다 훨씬 비쌉니다. 소는 한우가 요새 1천만 원 정도합니다. 암나귀는 2~300만 원에 거래가 됩니다. 욥의 재산을 계산해보니 가축만 130억대가 넘습니다.

그는 자녀들의 생일이 되면 화려한 파티를 열고 값진 선물을 주면서 행복한 시간을 보내게 했습니다. 다음 날이면 반드시 번제로 제사를 드렸습니다. 자녀들이 모르는 사이에 죄를 지었을까 마음이 쓰였기 때문입니다. 욥은 모든 일에 철저했습니다. 그러나 저 하늘에서 자신을 향한 거래가 이루어지고 있는지는 꿈에도 몰랐습니다.

어느 날, 하나님 옆으로 하나님의 아들들과 사탄이 모였습니다(욥 1:6). 하나님은 사탄에게 어디를 다녀왔는지를 물었습니다. 사탄은 이리저리 돌아다니다 왔다고 대답했습니다. 세상을 돌아다녔으니 웬만한 사람들도 잘 알리라 여긴 하나님은 욥을 자랑하고 칭찬했습니다. 그토록 부유하나 겸손하고, 그토록 많이 가졌으나 악과는 담을 쌓았으며, 그토록 높아졌으나 하나님을 경외하는 사람은 없다고 말했습니다.

사탄은 하나님께 대꾸했습니다. 그것은 가진 것이 많기 때문이라고, 그의 겸손은 일시적인 것이라고, 가진 것을 다 빼앗아가면 하나님을 저주할 것이라고 이기죽거렸습니다. 하나님은 욥의 몸에 손을 대지 않는 조건으로 마음대로 해보라고 허락했습니다.

욥에게는 평범했던 어느 날이었습니다. 종 한 명이 숨이 턱까지 차서 들어왔습니다. 스바 사람들이 갑자기 들이닥쳐 소와 나귀를 끌고 갔다는 소식을 전하자마자 다른 종이 달려와 불이 떨어져 양떼와 목동들이 다 타버렸다는 비보를 전했습니다. 이윽고 갈대아 사람들이 종들을 죽이고 낙타 떼를 빼앗아갔다는 소식과 큰아들의 집에 모인 욥의 아들과 딸들이 식사 중에 강풍으로 집이 무너져 모두 죽었다는 사고 소식을 전했습니다. 모두 사탄의 장난이었습니다. 하루아침에 욥의 모든 것이 사라지고 말았습니다. 그는 머리를 밀고 옷을 찢으면서 바닥에 엎드려 외쳤습니다.

"이르되 내가 모태에서 알몸으로 나왔사온즉 또한 알몸이 그리로 돌아가올지라. 주신 이도 여호와시요 거두신 이도 여호와시오니 여호와의 이름이 찬송을 받으실지니이다 하고"(욥 1:21).

억장이 무너지고 눈물이 멈추지를 않았습니다. 그런데도 그는 입술을 깨물어 피가 터질지언정 하나님에 대해 경박한 말을 하지 않았습니다. 욥은 자신의 고난이 그것으로 끝나지 않았다는 것을 아직 몰랐습니다. 하나님의 어전에 하나님의 아들들과 사탄이 다시 모였을 때였습니다. 하나님은 자랑스레 얘기했습니다. 엄청난 시련에도 욥은 완전하게 자신을 지켰다고 말했습니다. 그러자 옆에 서 있던 사탄은 욥의 몸이 아직 성하기 때문에 원망하지 않을 뿐이지 조금이라도 몸을 아프게 한다면 당장 하나님을 원망할 것이라고 대꾸했습니다. 하나님은 욥의 생명을 건들지 않는 조건으로 다시 한번 욥의 운명을 사탄에게 맡겼습니다.

사탄은 하나님 앞에서 물러나자마자 즉시 욥을 쳤습니다. 욥의 온 몸은 악성 종기로 뒤덮였습니다. 발바닥에서부터 머리끝까지 안 아픈 데가 없었습니다. 가렵고 따갑고 쓰라리고 무겁고 괴롭고 찌르는 듯하고 숨 쉬는 것조차 힘들었습니다. 욥은 잿더미 속에 주저앉아 옹기 조각으로 가려운 부분을 온종일 긁어야 했습니다. 처절한 고통 속에 잠긴 욥에게 그의 아내가 말했습니다. "그러고서도 혼자서만 고고하게 사실 겁니까? 차라리 하나님을 저주하고 죽어버리는 게 낫지 않겠습니까?" 욥은 아내를 물끄러미 바라보며 말합니다.

"그대의 말이 한 어리석은 여자의 말 같도다. 우리가 하나님께
복을 받았은즉 화도 받지 아니하겠느냐 하고 이 모든 일에 욥이
입술로 범죄하지 아니하니라"(욥 2:10).

욥이 당한 고난은 온 세상에 알려졌습니다. 친구들이 욥을 찾아왔습니다. 데만 사람 엘리바스, 수아 사람 빌닷, 나아마 사람 소발 이렇게 세 명의 친구였습니다. 그들은 처음 욥을 보았을 때 그리도 당당하고, 그렇게도 위엄이 있었던 최고의 부자 욥인가 싶어 충격을 받았습니다. 아예 몰라볼 정도였습니다. 욥이 완전히 몰락해버릴 줄은 아무도 몰랐습니다. 친구들은 옷을 찢고 소리 내어 울었습니다. 7일 동안 욥과 함께 잿더미 바닥에 주저앉아 침묵 속에서 눈물로 밤을 지새웠습니다.

〈욥기〉는 고통에 대한 실존적이고 철학적인 질문을 던지는 이야기입니다. 욥의 가축만 계산했을 때 130억대의 부자라고 했으나 당시의 시세라든가, 종과 자녀 등을 더하면 오늘과는 비교할 수 없는 엄청난

갑부였을 것입니다. 사람의 노력과 수고에 의해서 가질 수 없는 부이기에 욥이 당대 동방의 최고 부자가 된 것은 하나님의 은혜밖에는 도저히 설명할 수 없습니다. 그러나 그 많은 물질과 재산이 하루아침에 사라졌습니다. 사탄은 건강마저도 빼앗아버렸습니다. 그런데도 욥의 정신, 신앙, 우애 등 비물질적인 것은 하나도 건들 수 없었습니다. 욥은 고난에서 승리했습니다. 그러나 그것은 욥기 2장이고 시작에 불과했습니다.

3장부터 시작되는 욥과 세 친구의 논쟁을 보면 과연 그들이 친구가 맞을까 싶습니다. 그들은 신랄하게 비판을 해댑니다. 욥은 어떨까요? 그 역시 신앙이 있는지 의심될 정도로 흔들립니다. "어머니의 태가 열리지 않아, 내가 태어나지 않았어야 하는 건데. 그래서 이 고난을 겪지 않아야 하는 건데! 어찌하여 내가 모태에서 죽지 않았던가? 어찌하여 어머니 배에서 나오는 그 순간에 숨이 끊어지지 않았던가?"(욥 3:10-11, 새번역)라는 욥의 말은 굳건했던 신앙고백과 정면으로 배치됩니다.

욥의 말이 끝나자 세 친구는 기다렸다는 듯이 욥을 궁지로 몰아넣습니다. 7일간 같이 울었던 일을 잊을 정도의 혹독한 비판이었습니다. 욥의 상황과 형편을 생각하고, 친구의 입장에서 함께 아파하는 것은 하나도 보이지 않고 어떻게든 욥을 쓰러뜨리려는 사람들 같습니다. 욥도 지지 않습니다. 친구들의 말이 끝나면 방어하고 변명하기에 바쁩니다. 그것이 욥기 31장까지 계속 이어집니다.

고통 속에 있는 사람은 〈욥기〉를 읽을 때 욥에게 감정이 이입됩니다. 욥의 대답을 들으면서 오죽하면 그렇게 말할까 싶을 정도로 동정하게 됩니다. 하나님은 높은 곳에서 내려다보기만 할 뿐 낮은 곳에 있는 자의 고통은 모르는 것 같습니다. 욥처럼 나에게 처해진 고난이 누군가의 장난 같아 보입니다. 적어도 사탄에게 악을 허용해준 하나님이 원망스러워집니다. 그런 와중에 친구라고 하는 녀석들은 정죄하기에 바쁩니다. 그들은 욥에게 공감해주지 않습니다. 욥도 변명하기에 바쁩니다. 굉장히 슬프고 어려운 성경 읽기가 바로 〈욥기〉입니다.

욥이 친구들에게 항변하는 내용은 친구들을 향한다기보다 하나님에 대한 것이라고 보면 더 맞습니다. 욥은 하나님과 싸우는 중입니다. 욥은 이렇게 말합니다.

"하나님이 나를 억울하게 하시고 자기 그물로 나를 에워싸신 줄을 알아야 할지니라. 내가 폭행을 당한다고 부르짖으나 응답이 없고 도움을 간구하였으나 정의가 없구나"(욥 19:6-7).

욥은 고난의 원인이 무엇인지 알았습니다. 친구들은 죄의 결과라고 논증하지만 욥은 죄를 짓지도 않았거니와 그렇다고 해도 그것은 부당한 처사였습니다. 욥은 자신의 고난이 하나님의 허락 속에서 사탄이 일으킨 것인 줄은 몰랐을 것입니다. 그러나 적어도 하나님이 자신을 보호해주지 않았다는 사실은 명확히 알았습니다.

친구들은 욥을 악한 자로 규정합니다. 재산과 가족을 다 잃고, 몸도 완전히 망가졌으며, 죽지도 못할 지경인 욥의 상처를 친구들이 더 후벼 팝니다. 소발은 이렇게 말합니다. "그 악한 자는 꿀꺽 삼킨 재물을 다 토해 냈다. 하나님은 이렇게 그 재물을 그 악한 자의 입에서 꺼내어서 빼앗긴 사람들에게 되돌려주신다"(욥 20:15, 새번역). 욥의 재물은 악한 방식으로 얻었기에 하나님이 되찾아갔다는 말입니다. 엘리바스, 빌닷의 논점도 마찬가지였습니다. 욥에게 빨리 회개하라고 조언합니다. 그러나 이런 식의 말은 비수에 가깝습니다. 안 그래도 괴로운 욥은 점점 더 도망갑니다.

아무리 잘나가는 사람도 결국은 구더기같이 될 뿐이라는 염세적인 태도로 돌변합니다(욥 21:26). 친구들에게 냉소적으로 논증을 하다가(욥 26:2) 자신의 정당함을 외면한 하나님을 원망할 지경에까지 이릅니다(욥 27:2). 친구들은 여전히 욥을 의심하며 남을 괴롭혔다고 비난합니다. 욥은 억울합니다. 욥은 자신이 했던 선한 일들에 대한 구체적이고 일관적인 진술을 이어갑니다. 종들에 대한 일이라든가(욥 31:13), 과부와 고아에 대한 일들(욥 31:16-17), 심지어 원수와 나그네에 대한 욥의 행적(욥 31:29-32)은 부정직하고 악한 사람이었다면 할 수 없을 일들입니다. 억울한 욥은 친구들과 논쟁을 계속 이어갑니다. 〈욥기〉는 도대체 어떻게 수습될 수 있을까요?

〈욥기〉 후반부는 엘리후와 하나님의 이야기로 마무리됩니다. 람 족속 부스 사람 바라겔의 아들 엘리후는 젊은 친구였습니다. 그들의 논쟁을 옆에서 지켜보다가 서로의 주장이 잦아들 무렵 조심스레 말을 꺼냈습니다. 세 친구는 욥을 정죄하려고만 했고, 욥은 자신을 하나님보다 의롭다고 주장했음을 지적합니다. 하나님이 아무 말씀이 없었다고 답답한 심정을 토로한 욥에게 이미 하나님은 수도 없이 말씀하고 계셨다고 논박합니다.

"사실은 하나님이 말씀을 하시고 또 하신다고 하더라도, 사람이
 그 말씀에 주의를 기울이지 못할 뿐입니다"(욥 33:14, 새번역).

하나님은 꿈과 환상으로도, 환경과 상황으로도 이미 여러 번 욥에게 말씀하셨다고, 욥의 형편을 이해하신다고 말합니다. 욥이 귀를 열지 않아 못 들었을 뿐이지 벌써 욥의 삶에 여러 번 경고가 주어졌습니다. 하나님은 악한 일을 하실 수 없으며 사람의 걸음에 따라서 거두게 하시는 분이심을 강조합니다(욥 34:10-12). 말하자면 욥이 악한 일을 했기 때문에 욥에게 고난이 닥친 것이 아니라 욥이라면 능히 감당할 수 있을 거라 하나님이 판단하셨기에 고난을 허락하셨다는 의미입니다. 예의를 갖춘 엘리후의 묵직한 진실에 그들은 침묵으로 동의합니다. 그때 폭풍이 불어옵니다. 폭풍 한가운데에서 하나님께서 나타나십니다.

"그때에 여호와께서 폭풍우 가운데에서 욥에게 말씀하여 이르시
되 무지한 말로 생각을 어둡게 하는 자가 누구냐. 너는 대장부처
럼 허리를 묶고 내가 네게 묻는 것을 대답할지니라"(욥 38:1-3).

하나님은 "바로 나다"(욥 38:9-11, 새번역)라고 여러 번 말씀하십니다. 사탄에게 모든 전권을 다 주는 것처럼 보이는 하나님의 무심함, 무책임함, 무능, 무감각을 일시에 해소하는 말씀이었습니다. 하나님은 일일이, 하나하나, 욥과 관련된 작은 것들도 다 아시고 챙기시며 간섭하고 계셨습니다. 절대로 무심한 분이 아닙니다.

하나님은 해, 폭우, 얼음, 북두칠성 같은 자연계나 따오기, 수탉, 사자, 까마귀, 염소, 들소, 타조, 말, 독수리 같은 동물들을 나열하시면서 굳이 신경을 쓰지 않아도 되는 동물들까지 얼마나 섬세한 손길로 이끌고 계신지를 보여주십니다. 동물들은 하나님이 자기들에게 신경을 쓰

지 않는다고 투덜거리지 않습니다. 그런데도 하나님은 그것들에게 하나하나 관심을 갖습니다. 그런 하나님이 왜 욥에게 신경을 쓰지 않겠느냐는 말씀인 것이죠.

〈욥기〉 마지막 장인 42장으로 가면 욥이 회개하는 장면이 나옵니다. 하나님은 욥을 회복시켜줍니다. 소유가 두 배가 되고, 형제, 자매, 친구들이 모두 욥에게 돌아옵니다. 다시 아들과 딸들이 태어나고, 딸들에게 아들 못지않은 권리를 주며, 욥은 140년의 여생을 더 살면서 아들 손자 4대를 보고 죽게 됩니다. 물질, 관계, 자녀, 건강, 후손의 회복이 이루어집니다. 이것으로 그동안의 모든 고생이 다 사라지는 것일까요? 처음에 열 명의 자식이 다 죽었는데, 그들이 다 생명인데, 아무리 다시 열 명의 자녀가 태어났다고 한들 죽은 자식은 평생 가슴에 묻어야 하는 것 아닐까요? 절대로 잊을 수 없는 고통 아닐까요?

우리는 이렇게 해석할 수 있습니다. 당시 자식은 부모와의 감정적 교류보다는 재산적인 의미가 더 클 때였습니다. 다시 열 명이 태어남으로써 자식이라는 재산이 완벽하게 회복되었음을 보여주고 있습니다. 그만큼 오래 전의 이야기입니다. 그런데도 여전히 욥의 고통이 다 이해되지 않을 겁니다. 저도 그렇고요. 그렇다면 이 생각을 해봅시다. 욥기 마지막에 왜 굳이 딸들의 이름을 넣었을까?

여미마(비둘기), 굿시아(계피향), 게렌합북(눈화장)이라는 이름이 딸들의 이름입니다. 아들의 이름도 아니고 딸들입니다. 여자의 이름을 넣는 것은 매우 이례적입니다. 성경은 그 딸들이 세상에서 가장 아름다운 여자라고 말하고 있습니다. 무슨 뜻일까요? 이전에 죽었던 자녀들을 능가하는 회복, 보상, 치유의 의미로도 읽힐 수 있습니다. 적어도 욥은 그렇게 느꼈습니다. 욥의 물질적인 모든 재산이 회복되었을 뿐 아니라 자녀를 잃은 고통 역시 봄눈 녹듯 사라지게 만든 하나님의 섬세한 치유와 위로입니다. 그렇게 〈욥기〉는 사탄의 계략과 인간의 원망에도 하나님의 완전하고 성실한 '갚아주심'으로 끝납니다.

말하는 사람	장 구분
욥	3장, 6-7장, 9-10장, 12-14장, 16-17장, 19장, 21장, 23-24장, 26-31장
데만 사람 엘리바스	4-5장, 15장, 22장
수아 사람 빌닷	8장, 18장, 25장
나아마 사람 소발	11장, 20장
바라겔의 아들 엘리후	32-37장
하나님	38-41장
뒷이야기	42장

시를 통한 하나님의 발견

〈시편〉은 굉장히 분열적입니다. 어떤 시는 하나님의 영광과 공평하심을 찬양하다가도 어떤 시는 괴롭고 곤고한 인생에 대한 호소가 펼쳐집니다. 어떤 시는 감사와 영광으로 가득 차 있는가 하면 어떤 시는 절망과 한탄으로 흔들리기도 합니다. 왜 이토록 시가 널뛰는 것처럼 보일까요? 이것은 시인에게 다양한 경험이 있었다는 뜻이고, 동시에 인간의 삶이 취약하다는 의미이기도 합니다. 인간은 작은 보상에도 하늘까지 올라가고, 약한 상처에도 바닥까지 떨어지곤 합니다. 〈시편〉의 시들은 상처받은 모습과 영광스러운 모습을 모두 드러냅니다.

그렇다면 〈시편〉을 어떻게 읽어야 할까요? 〈시편〉을 한 편 아무거나 골라서 읽어봅시다. 그 짧은 내용 속에 '기승전결'이 모두 담겨 있습니다. 거친 환경이라든가 원수로 인해 고통을 겪고(기), 하나님의 도움을 구하여(승), 하나님이 오셔서(전), 승리합니다(결). 짧은 시 속에 결론이 금방 내려지다 보니 순식간에 모든 문제가 해결되는 듯 보입니다. 윤동주 시인이 「쉽게 쓰여진 시」에서 인생이 쉬울 리가 없는데 시는 왜 이토록 쉽게 쓰이는 것이냐고 묻는 것처럼 〈시편〉의 시들에서도 같은 질문을 던질 수 있습니다. 어째서 시편의 시들은 이토록 쉬운 것일까요?

〈시편〉은 절대로 쉽지 않습니다. 시를 읽을 때 그 안에 굽이굽이 흐르는 깊은 스토리를 보아야 합니다. 시인의 삶은 깊고 넓으며 오묘한 하나님의 히스토리를 보았습니다. 한 편의 시 속에 그 모든 것을 담아냈습니다. 쉽게 기승전결로 간 것 같지만 시 속에는 인생이 다 담겨 있습니다. 시를 슬쩍 읽는 사람에게는 싱거워보이지만 인생의 깊은 고민을 가지고 씨름하는 사람은 그 짧은 시 속에서 역사하시는 하나님을 봅니다. 우리는 그렇게 시를 읽어야 합니다.

〈시편〉의 대표적인 시인은 다윗입니다. 그는 150편의 〈시편〉 중에서 무려 73편을 썼습니다. 다윗의 시들은 모두 주옥같습니다. 하나하나가 지혜와 감동을 줍니다. 일생에 이런 시를 한 편이라도 쓴다면 위대한 시인이라 불릴 것입니다. 다윗은 어떻게 이리도 위대한 시를, 그것도 이렇게 많이 쓸 수 있었을까요? 다윗은 다재다능했습니다. 많은 일을 했고, 많은 경험을 했습니다. 어릴 때는 양떼를 혼자 책임져야 했고, 수금을 타는 재능 때문에 궁궐에서 연주해야 했습니다. 골리앗을 이긴 뒤로는 긴장의 연속이었습니다. 언제 죽을지 모를 도망자의 신분이었습니다. 그 사이에도 부모님을 비롯해서 약한 사람들을 돌봐야했습니다.

왕이 된 뒤에는 나라를 부강하게 했으며, 전쟁에 계속 참여했습니다. 나라가 안정된 후에는 불륜을 저질렀고, 그로 인해 후반부의 삶이 망가져 온 나라가 끙끙 앓아야 했습니다. 다윗의 인생은 급하고 바쁘며 분주했습니다. 그 와중에 언제 이런 명작들을 탄생시켰을까요? 파란만장한 그의 삶 자체가 바로 시의 자양분이었습니다. 시간과 여유가 많다고 시가 탄생하는 것은 아닙니다. 바쁜 일상 속에서 걸작이 나옵니다.

다윗이 시를 쓸 때는 지금처럼 종이가 흔하거나 휴대폰 같은 도구가 있는 시대가 아닙니다. 시를 쓸 만한 도구를 갖추는 것부터가 막막한 때였습니다. 다윗이 시에 대해서 관심이 없었다면 이런 작품은 나오지 않았을 것입니다. 글을 쓰고자 하는 마음이 있었고, 끊임없는 묵상과 생각이 이어졌으며, 그것을 시로 승화시켰습니다. 기억하고 기록하며 묵상하고 나누었기에 이런 시들이 나올 수 있었습니다.

그의 인생 자체가 시의 원천이었으나 더 중요한 기반은 하나님이었습니다. 그의 모든 시는 하나님과의 관계 속에서 나왔습니다. 하나님으로부터 받은 은혜의 일부만 시로 썼을 텐데도 명작이 탄생했습니다. 그에게 시는 하나님이었습니다. 다윗이 하나님을 놓치지 않았기 때문에 위대한 문학작품이 나왔습니다. 위대한 시를 쓰기 위해서가 아니라 하나님과 깊은 관계를 맺고 있었기에 훌륭한 시가 나왔습니다.

시편 34편을 봅시다. 다윗이 아비멜렉 앞에서 미친 체 하다가 쫓겨났을 때 지은 시입니다. 그는 혼자 블레셋에 들어갔다가 목숨을 뺏길 뻔 했습니다. 비겁하게 미친 사람처럼 행동해서 위기를 모면했습니다. 재치를 발휘했고 멋진 드라마가 펼쳐졌습니다. 그의 마음은 시편 34편을 통해 엿볼 수 있는데 아무리 읽어봐도 그가 겪었던 외로움에 대한 한탄이나 위기를 극복해낸 자랑이 없습니다. 다윗 자신은 없습니다. 오직 하나님의 신실하심에 대한 이야기밖에 없습니다. 다윗은 하나님만 생각했습니다. 그 속에서 위대한 시가 나왔습니다.

다윗뿐만이 아닙니다. 〈시편〉의 기자들은 인간의 인생이 처참하고 연약하기 때문에 하나님께 삶을 맡겼습니다. 시인은 찬양을 받으실 하나님 앞에 우리의 어려움을 드러내며 도움을 기다렸습니다. 〈시편〉을

〈도표 15〉 지은 사람에 따른 시편 분류

시편 정리	
다윗이 쓴 시	73개 / 3-9편, 11-32편, 34-41편, 51-65편 68-70편, 86편, 101편, 103편, 108-110편 122편, 124편, 131편, 133편, 138-145편
모세가 쓴 시	1개 / 90편
솔로몬이 쓴 시	2개 / 72편, 127편
아삽이 쓴 시	12개 / 50편, 73-83편
고라 자손이 쓴 시	10개 / 42편, 44-49편, 84-85편, 87편
헤만이 쓴 시	1개 / 88편
에단이 쓴 시	1개 / 89편
지은이 미상의 시	50개
가장 긴 시	119편, 총 176절
가장 짧은 시	117편, 총 2절
성전을 올라갈 때	15개 / 120-134편
할렐루야로 시작과 끝	5개 / 146-150편

읽을 때는 그런 마음으로 읽어야 합니다. 하나님의 인도하심이 없으면 인간은 연약한 존재이기 때문입니다. 인간은 다양한 형편에 처해 있기 때문에 〈시편〉을 읽을 때 즐거울 때 읽는 시, 슬플 때 읽는 시, 용기가 필요할 때 읽는 시, 병이 들었을 때 읽는 시 등으로 나누는 것도 좋습니다. 그 만큼 다양한 삶의 요소들을 다 담고 있습니다.

〈시편〉을 쓴 시인은 다윗 외에도 고라 자손도 있고, 아삽도 있습니다. 고라 자손의 노래는 총 10편입니다. 고라는 산 채로 지옥에 빠진 사람입니다. 말하자면 반역자의 후손입니다. 자신의 조상이 치욕적으로 죽었습니다. 그런데 시를 쓰면서 작가의 이름에 수치스러운 이름을 사용하고 있습니다. 비록 고라는 저주받은 사람이지만 하나님은 그 자손을 보존하고 인도해주심을 알 수 있습니다. 그들의 삶 자체가 시 아니고 무엇이겠습니까?

시인들의 입장에서, 인간의 입장에서, 개별적인 존재인 나의 입장에서, 또 하나님의 입장에서 〈시편〉을 읽어봅시다. 삶의 새로운 지평이 열리게 될 것입니다.

가까운 곳에 있는 지혜

우리는 복잡한 인생을 살아갑니다. 한때는 아군이라고 생각했던 사람이 비수를 꽂고, 적대감을 드러내던 사람이 의외로 따뜻하다는 것을 느끼기도 합니다. 인생에 다가오는 위기와 악에 대해서 알지 못하고, 우리가 경험하는 신산(辛酸)한 삶에 대해서 다 이해하지 못합니다. 갑자기 엄습하는 악을 피할 수 있다면, 생각지도 못한 고난에 대해 이유를 설명할 수 있다면, 어려운 문제들을 지혜롭게 풀어낼 수 있다면 얼마나 좋겠습니까?

인간은 어리석고 한계가 있는데 인생에는 어려움이 끝도 없이 다가옵니다. 그래서 지혜가 필요합니다. 놀랍게도 〈잠언〉은 우리에게 지혜를 주겠다고 약속합니다. 과연 인생을 지혜롭게 사는 비결이 있을까요? 지혜를 소유할 수 있을까요? 〈잠언〉을 접하면서 '지혜'가 무엇인지, 어떻게 하면 '지혜'를 얻을 수 있을지를 주목하면서 읽어봅시다.

〈잠언〉은 지혜, 훈계, 명철, 공의, 정의, 정직, 슬기, 지식, 근신, 학식, 지략 등과 같은 것을 말하면서 시작합니다(잠 1장). 〈잠언〉을 읽으면 지혜를 다 얻을 수 있을 것만 같습니다. 그렇다면 지혜란 무엇일까요? 지혜는 주님을 경외하는 것이자(잠 1:7), 아버지와 어머니의 훈계입니다(잠 1:8). 악인의 정체를 파악하는 것이자(잠 1:9-19), 추구해야 하는 것이며(잠 2:1-4), 악한 사람, 겉과 속이 다른 사람을 분별해내는 것입니다(잠 2:12). 그리고 음란하고 부정한 여자로부터 건져내고(잠 2:16-22), 장수와 평안을 주는 것입니다(잠 3:2).

반면에 자신의 명철을 의지하고, 스스로 지혜 있다고 하며, 폭력으로 자신의 힘을 과시한다면 그것은 지혜가 없는 사람입니다. 음행하는 여자를 가까이하고(잠 5:3-5), 보증을 섰다가 남에게 얽매이게 되며(잠 6:1-2), 어수룩한 젊은이가 여인의 유혹에 빠져 인생을 망치는 등(잠 7장) 지혜와는 정반대의 모습에 대해서도 말하고 있습니다.

〈잠언〉은 비유를 많이 사용하고 있습니다. 가령 지혜가 부른다거나, 지혜를 간절히 찾으면 만난다든가, 지혜를 집짓기에 비유하는 등 어떻게든 지혜를 이해시키기 위해서 솔로몬은 부단한 노력을 쏟습니다. 그런데 비유로 얘기하든, 단도직입적으로 얘기하든 간에 〈잠언〉이 말하는 지혜의 내용은 '부지런한 것'이고, '흠 없이 사는 것'이며, '정직'하게 살고, '게으르지 않게' 맡겨진 일들을 하며, '나쁜 일을 저지르지 않는 것'이라고 말합니다. 이렇게 들으니 지혜가 별 것 아닌 것처럼 보이네요. 뭔가 남이 모르는 엄청난 비밀이거나, 한순간에 대단한 이익을 얻어내는 비결을 기대했는데 지혜는 아무도 몰랐던 대단한 것이 아니더란 말입니다. 〈잠언〉에 나오는 '지혜'의 내용은 그 자체로 지혜롭습니다.

지혜가 오묘하고 비밀스러운 것이어서 특정한 사람만 누릴 수 있다면 그것이야말로 지혜롭지 못한 것 아닐까요? 꽁꽁 숨겨져 있어서 보물찾기처럼 어려운 지도를 통해 발견하는 것이 지혜라면 누가 〈잠언〉을 읽겠습니까? 일부 사람만 소유하는 것이 지혜라면 우리는 모두 지혜롭기를 포기해야 할 것입니다. 지혜는 쉽고 단순하기에 모든 이에게 열려 있습니다. 열려 있기에 모든 이가 누릴 수 있습니다. 오히려 기본적이고, 별것 아니어 보이며, 모든 사람이 다 아는 것이 지혜여야 합니다. 지혜는 공평합니다. 다만, 지혜를 알기는 쉬워도 지혜롭게 사는 일은 어렵습니다. 실천하느냐 그렇지 않느냐의 차이가 있습니다.

〈잠언〉에 나오는 지혜를 더욱 단순하게 정리하면 두 가지로 수렴됩니다. 하나는 '마음'이고 또 하나는 '말'입니다. 인간의 마음에는 무엇이 들어 있으며, 마음을 지키는 것은 무엇이고, 마음은 어떻게 지켜져야 하는지 〈잠언〉은 적나라하게 보여줍니다. 말에 대해서도 마찬가집니다. 어떤 말을 해야 하며, 말이란 어떤 영향력을 미치고, 말을 통한 결과는 무엇인지 이야기합니다.

"모든 지킬 만한 것 중에 더욱 네 마음을 지키라. 생명의 근원이
 이에서 남이니라"(잠 4:23).
"마음의 즐거움은 얼굴을 빛나게 하여도 마음의 근심은 심령을
 상하게 하느니라"(잠 15:13).
"고난받는 자는 그 날이 다 험악하나 마음이 즐거운 자는 항상

잔치하느니라"(잠 15:15).

"마음의 경영은 사람에게 있어도 말의 응답은 여호와께로부터 나오느니라"(잠 16:1).

"사람이 마음으로 자기의 길을 계획할지라도 그의 걸음을 인도하시는 이는 여호와시니라"(잠 16:9).

"노하기를 더디하는 자는 용사보다 낫고 자기의 마음을 다스리는 자는 성을 빼앗는 자보다 나으니라"(잠 16:32).

"사람의 행위가 자기 보기에는 모두 정직하여도 여호와는 마음을 감찰하시느니라"(잠 21:2).

"네 양 떼의 형편을 부지런히 살피며 네 소 떼에게 마음을 두라"(잠 27:23).

"사람이 교만하면 낮아지게 되겠고 마음이 겸손하면 영예를 얻으리라"(잠 29:23).

"근심이 사람의 마음에 있으면 그것으로 번뇌하게 되나 선한 말은 그것을 즐겁게 하느니라"(잠 12:25).

"입을 지키는 자는 자기의 생명을 보전하나 입술을 크게 벌리는 자에게는 멸망이 오느니라"(잠 13:3).

"미련한 자는 교만하여 입으로 매를 자청하고 지혜로운 자의 입술은 자기를 보전하느니라"(잠 14:3).

"유순한 대답은 분노를 쉬게 하여도 과격한 말은 노를 격동하느니라"(잠 15:1).

"죽고 사는 것이 혀의 힘에 달렸나니 혀를 쓰기 좋아하는 자는 혀의 열매를 먹으리라"(잠 18:21).

"가난하여도 성실하게 행하는 자는 입술이 패역하고 미련한 자
보다 나으니라"(잠 19:1).

〈잠언〉이 '마음'과 '말'에 관심이 많은 이유는 무엇일까요? 인간은
죄를 짓고 싶어 합니다. 태어나기를 그렇게 태어났습니다. 하지 말라면
더욱 하고 싶은 것이 인간의 심리입니다. 달면 삼키고 쓰면 뱉습니다.
인간의 마음은 악한 것으로 가득하고, 그 마음에 품은 것이 말로 나오
기 마련입니다. 마음을 지키지 않으면 '마음대로' 하게 됩니다. 마음에
있는 것을 '마음대로' 표출한 말은 다른 이에게 상처를 줍니다. 거기에
는 본능만 있지 지혜는 없습니다. 그래서 〈잠언〉은 마음을 지키고 말을
잘하라고 강조하고 있습니다.

〈잠언〉을 펼쳐들고 진지하게 읽다 보면 눈길을 끄는 구절이 많습니
다. 특히 마음에 다가오는 구절이 있을 겁니다. 그것은 그 구절이 특별
해서가 아닙니다. 잠언을 읽는 당신의 '마음'에 탁 걸리는 것이기 때문
입니다. 어떤 마음과 상황, 형편에 처해 있는지에 따라 〈잠언〉의 구절
이 당신의 마음을 두드릴 것입니다. 마음이 중요한 이유가 바로 거기에
있습니다.

여기에서 한 걸음을 더 나아가 봅시다. 잠언을 읽으며 고개를 끄덕
이거나, 어떤 때는 무릎을 칠 정도로 감탄이 나오는 말씀을 접할 것입
니다. 그러나 읽기는 쉬워도 말씀대로 살기는 어렵습니다. 그 말씀을
인생의 지표로 삼고 행할 때까지 〈잠언〉은 아직 당신에게 '지혜'가 아
닙니다. 진실로 지혜로운 사람은 쉬워 보이는 말씀을 붙들고 끈질기게
살아갑니다. 읽기보다 실천하기가 더 중요한 것이 〈잠언〉입니다. 이제

〈잠언〉의 끝부분으로 가봅시다.

〈잠언〉 30장은 아굴의 잠언입니다. '아굴'은 '모으다' '소집하다'라는 뜻의 '아구르'라는 히브리어에서 나왔으나 그가 누구인지는 알 수 없습니다. 〈잠언〉을 쓸 정도이니 위대한 인물이라고 짐작할 뿐입니다. 그런데 이게 웬 일입니까? 30장을 읽어나가면 아굴의 이상한 주장을 접하게 됩니다. 아굴은 자신의 말에는 지혜가 없다고 합니다. 자신은 지식도 없고, 심지어 짐승이라고까지 말합니다(잠 30:2-3). 그 이유가 무엇일까요? 아무리 대단한 인간이어도 이성을 통해서는 참된 지혜에 이를 수 없다는 뜻입니다. 하나님의 은혜가 없이는 스스로 지혜를 얻을 수 없습니다. 그래서 아굴은 딱 두 가지의 소박한 소원을 말합니다.

"내가 두 가지 일을 주께 구하였사오니 내가 죽기 전에 내게 거절하지 마시옵소서. 곧 헛된 것과 거짓말을 내게서 멀리 하옵시며 나를 가난하게도 마옵시고 부하게도 마옵시고 오직 필요한 양식으로 나를 먹이시옵소서. 혹 내가 배불러서 하나님을 모른다, 여호와가 누구냐 할까 하오며 혹 내가 가난하여 도둑질하고 내 하나님의 이름을 욕되게 할까 두려워함이니이다"(잠 30:7-9).

〈잠언〉 31장은 르무엘 왕을 위해 그 어머니가 쓴 교훈입니다. 이 또한 소박하기는 마찬가집니다. 어머니는 르무엘 왕에게 술에 취하지 말고 공평하게 재판하라고 조언합니다. 그리고 현숙한 여인을 만나라는 이야기를 하면서 그 여인이 얼마나 중요한지를 이어서 말합니다. 그런데 그 내용이 그저 평범한 가정의 모습입니다. 〈잠언〉의 저자인 솔로몬이나 르무엘은 왕이고, 아굴 같은 사람은 대단한 인물임에 틀림없습니다. 그토록 큰 권한과 힘을 가졌지만, 결론적으로 그들에게 필요한 지혜는 '가정'과 '일'에 대한 것입니다.

> "누가 현숙한 여인을 찾아 얻겠느냐. 그의 값은 진주보다 더 하니라"(잠 31:10).
> "그는 양털과 삼을 구하여 부지런히 손으로 일하며"(잠 31:13).
> "자기의 집안일을 보살피고 게을리 얻은 양식을 먹지 아니하나니"(잠 31:27).

〈잠언〉을 읽으면서 '지혜'가 무엇인지, 어떻게 하면 '지혜'를 얻을 수 있을지를 주목하자고 했습니다. 그런데 제일 중요한 것이 무엇입니까? 천하의 왕이라도 제일 중요한 것은 가정이고 일입니다. 거짓말하지 않으며 마음을 잘 쓰고 하나님을 잘 섬기며 사는 것입니다. 우리는 〈잠언〉을 통해 '지혜'를 얻어 뭔가 엄청난 것을 누리고 떵떵거리며 사는 것에 대한 힌트를 얻고 싶어 합니다. 한마디로 왕이 되고 싶어 하지요. 그런데 진짜 왕들은 지혜란 '가정의 소소한 행복한 생활'에 있다고 말합니다. 그렇다면 가정을 꾸리고 행복한 일상을 살아간다면 어느 누구보다 지혜로운 왕이 되지 않을까요? 당신은 지혜로운 사람입니까?

문제와 해답

〈전도서〉를 펼치면 당혹스럽기가 그지없습니다. 같은 사람이 썼을 텐데, 〈잠언〉과는 완전히 정반대의 이야기로 시작합니다. 그는 모든 것이 헛되다고 말합니다. "마음을 다하며 지혜를 써서 하늘 아래에서 행하는 모든 일을 연구하며 살핀즉 이는 괴로운 것이니 하나님이 인생들에게 주사 수고하게 하신 것이라"(전 1:13). 기껏 지혜를 통해 세상일을 살펴봤더니 그래봐야 고달픈 인생이었다고 말합니다. 그토록 지혜를 추구해봐야 바람을 잡는 것과 같이 헛되다는 그의 말을 어떻게 받아들여야 할까요? 그는 "지혜가 많으면 번뇌도 많으니 지식을 더하는 자는 근심을 더하느니라"(전 1:18)고 말합니다.

〈전도서〉는 '격언이나 속담을 모으는 자' '강론하는 자' '설교자'라는 의미의 히브리어의 '코헬레트'에서 왔습니다. 세상의 모든 지혜를 얻으려고 애썼고 많은 사람에 의해서 지혜롭다고 평가받은 솔로몬이 죽음을 앞둔 노년에 자신의 인생을 돌아본 내용이 〈전도서〉입니다. 우리는 〈전도서〉를 접하며 지혜의 정수를 얻을 수 있을 거란 기대감을 갖습니다. 그런데 이 무슨 당황스러움입니까? 그토록 지혜로웠던 솔로몬이 지혜라곤 필요 없고, 인생은 허무함 그 자체라는 염세적이고 회의적인 시각으로 〈전도서〉를 그려냅니다. 그렇게 된 이유가 무엇일까요? 〈전도서〉 안에서 찾을 수 있습니다.

첫째는 인간의 한계 때문입니다. 역설적으로 인간으로서 할 수 있는 모든 것을 해봤기에 세상의 이치를 다 알기에는 인간의 한계가 있다고 절망합니다. 하나님의 창조세계는 제한이 없는데 인간의 용량은 제한적이니 벽에 부딪힐 수밖에 없습니다. 그래서 솔로몬은 말합니다. "지혜가 많으면 번뇌도 많으니 지식을 더하는 자는 근심을 더하느니라"(전 1:18).

둘째는 인간 계승의 한계 때문입니다. 인간의 한계는 다음 세대로 지혜를 이어가야 넓힐 수 있는데, 과연 솔로몬의 후대가 솔로몬만 하겠습니까? 인간의 생각이 같지 않아 솔로몬 이후에 지혜가 끊길 것 같은 위기 때문에 솔로몬은 걱정합니다. "내가 해 아래에서 내가 한 모든 수고를 미워하였노니 이는 내 뒤를 이을 이에게 남겨주게 됨이라"(전 2:18).

셋째는 하나님의 때를 못 맞추는 한계 때문입니다. 〈전도서〉 3장에 가면 '때'에 대해 이야기합니다. 태어날 때가 있고 죽을 때가 있으며 모든 것은 때가 있다고 말합니다. 설교하는 목회자들이 제일 좋아하는

구절입니다. 때를 알면 지혜를 잘 발휘할 수 있겠지요. 그런데 솔로몬
은 인간이 과연 하나님의 때를 알 수 있겠는가, 하는 의문에 쌓입니다.
"하나님이 모든 것을 지으시되 때를 따라 아름답게 하셨고 또 사람들
에게는 영원을 사모하는 마음을 주셨느니라. 그러나 하나님이 하시는
일의 시종을 사람으로 측량할 수 없게 하셨도다"(전 3:11).

　넷째는 인간 운명의 한계 때문입니다. 솔로몬은 동물들을 관찰하다
가 동물이 헛되이 죽어가는 것을 목격합니다. 인간도 마찬가집니다. 인
간이 죽음이라는 운명을 뛰어넘을 수 없으니 허무해지는 거죠. "인생
이 당하는 일을 짐승도 당하나니 그들이 당하는 일이 일반이라. 다 동
일한 호흡이 있어서 짐승이 죽음같이 사람도 죽으니 사람이 짐승보다
뛰어남이 없음은 모든 것이 헛됨이로다"(전 3:19).

　다섯째는 인간의 불공평의 한계 때문입니다. 억압과 폭력을 보고
정의의 문제(전 4:1)에 고민하던 솔로몬은 인간 세상의 불공평함을 인
식하게 됩니다. 그토록 애를 쓰고 수고했지만 그 열매를 차지하는 사람
은 엉뚱한 사람이라는 사실에 허탈해합니다. "어떤 사람은 그의 영혼
이 바라는 모든 소원에 부족함이 없어 재물과 부요와 존귀를 하나님께
받았으나 하나님께서 그가 그것을 누리도록 허락하지 아니하셨으므로
다른 사람이 누리나니 이것도 헛되어 악한 병이로다"(전 6:2).

　여섯째는 미래를 모르는 한계 때문입니다. 지혜를 찾다 보니 대략
적인 공식이 나옵니다. 땀 흘리고 수고하면 그에 따른 보상이 있고, 열
심히 달리면 일등도 하는 것 아닌가 싶은데 또 인간사가 그리 단순하지
않습니다. 미래를 알지 못하는 한계 때문에 전도자는 절망합니다. "내
가 다시 해 아래에서 보니 빠른 경주자들이라고 선착하는 것이 아니며

용사들이라고 전쟁에 승리하는 것이 아니며 지혜자들이라고 음식물을 얻는 것도 아니며 명철자들이라고 재물을 얻는 것도 아니며 지식인들이라고 은총을 입는 것이 아니니 이는 시기와 기회는 그들 모두에게 임함이니라"(전 9:11).

이렇듯 솔로몬은 여러 가지 한계를 보았고, 아무리 대단한 지혜를 활용했어도 그 한계를 뛰어넘지 못하기 때문에 인생에 대해서 회의하고 허무감에 빠집니다. 이것이 〈전도서〉의 분위기입니다. 그렇다고 포기할 필요 없는 것이 솔로몬은 허무주의로 결말을 내지는 않습니다. 오히려 절망, 혼란, 한계, 번뇌, 허무, 회의를 정확히 알수록 그것을 극복할 수 있는 방법도 분명하니까요. 그러면 우리는 인생을 어떻게 살아야 할까요? 그 답도 〈전도서〉를 통해서 찾을 수 있습니다.

하나, 주어진 인생에 만족하며 삽니다. (전 3:13, 5:18-20)
둘, 하고 있는 일에서 보람을 찾습니다. (전 3:22)
셋, 하나님을 두려워합니다. (전 5:2,7)
넷, 사람은 죽는다는 사실을 알아야 합니다. (전 7:2)
다섯, 좋을 때는 기뻐하고 어려울 때는 생각합니다. (전 7:14)
여섯, 균형을 이룹니다. (전 7:16-18)
일곱, 한계를 깨닫습니다. (전 8:17)
여덟, 인생을 즐기고 사랑합니다. (전 8:15, 9:9)
아홉, 자연의 순리를 따릅니다. (전 11:3-4)
열, 심판을 기억합니다. (전 11:9)

전도자는 이렇게 결론을 내립니다. "할 말은 다 하였다. 결론은 이것이다. '하나님을 두려워하여라. 그분이 주신 계명을 지켜라. 이것이 바로 사람이 해야 할 의무다. 하나님은 모든 행위를 심판하신다. 선한 것이든 악한 것이든 모든 은밀한 일을 다 심판하신다'"(전 12:13-14, 새번역). 이보다 근사한 결론이 세상에 어디 있을까요? 전도서는 허무주의에 빠진 늙은 왕의 푸념이 아니라 인생의 깊은 지혜로 하나님의 심판을 기다리는 왕의 노래라고 할 수 있습니다. 그런 시각으로 〈전도서〉를 읽어봅시다.

진실한 사랑

'노래 중의 노래' 또는 '최고의 노래'라는 뜻의 히브리어 '쉬르 하쉬림'이 〈아가서〉의 제목입니다. 영어로는 〈Song of Songs〉이고 한자어로는 아가(雅歌), 즉 맑고 아름다울 '아' 자에 노래 '가' 자를 사용했습니다. 〈아가서〉는 남자와 여자가 번갈아 가면서 노래를 부르고 뒤에서 코러스가 합창을 하는 뮤지컬이나 오페라 같은 분위기를 연출하고 있습니다.

우리나라 말에는 대명사 '나'라고 하면 남자인지 여자인지 구분을 할 수 없지만 히브리어는 '나'의 성이 나뉘어져 있습니다. 그래서 〈아가서〉를 히브리어 원전으로 읽으면 남자가 부르는 노래인지, 여자가 부르는 노래인지, 또는 여러 사람들이 부르는 노래인지를 알 수 있습니다. 원어 성경을 읽는 것이 어렵기 때문에 〈새번역〉 성경처럼 구별이 되어 있는 성경을 보면 도움이 될 것입니다.

〈아가서〉의 여자 주인공은 까무잡잡한 피부와 얼굴을 하고 포도원에서 일하는 매우 부지런한 여인입니다(아 1:5-6). 눈동자는 비둘기처럼 생겼고(아 1:15), 수선화나 백합화 같은 여인입니다(아 2:1). 그 외에도 이 여인을 묘사한 부분이 있는데 염소 떼 같은 머리털, 양 같은 이, 홍색실 같은 입, 석류 같은 뺨, 어린 사슴 같은 유방, 구슬꿰미 같은 넓적다리, 둥근 잔 같은 배꼽, 밀단 같은 허리, 상아망대 같은 목 등은 과연 이 여인이 미인인가 싶은 이상한 형태입니다(아 4:1-5, 7:1-5). 솔로몬의 눈에는 세상에서 가장 아름다워 보였겠지만요.

이 여자는 술람미 출신의 여인입니다. 여기 '술람미'에 대해서도 여러 견해가 있습니다. 수넴 여인이란 주장이 있고, 메소포타미아의 여신 '술마니투'에서 따온 것이라고도 하며, 평화라는 뜻의 '샬롬'에서 따온 상징적인 이름이라는 의견도 있습니다. 술람미 자체가 뭔가 대단한 것 같지는 않습니다. 어떻게 보면 평범해보이는 이 여인에게 솔로몬은 마음을 완전히 빼앗겨버렸습니다.

"내 누이, 내 신부야 네가 내 마음을 빼앗았구나. 네 눈으로 한 번 보는 것과 네 목의 구슬 한 꿰미로 내 마음을 빼앗았구나"(아 4:9).

솔로몬처럼 모든 것을 다 갖춘 사람이 대단할 것도 없는 이 여인에게 빠진 이유가 무엇일까요? 그것은 솔로몬이 모든 것을 다 갖추었기 때문입니다. 솔로몬은 여자에 대해서는 부족함이 없었습니다. 왕비가

60명이고, 후궁이 80명이며, 그 외에도 자신이 거느릴 수 있는 여인이 너무나 많았습니다(아 6:8. 왕상 11:3에 의하면 후궁이 700명에 첩은 300명이나 되었습니다). 너무 많은 여자가 있는 솔로몬은 오히려 사랑에 갈급했습니다. 홍수가 나면 온통 물로 가득하지만 정작 마실 물이 귀한 것처럼 솔로몬에게는 진실한 사랑이 필요했습니다. 하찮아 보이는 이 술람미 여인이 솔로몬에게 가장 귀한 사랑이었습니다.

술람미 여인도 마찬가집니다. 솔로몬에 대한 사랑으로 열병을 앓고, 보고 싶어서 그리움에 사무쳤습니다(아 5:8). 주인공 여인은 솔로몬에 대한 지극한 사랑으로 솔로몬을 최고의 연인으로 그립니다. 솔로몬의 작은 낌새라도 술람미 여인은 다 잡아챕니다. 둘은 사랑에 빠졌습니다. 이런 낯 뜨거운 사랑의 노래가 과연 성경에 기록될 이유가 무엇일까요?

〈아가서〉는 인생이 그렇게 괴로운 것만이 아님을 보여줍니다. 〈욥기〉, 〈시편〉, 〈잠언〉, 〈전도서〉를 차례로 읽다 보면 인생이란 고난과 경쟁, 허무감과 삭막한 길을 달려가는 것처럼 보입니다. 인생을 주신 하나님이 원망스럽기까지 합니다. 그런데 〈아가서〉가 숨통을 틔워줍니다. 하나님은 마치 우리에게 이렇게 말씀하는 것 같습니다. "인생은 그렇게 고통만 있는 게 아니야. 사랑이 있다면 어떤 어려움도 다 헤쳐나갈 수 있단다. 솔로몬이 하찮은 여인을 사랑하듯이 내가 너를 얼마나 사랑하는지 아니? 술람미 여인이 솔로몬의 진가를 알아보듯이 너도 나를 사랑해주겠니?" 하나님이 우리를 향해 사랑의 노래를 불러주시고, 우리가 하나님을 향한 그리움을 담아 사랑의 노래를 부르듯이 〈아가서〉를 읽어보면 어떨까요?

구원자
메시아에 대한
예언의 히스토리

Bible
History

예수님에 대한 예언과 약속

　줄곧 예루살렘에서 살았던 유다 출신 예언자 이사야는 성전에서 희한한 환상을 보았습니다. 하늘까지 닿는 거대한 보좌에 하나님이 앉아 계셨고, 옷자락은 나풀거리며 성전을 가득 채웠습니다. 까마득히 고개를 들어보니 여섯 날개를 달고 있는 스랍들이 하나님의 머리 위로 날면서 그의 거룩하심을 찬양하고 있었습니다. 우렁찬 노랫소리에 지진처럼 땅이 흔들렸고, 성전에 연기가 가득해지면서 한 치 앞을 보기 어려웠습니다.

　이사야는 바닥에 납작 엎드렸습니다. 거룩한 하나님을 눈으로 뵈옵다니! 그 자신도, 이스라엘 백성도 모두 부정하고 추한데 하나님을 보았으니 이제 죽을 수밖에 없다고 여겼습니다. 바닥에 엎드린 채 벌벌 떨었습니다. 그때 스랍 중에 하나가 제단에서 타고 있는 숯을 부집게로 집어 들고 날아왔습니다. 이사야의 입술에 벌건 숯이 닿았습니다. 보이는 것처럼 뜨겁지는 않았습니다. 스랍은 말했습니다. "이것이 너의 입술에 닿았으니 너의 죄악은 사라졌다." 스랍이 말을 마치자마자 온 성전을 뒤흔드는 하나님의 소리가 들렸습니다.

> "내가 또 주의 목소리를 들으니 주께서 이르시되 내가 누구를 보내며 누가 우리를 위하여 갈꼬 하시니 그때에 내가 이르되 내가 여기 있나이다. 나를 보내소서 하였더니"(사 6:8).

내가 누구를 보낼까? 하나님의 질문에 이사야는 그냥 넘어갈 수 없었습니다. 세상 모든 사람이 다 거절해도 이사야는 그럴 수 없었습니다. "내가 여기 있습니다. 나를 보내십시오." 이사야의 대답이었습니다. 그는 그렇게 대답했지만 궁금한 것이 있었습니다. '만약 간다면 어디로 가며, 가서 무슨 말을 해야 할까?' 그 생각을 읽기라도 한 듯 하나님이 말씀하셨습니다. "이스라엘 백성에게 가서 말하되 듣기는 들어도 깨닫지 못하고, 보기는 보아도 알지 못하며, 마음을 둔하게 하고 귀와 눈을 막히게 하라."

하나님의 심판이 임박했습니다. 백성의 죄는 더 이상 참을 수 없는 지경에 이르렀습니다. 그들이 회개하여 심판이 유예되지 않도록 귀와 눈을 아예 막아버리라고도 말씀하십니다. 심판에 대한 결심이 이토록 명확했습니다. 그러나 이사야가 굳이 백성들의 귀를 막으러 갈 필요가 없었습니다. 그들은 이미 청맹과니가 되어 하나님의 말씀을 무시한 지 오래되었기 때문입니다.

이사야의 마음은 조급해졌습니다. 언제 이 일이 일어날지를 물었습니다. 이스라엘이 영영 회복을 못하면 어떡하나 싶었습니다. 하나님은 이사야의 물음에 답을 해주십니다. 성읍들이 황폐하여 집들은 텅 비고 토지는 잡초로 무성할 때까지 그렇게 된다고 하십니다. 그러니까 완전히 망할 때까지인 것입니다. 이사야는 체념했습니다. 아, 끝이구나. 그런데 하나님은 이어서 말씀합니다. 나무를 다 베어버려도 "그루터기는 남아 있는 것같이 거룩한 씨가 이 땅의 그루터기니라"(사 6:13). 하나님은 거룩한 씨를 준비했다고 하셨습니다.

그루터기. 거룩한 씨. 과연 그때가 언제일까요? 그루터기는 그때까지 제대로 남아 있을까요? 거룩한 씨는 언제 그 싹을 틔울까요? 이스라엘의 운명은 어떻게 되는 것이며 이사야가 할 수 있는 일은 무엇일까요? 이사야에게 사명과 질문을 안겨준 이 사건은 웃시야 왕이 죽는 바로 그 해에 일어났습니다.

〈이사야〉를 읽기 위해서는 이사야가 활약했던 웃시야, 요담, 아하스, 히스기야 시대를 이해할 필요가 있습니다. 솔로몬의 아들 르호보암이 유다의 1대 왕이라면 마지막 왕인 시드기야는 20대 왕이 됩니다. 웃시야 왕은 유다 왕들 중 중간에 위치했고, 이사야 선지자는 그때부터 활약을 시작했습니다(BC 745-695년). 이사야의 아버지 아모스는 9대 왕 아마샤의 형제이거나 아들로 추정되는데, 그렇게 되면 이사야 역시 왕족의 피가 흐르는 셈입니다. 〈이사야〉에 왕궁의 사정이 속속들이 드러나는 것은 이 점과 무관하지 않습니다.

남북 왕조로 나뉜 이후에 정통성은 남유다로 이어지지만 유다 왕들은 계속 악한 일을 벌입니다. 하나님을 떠나고 우상을 숭배하며 말씀과는 괴리된 삶을 살았습니다. 왕이 그 정도이니 일반 백성들이야 말할 것도 없었습니다. 하나님은 이사야를 통해 그분의 뜻을 드러내셨습니다. 웃시야 왕이 죽으면서 이사야는 소명을 받고 사역을 시작했습니다.

이사야의 환상 속에서 하나님은 '그루터기'와 '거룩한 씨'라는 마지막 희망을 남겨두셨습니다. 그루터기는 무엇을 말하는 것일까요? 성경은 아담을 시작으로 노아를 거쳐, 아브라함, 이삭, 야곱, 유다를 이어서 다윗 왕조까지 흐름이 지속됩니다. 다윗 이후 여러 왕들이 명멸하는 가운데서도 '거룩한 씨'의 기반이 되는 사람들을 남겨두었고, 결국 '거룩한 씨'는 예수 그리스도를 통해서 이루어집니다. 그러므로 〈이사야〉를 읽으면서 예수님에 대한 예언과 약속을 잘 살펴보아야 합니다.

예언서는 어떤 시각을 갖고 있느냐에 따라서 미래를 암울하게 보거나 반대로 장밋빛으로 볼 수 있습니다. 현실이 힘들고 미래는 멀기 때문에 대부분은 암울한 경향이 있습니다. 그래서 예언서를 저주라든가, 재앙의 시각으로 바라보기도 합니다. 그러나 무너져야 다시 쌓을 수 있고 넘어져야 다시 일어설 수 있는 것처럼 〈이사야〉는 재앙과 심판의 말씀이지만 오히려 희망의 메시지를 엿볼 수 있기도 합니다.

〈이사야〉에는 익숙한 내용이 나옵니다. 시편 다음으로 많은 찬양으로 작곡되어 불리는 성경이 〈이사야〉입니다. 〈이사야〉를 읽으면 감동을 받습니다. 이사야가 하나님의 마음을 담아내기 위해 애썼기 때문입니다. 하나님을 만난 이후 안타까워하시는 하나님의 마음을 그대로 담아내려고 애썼습니다. 얼마나 표현력이 좋았던지, 지금 읽어도 전혀 어색하지 않고 깊은 울림을 줍니다.

하나님께서는 직접 글을 쓰지는 않으셨습니다. 돌판에 새긴 십계명이 유일한 하나님의 저작일 것입니다. 모든 성경은 하나님이 말씀하시고 성경 기자들은 받아 적었습니다. 그러나 여기서 '받아 적는다'는 것은 마치 기계처럼 하나님의 말씀을 그대로 옮겨 적는 수준을 말하는 것이 아닙니다. 성경 기자의 지성과 영성, 삶의 태도와 경험 등이 하나님의 뜻을 새겨내는 중요한 바탕이 됩니다. 하나님의 말씀을 받을 때의 분위기와 느낌, 정조와 시각이 있었습니다. 이사야는 하나님을 만났을 때 바닥에 엎드려 떨었습니다. 그는 하나님의 뜻이 드러날 때마다 몸부림을 치면서 말씀을 붙들었습니다.

때로는 이사야가 말하는 것인지, 하나님께서 말씀하는 것인지 구별하기 어려운 경우가 있습니다. 기자의 말과 하나님의 말씀이 혼재되어 있지요. 얼핏 보아서는 구별되지 않는 이유는 무엇일까요? 이사야가 하나님 안에 들어가고, 하나님이 이사야 안에 들어가는 신비로운 체험 때문입니다. 때로는 하나님의 마음으로, 때로는 이사야의 입장에서 백성들에게 말씀을 선포하고 외칩니다. 그만큼 하나님의 마음에 가까이 가고 있다는 의미입니다.

〈이사야〉에는 심판의 날을 의미하는 '그날에'라는 표현이 무려 50번 이상 반복됩니다. 재앙과 저주처럼 보였던 하나님의 심판이 '그날'인 것입니다. 그러나 과연 '그날'은 저주이기만 한 것일까요? 그렇지 않습니다. 예언의 말씀은 역설적으로 희망과 기대를 담고 있습니다. 하나님은 이스라엘 백성들에게 진노하시고, 이스라엘 백성들은 하나님을 찾지 않습니다. 그러나 반대로 그들이 회개하여 돌아오면 하나님과의 관계가 회복된다는 의미이기도 합니다. '그날이 오면' 희망의 싹은 꽃이 피게 됩니다.

그런 희망적이 메시지를 읽을 수 있음에도 당대를 살고 있는 이사야의 눈에는 모든 기대가 요원해 보입니다. 높은 자들로부터 일반 백성에 이르기까지 모두 하나님을 배신하였기 때문입니다. 마침 그때 앗시리아라는 거대한 제국이 일어나서 북이스라엘의 수도인 사마리아를 삼키고, 내친김에 예루살렘까지 공격합니다. 하나님을 아예 모르는 이방 나라가 거대한 힘과 능력을 가진 것처럼 보입니다. 이사야는 여기에 절망하지 않을 수 없었습니다. 하나님께서 선택한 나라가 아닌 이방 국가가 힘이 센 것을 이해하기 어려웠습니다. 그러나 하나님은 그래봐야 그들은 도끼와 톱에 불과하다고 말씀하십니다(사 10:15). 이방 나라가 잘난 것이 아니라 하나님이 그들을 사용할 뿐입니다.

이사야의 예언은 예루살렘과 유다에 국한되지 않고 이방 나라에 대한 일들도 포함됩니다. 하나님의 주권과 전능은 단지 유다에만 머물지 않습니다. 하나님을 주인 삼는 나라가 엉망이어서 망하게 되면 다른 나라가 잘되는 것이 아니라 함께 나락으로 빠진다는 사실도 보여줍니다. 하나님의 백성들이 하나님의 뜻을 보여주지 못하기 때문에 같이 망하게 됩니다. 〈이사야〉에 유다뿐만 아닌 다른 나라를 향한 예언이 있는 이유가 바로 여기에 있습니다.

이집트를 생각해봅시다. 이집트는 대대로 선진국이었습니다. 수많은 나라가 이집트를 노렸고, 실제로 이집트의 왕조가 바뀌기도 했습니다. 그러나 이집트는 마치 블랙홀처럼 강한 나라와 민족을 빨아들였습니다. 이집트 원정을 갔던 나라가 이집트의 일부가 되는 경우가 허다했습니다. 그렇게 된 이유가 무엇일까요? 이집트가 부유했기 때문입니다. 이집트는 나일강으로 대변되는 기름짐과 풍성함이 있습니다. 먹고 살 만한 배경을 갖추었기 때문입니다. 그런데 하나님은 그 강한 나라 이집트를 박살내버립니다.

> "애굽에 관한 경고라. 보라. 여호와께서 빠른 구름을 타고 애굽에 임하시리니 애굽의 우상들이 그 앞에서 떨겠고 애굽인의 마음이 그 속에서 녹으리로다"(사 19:1).

마치 비교할 수 없이 강한 나라가 이집트를 점령하는 모습처럼 보입니다. 이집트를 정복하러간 다른 나라들과 달리 하나님은 이집트의 원동력을 쳐서 부수는 방식으로 접근합니다. 아무리 세상의 권력이 세더라도 하나님을 이길 수 없다는 메시지입니다. 이방 국가에 대한 하나님의 간섭은 이집트만이 아닙니다. 바벨론(사 14:3-27), 블레셋(사 14:28-32), 모압(사 15:1-16:14), 다메섹(사 17:1-14), 구스(사 18:1-7) 등에 대한 경고의 말씀이 있습니다.

〈이사야〉는 크게 두 부분으로 나뉠 수 있는데, 1장에서 39장까지와 40장에서 66장까지입니다. 마치 구약 39권과 신약 27권으로 나뉘는 것처럼 명확하게 나눌 수 있습니다. 앞의 39장까지는 심판에 대한 예언이라면, 뒤의 27장은 회복에 대한 예언입니다. 그날에 이스라엘이 회복될 것에 대한 말씀이 나옵니다. 그리고 그 중간에 36장부터 39장까지는 히스기야 시대에 일어났던 에피소드를 다루고 있습니다. 열왕기하 18장과 역대하 32장 이후에 이미 다루었던 이야기들입니다. 히스기야가 잘했던 일과 실수한 일들을 다시 기록함으로써 뼈아픈 역사의 현장을 기록해두었습니다.

히스기야에게는 두 번의 승리가 있었습니다. 사마리아를 점령한 앗시리아는 예루살렘까지 진격해왔습니다. 히스기야는 앗시리아의 포고문을 펴놓고 하나님께 기도했습니다. 그날 밤 앗시리아 군인 185,000명이 몰살했습니다. 첫 번째 승리였습니다. 시간이 흘러 병에 걸린 히스기야는 곧 죽을 운명이었습니다. 그는 벽을 향해 울며 기도했습니다. 그러자 15년의 생명이 연장되었습니다. 두 번째 승리였습니다. 신흥국이었던 바벨론이 특사를 보내 히스기야의 회복을 축하했습니다. 히스기야는 바벨론의 특사들에게 내탕고의 모든 보물을 다 보여주고 말았습니다. 히스기야는 왜 그랬을까요?

승리 이후의 실수였습니다. 우리는 단순하게 "기도가 응답된 후에 오는 시험을 조심하라"고 적용할 수 있습니다. 그러나 여기에는 더 깊은 원리가 있습니다. 히스기야는 앗시리아의 공격하겠다는 편지에 무

〈도표 16〉 예언에 따른 이사야서 장 분류

구분	장 분류	예언 내용
1부	1-35장	유다에 대한 경고와 심판 예고 이방 나라들에 대한 심판 예고
	36-39장	히스기야의 두 번의 승리와 한 번의 잘못
2부	40-66장	유다의 회복과 구원에 대한 예언

력감을 느꼈지만 곧 하나님께 고개를 돌렸습니다. 자신의 몸에 퍼진 끔찍한 병에 죽음의 그림자를 보았지만 곧 하나님을 향해 눈을 돌렸습니다. 하나님을 보면 어떤 위기라도 살 길이 열렸습니다.

그러나 전쟁의 위기가 사라지고 죽을 운명에서도 벗어나게 되자 그의 눈은 보물 창고로 향하게 되었습니다. 왕의 비밀스러운 창고에 수북한 보물, 즉 은, 금, 향료, 향유, 무기 등을 보니 마음이 든든해졌습니다. 누군가에게 자랑하고 싶었습니다. 마침 바벨론의 사절단이 오자 하나도 남김없이 다 보여주었습니다. 그리고 그것이 빌미가 되어 유다는 바벨론에 의해서 망하고 맙니다.

히스기야의 시선에 하나님이 사라졌습니다. 바벨론 사절들의 존경 어린 눈빛과 창고에 쌓인 보물들이 보였습니다. 하나님을 바라보는 시선을 놓친 왕은 결국 나라마저 놓치게 되었습니다. 이사야는 그 내용을 빠짐없이 기록했습니다. 당신의 시선에 하나님이 보이지 않으면 끝이라고. 하나님을 붙들고 바라보면 아직 끝이 아니지만 하나님을 못 보면 정말로 끝이란 사실을 기록했습니다.

〈이사야〉 40장 이후는 회복의 말씀입니다. 특별히 이사야 43장을 읽으면 하나님의 마음이 고스란히 묻어납니다. "야곱아 너를 창조하신 여호와께서 지금 말씀하시느니라. 이스라엘아 너를 지으신 이가 말씀하시느니라. 너는 두려워하지 말라. 내가 너를 구속하였고 내가 너를 지명하여 불렀나니 너는 내 것이라"(사 43:1). 이사야가 하나님께서 주신 말씀을 받을 때 어떤 마음과 생각이었는지를 엿볼 수 있습니다. 이사야의 방식은 일반인들과는 확연히 달랐습니다. 그렇게 된 이유는 무엇일까요? "주 여호와께서 학자들의 혀를 내게 주사 나로 곤고한 자를 말로 어떻게 도와 줄 줄을 알게 하시고 아침마다 깨우치시되 나의 귀를 깨우치사 학자들같이 알아듣게 하시도다"(사 50:4). 이사야는 학자의 혀를 가졌습니다. 그의 귀와 눈과 머리는 하나님 안에서 깨어 있었습니다. 예언자는 무릇 그래야 합니다. 누군가 오해하고 모욕해도 하나님의 말씀을 받은 자로서 책임과 믿음으로 성경을 써나가야 합니다.

〈이사야〉를 읽을 때 이사야가 된 심정으로 하나님의 마음을 품고 하나님의 시선과 귀로 말씀에 가까이 가봅시다. 때로는 눈물로, 때로는 통쾌함으로, 때로는 두려움에 떠는 마음으로 말씀을 대할 때 우리가 미처 알지 못했던 말씀을 알게 되고, 깨닫지 못한 말씀을 깨닫게 되며, 우리가 어디에 있고 어떤 길을 가야 하는지를 알게 됩니다. 이사야는 하나님의 회복의 말씀을 붙들었고, 지금은 하나님 나라에서 그것을 보고 있을 것입니다.

"보라. 내가 새 하늘과 새 땅을 창조하나니 이전 것은 기억되거나 마음에 생각나지 아니할 것이라"(사 65:17).

Bible History

/ 예 / 레 / 미 / 야 /

다윗의 의로운 가지에서
나올 참된 목자

　'예레미야' 라는 이름은 '여호와께서 높이신다' 와 '여호와께서 던지신다' 라는 두 가지 뜻을 모두 가지고 있습니다. 이 상반된 의미는 〈예레미야〉가 위치한 지점을 함축적으로 보여줍니다. 하나님은 이스라엘 백성들을 높여주셔서 그들을 편애하듯 아끼시지만 배신한 그들은 가차없이 유기하시지요. 〈예레미야〉는 이스라엘 백성들에 대한 영광과 치욕의 또 다른 기록입니다.

　예레미야는 예루살렘에서 5km 정도 떨어진 '아나돗' 이란 작은 마을에서 제사장 힐기야의 아들로 태어났습니다. 제사장은 종신직이며 아버지를 이어 직분이 계승되기에 예레미야 역시 제사장이어야 했습니다. 그러나 그는 제사장이 되지 못합니다. 그의 시대가 암울한 때였기 때문입니다.

예레미야가 태어났을 때는 므낫세 왕의 시대였는데, 므낫세는 남북 왕조를 통틀어서 가장 악한 왕 중 하나였습니다. 통치기간은 가장 길어서 백성의 신앙을 초토화시킬 지경이었습니다. 예레미야가 본격적인 활동을 벌일 때는 요시야 왕 13년이었습니다(BC 627년). 므낫세가 죽고, 그 아들 아몬의 2년간의 학정이 지나간 뒤 여덟 살의 어린 아이 요시야가 왕위에 오릅니다. 요시야 왕은 스무 살이 되자 개혁의 깃발을 들고 남유다를 이끌기 시작합니다. 그리고 일 년 뒤에 예레미야가 소명을 받았습니다.

요시야 왕은 이스라엘의 마지막 불꽃이었습니다. 어두운 시대가 지난 후라 개혁의 불은 밝게 빛났습니다. 요시야 왕은 31년 동안 남유다를 다스렸는데, 대제사장 힐기야, 서기관 사반이 훌륭한 참모가 되어주었습니다. 그는 백성들의 악행을 고치고 우상 숭배 제단을 갈아엎는 등 훌륭한 정책을 펼쳤습니다. 성전을 수리하다가 그곳에 숨겨진 두루마리 성경을 발견했을 때 깊이 회개하기도 했습니다.

하나님은 요시야의 회개와 쇄신을 통해서 마음을 돌이키긴 하셨으나 그것은 한시적일 뿐이었습니다. 이미 나라의 추는 심판으로 기울어졌습니다. 요시야 왕은 수많은 산당을 없앴고, 이방 사제들을 박탈했으며, 자녀를 불에 넣는 가증스러운 제사도 완전히 제거했습니다. 그리고 한동안 잊었던 유월절도 부활시켜 집안에 남은 누룩을 제거하듯 백성들의 마음에 남아 있는 부패를 제거합니다. 그런데도 하나님은 예레미야를 통해서 백성들의 악행을 고발했습니다.

이스라엘은 음행(렘 3장), 고집(렘 5:23), 거짓말(렘 7:3-4), 약한 자를 외면하는 악(렘 7:6-7)을 저질렀습니다. 하나만 해도 치명적인데

악이란 악은 골고루 저지릅니다. 하나님은 이스라엘을 위해 기도하며 의롭게 서 있는 한 사람을 찾습니다(렘 5:1). 그런 사람은 없었습니다. 무화과와 포도 소출이 없고(렘 8:13), 뱀과 독사가 가득하며(렘 8:17), 여우의 소굴이 됩니다(렘 9:11). 그것이 유다의 실상이었습니다.

그렇다면 이제 그들은 끝일까요? 하나님은 여지를 남겨두십니다. 말씀을 용광로처럼 여겨 제련된 금처럼 나오게 될 백성들을 기다리십니다. 유다 백성들은 하나님의 백성이 되고, 하나님은 그들의 하나님이 될 것입니다(렘 11:1-4). 그러나 하나님의 기대와는 달리 고집 센 백성들은 음모를 꾸미고, 하나님을 떠나며, 죄악에 빠지고, 재앙에 이르게 됩니다. 〈예레미야〉에는 이런 패턴이 반복됩니다.

'베 띠'(linen belt) 이야기를 해봅시다(렘 13장). 하나님은 예레미야에게 명령하기를 강가에다가 베 띠를 숨겨놓으라고 하십니다. 시간이 지나 숨겼던 베 띠를 찾았더니 흉악하게 썩어 있었습니다. 코를 막은 채 더럽고 냄새나는 '베 띠'를 잡은 예레미야에게 하나님은 그 베 띠가 '유다와 예루살렘의 교만'이라고 말씀하십니다. 고급 소재인 베로 만든 띠가 썩어버리자 그것은 아무 짝에도 쓸모없게 됩니다. 냄새나고 더러운 죄가 하나님의 백성들을 쓸모없는 존재로 전락시켰습니다. 죄로 인한 인간의 절망감은 다음의 구절에서 더 자세히 알 수가 있습니다.

"구스인이 그의 피부를, 표범이 그의 반점을 변하게 할 수 있느냐. 할 수 있을진대 악에 익숙한 너희도 선을 행할 수 있으리라"(렘 13:23).

인간의 죄악을 마치 에티오피아인의 피부 색깔이나, 표범의 반점처럼 본래적이고 선천적인 것처럼 묘사하고 있습니다. 하나님은 왜 이런 비유를 주셨을까요? 선천적인 것이라면 바꿀 수 없는 것 아닐까요? 죄와는 떼려야 뗄 수 없는 존재가 인간이기 때문에 그냥 죄 속에서 살아야 한다는 아무 희망 없음을 의미하는 것일까요? 그렇지 않습니다. 그것은 죄악이 자연적인 결과물이 아니라 끈질기게 스며드는 속성이 있음을 보여주는 비유입니다.

하나님은 "그들이 어그러진 길을 사랑하여 그들의 발을 멈추지 아니"(렘 14:10)했다고 고발하시면서, 자발적으로 엉뚱한 길로 가버리는 그들 마음의 변질을 지적하셨습니다. 하나님은 예레미야를 통해서 백성들의 마음을 드러내고 계신 것입니다.

예레미야처럼 하나님의 뜻을 반영하는 선지자는 극소수였습니다. 백성들은 거짓 선지자들을 더 선호했습니다. 거짓말이어도 이익을 준다면 그것을 따라갔습니다. 그러니 거짓 예언자들이 득세했고, 예레미야 같은 예언자는 박해를 받았습니다.

"주께서 유다를 온전히 버리시나이까. 주의 심령이 시온을 싫어하시나이까. 어찌하여 우리를 치시고 치료하지 아니하시나이까. 우리가 평강을 바라도 좋은 것이 없고 치료받기를 기다리나 두려움만 보나이다"(렘 14:19).

예레미야의 절규에 가까운 이 질문은 거짓이 날뛰는 세상에 대한 하나님의 의로움을 묻고 있습니다. 하나님은 모세와 사무엘이 오더라도 그들을 용서할 수 없다는 단호한 대답을 하십니다(렘 15:1,4). 하나님의 마음을 알게 된 예레미야는 심장을 도려내는듯 아파합니다. 예레미야의 탄원과 기도는 우리가 어떻게 기도해야 하는지를 보여줍니다. 그가 들었던 하나님의 음성은 그럼에도 "악한 곳에서 건지리라"(렘 15:19-21)는 말씀입니다.

하나님은 비유와 은유를 통해 말씀하셨습니다. 금강석으로 된 펜촉으로 마음 판에 유다의 죄악을 새긴다는 말씀이나(렘 17장), 토기장이가 마음에 들지 않는 그릇들을 박살낸다는 말씀을 통해 하나님의 주권을 말씀하셨습니다(렘 18장). 말씀을 들은 예레미야는 유다 백성들에게 권면하고 또 권면했습니다. 그때 바스훌이라는 방해자가 등장합니다. 그는 예레미야를 때리고 감옥에 가두었습니다(렘 20장). 말씀을 없앨 수가 없으니 스피커를 때리는 것이었습니다. 마치 예언의 말씀이 없어지기라도 하는 듯이 말입니다.

예레미야 23장으로 가면 요시야 왕 이후에 여호아하스, 여호야김, 여호야긴, 시드기야로 이어지는 계보를 보여주는데 이들은 다 실패하고 맙니다. 하나님은 다윗의 의로운 가지에서 참된 목자가 나올 것을 말씀하시지만 그 목자는 400년이 지나서야 예수 그리스도를 통해 등장합니다. 예레미야의 입장에서는 너무 먼 미래의 얘기처럼 들립니다. 하나님은 이렇게 말씀하십니다.

"여호와의 말씀이니라. 나는 가까운 데에 있는 하나님이요 먼 데에 있는 하나님은 아니냐"(렘 23:23).

예레미야는 여호야김 시대를 지나갑니다(렘 26장). 예레미야는 나라가 곧 망할 것을 경고했습니다. 아무 감각이 없는 당시 예언자와 제사장들은 예레미야를 위협하고 그에게 소리지릅니다. 종말이 다가오는 징조를 보지 못하기 때문이었습니다. 예레미야라고해서 정확한 미래를 알 수는 없었을 것입니다. 그러나 분명히 아는 것 한 가지가 있었습니다. 하나님의 말씀입니다. 예레미야는 하나님의 말씀만 성실하게 전했습니다. 그랬더니 어떻게 됐을까요?

유다의 모든 백성이 예레미야를 치려고 몰려들었습니다(렘 26:8-9). 백성들은 하나님의 말씀을 들었지만 불안했고 애써 외면하고 싶었습니다. 예언자를 죽이면 예언도 없앨 수 있는 줄 알았습니다.

예레미야는 말했습니다. "여러분은 저를 죽이려고 합니다. 죽일테면 죽이십시오. 그러나 하나님께로 돌아와야 하고 말씀에 순종해야 합니다. 저를 죽이더라도 무죄한 피를 흘린 죄 값을 받는다는 사실은 기억하십시오"(렘 26:12-15 참고). 이것이 예레미야의 태도였습니다. 그의 말이 떨어지기가 무섭게 백성들은 돌을 내려놓았습니다. 그들의 이성이 돌아온 것입니다. 예레미야를 죽일 아무런 이유가 없었습니다. 아히감이 나타나 예레미야를 보호하면서 그는 위기에서 벗어났습니다.

시드기야가 왕이 되었을 때 하나님은 예레미야에게 나무 멍에를 만들어서 목에 걸고 돌아다니면서 예언의 말씀을 전하게 합니다(렘 27장). 바벨론의 멍에를 메라는 메시지입니다. 하나냐라는 거짓 예언자는 정반대의 예언을 합니다. "하나님은 2년 안에 유다를 회복시켜 줄 것이며, 바벨론 왕의 멍에를 꺾어 줄 것이다." 그는 예레미야의 나무 멍에를 벗기고는 내팽개쳐버리지요. 예레미야를 완전히 무시한 처사입니다. 예레미야는 쇠로 만든 멍에를 목에 달고 다시 나타납니다. 멍에를 단 예레미야와 회복을 약속한 하나냐, 둘 중에 누가 맞을까요? 그해에 하나냐는 죽었고(렘 28:17), 예레미야의 예언대로 바벨론이 유다에 쳐들어와 백성들을 포로로 끌고 갔습니다.

예레미야는 포로로 끌려간 유대 백성들, 특히 고관들을 향해 편지를 썼습니다. 끌려간 바벨론 땅에서 정착하면서 잘 버티라는 메시지였지요. 다시 회복될 날이 오겠지만 그것은 70년이 지나서야 이루어질 일입니다. 거짓 선지자 스마야가 예레미야에 대한 비난과 모함을 서슴지 않았습니다(렘 29장). 하나의 거짓 예언자가 사라지면 이어서 또 다른 거짓 예언자가 나오는 악순환이 계속됩니다.

시드기야 왕 10년에 결국 예레미야는 근위대 뜰에 갇히고(렘 32장), 바벨론의 느부갓네살 왕은 예루살렘을 공격합니다(렘 34장). 유다 백성들은 어떻게 해야 할까요? 대대로 포도주를 가까이하지 않았던 레갑 사람들이 왕이 하사한 술까지 거절했던 예를 들면서 백성들이 말씀을 지켜야 했다고 강조했습니다. 그랬다면 바벨론의 재앙은 없었을 거라는 말씀입니다(렘 35장).

이집트 군대가 예루살렘에 출동했을 때에 시드기야 왕은 기회로 여겼습니다. 바벨론 군사들이 퇴각했기 때문입니다. 예레미야는 기회가 아니라고, 바벨론이 다시 침공할 것이라고 예언했지만 시드기야는 예레미야를 가두었고, 예레미야는 지하 감옥에 오랫동안 갇혔다가 근위대 뜰로 옮겨졌습니다(렘 37장).

예레미야는 바벨론에 투항하라는 주장을 굽히지 않았습니다. 심복들은 왕에게 예레미야의 사형을 요청했습니다. 시드기야 왕은 그들에게 예레미야를 내주었고, 그들은 예레미야를 말기야의 물웅덩이에 던졌습니다. 우물에 집어넣어 죽일 생각이었습니다. 다행히 그곳은 물 없는 진흙 바닥이었습니다. 에티오피아 사람 에벳멜렉이 나타나 예레미야를 웅덩이에서 꺼내주었습니다(렘 38장). 예레미야에게 죽을 고비가 연속적으로 다가 왔습니다.

시드기야는 예레미야를 불렀습니다. 왕도 답답했습니다. 어떻게 해야 될지 물었습니다. 예레미야는 바벨론에 항복하라는, 그것이 하나님의 뜻이라는 대답을 할뿐이었습니다. 실망한 시드기야 왕은 예루살렘이 함락되는 날까지 근위대 뜰에 예레미야를 연금시킵니다.

마침내 바벨론에 의해 예루살렘이 멸망했습니다(시드기야 11년 4월). 왕궁과 민가는 불에 탔고 성벽은 허물어졌습니다. 빈민들을 제외하고는 모두 죽이거나 포로로 끌어갔습니다. 남은 자들은 포도원과 농토에 남아서 입에 겨우 풀칠이나 하며 살았습니다. 예레미야는 어떻게 됐을까요? 느부갓네살 왕은 예레미야를 풀어주고 적절하게 대우해주었습니다. 오해받기 딱 좋은 상황이었지요(렘 39장). 그렇다면 예레미야는 매국노일까요?

예레미야는 포로일 뿐이었습니다. 바벨론 근위대장 느부사라단이 예레미야에게 바벨론으로 가든지, 남든지 택하라고 했습니다. 예레미야는 남아 있는 동족과 살기 위해 고국을 선택하고 유다 총독 그달리야를 찾아갔습니다. 그러나 왕족 이스마엘이 부하들과 함께 총독을 암살하고 맙니다. 뒤늦게 군대장관들이 이스마엘을 치러 가자 이스마엘은 혼자 암몬으로 망명했습니다(렘 41장).

지도자가 사라진 백성들은 예레미야를 중심으로 모입니다. 이제 어떻게 해야 하는 것일까요? 예레미야는 바벨론에 복종하여 그곳에 머물러 살라고, 절대로 이집트로 가지 말라고 조언합니다. 그곳에 가면 전쟁과 기근, 염병으로 죽을 뿐이라고 경고하지요(렘 42장).

아사랴, 요하난을 비롯한 군 지휘관들은 예레미야를 거짓말쟁이로 몰았습니다. 하나님이 그렇게 말씀하셨을 리 없다는 소리였지요. 그들은 남은 백성들과 함께 이집트 땅으로 망명할 때 바룩과 예레미야까지 억지로 이집트 땅으로 끌고 갔습니다. 이집트에 도착한 예레미야는 바로의 궁 앞에 땅을 파서 큰 돌을 묻었습니다. 그 돌 위에 바벨론의 보좌가 설 것이라는 예언도 덧붙이면서요(렘 44장).

예레미야는 유다 외에도 여러 나라들에 대한 예언을 쏟아냈는데, 오지랖처럼 보이는 예언들은 하나님이 역사의 주관자임을 다시 한번 확인하는 말씀이었습니다. 하나님은 예레미야를 통해 보여주신 예언이 맞았다는 의미로 이집트의 왕 바로호브라를 바벨론의 손에 넘겨주겠다고 말씀합니다. 마치 시드기야가 바벨론에 비참하게 끌려간 것처럼 이집트도 바벨론이란 거대한 손아귀에 사로잡힙니다. 역사는 그렇게 흘러갑니다.

"보라. 나는 내가 세운 것을 헐기도 하며 내가 심은 것을 뽑기도
하나니 온 땅에 그리하겠거늘"(렘 45:4).

여러 나라들에 대한 재앙과 멸망 중에서 하나님이 가장 세게 말씀하신 나라는 바벨론이었습니다. 바벨론은 대제국이었습니다. 그러나 그것도 잠시였습니다. 하나님은 바벨론을 망치로 쓰고 싶으셨습니다.

망치는 부수는 데도 사용하지만 건물을 짓는 데도 쓰입니다. 하나님은 바벨론의 역할이 끝나자 망치 자체를 깨뜨리고 맙니다.

우리는 바벨론을 부러워합니다. 모든 나라 중에 뛰어나고 싶어 합니다. 그러나 힘과 위대함은 금방 사라지고 맙니다. 하나님께서 직접 나서자 그 거대한 나라는 없어지고 말죠. 그때 잡혀간 이스라엘 백성들이 할 일은 무엇일까요? 어서 도망치는 겁니다. 하나님은 그들에게 탈

〈도표 17〉 열방에 대한 예레미야의 예언

장	나라	예언 내용
46장	이집트	아름다운 암송아지 이집트가 북녘에서 온 쇠파리에 시달린다
47장	블레셋	북녘에서 물이 불어 올라서 범람하는 강물이 되었다
48장	모압	맑은 포도주와 같은 모압은 쏟아지고 말았다
49장	암몬	울부짖어라
49장	에돔	도피해라. 숨어라. 세상에서 가장 하찮은 자가 되게 하겠다
49장	다메섹	모든 군사는 멸절하고, 벤하닷의 궁전은 불타리라
49장	게달, 하솔	모조리 빼앗으라. 큰 뱀의 거처가 될 것이다
49장	엘람	활을 꺾어버리겠다
50장	바벨론	바벨론이 함락되었다 거기에 사는 사람이 아무도 없을 것이다 그날이 오면 이스라엘을 귀환시킬 것이다 그날이 오면 내가 용서할 것이다
51장	바벨론	부서진 쇠망치. 온 세상을 취하게 만든 포도주 바벨론의 재앙이 하늘에 닿았다

출하라고 말씀하십니다(렘 51:45). 하나님은 세상의 역사를 주관하십니다. 이제 마지막 예언입니다. 바벨론에 대해 선포한 모든 말씀을 한 권의 책에 담아 왕의 수석보좌관 스라야에게 주어 돌에 매달아서 유프라테스강에 던지라고 합니다. 그렇게 바벨론은 가라앉을 것이라고요 (렘 51장). 예레미야 52장은 후기 및 정리입니다. 여호야긴은 잡혀간 지 37년이 되는 해에 특사로 석방되어 왕과 함께 한 상에 먹게 되었다는 이야기로 예레미야의 대단원은 끝을 맺습니다.

〈도표 18〉 내용에 따른 예레미야서의 장 분류

장 분류	제목	성경 내용
1장	소명	소명을 받은 예레미야
2-45장	유다에 대한 경고	유다를 향한 경고와 회복에 대한 예언
46-51장	열방에 대한 경고	열방을 향한 심판 경고
52장	부록	예루살렘 멸망 이후 사건들

나라가 망한다는 것

예레미야의 별명은 눈물의 선지자입니다. 나라가 망하는 것을 보고 울고 또 울었습니다. 일제강점기에 태어나 정확히 자신의 나이가 몇 살인지 모르는 교회 어른이 돌아가신 일이 있었습니다. 그분의 아내 되는 집사님이 남편의 마지막에 대해서 이야기해주었습니다. 자녀가 많았고, 그중에는 목사와 장로도 있었습니다. 자식들이 다 모인 자리에서 그분은 마지막 숨을 내쉬고 있었습니다. 찬송가를 부르며 기도하고 있을 때 어르신께서 갑자기 공포에 질리시더니 "순사가 온다. 순사가 온다"라고 소리를 질렀습니다. 마지막 가는 길에 사탄이 어르신을 공격한 것입니다.

그분은 일제강점기에 태어나서 청년 시절 광복을 맞았고, 한국전쟁을 겪었으며, 보릿고개를 넘어 민주화 시대를 보내고, 미국으로 이민

와서 온갖 고생을 다 하셨습니다. 고난과 어려움으로 점철된 삶을 살았던 그분에게 사탄은 수많은 모습 중에서 왜 일본 순사의 모습으로 최후의 유혹을 했던 것일까요? 어르신의 삶에서 가장 어려웠던 순간이 나라를 빼앗긴 상태였기 때문입니다. 모든 시대가 다 어려운 때지만 패망이야말로 가장 비참한 순간입니다.

예레미야는 나라를 빼앗기는 엄청난 고통의 시간에 그 자리에 있었습니다. 얼마나 울었던지 눈이 안보일 정도였습니다. 그뿐만이 아닙니다. 예레미야는 애간장이 녹았고, 심장이 터질 것만 같았습니다(애 1:20). 창자가 들끓었고 간이 땅에 쏟아졌습니다(애 2:11). 살갗이 녹아버렸고 뼈가 다 꺾였습니다(애 3:4). 눈물은 냇물처럼 흘렀습니다(애 3:48).

그렇게 예레미야의 육체는 부서졌습니다. 나라를 잃은 아픔이 고스란히 그의 육체에 전가되었습니다. 그런데 그런 와중에 쓴 그의 슬픈 노래(애가)는 정교하게 지어졌습니다. 히브리어 알파벳의 순서에 따라서 한 절 한 절씩 써내려갔습니다. 그 와중에 어떻게 그런 정신이 있었을까요? 그 와중이기에 정신을 차려야 했습니다. 온몸이 다 부서져 천 갈래, 만 갈래로 찢겨질지라도 알파벳의 순서에 따라 슬픈 노래를 부르고, 그것을 그대로 기록해냅니다. 그럴 때 하나님의 뜻이 온전히 전달되기 때문입니다.

우리가 〈예레미야 애가〉를 읽기 위해선 정신을 바짝 차려야 합니다. 예레미야의 슬픔을 고스란히 느끼며 읽되 이성은 깨어 있어야 합니다. 그래서 다시는 그와 같은 치욕을 당하지 말아야겠다는 결단으로 읽어야 합니다. 눈물이 시냇물처럼 흘러내리면 그 눈물 사이로 분명한 하나님의 뜻을 발견하고자 읽고 또 읽어야 합니다. 그 교회 어르신은 어떻게 되었을까요? 어르신은 최후의 유혹을 이겨내고, 마침내 하나님의 품에 안기실 때 천사와 같은 얼굴이 되었다고 합니다.

끝나지 않은 하나님의 역사

유다의 백성들은 세 차례에 걸쳐 바벨론에 끌려갔습니다. 제1차는 BC 606년, 제2차는 BC 598년, 제3차는 BC 586년인데, 제2차로 끌려 간 만여 명의 포로에 에스겔도 포함되었습니다. 에스겔은 선지자겸 제사장이었습니다. 포로로 끌려가서도 하나님의 뜻을 전했습니다. 〈에스겔〉은 1~32장까지는 심판, 33~48장은 회복에 대한 말씀입니다.

제30년 4월 5일, 즉 여호야긴이 포로가 된 지 5년이 되는 어느 날, 바벨론의 그발 강가에서 에스겔은 환상을 보았습니다. 〈에스겔〉을 읽으면서 우리는 당시 잡혀간 사람들의 상황을 살펴볼 수 있습니다만, 처음 〈에스겔〉을 접할 때는 뭐가 뭔 소리인지 알 수가 없습니다. 빛이 번쩍거리고, 네 생물의 형상이 나타나는데, 사람, 사자, 황소, 독수리의 얼굴을 한 육면체의 형상입니다. 묘사해내기 쉽지 않은 특별한 환상이었고, 그것은 그만큼 절망스럽고 어지러운 시대를 반영합니다.

에스겔은 그 복잡한 와중에도 기록을 남겼습니다. 글을 남기기에 적합하지 않은 환경 속에서도 에스겔은 방대한 기록을 남겼습니다. 나라가 망하고 사람들이 다 죽어가는 현실 속에서 하나님께서 보여주신 것을 묘사하고 설명하려는 그의 모습은 숭고해 보이기까지 합니다. 에스겔을 통해 기록의 위대함을 발견하게 됩니다.

"그들은 심히 패역한 자라. 그들이 듣든지 아니 듣든지 너는 내 말로 고할지어다"(겔 2:7).

아비규환 같은 상황에서도 몇 움큼의 보리와 빵 때문에 진리를 외면하고 백성들을 오도하는 거짓 예언자들이 있었습니다(겔 13:19). 절망에 빠진 백성들을 위로하고 인도해야 할 장로들은 앞장서서 우상을 가져오고 백성들은 그것을 받아들입니다(겔 14:1-4). 에스겔은 예루살렘의 탄생과 전성기, 그리고 그 몰락을 말했습니다(겔 16장). 하나님은 에스겔에게 포로 된 백성들에게 말씀을 전하게 하고, 에스겔은 그것을 오롯이 전할 방법을 고민합니다. 그 결과가 예언으로 드러나게 됩니다.

에스겔의 선포된 예언에는 적절한 비유, 적절한 유비, 적절한 동물과 식물들에 대한 묘사가 담겨 있을 뿐 아니라 노래까지 동원됩니다. 경고가 경고답게, 심판이 얼마나 위중한 것인지를 그들로 하여금 깨달을 수 있게 합니다. 20장에는 이스라엘의 대서사시가 나온 뒤에 '불타는 숲'의 비유가 나옵니다. 에스겔의 예언은 계속 되었고, 듣던 백성들은 에스겔에게 항의했습니다.

"내가 이르되 아하 주 여호와여 그들이 나를 가리켜 말하기를 그는 비유로 말하는 자가 아니냐 하나이다 하니라"(겔 20:49).

백성들은 에스겔이 선포하는 하나님의 말씀을 알아듣지 못했습니다. 오히려 에스겔을 비유나 말하는 사람이라고 비난했습니다. 하나님은 에스겔이 폄하당할 것을 알면서도 비유를 사용하게 하십니다. 에스겔의 예언에는 비유가 압도적으로 많이 나옵니다. 왜 그랬을까요? 에스겔의 인생 자체가 비유였습니다. 그는 벽돌을 깔고 성읍 그림을 그리면서 430일간 누워 지내거나(4장), 머리털과 수염을 깎아 세 등분해서 바람에 흩날렸습니다(5장). 담을 뚫고 구멍을 통과하면서 이사하는 시늉을 했으며(12장), 음식을 먹을 때도 놀라면서 먹었고(12장), 아내가 죽었을 때도 눈물 한 방울 흘리지 말아야 했습니다(24장).

에스겔의 이러한 기형적인 일들은 하나님의 마음을 드러내기 위한 퍼포먼스였습니다. 이런 비정상적이고 해괴한 일들을 읽을 때 에스겔이 혹시 정신 나간 것이 아닌지 의심하게 됩니다. 그러나 그렇지 않습니다. 왜냐하면 〈에스겔〉의 계시는 정확히 몇 년 몇 월 며칠인지 기록하고 있기 때문입니다. 그는 정신없는 사람도, 이성을 놓아버린 사람도 아니었습니다. 피할 수 없는 엄중한 하나님의 뜻을 삶으로 드러낸 사람이었습니다. 오히려 명확한 이성과 기억으로 하나님의 뜻을 기록하려고 애쓴 사람이었습니다.

에스겔이 그토록 책임을 다 한 이유는 무엇일까요? 적이 쳐들어올 때 나팔을 불지 않아서 적에게 패하면 그 책임은 파수꾼에게 있고, 파수꾼이 열심히 나팔을 불었는데도 듣지 않아 패한다면 책임은 백성들에게 있기 때문입니다. 나팔 소리를 듣든지 안 듣든지 간에 파수꾼이 할 일은 나팔을 부는 것입니다. 에스겔은 파수꾼으로 부름받은 자기 역할을 잊지 않았습니다.

> "인자야 내가 너를 이스라엘 족속의 파수꾼으로 삼음이 이와 같으니라. 그런즉 너는 내 입의 말을 듣고 나를 대신하여 그들에게 경고할지어다"(겔 33:7).

에스겔 37장에는 마른 뼈의 환상이 나옵니다. 〈에스겔〉 전체에서 가장 유명한 말씀입니다. 하나님은 권능으로 골짜기 가운데로 그를 이끌어가셨습니다. 거기에는 뼈가 가득했습니다. 시체를 던져 놓은 공동묘지인데 시간이 많이 지나서 뼈만 앙상히 남았습니다. 하나님은 에스겔에게 물었습니다. "이 뼈들이 살 수 있겠느냐?"

대답하기 곤란할 때 성경 인물들은 "주님께서 아십니다"라고 미루지요. 에스겔도 그렇게 대답했습니다. 하나님은 모든 뼈에게 말씀을 전하라고 하십니다. 에스겔은 뼈들을 향해서 "여호와의 말씀을 들을지어다"라고 선포합니다. 그러자 뼈들이 달각달각 소리를 내기 시작하더니 서로 연결되어 힘줄이 생기고 살이 오르며 가죽이 덮였습니다. 순식간에 일어난 일이었습니다. 그러나 생기가 없어 아직 사람은 아니었습니다.

> "또 내게 이르시되 인자야 너는 생기를 향하여 대언하라. 생기에게 대언하여 이르기를 주 여호와께서 이같이 말씀하시기를 생

기야 사방에서부터 와서 이 죽음을 당한 자에게 불어서 살아나
게 하라 하셨다 하라"(겔 37:9).

에스겔이 대언을 하자 생기가 들어가더니 모든 뼈가 살아났습니다.
심히 큰 군대였습니다. 뼈들은 이스라엘 족속을 비유했습니다. 다 죽어
뼈만 남은 이스라엘 백성들에게 하나님의 말씀이 들어가자 군대가 됩
니다. 하나님은 막대기 두 개를 통해 유다와 이스라엘이 다시 하나가
될 것을 보여주셨습니다. 망했고 죽었으며 나눠진 소망 없는 것에서 다
시 구원이 일어나게 하셨습니다.

하나님의 약속은 새로운 성전에 대한 설계도를 통해서 드러납니다
(40-48장). 망해버린 나라에서 주권 없이 포로로 살고 있는 에스겔에
게 하나님은 새로운 성전의 조감도를 보여주시면서 천사들의 안내로

〈도표 19〉 내용에 따른 에스겔서 장 분류

장 분류	성경 내용
1-3장	에스겔의 소명
4-24장	유다 백성에 대한 심판
25-32장	주변국들에 대한 심판
33-39장	유다 백성의 회복 예언
40-48장	새 성전, 새 예루살렘

그곳을 구경하게 하셨습니다. 하나님의 통치의 영속성은 새로운 성전의 정확한 크기와 규모에도 드러납니다. 예루살렘 성전에서 흘러나오는 물은 에스겔이 건너지 못할 정도로 풍성했습니다(겔 47장). 나라는 망했으나 하나님의 역사는 끝난 것이 아니었습니다.

바벨론 시대 하나님의 사람들

〈다니엘〉은 굉장히 단순한 구조로 되어 있습니다. 1장부터 6장까지는 다니엘과 그의 세 친구의 활약이 담겨 있고, 7장부터 마지막 12장까지는 예언의 말씀입니다. 앞부분은 살 떨리는 위기와 통쾌한 반전이 있고, 뒷부분은 무슨 말을 하는지 잘 모르는 이야기들입니다. 그래서 우리는 앞부분을 매우 흥미롭게 읽습니다. 다니엘과 그의 세 친구는 타협하지 않았더니 고비를 넘어서고 번영을 누리며 잘살게 되었습니다.

그러나 가만히 이야기를 뜯어보면 이것이 얼마나 비정상적인 시대인지 놀라게 됩니다. 〈다니엘〉 3장은 풀무불에 들어간 세 명의 친구가 털 하나 상하지 않고 무사히 구출되었다는 이야기입니다. 그들이 용광로의 무시무시한 불에 들어간 이유는 우상을 거부했기 때문이지요. 금으로 된 거대한 우상이 왕의 권위를 드러내기 위해 들판에 세워졌다는 것부터가 기이한 일입니다.

최고 권력자인 느부갓네살 왕은 쉽게 화내고 쉽게 감동하는 사람이었습니다. 금 신상에게 절하지 않았다는 이유로 아무 재판도 없이 죽이라는 명령을 내렸다가도, 풀무불 속에서도 태연히 걸어 다니는 세 친구를 보고는 순간적으로 정책을 바꿉니다. 권력자가 변덕이 죽 끓듯 하면 주위 사람들은 그의 비위를 맞추는 데 총력을 기울이게 됩니다. 사회적인 상황, 나라의 형편, 여론의 동향, 백성들의 생각은 뒷전이고, 오직 느부갓네살 한 사람에게만 모든 관심이 집중됩니다. 느부갓네살이 틀렸어도 입 하나 뻥긋할 수 없었습니다.

불타는 용광로(새번역)는 어떻습니까? 당시 그렇게 거대한 가마가 있어야 할 필요나 용도는 무엇일까요? 쇠를 녹여 거대한 배라도 진수하려는 것일까요? 아닙니다. 왕에게 밉보인 사람을 사형시키는 데만 쓰였습니다. 사람을 죽이는 일에 많은 에너지를 낭비했습니다. 느부갓네살은 다니엘의 세 친구에게 화가 나서 평소보다 일곱 배나 뜨겁게 하라고 명령합니다. 사형집행관들이 순식간에 불타 없어질 정도였습니다. 그러나 누구도 그들의 생명에 관심이 없었습니다. 사드락, 메삭, 아벳느고가 명색이 바벨론의 행정관인데도 재판 없이 화형에 처해집니다. 그렇다면 일반인이야 말할 것도 없었겠지요. 비이성적이고 기형적인 권력 구조가 아닐 수 없습니다.

느부갓네살 이후라고 다를 게 없었습니다. 다리우스 왕 때였습니다. 다니엘은 120명의 지방 장관들 중에서 최고위층 3명 중의 하나였습니다. 그에게 어떤 범죄나 실수가 없음에도 예루살렘을 향해 기도했다는 이유로 사자 굴에 던져졌습니다. 사자는 초원에서 살아야 하는데 굴속에 살고 있으니 괴물이 되는 것은 시간 문제였습니다. 굶주린 맹수를 굴에 가두고 거기에 죄인을 던져넣는 방식 역시 괴상한 일입니다. 더욱 괴상한 것은 평생 나라를 위해 희생한 고위 권력자라도 아무 재판 없이 죽일 수 있는 시대라는 사실입니다.

이 모든 비이성적이고 기괴한 상황 속에서 중심도 없고 기준도 없는 왕이 권력을 쥐고 세상을 흔드는 시대가 바벨론 시대였으며, 그곳에서 사는 이스라엘 백성들의 실상이었습니다. 하나님은 그때 다니엘에게 환상을 보여주셨고, 그 내용이 후반부에 펼쳐집니다.

"바벨론 벨사살 왕 원년에 다니엘이 그의 침상에서 꿈을 꾸며 머리 속으로 환상을 받고 그 꿈을 기록하며 그 일의 대략을 진술하니라"(단 7:1).

통치하는 왕에 따른 다니엘의 예언 분류

장	시대	장소	예언 내용
7장	벨사살 1년		사자, 곰, 표범, 열 뿔 짐승의 환상
8장	벨사살 3년	수산성 을래 강가	두 뿔 숫양(메대, 페르시아)과 숫염소(그리스)
9장	다리우스 1년		70주간 이후의 회복 / 포악하여 가증한 것
10장	고레스 3년	힛데겔(티그리스) 강가	천사 미가엘 / 바사 군주, 헬라 군주
11장	다리우스 1년		북쪽 왕과 남쪽 왕 / 비열한 왕
12장			한 때와 두 때와 반 때

아무리 제대로 묘사하려고 해도 꿈에서 본 내용을 언어로 담아낼 때는 한계가 있기 마련입니다. 엄중하고 위험한 시대였기 때문에 하나님은 다니엘의 꿈을 통해서 그 시대가 어떤 시대로 바뀔지를 보여주시는데 다니엘조차 감당하기가 힘들었습니다. 그런데도 다니엘은 그 모든 환상을 하나도 놓치지 않고 담아냅니다. 우리는 〈다니엘서〉를 읽을 때 목숨이 경각에 사라질지 모르는 시대에 신실하게 하나님의 뜻을 좇아 살아낸 그의 예언을 겸손한 자세로 대하는 지혜가 필요합니다.

〉〉〉 대선지서와 소선지서 구분법

예언서는 총 17권으로 되어 있습니다. 그중에서도 〈이사야〉, 〈예레미야〉, 〈예레미야 애가〉, 〈에스겔〉, 〈다니엘〉을 대선지서라고 하고, 나머지는 소선지서라고 합니다. 〈예레미야 애가〉는 〈예레미야〉의 부록이라 생각하여 거기에 포함하면 대예언서는 4권이 됩니다. 그러나 여기에서 '대'(大)자가 붙은 것은 4권의 저자가 위대한 예언자이거나, 그 내용이 월등하게 중요하기 때문이 아닙니다. 단지 분량에 따라 편의상 그렇게 나누었을 뿐입니다. 분량이 많은 4권을 대선지서, 분량이 적은 12권을 소선지서라고 생각하면 됩니다.

그런데 얼핏 보면 〈다니엘〉은 12장이고, 〈호세아〉와 〈스가랴〉는 14장이기 때문에 장 수로 치면 〈다니엘〉은 너무 적어 보입니다. 아니면 〈호세아〉와 〈스가랴〉도 대선지서에 포함시켜야 하는 것이 아닌가 싶어집니다. 그러나 다시 말씀드리지만 장 수가 아니라 분량입니다. 전체 분량으로 따져보면 〈다니엘〉은 17페이지에 달하고, 〈호세아〉와 〈스가랴〉는 10페이지에 불과합니다. 분량으로 따지면 〈다니엘〉이 훨씬 더 방대하지요. 따라서 〈호세아〉부터 〈말라기〉까지를 소선지서라고 보는 것이 맞습니다.

비유적으로 사용된
선지자의 가정

기행처럼 보이는 에스겔의 인생 자체가 하나님의 비유라고 했는데, 기구하기로 치면 호세아보다 더 한 선지자가 없을 것입니다. 하나님은 호세아의 결혼생활, 그러니까 그의 아내와 자식들을 통해서 패역한 이스라엘을 비유적으로 드러내고 싶었습니다. 민족에 대한 메시지를 담아내기 위해 한 사람의 결혼을 사용하는 것은 부당해 보입니다. 사생활과 인권을 존중하는 시대의 눈으로 보면 더욱 불합리해 보입니다.

〈시편〉에 자식은 상급이라 했고(시 127:3), 한 가정을 이루는 중요성은 〈창세기〉부터 강조했던 바입니다. 그러나 호세아에게 그런 복은 없었습니다. 그는 창녀와 결혼했는데 이것은 큰 스캔들이었습니다. 선지자가 불결한 결혼을 했으므로 그의 메시지를 부정할 구실이 되는 위험한 일이었습니다.

호세아의 자녀들의 이름은 저주에 가까웠습니다. 장녀인 로루하마는 "이스라엘 족속을 긍휼히 여겨 용서하지 않겠다"는 의미이고, 작은 딸 로암미는 "너희는 내 백성이 아니요 나는 너희 하나님이 되지 아니할 것이다"라는 뜻입니다. 선지자의 가정을 그렇게 희생하면서까지 하나님의 뜻을 전하는 게 과연 적절한지 의문이 듭니다.

반대로 얼마나 백성들의 패역이 극에 달했으면 한 사람의 인생을 통해 강력하게 메시지를 전했는가, 하는 생각도 듭니다. 귀와 눈이 어두운 그들을 깨닫게 하기 위해 하나님은 선지자의 가정을 비유적으로 사용하셨습니다. 나단이 다윗의 죄를 지적할 때 직설적으로 말했다면 나단은 죽음을 면치 못했을 것입니다. 그런데 부자와 가난한 자의 양 비유를 사용하여 말했더니 다윗이 깨닫고 회개하는 역사가 일어났습니다. 이렇듯 비유는 하나님의 말씀을 우회적으로 전하는 효과적인 도구였습니다.

하나님은 호세아의 결혼생활이라는 거대한 비유를 통해 이스라엘 백성들에게 회개를 촉구하셨습니다. 그렇다면 이스라엘 백성들은 깨달았을까요? 아마도 그런 것 같지 않습니다. 그들이 호세아의 메시지를 이해 못할 리가 없습니다. 그러나 호세아 선지자를 어리석고 미친 자라고 애써 평가절하합니다(호 9:7). 선지자를 외면하면서 그 속에 담긴 말씀마저도 무시하고 있습니다. 하나님을 배반한 결과, 그들은 칼에 엎드러지고, 어린아이들이 부서지며, 아이 밴 여인은 배가 갈라지는 등 끔찍한 일을 당합니다(호 13:16). 만일 내가 당시의 타락한 이스라엘의 입장에 서 있다면 어떻게 받아들일지 생각하며 〈호세아〉를 읽어봅시다.

메뚜기의 환상과
하나님의 영에 대한 예언

브두엘의 아들 요엘에게 하나님의 말씀이 임하셨습니다. 그때 요엘이 본 것은 메뚜기에 대한 환상이었습니다. 메뚜기는 한두 마리만 보면 별다른 위협이 느껴지지 않습니다. 그러나 우리가 어릴 때 생각하던 메뚜기의 모습과 다르게 메뚜기의 이빨은 가늘고 뾰족해서 어떤 물질이든 물어뜯고 갉기에 최적화되어 있습니다. 메뚜기는 주로 풀을 먹지만 잡식성이라 같은 메뚜기를 씹어 먹기도 하는 등 육식도 가리지 않습니다. 자기 몸무게의 두 배까지도 먹는다니 대단한 포식가죠.

메뚜기의 개체수가 급격히 늘어나면 '누리'나 '황충'이라는 이름으로 바뀌는데, 어떤 때는 천억 마리가 넘는 수가 떼 지어 나타나기도 합니다. 엄청난 양의 메뚜기는 가히 무적이라고 봐도 됩니다. 요엘은 하나님의 말씀을 전합니다.

"팥중이가 남긴 것을 메뚜기가 먹고 메뚜기가 남긴 것을 느치가
먹고 느치가 남긴 것을 황충이 먹었도다"(욜 1:4).

하나님은 가나안 땅에서 농사를 지으며 정착한 백성들에게 메뚜기
부대를 보내겠다고 경고하십니다. 포도 농사, 무화과 농사는 물론이고
석류나무, 종려나무, 사과나무 등 모든 식물이 싹 다 죽게 됩니다. 〈요
엘〉을 통해 메뚜기 군대의 습격이 실감나게 묘사됩니다. 그 어떤 위대
한 군인보다 더 정교하며 질서 있는 집요한 공격입니다(욜 2:1-11). 이
러한 재앙 앞에 백성은 어떻게 해야 할까요? 하나님께로 돌아와야 합니
다. 선지자는 백성들에게 금식하고 통곡하며 마음을 찢고 하나님께 돌
아오라고 권고합니다.

하나님은 돌아온 이스라엘 백성들에게 회복을 약속하십니다. 메뚜
기와 느치와 황충과 팥중이가 먹은 것을 그대로 갚아주셔서 모든 손해
를 보상받게 해주십니다. 그것만이 아닙니다. 하나님은 모든 사람에게
하나님의 영을 부어주셔서 아들딸이 예언하고, 노인들이 꿈을 꾸며, 젊
은이들이 환상을 보는 날이 올 것이라고 말씀하십니다(욜 2:28-31).
요엘의 예언은 후에 베드로의 입을 빌어 인용되는데 성령 세례를 통해
완벽하게 이루어집니다(행 2장).

가뭄에 대한 예언

드고아의 목자인 아모스는 이스라엘 역사상 최고의 번영기인 여로
보암 2세와 남유다 웃시야의 통치 절정기였던 BC 760~755년경에 북
이스라엘을 향해 말씀을 선포합니다. 그는 지진이 나기 2년 전에 하나
님의 계시를 받았습니다. 그가 받은 메시지는 목자의 초장이 시들고 갈
멜산 꼭대기가 마른다(암 1:2)는 것이었습니다. 아모스는 목자이기 때
문에 초장이 시들고 갈멜산이 마르는 것은 위험한 일이라 여겼습니다.
갈멜산에서 시내가 흘러 초장을 푸르게 해야 하는데 가뭄이 되면 세상
이 마르게 될 것이기 때문입니다.

그러나 하나님의 심판은 이스라엘에만 국한되지 않았습니다. 다메
섹, 블레셋, 두로, 에돔, 암몬, 모압 등에 대한 선고가 있었습니다. 이방
나라는 약탈, 살인, 싸움 등의 죄로 인한 심판을 받게 됩니다. 그렇다면

유다와 이스라엘은 무엇 때문에 심판을 받게 될까요? 그들은 율례를 어겼고, 힘없는 사람들을 괴롭혔으며, 폭력과 강탈을 저질렀습니다. 이스라엘이 구원받는다고 해도 겨우 침대 조각이나 남는 정도였습니다(암 3:12).

하나님의 심판은 가뭄(암 4:7)과 병(암 4:9)과 메뚜기(암 4:9, 새번역)를 통한 것이었습니다. 요엘 선지자와 마찬가지로 아모스 선지자는 하나님의 심판이 있으니 여호와를 찾으며(암 5:4), 선을 구하고, 악에 가까이하지 말 것을 당부합니다(암 5:14). 그는 "오직 정의를 물같이, 공의를 마르지 않는 강같이 흐르게 할지어다"(암 5:24)라고 외칩니다. 아모스의 입장에서 물이라든지 강은 매우 중요한 것이었습니다. 그가 목자이기 때문입니다. 물과 강이 넘치는 것처럼 공의와 정의가 흘러넘칠 때 이스라엘은 회복될 수 있음을 알았습니다. 그렇지 않으면 하나님은 심판하실 것입니다.

하나님은 메뚜기, 불, 다림줄, 여름 과일 한 광주리의 환상을 아모스에게 보여주시면서 이스라엘은 끝났고, 하나님의 심판이 곧 닥치게 될 것을 알려주십니다. 그로부터 2년 뒤에 지진까지 났으니 선지자의 눈에는 온통 절망밖에 보이지 않았습니다. 그렇다고 모든 것이 끝난 것은 아니었습니다. 하나님은 그날이 오면 다윗 장막의 회복(암 9:11)을 약속하셨습니다. 아직은 희망의 끈을 놓을 때가 아닙니다.

에돔에 대한 심판

〈오바댜〉는 독특하게도 에돔에 대한 예언을 주로 다룹니다. 에돔의 조상인 에서 이야기를 통해 하나님의 관심이 이스라엘과 유다에게 있으며, 에돔의 심판을 통해 아직 이스라엘에는 가능성과 희망이 있다는 것을 보여주십니다. 에돔의 심판이 어떻게 이스라엘의 소망이 될 수 있을까요?

하나님은 사자(천사)들을 여러 민족으로 보내면서 에돔을 쳐부수도록 부추깁니다(옵 1:1). 독수리처럼 높은 곳에 둥지를 틀었던 에돔은 심지어 별들 사이에 들어앉을 정도로 높아졌고 교만해졌습니다. 하나님은 그런 에돔을 끌어내리고 망하게 하셨습니다. 그것도 에돔과 동맹을 맺은 나라들을 통한 심판이었습니다. 에돔은 이스라엘을 약탈했고, 유다가 몰락할 때 좋아하며 방관했습니다. 야곱의 집이 불이고, 요셉의 집은 불꽃이지만 에서의 집은 지푸라기에 불과함을 말씀합니다.

에돔은 에서의 후손들이 세운 나라로서 가나안 땅 인근에 살면서 이스라엘과 상호작용하면서 살았습니다. 에서는 이삭의 큰 아들이기 때문에 에서의 후손인 에돔도 아브라함의 후손입니다. 그런데도 출애굽한 이스라엘 백성들이 가나안으로 들어갈 때 그들은 도와주지 않았습니다. 에돔은 한때 다윗에게 정복당하기도 했지만(왕하 14:7), 결국은 하나님이 에돔을 기억하셔서 그들의 죄를 고발하시고 심판을 내리십니다. 〈오바댜〉의 주 내용이 바로 그것입니다.

요나를 향한 하나님의 설득

아밋대의 아들 요나는 큰 성읍 니느웨에 대한 심판을 선포하기 위해 부르심을 받았습니다(욘 1:1-2). 요나가 순종하여 니느웨에서 하나님의 말씀을 선포했다면 여느 선지서들의 구성처럼 심판과 회복의 말씀으로 이루어졌을 것입니다. 그런데 흥미롭게도 요나가 도망을 치는 바람에 이야기는 재밌어졌습니다. 니느웨 심판이 초점이 아니라 요나의 불순종과 하나님의 설득이 주된 관심사가 되어버린 것이지요.

어떤 이야기가 있었을까요? 다 아는 이야기지만 간단히 요약해봅시다. 니느웨의 반대 방향으로 도망을 간 요나는 제비에 뽑혀 바다에 던져집니다. 3일 밤낮 물고기 배 속에 있었던 요나는 살아 돌아옵니다. 그는 두 번째 명령을 받고 이번에는 순종하여 니느웨로 갑니다. 하나님의 심판이 선포되자 니느웨에는 전례 없는 회개운동이 일어났습니다.

하나님은 그것을 보시고 심판을 유예하지요. 그러자 요나는 불만을 터뜨렸습니다. 이럴 줄 알고 도망갔던 것이라고 말합니다. 하나님은 박넝쿨과 벌레를 이용하셔서 요나를 설득합니다.

재앙이 일어나지 않자 요나는 그것으로 자신의 불순종을 정당화했습니다. 그렇게 될 줄 알고 도망갔던 것 아니냐고 따졌습니다. 그러자 하나님은 "네가 박넝쿨을 아끼듯 내가 니느웨를 아끼는 것 아니겠느냐?"라고 요나를 달래셨습니다. 그리고 〈요나서〉는 끝이 납니다. 왜 그렇게 급작스럽게 끝날까요? 그 뒤로 끝없는 패턴이 이어지기 때문입니다. 요나가 불순종해서 하나님은 요나를 치시고, 요나가 마음을 고쳐먹고 말씀을 선포하면 니느웨는 회개하고, 하나님이 니느웨를 용서해주시면 요나는 불만을 갖고, 요나가 다시 불순종하면 하나님은 또 요나를 치시고, 요나가 마음을 고쳐먹고 또 말씀을 선포하면 회개가 일어나는 등 패턴이 끝없이 반복됩니다.

그러나 이 영원할 것 같은 패턴도 누군가가 이야기를 끊으면서 결론이 납니다. 어느 순간 니느웨가 더 이상 회개하지 않게 되지요. 그래서 니느웨는 멸망하게 됩니다. 자세한 이야기는 〈나훔〉에 나옵니다. 그러므로 우리가 이 이야기에서 배울 교훈은 하나님은 언제나 이기신다는 사실입니다. 하나님은 영원한 하나님이십니다. 하나님은 시간이 많습니다. 이 패턴이 끝도 없이 이어질 때 하나님은 끝까지 견디실 수 있습니다. 패턴을 끊는 것은 언제나 인간입니다.

베들레헴에서 통치자가
나온다는 예언

모레셋 사람 미가가 사마리아와 예루살렘에 대해 예언합니다. 요담, 아하스, 히스기야가 유다를 다스리던 때입니다. 하나님은 그들의 죄를 밝히십니다. 이스라엘 집이 범죄를 저질렀기 때문입니다. 미가는 맨발로 발가벗고 다니면서 들개처럼 타조처럼 울었습니다(미 1:8). 사마리아의 상처는 고칠 수 없는 병이 되어 유다를 전염시켰으며, 예루살렘까지 옮기고 맙니다. 미가는 머리를 밀고 애곡하라고 권면하지요.

미가는 그날이 되면 슬픔에 사무친 노래를 부를 것이라고 말합니다(미 2:4). 세월이 흐르고, 권력자가 바뀌어도 노래는 계속 남습니다. 입에서 입으로 이어지기 때문입니다. 노래 한 곡보다 더 오래가지 못하는 것이 권력입니다. 권력이 영원한 줄 알았던 사람들은 권력만 믿고 하나님의 뜻대로 살지 않았습니다. 슬픈 노래의 주인공이 될 줄도 모르고 말입니다.

　이스라엘의 지도자들은 사람의 가죽을 벗기고 뼈를 꺾어 솥에 담는 것처럼 백성들에게 악하게 대했습니다(미 3:3). 그런 잘못된 지도자들에게 경고할 사람은 선지자나 제사장들밖에는 없었습니다. 그러나 선지자들은 자기 입에 뭔가 먹을 게 들어오면 예언하고 안 그러면 협박을 일삼았습니다(미 3:5). 제사장들은 뇌물을 받고 재앙이 없다는 거짓말을 했습니다(미 3:11). 그런 시대에 미가는 하나님의 말씀을 올곧게 전했습니다.

　그날이 오면 주님의 산이 우뚝 서게 될 것이며, 민족마다 주님의 산으로 올라가게 될 것이라고 말했습니다. 율법이 시온에서 나오고, 말씀이 예루살렘에서 나올 것입니다(미 4:2). 칼을 보습으로, 창을 낫으로 바꾸는 평화가 오게 되며, 잡혀갔던 이스라엘 백성들은 다시 돌아올 것입니다(미 4:8). 그날에는 베들레헴에서 통치자가 나옵니다. 베들레헴은 비록 유다 족속 중에 작지만 이스라엘을 다스릴 자가 나오는데 태초부터 준비된 분이고 영원토록 다스리실 분입니다(미 5:2). 미가가 예언한 그분이 바로 예수님이고, 예수 그리스도는 베들레헴에서 태어났습니다(마 2:6).

니느웨의 멸망 이야기

<요나>의 니느웨에 대한 경고에 이어서 이번에는 니느웨가 망하는 이야기입니다. 니느웨는 앗시리아제국의 수도입니다. 그런데 니느웨가 지어낸 도시가 아닌가, 하는 의문이 있었습니다. 왜냐하면 그 거대한 도시인 니느웨가 지구상에 어떤 흔적도 남기지 않았기 때문입니다. 성질 급한 요나가 걸어서 3일이나 걸린 대도시였는데 아무런 자취가 없다는 것은 성경이 허구라는 증거로 사용되기도 했습니다.

그러다가 1846년 어스틴 헨리 레이어드(Austen Henry Layard)라는 고고학자가 니느웨를 발굴해냅니다. 그는 앗시리아의 유적지로 추정되는 곳의 기단을 발견한 뒤에 수직으로 6m를 파내려갔습니다. 그곳에 니느웨가 잠겨 있었습니다. 물이 범람해서 토지가 구릉으로 덮여버렸던 것입니다. 니느웨는 도시를 둘러싼 성벽의 길이가 13km이고,

높이는 60m 이상, 성벽의 두께는 마차 3대가 나란히 달릴 수 있는 너비에, 수많은 사원이 금처럼 빛나고 있었습니다(조병호, 「성경과 5대 제국」(서울: 통독원, 2011), 66-71쪽).

요나의 전도로 회개했던 니느웨는 150년 뒤인 나훔 시대에는 결국 멸망하고 말았습니다. 나훔에게 주신 하나님의 말씀은 "그가 범람하는 물로 그곳을 진멸하시고 자기 대적들을 흑암으로 쫓아내시리라"(나 1:8)였습니다. 티그리스 강물이 니느웨를 덮쳤고, 그 위로 토사가 쌓이면서 니느웨는 사라졌습니다. 앗시리아는 멸망했고(BC 609년), 니느웨는 바벨론에 함락되었습니다(BC 612년).

거짓말과 강포로 가득했던 도성 니느웨, 한때는 전무후무한 회개운동으로 하나님의 심판이 유예되었던 도시, 그러나 그들은 도망치는 데 뒤를 돌아보는 사람이 하나도 없을 정도로 망하고 말았습니다(나 2:8). 나훔은 앗시리아의 백성들은 다 흩어지고, 왕은 부상당해 끔찍하게 죽을 것이라고 선포했습니다(나 3:18-19). 선지자의 경고에도 니느웨는 회개하지 않았고 역사 속으로, 흙더미 속으로 사라지고 말았습니다.

믿음으로 말미암아 사는 의인

폭력과 불의, 약탈, 다툼, 시비가 가득한 불공평한 세상 속에서 괴로워하던 하박국은 하나님께 하소연합니다. 그의 호소는 고통의 원인이 하나님께 있어서가 아니라 하나님의 구원을 바라는 간절한 마음 때문이었습니다. 그렇다면 고통의 원인은 무엇일까요? 하박국은 율법이 해이해지고 공의가 실천되지 않으면, 악인이 의인을 협박한다는 것을 알았습니다(합 1:4). 그런 하박국에게 하나님은 놀라운 일이 벌어질 텐데(합 1:5), 바벨론을 일으키셔서 죄인들을 바람처럼 사라지게 할 것이라고 말씀하십니다. 그러자 하박국은 더 의아한 마음이 생겼습니다. 죄인을 심판하기 위해 바벨론이란 더 큰 악을 사용하는 것을 이해하기 어려웠습니다.

"주께서는 눈이 정결하시므로 악을 차마 보지 못하시며 패역을 차마 보지 못하시거늘 어찌하여 거짓된 자들을 방관하시며 악인이 자기보다 의로운 사람을 삼키는데도 잠잠하시나이까"(합 1:13).

하박국은 성벽 위의 망대로 올라가서 하나님께서 어떤 대답을 하실지 기다렸습니다. 하나님은 그에게 달려가면서도 읽을 수 있게 묵시를 새기라고 명령하셨습니다. 그리고 "보라. 그의 마음은 교만하며 그 속에서 정직하지 못하나 의인은 그의 믿음으로 말미암아 살리라"(합 2:4)고 말씀하셨습니다. 우상은 소용없고 주는 성전에 계시니 온 땅은 잠잠하라는 말씀도 하셨습니다(합 2:20).

하나님의 말씀을 들은 하박국은 듣고, 보고, 놀라게 됩니다. 그는 무화과나무, 포도나무, 감람나무가 시원치 않아 먹을 것이 없고, 외양간은 텅 비었을지라도 하나님으로 말미암아 기뻐한다는 노래를 부릅니다. 하박국은 구원의 말씀에 마치 사슴처럼 기뻐합니다.

"비록 무화과나무가 무성하지 못하며 포도나무에 열매가 없으며 감람나무에 소출이 없으며 밭에 먹을 것이 없으며 우리에 양이 없으며 외양간에 소가 없을지라도 나는 여호와로 말미암아 즐거워하며 나의 구원의 하나님으로 말미암아 기뻐하리로다. 주 여호와는 나의 힘이시라. 나의 발을 사슴과 같게 하사 나를 나의 높은 곳으로 다니게 하시리로다"(합 3:17-19).

〈하박국〉을 읽으면서 하나님의 답변에 동의하며 감동을 받고 큰 깨달음을 얻을 수 있습니다. 반면에 아무 느낌도 없고, 자신의 고통과 어려움에 대한 답이 안 될 수도 있습니다. 그러나 적어도 하박국 한 사람은 설득이 되었습니다. 그리고 그것을 기록하여 성경이 되었고, 많은 사람에게 길과 답이 되어 지금까지도 널리 읽히고 있습니다. 바울은 이 말씀을 로마서의 중요한 근간으로 사용했습니다. 죄와 교만으로 망해 갈 때 의인은 어떻게 해야 할까요? 믿음으로 삽니다.

구원을 베푸실 전능자 하나님

    스바냐의 고조부는 히스기야 왕입니다. 스바냐 선지자는 요시야 왕때 활동했는데 요시야의 증조부가 히스기야 왕입니다. 말하자면, 스바냐의 큰아버지가 요시야 왕인 것입니다. 스바냐는 하나님의 심판에 대한 이야기, 즉 유다와 예루살렘의 모든 주민을 치며 그날이 오면 우상 숭배자, 이방 종교 풍습을 따르는 자를 벌하고 폭력과 속임수로 신전을 가득 채웠던 자들을 벌하겠다는 하나님의 말씀을 전했습니다. 만일 이때 왕궁이 우상 숭배자와 결탁되어 있다면 스바냐가 아무리 왕족 출신이어도 이런 예언은 요시야 왕에게 매우 부담스러웠을 것입니다. 반대로 왕이 개혁하고 싶어 했다면 스바냐의 예언은 큰 도움과 지원이 되었을 것입니다.

    다행히도 요시야는 개혁적인 왕이었습니다. 유다와 이스라엘을 통틀어서 마지막 불꽃처럼 백성들을 바르게 이끌어 갔습니다. 그때에 스바냐 선지자의 예언은 왕에게 큰 위로가 되었을 것입니다. 스바냐는 하나님의 심판과 분노, 질투의 불이 가득할 때 주님을 찾고 바르고 겸손하게 살도록 권면합니다(습 2:1-3). 그것은 이스라엘의 주변 나라들에게까지 영향을 미치는 일이어서 블레셋, 모압, 암몬, 이디오피아, 앗시리아 등에도 선지자는 말씀을 선포합니다. 그날이 되면 이스라엘은 기뻐하고 즐거워하게 될 것입니다.

하나님은 구원을 베푸실 전능자이시며 나로 말미암아 기쁨을 이기지 못하시며 잠잠히 사랑하는 분이기 때문입니다(습 3:17). 하나님 앞에 두려움과 슬픔은 없으며 하나님은 백성들을 고향으로 다시 돌아가게 해주실 분입니다. 스바냐의 이런 메시지를 들을 때 깨어 있는 지도자라면 더욱 힘을 내어 의롭게 일어설 것이며, 아무런 감각이 없다면 심판의 대상이 되어 멸망하고 말 것입니다. 스바냐는 우리에게 어느 편에 설 것인지를 계속 묻고 있습니다.

성전 재건의 메시지

그러나 요시야의 개혁적인 정치에도 이스라엘과 남유다는 망하고
말았습니다. 스바냐는 하나님의 회복의 말씀을 전했지만 한동안 어둠
이 드리워져 악이 번성한 시기가 다가오게 되었습니다. 도대체 어떻게
해야 할까요? 바벨론 포로로 끌려간 백성들은 세월이 지난 후 다시 고
향 땅 유다와 예루살렘으로 돌아올 수 있게 되었습니다. 돌아온 백성들
이 이스라엘의 회복을 위해서 해야 할 일은 무엇일까요? 학개가 나서
서 외치기 시작했습니다.

페르시아의 다리우스 왕 2년 6월 1일에 학개의 예언은 시작되었습
니다. 포로에서 돌아온 백성들 중에 총독 스룹바벨과 제사장 여호수아
라는 두 명의 리더에게 말했습니다.

"이 성전이 황폐하였거늘 너희가 이때에 판벽한 집에 거주하는 것이 옳으냐. 그러므로 이제 만군의 여호와가 이같이 말하노니 너희는 너희의 행위를 살필지니라. 너희가 많이 뿌릴지라도 수확이 적으며 먹을지라도 배부르지 못하며 마실지라도 흡족하지 못하며 입어도 따뜻하지 못하며 일꾼이 삯을 받아도 그것을 구멍 뚫어진 전대에 넣음이 되느니라. 만군의 여호와가 말하노니 너희는 자기의 행위를 살필지니라. 너희는 산에 올라가서 나무를 가져다가 성전을 건축하라. 그리하면 내가 그것으로 말미암아 기뻐하고 또 영광을 얻으리라. 여호와가 말하였느니라"(학 1:4-8).

학개의 말은 두 리더의 귀에 울렸고, 백성들은 두려워했습니다. 학개는 몰아치듯이 하나님의 메시지를 전했습니다. 백성들의 마음이 감동되었습니다. 다리우스 2년 6월 24일부터 성전 재건이 다시 시작되었습니다.

한 달 정도가 지나 7월 21일에 학개는 다시 말씀을 선포했습니다. 달리는 말에 채찍질하듯 계속해서 힘을 내 일하라고 촉구했습니다. 성전을 찬란하게 할 은과 금은 모두 하나님의 것이라는 말씀을 전합니다. 그렇게 회개와 회복의 말씀이 백성들에게 들렸습니다.

나귀 새끼를 타고 오실 왕

성전에 대해서 외친 사람은 학개만이 아니었습니다. 다리우스 2년 8월, 그러니까 학개가 선포한 지 한 달 뒤에 잇도의 손자이며 베레갸의 아들인 스가랴가 말씀을 전하기 시작했습니다. 배턴을 이어받아 달려가듯 그는 죄에 대해 선포하고 외쳤습니다(슥 1:1-6). 그리고 3개월이 지나서 스가랴는 환상을 보게 됩니다. 스가랴는 금식, 재판 등에 대해서도 말씀을 전하며 시온과 예루살렘에서 백성들이 할 일에 대해서 말씀합니다.

스가랴는 예루살렘에 왕이 오실 것이라고 했습니다. 다른 나라의 왕들은 병거와 군마와 활을 들고 오지만 그 왕은 겸손하여서 나귀 새끼를 타고 오실 거라 말씀합니다. 군림하는 왕들과 달리 평화의 왕이며 구원을 위해 오시는 왕이기 때문입니다.

"시온의 딸아 크게 기뻐할지어다. 예루살렘의 딸아 즐거이 부를 지어다. 보라. 네 왕이 네게 임하시나니 그는 공의로우시며 구원을 베푸시며 겸손하여서 나귀를 타시나니 나귀의 작은 것 곧 나귀 새끼니라"(슥 9:9).

스가랴의 이 예언은 예수님의 예루살렘 입성을 통해 그대로 이루어졌습니다. 지나칠 뻔한 작은 구절이었으나 그대로 이루어진 것은 말씀이시며, 말씀을 이루시는 예수님 때문입니다. 예수님이 바로 그 왕이십니다. 〈스가랴〉에는 나귀를 타고 입성하는 이야기뿐만 아니라 목자를 치면 양떼가 흩어진다는 얘기(슥 13:7), 가룟 유다가 예수님을 배신해서 팔되 은 30을 받게 될 것을 암시하는 이야기도 나옵니다(슥 11:12).

〈도표 21〉 스가랴의 환상과 의미

구분	스가랴가 본 환상	환상의 의미
1	화석류 나무 사이에 선 사람	내 집을 다시 세우겠다
2	네 뿔과 네 대장장이	이방 나라를 꺾겠다
3	측량줄을 잡은 소년	예루살렘에 영광을 드러내겠다
4	대제사장 여호수아	다윗의 왕국을 주겠다
5	순금 등대와 두 감람나무	오직 나의 영으로 될 것이다
6	날아가는 두루마리	온 지면에 두루 행하는 저주
7	에바 안에 앉은 여인	죄악은 갇혔다
8	두 구리 산 사이에서 나온 네 병거	주께서 다스리신다

엘리야가 올 것이라는 예언

〈말라기〉는 백성들이 하나님께 질문하는 것으로 시작합니다. 하나님이 우리를 사랑하신다는데, 그 증거가 어디에 있습니까?(말 1:2). 하나님은 반문합니다. "나를 공경한다면서 두려워한 적이 있느냐?" 백성들은 온갖 더러운 제물을 하나님께 바쳤습니다. 하나님은 차라리 성전 문을 닫아걸면 좋겠다고 말씀합니다(말 1:10). 제사장들은 율법을 버렸고(말 2:1-9), 유다 백성들은 아내를 버리며 정절과 신의를 깨뜨렸습니다(말 2:10-16). 하나님께 바쳐야 할 십일조와 헌물도 가로챘습니다(말 3:6-12).

백성들의 그다음 수순은 '하나님에 대한 거역'입니다. 그들은 명령대로 살아도 별 유익이 없다고 투덜댔습니다(말 3:13-18). 하나님은 심판을 하시지만 하나님을 경외하는 자가 있다면 치료의 광선을 비추겠다고 합니다(말 4:2). 크고 두려운 날이 오기 전에 마지막으로 엘리야를 보내겠다고 합니다(말 4:5). 그를 통해 아버지가 자녀에게, 자녀가 아버지에게 마음을 돌이키게 할 마지막 기회를 주십니다. 과연 엘리야가 올까요? 하나님의 분노의 마음은 가라앉을 수 있을까요?

엘리야는 구약과 신약의 가교역할을 하는 인물입니다. 물론 엘리야는 아합과 아하시야 시대의 인물입니다. 그러나 어두웠던 시대에 가짜들 속에서 진짜를 가려냈던 인물입니다. 기적을 많이 일으켰을 뿐 아니라 관계를 회복시켰고, 떠난 자를 돌아오게 했습니다. 엘리야의 역할을 할 구약과 신약을 이어줄 인물은 누구일까요? 바로 세례 요한입니다.

"그가 또 엘리야의 심령과 능력으로 주 앞에 먼저 와서 아버지의
마음을 자식에게, 거스르는 자를 의인의 슬기에 돌아오게 하고
주를 위하여 세운 백성을 준비하리라"(눅 1:17).

이것은 세례 요한이 태어나기 전에 천사 가브리엘이 제사장 사가랴에게 들려준 예언입니다. 엘리야와 요한은 겉모습도 비슷했습니다. 털옷을 입었고, 광야나 굴에서 지내는 것도 닮았습니다. 민족의 운명에 관심이 많았고, 최고 권력자 앞에서도 굴하지 않았으며, 말씀을 날카로운 무기처럼 백성들의 마음속에 던진 사람이었습니다. 말라기가 예언한대로 세례 요한이라는 엘리야가 나오기까지는 400년이라는 오랜 세월이 걸리긴 했지만 말입니다.

우리 삶의 주인이신
예수님의 히스토리

Bible
History

각각의 특징이 있는
네 개의 복음서

복음서는 예수님에 대한, 예수님을 위한, 예수님의 성경입니다. 예수님의 생애를 가장 정확히 접할 수 있는 책이고, 십자가와 부활이라는 정점을 향해 달려가는 책이지요. 세상의 시작에서 예수님 탄생 전까지 어떤 일이 있었는지는 〈창세기〉부터 〈에스더〉까지를 읽고, '중간기'를 이해하면 흐름을 잡을 수 있습니다. 이제 예수 그리스도라는 성경의 가장 중요한 주제를 접할 때가 되었습니다. 예수님의 생애에 대해서는 많이 알려졌고, 이 책을 읽는 분이라면 다 아실 겁니다. 그렇다면 이번 히스토리는 조금 다른 각도에서 시작해보죠.

"예수님에 대한 복음서가 4권이나 필요한가?" 하는 질문은 어떨까요? 아예 하나로 묶으면 더 편리할 것 같기도 합니다. 그러나 네 개의 복음서는 각자 자기 역할이 있습니다. 복음서는 기록한 사람의 이름을 따서 〈마태복음〉, 〈마가복음〉, 〈누가복음〉, 〈요한복음〉이라고 부릅니다. 각각 나이와 성향이 다르고, 누구를 위해 썼는지도 다 다릅니다. 복음서는 비슷하면서도 조금씩 다릅니다. 따라서 사복음서를 잘 이해하려면 기록한 사람, 기록한 연대, 기록한 대상 등을 살펴보면 더 깊이 이해할 수 있을 것입니다(〈도표 22〉 참조).

〈도표 22〉 예수님을 기록한 사복음서 비교 분석

구분	마태복음	마가복음	누가복음	요한복음
기자	세리 마태	마가 요한	의사 누가	사도 요한
기록 연대	75년경	65-70년경	80년대	90년대
기록 장소	수리아 안디옥	로마	로마 / 가이사랴	에베소(?)
기록 대상	유대계 기독교인들	로마교회 / 이방인 성도들	데오빌로 / 이방인 성도들	소아시아 성도들
주제	메시아, 왕 예수	고난의 종 예수	인자 예수	하나님의 아들 예수
특징	- 유대적 성향 - 율법의 유효성 - 행위 심판	- 가장 먼저 기록 - 단순한 문체 - 고난의 종	- 가장 많은 분량 - 기독교 역사가 - 소외계층에 관심	- 영적 복음서 - 평이한 문체 - 신성 강조

(성종현, 「신약성경연구」,(서울: 장신대출판부, 1994))

/마/태/복/음/

유대인을 대상으로 한 복음서

마태는 예수님의 제자이지만 존재감이 거의 없습니다. 그가 제일 잘한 일은 마태복음을 기록한 거라 생각될 정도입니다. 마태는 세리입니다. 세리하면 로마와 결탁한 매국노이며, 사람들로부터 손가락질을 당해도 싼 사람이란 인식이 있습니다. 로마제국은 넓은 땅을 관리할 때 각 지역에 총리나 지역담당관을 파견했지만 그들이 일일이 세금을 거두는 것은 어려운 일이었습니다.

로마는 효과적으로 세금을 걷을 수 있는 묘안을 마련하는데 그것이 세리였습니다. 세리는 속주의 지역 주민 중에서 뽑았습니다. 그는 먼저 일정한 금액을 로마에 대납하고 세금에 대한 권리를 넘겨받아 주민들에게 돈을 받아냈습니다. 세리에게는 로마에 대신 내기 위한 일정한 자산, 강제로 세금을 뜯어낼 배짱, 복잡한 계산을 해낼 수 있는 능력이 필요했습니다.

투자한 금액을 회수하기 위해 주민들로부터 세금을 걷으면서 때로는 위협이나 폭력도 불사했습니다. 그야말로 쥐어짰습니다. 힘없이 당하는 주민들은 로마 당국보다 세리가 더 미웠습니다. 바리새인들은 세리를 죄인으로 규정했고 세리의 위상은 이방인과 동급 또는 그 아래로 취급당했습니다. 세리장 삭개오는 악랄한 세금 걷기의 달인이었고, 예수님이 그의 집에 들어갈 때 사람들이 삭개오와 예수님에게 손가락질을 할 정도로 세리는 오명의 대명사였습니다.

마태도 세리였습니다. 그는 세관에서 열심히 세금을 거둬들이다가 예수님의 부름을 받고 예수님을 좇아갔습니다. 그리고 인생이 바뀌었습니다. 그는 이후 다시는 세리로 복직하지 않았습니다. 사람들이 예수님과 제자들을 위해 헌금했을 때 계산하는 일은 가룟 유다의 몫이었지 마태는 일절 관여하지 않았습니다.

대신 마태는 거창한 계획을 세웠습니다. 예수님의 승천 이후 약 40년이 흐른 어느 날 예수님에 대해 글로 쓰자고 마음먹었습니다. 자신이 만났던 예수님, 이스라엘 민족이 역사 속에서 그토록 기다렸던 메시아에 대해 더 늦기 전에 기록할 결심을 한 것이죠. 마태는 예수님이 어디에서 왔는지부터 시작했습니다. 출발점은 아브라함과 다윗이었습니다(마 1:1).

처음 만나는 사람에게 자신을 소개할 때 조상이나 선조를 먼저 소개한다면 상대방은 그것을 잘 알아야 합니다. 예를 들어 "제가 덕수 이씨로 이순신 장군의 26대 손입니다"라고 한다면 이순신 장군이 누구인지를 알아야 이 소개는 유효합니다. 처음 만난 외국인이 "저는 제임스 고든 라이트닝 제독의 후손입니다"라고 소개한다면 우리는 그에 대해서 더 미궁에 빠질 것입니다. 제임스 고든 라이트닝을 아무도 모를 테니까요. 누구냐고요? 방금 제가 지어낸 이름입니다.

따라서 마태가 예수님을 소개하면서 "아브라함과 다윗의 자손 예수 그리스도"(마 1:1)라고 한다면 독자는 아브라함과 다윗이 누구인지 잘 안다는 걸 전제합니다. 어떤 사람들이 아브라함과 다윗에 대해 익숙할까요? 마치 한국인이 세종대왕과 이순신 장군을 잘 알듯이 아브라함이나 다윗, 혹은 이스라엘의 여러 왕들을 자랑스러운 조상으로 여기는 민

〈도표 23〉 마태복음에 인용되는 구약 예언의 성취 10가지

인용 내용	마태복음	구약성경
동정녀 잉태	1:22-23	이사야 7:14
아기 예수의 애굽 체류	2:15	호세아 11:1
헤롯의 어린이 학살	2:17-18	예레미야 31:15
나사렛 사람이 되심	2:23	이사야 11:1
가버나움으로 가심	4:14-16	이사야 9:1-2
예수님의 치유 행위	8:17	이사야 53:4
상한 갈대	12:17-21	이사야 42장
비유로 가르치심	13:35	이사야 6:9-10
나귀타고 예루살렘 입성	21:4-5	스가랴 9:9
피 값으로 밭을 삼	27:9-10	스가랴 11:12-13

족은 누구일까요? 그렇습니다. 유대인입니다.

마태가 겨냥하고 있는 〈마태복음〉의 독자는 유대인이었습니다. 그들은 구약성경에 익숙한 사람들이었습니다. 마태는 예수님이 누구인지 유대인들에게 설명하기 위해 구약성경을 인용하기로 했습니다. 〈마태복음〉에 구약의 인용이 압도적으로 많은 것은 마태의 전략이었습니다. 마태는 능숙한 외줄타기 서커스 단원처럼 구약의 말씀을 마태복음에 자유자재로 녹여냈습니다.

모세를 존경하는 유대인들은 모세오경을 모세가 가르친 다섯 개의 거대한 설교로 보았습니다. 마태는 그들 안에 있는 그런 무의식을 반영해서 〈마태복음〉 안에 예수님의 다섯 설교를 적절히 배치했습니다. 유대인들이 예수님의 말씀에 낯설지 않게 접하게 하는 동시에 예수님의 말씀에 모세와 필적하는 권위를 부여하려는 의도였습니다.

마태가 이런 식으로 〈마태복음〉을 기록했지만 유대인이 아닌 우리

〈도표 24〉 마태복음에 있는 예수님의 다섯 편 설교 말씀

구분	설교 말씀	장 구분
1	산상 설교	5-7장
2	제자 파송 설교	10장
3	천국 비유 설교	13장
4	제자 설교	18장
5	종말 설교	24-25장

는 그 정도에 감동받을 수는 없습니다. 〈마태복음〉을 더 잘 이해할 수 있는 장치가 있어야 합니다. 마태가 의도했든 혹은 그렇지 않았든 간에 우리는 〈마태복음〉 속에 있는 특별한 구조를 알아채야 합니다. 그것만 잘 분석해도 〈마태복음〉을 보다 더 잘 이해할 수 있습니다.

마태복음은 크게 세 부분으로 나눌 수 있는데 공생애 이전(1-2장)과 공생애 전반부(3-20장), 공생애 후반부(21-28장)입니다. 공생애 전반부와 후반부는 지역적으로 나눌 수 있고, 예수님의 '행동'을 통해서도 나눌 수 있습니다. 지역적으로 나눈다면 전반부는 갈릴리에서의 사역이고, 후반부는 예루살렘에서의 사역입니다. 따라서 공생애 후반부는 예수님이 예루살렘에 입성하는 것으로 시작됩니다(마 21장). 그렇다면 '행동'을 통해서는 어떻게 나눌 수 있을까요? 그 열쇠는 다음의 두 구절에 나와 있습니다.

"예수께서 온 갈릴리에 두루 다니사 그들의 회당에서 가르치시며 천국 복음을 전파하시며 백성 중의 모든 병과 모든 약한 것을 고치시니"(마 4:23).

"시몬 베드로가 대답하여 이르되 주는 그리스도시요 살아 계신 하나님의 아들이시니이다"(마 16:16).

공생애의 전반부에는 위에 밑줄 친 세 가지 행동, 즉 가르침, 복음 전파, 고침이 주요 사역이었습니다. 예수님은 산에 오르셔서 수많은 무리에게 가르치셨고, 제자들을 모아 온 마을에 두루 보내실 때도 가르치셨습니다. 천국에 대해서는 비유로 가르치셨으며, 마지막 때에 일어날 일들에 대해서도 가르치셨습니다. 그리고 예수님은 제자들과 함께 갈릴리의 여러 도시와 마을을 돌아다니시며 복음을 전파하셨습니다. 또 나병, 중풍, 간질, 열병, 귀신들린 사람 등을 고치셨지요. 이렇게 세 가지의 주요 행동이 전반부에 등장합니다.

후반부는 다른 '행동'이 중요한 작용을 합니다. 어떤 행동일까요? 십자가와 부활입니다. 예수님은 전반부 때에 자신이 누구인지를 말하지 못하게 하셨습니다. 귀신들이 "당신은 하나님의 아들입니다"라고 했을 때 엄하게 꾸짖으셨지요. 그러나 베드로가 "주는 그리스도시요 살아계신 하나님의 아들"이라고 고백했을 때 베드로를 칭찬하셨습니다. 그리고 비로소 십자가의 고난과 부활에 대해서 말씀하셨습니다. 후반부가 시작된 것이지요. 이때부터 병 고치는 이적 등은 급격히 줄어듭니다.

사도 베드로의 입을 통해서 예수님이 누구이신지, 복음이 무엇인지 드러나게 되자 복음의 내용이 구현되는 길, 즉 십자가의 구원으로 가게 됩니다. 모든 사역은 십자가와 부활에 집중되고, 기적은 복음을 위해서만 일어납니다. 후반부에 시각장애인을 고친 사건이 나오는데, 그 일은 기적 자체에 초점이 맞춰진 사건이 아니라 예수님을 따라가는 삶이 핵심인 사건이었습니다(마 20:30-34).

그렇다면 복음은 어떻게 실현될까요? 예수님이 그리스도이시며, 하나님의 아들이라는 사실은 어떻게 이루어질까요? 그것은 단지 기적만으로 증명되지 않습니다. 기적은 다른 종교에서도 나오는 현상입니다. 예수님은 예루살렘으로 가셨습니다. 예루살렘 성전과 유월절과 십자가 등을 통해서 예수님이 하나님의 아들이시며 그리스도이심이 밝히 드러나야 합니다.

그러나 대제사장과 장로, 바리새인들처럼 힘과 권력을 쥔 사람들은 예수님이 인기를 끄는 일을 참을 수가 없었습니다. 예수님은 그들의 견제와 증오를 받고 십자가에서 죽임을 당합니다. 그들은 예수님에게 가장 악한 짓을 저질러 예수님을 죽였습니다. 그러나 예수님은 죽은 지사흘 만에 부활하셨습니다. 십자가와 부활을 통해 예수님이 하나님이심을 보이셨습니다. 예수님은 미리 말씀하셨던 갈릴리의 산에서 제자들을 만나고(마 28:16-17), 예수님의 마지막 말씀으로 〈마태복음〉은 마치게 됩니다.

"예수께서 나아와 말씀하여 이르시되 하늘과 땅의 모든 권세를 내게 주셨으니 그러므로 너희는 가서 모든 민족을 제자로 삼아 아버지와 아들과 성령의 이름으로 세례를 베풀고 내가 너희에게 분부한 모든 것을 가르쳐 지키게 하라. 볼지어다. 내가 세상 끝날까지 너희와 항상 함께 있으리라 하시니라"(마 28:18-20).

그러고 보면 이상합니다. 예수님의 부활 사건이 급하게 끝나는 듯해 보이거든요. 더욱이 그 앞에는 유대인들 사이에 퍼진 부활에 대한 잘못된 소문(마 28:11-15)에 대해서도 언급합니다. 마태는 유대인들이 예수님에 대하여 왜곡해서 알고 있는 부분을, 그것이 잘못된 이유를 밝혀주고 있습니다.

이방인들은 유대인들이 예수님의 부활을 인정하지 못하는 것에 대해서 의아해했습니다. 유대인들에게 부활에 대해 물어보면 "제자들이 시체를 훔쳐 갔대"라는 식의 대답을 했습니다. 마태는 그것이 어떻게 날조되었는지, 예루살렘에 사는 유대인들이 부활에 대해서 왜 잘못 이해하고 있는지 말하고 싶었습니다. 그렇게 〈마태복음〉은 유대인들을 위한 성경으로 시작해서 유대인들의 왜곡에 대한 언급, 예수님의 부활의 확실성과 예수님의 마지막 명령으로 대단원의 막을 내립니다.

급박한 구원 역사의 복음서

마가(요한)는 부잣집 도련님이었습니다. 그의 집은 감람산 근처 예루살렘의 경치 좋은 곳에 위치한, 120명이 한 번에 모일 수 있는 다락이 포함된 대저택이었습니다. 마가의 삼촌은 바나바로 지역 유지에다가 부자였으며 재산을 다 팔아 헌금할 정도로 화끈하고 헌신적인 사람이었습니다. 마가의 어머니 이름은 예수님의 어머니처럼 '마리아'였는데 넉넉한 살림을 맡은 신실한 신앙인이었습니다. 이처럼 마가의 집안은 부유한 명문가였습니다.

예수님이 잡히실 때 홑이불을 걸치고 있다가 알몸으로 도망간 청년 이야기(막 14:51-52)가 나오는데, 마가라고 보는 사람들도 있습니다. 다른 복음서에 없는 내용이기도 하거니와 예수님 당시 홑이불은 서민들은 꿈도 못 꿀 부자들이나 겉옷처럼 두르고 다닐 수 있는 값비싼 천이었는데, 그걸 버리고 도망가는 철없는 청년의 모습은 다분히 마가의 분위기를 풍깁니다.

삼촌 바나바의 후광을 입고 바울과 함께 역사적인 선교여행에 나섰다가 힘든 고비를 만나 중간에 가버린 것도 부잣집 도련님다운 철없는 모습이었습니다. 그러나 마가는 결점만 있는 사람은 아니었습니다. 그는 공부를 많이 한 지식인이었습니다. 당시 로마는 그리스어(희랍어, 헬라어)를 채택해서 로마제국이 지배하는 모든 지역에서 공식적인 언어로 사용했습니다. 보통 사람들은 자국의 언어가 편했습니다. 예루살렘의 주민들은 지방 사투리인 아람어를 사용했지요. 먹고살기에 바쁜 주민들이 헬라어 같은 고급 언어를 배울 여유가 없었습니다. 그런데 마가는 그것이 가능했습니다.

부잣집 도련님은 자신의 집에서 일어난 오순절 성령 강림사건을 보고 충격을 받았습니다. 일찍이 교회의 일원이 되었고, 나름대로 역할을 하려고 했습니다. 그래서 바울과 삼촌 바나바를 돕는 수행원으로 선교지에 동행한 일은 대단한 결단이었습니다. 얼마 못 가서 도망치듯 집으로 돌아왔지만, 그리고 그 일로 인하여 바울과 바나바가 갈라서는 계기가 되기는 했지만요. 그것은 마가의 젊은 시절이었습니다. 주후 65년에서 70년 정도가 되었을 때 그는 붓을 들었습니다. 그리고 예수님을 글로써 증거했습니다. 마태보다 약 10년 정도 앞선 일이었습니다.

마가가 〈마가복음〉을 쓸 때의 나이는 30대 중반에서 40대였을 것으로 추정합니다. 결코 어린 나이가 아니었지요. 예수님이 승천하신 이후에 곧바로 기록했다면 좋았겠지만 그런 일은 일어나지 않았습니다. 예수님이 금방 오실 것이라 여겼으니까요. 그러나 예수님의 재림은 미뤄졌고, 사도들은 하나둘 세상을 뜨기 시작했습니다. 누군가는 후손을 위해 예수님에 대해 기록할 필요가 있었습니다.

그런데 예수님을 만나본 적이 없다면 마가는 어떻게 복음서를 쓸수 있었을까요? 그에게 예수님에 대해 가르쳐준 사람이 있었습니다. 바로 베드로였습니다. 마가는 자신의 집에서 있었던 성령 강림사건, 바울과 함께했던 제1차 선교여행 등 역사적인 현장에 있었지만 그때는 어렸고 무책임했습니다. 그러나 이제 성숙해졌습니다. "택하심을 함께 받은 바벨론에 있는 교회가 너희에게 문안하고 내 아들 마가도 그리하느니라"(벧전 5:13). 마가는 베드로를 아버지처럼 따랐고, 베드로는 아들처럼 옆에 두고 예수님에 대한 모든 내용을 다 전수해주었습니다. 그리하여 마가는 자신의 모든 지식과 경험을 다 녹여내서 〈마가복음〉을 써내고야 말았습니다.

〈마가복음〉을 읽으면 뭔가 급한 느낌이 납니다. 다른 복음서와 달리 바로 본론으로 들어가지요. 짧고 간결합니다. 〈마가복음〉에는 '곧'(euthy)이라는 헬라어 단어가 41회나 나옵니다. 마가는 자신이 들은 예수님에 대해서 빨리 얘기하고 싶었습니다. 베드로를 통해 예수님에 대한 생생한 현장의 소리를 자세히 들었습니다. 한시라도 빨리 예수님에 대해 쓰고 싶었던 마음이 '곧'이라는 단어를 통해서 드러납니다. 그것뿐이 아닙니다.

〈마가복음〉 1장을 펼치면 예수님이 바로 등장합니다. 요한에게 세례를 받고 공생애가 시작됩니다. 다른 복음서와 비교하면 〈마가복음〉에서 예수님의 사역은 굉장히 급박합니다. 베드로, 안드레, 야고보, 요한을 제자로 부르자마자 귀신들린 사람을 고치고, 전도여행을 떠납니다. 처음부터 급하게 몰아붙이는 느낌이지요.

마가는 왜 그렇게 급하게 썼을까요? 다른 성경이 예수님에 대해서 차근차근 이야기한다면, 마가는 잊어버리기 전에 아는 모든 이야기를 다 쏟아내는 것처럼 보입니다. 그는 예수님의 사역이 이토록 중요한 일이며, 구원이란 이렇게 급한 것임을 말하고 싶었습니다. 그래서 예수님이 고난을 받고 죽으셔서 우리를 구원하셨다는 사실을 반복해서 말합니다(막 8:31, 9:31).

예수님의 사역만 그토록 급한 것이 아니었습니다. 악한 일도 매우 급박하게 이루어졌습니다(막 3:6, 6:25). 급박한 상황 속에서 중심을 잘 잡아야 합니다. 그러나 제자들은 무지하고 어리석어 보였습니다. 〈마가복음〉에는 제자들이 예수님에 대해서 잘 이해하지 못하는 인물로 그려집니다. 예수님은 고난당하시고 구원을 이루셨는데 제자들은 영 엉뚱하게 자기 이익이나 챙기기에 바쁩니다. 그러나 스스로 씨가 자라나듯(막 4:26-29) 제자들은 부활의 주님을 만난 뒤에 목숨을 아까워하지 않고 예수님을 따르게 됩니다. 복음의 씨가 심겨진 사람이라면 누구나 예수님을 위해 헌신하게 된 것은 역사를 통해 확인하게 되는 사실입니다.

마가복음의 주제는 '고난'입니다. 왜 일까요? 예수님에 대해서 글을 쓴다면 무엇을 가장 중점적으로 말해야 할까요? 마가는 로마교회와 이방인 성도들을 위해서 복음서를 기록했습니다. 예수님에 대해 이미 잘 알고 있는 사람들을 위해서가 아니라 소문을 듣고 교회로 모인 사람들, 예수님에 대한 이해가 거의 없는 사람들, 구약의 전통이나 율법적인 경험이 전혀 없는 사람들을 위해 〈마가복음〉은 쓰였습니다.

그러면 그들에게 무엇을 가르쳐줘야 할까요? 〈마태복음〉처럼 구약의 선지자들이 예언했던 바로 그 메시아가 왔다고 말할 수는 없을 것입니다. 마가는 예수님에 대한 핵심적인 사실, 마가 자신에게 가장 인상 깊게 남은 부분을 적었습니다. 기적도, 말씀도 다 좋지만 예수님의 고난을 가장 먼저 말하고 싶었습니다. 십자가를 통한 구원이 당신(독자들)을 위한 것임을 알리고 싶었습니다. 이것은 예수님에 대한 베드로의 시각이기도 했습니다. 베드로는 예수님의 고난을 절대로 잊을 수 없었습니다.

마가는 예수님이 여러 층위의 사람들에 의해서 고난받게 된 사실을 기록합니다.

그 첫 번째는 예수님의 제자들입니다. 마가는 기본적으로 제자들에 대한 존경심이 있었지만 〈마가복음〉에서는 어리석은 존재로 그리고 있습니다. 그들은 예수님에 대해 이해를 못했고, 예수님이 십자가의 길로 갈 때 모두 도망쳤던 비겁한 존재로 그립니다.

두 번째는 예루살렘의 대제사장, 바리새인, 율법학자 등의 기득권층입니다. 그들은 처음부터 끝까지 예수님을 공격했고, 예수님에 대한 허점을 찾기 위해 끈질기게 물어뜯고 질문했습니다. 마가는 그들이 예수님에게 분노하여 사형까지 시켰던 한 가지 비유를 언급합니다. 이런 비유입니다. 포도원 주인이 농부들을 고용해서 여행을 떠난 뒤에 종을 보냈더니 때려서 돌려보내고, 또 종을 보냈더니 또 때립니다. 다시 종을 보냈더니 이번에는 죽여버리지요. 주인은 마지막으로 아들을 보냅니다. 그러자 아들마저 죽이고 말았습니다(막 12:1-12).

이 비유는 구약의 전통을 그대로 따르고 있습니다. 이스라엘은 역사 속에서 예언자들을 계속 보냈는데, 유대인들은 그들을 때리고 가두었습니다. 그리고 아들(=예수)을 보냈는데 죽이려 한다고 말했습니다. 그들은 이 비유에 분노해서 예수를 죽여야겠다는 결심을 하게 되었습니다. 역설적이게도 그들의 행동이 예수님이 하나님의 아들이심을 증명하는 셈이었습니다. 이 비유는 어딘가에 있는 그들의 스위치를 켜는 역할을 했습니다.

세 번째는 예루살렘의 시민들이었습니다. 그들이 예수님을 죽이는 데 동의한 이유는 무엇일까요? 배후에 대제사장과 장로들, 바리새인들이 주민들을 자극하고 조종한 결과입니다. 그런데도 그들은 마치 스스로의 선택인 것처럼 십자가에 죽이라고 외쳤습니다. 그들의 욕망이 예수님보다 컸기 때문이었습니다. 아담에게 선악과를 먹는 것쯤은 아무 일도 아니었습니다. 가인에게 동생을 죽이는 것쯤은 아무 일도 아니었습니다. 욕망이 더 중요했습니다. 그들의 욕망이 예수님을 죽였습니다.

네 번째는 총독 빌라도였습니다. 그가 예수님을 죽인 이유는 무엇일까요? 빌라도는 예수님이 무죄임을 알았기에 당시 유명한 죄수 바라바를 놓고 예수님과 바라바 둘 중에 하나를 선택하게 했습니다. 군중들은 바라바를 풀어주라 요구했고, 빌라도는 그들의 요구를 들어주었습니다. 빌라도가 의도하지는 않았지만 예수님이 살인자인 바라바보다 더 악한 사람이라는 오명을 쓰게 만들었습니다.

그렇게 예수님은 제자들에서부터 기득권층, 일반 시민들, 총독 빌라도에 이르기까지 여러 층의 사람들로부터 고난을 당하셨습니다. 예수님은 가장 외롭고 고통스럽게 십자가를 지셔야 했습니다. 여기서 마가는 예수님의 고난을 극대화시킵니다. 그리고 예수님의 부활로 〈마가

〈도표 25〉 장별로 분류한 마가복음의 간략한 내용

구분	간략한 내용
1장	복음의 시작, 세례 요한, 요한에게 세례를 받음, 병자 고침, 복음을 전하기 시작
2장	나병환자 · 중풍병자 고침, 레위(마태) 부르심, 안식일 밀밭에서 밀 이삭을 먹음
3장	열두 제자 뽑음, 예수님이 미쳤다는 소문, 바알세불 논쟁
4장	바닷가에서 가르치심, 스스로 자라는 씨, 풍랑을 잔잔하게 함
5장	거라사 광인 고침, 야이로의 딸과 혈루증 여인 고침
6장	안식일에 고향의 회당 방문, 열두 제자 파송, 오병이어, 물위 걸음, 병자들 고침
7장	정결법 논쟁, 수로보니게 여인의 딸 고침, 귀먹고 어눌한 자 고침
8장	칠병이어, 바리새인 누룩을 주의하라, 눈먼 사람 고침, 베드로의 신앙고백
9장	변화산, 율법학자들과 논쟁, 제자들은 누가 크냐 논쟁
10장	이혼에 대해서 논쟁, 어린 아이들 축복, 야고보와 요한이 높은 자리 요구
11장	입성, 무화과나무 저주, 성전청결, 권한 논쟁
12장	소작 농부 비유, 세금 논쟁, 부활 논쟁, 계명 논쟁, 두 렙돈 과부
13장	성전이 돌 위에 돌 하나 없이 무너지리라, 마지막 날의 징조
14장	향유 부은 여인, 가룟 유다 배신, 성찬식, 베드로 부인 예고, 겟세마네 기도, 잡히심, 재판, 베드로 세 번 부인
15장	빌라도 앞에서 재판, 바라바 놓여남, 십자가, 안장
16장	안식일 다음날 무덤 돌이 굴러감, 막달라 마리아, 제자들에게 나타나심

복음〉을 마칩니다. 그다음은 어떤 일이 있었을까요? 〈마가복음〉에는 더 이상의 언급이 없습니다. 그러나 우리가 잘 알고 있는 것처럼 제자들은 예수님을 위해 순교까지도 하게 됩니다. 예루살렘의 기득권층과 총독 빌라도는 몰락하고 말았습니다. 예수님을 못 박으라고 외치던 시민 중에는 오순절에 성령을 받아 교회의 일원이 되어 예수님의 고난에 동참하게 된 사람이 많았습니다. 그리고 마가 자신도 예수님의 증인된 삶을 살았습니다. 철없던 부잣집 도련님에서 예수님에 대한 최초의 기록자로 변화된 그의 삶이 증거입니다. 〈마가복음〉은 고난을 넘어 승리한 급박한 구원 역사의 드라마입니다.

여자들을 위한 복음서

마태는 유대인들을 위한 복음서를 썼고, 마가는 이방인들을 위한 복음서를 썼다면 누가는 여자들을 위해 복음서를 썼습니다. 〈누가복음〉에는 남자와 여자가 거의 동등한 비율로 등장합니다. 사가랴가 나오면 그의 아내 엘리사벳이 나오고, 성전에 시므온이란 남자노인이 등장하면 곧이어 과부인 바누엘의 딸 안나가 나옵니다(1장). 〈누가복음〉에만 등장하는 사건 중에도 나인성 과부의 아들(눅 7:11-17), 18년 동안 등이 꼬부라진 여인(눅 13:10-17) 등 여자들이 등장합니다.

과부와 재판관의 비유에서 주목할 인물은 어김없이 여자입니다(눅 18:1-8). 용서받은 죄 많은 여인도 역시 여자이며(눅 7:36-50), 예수님을 따르는 여인들(눅 8:1-3), 마르다와 마리아(눅 10:38-42), 예루살렘에서 우는 여인들(눅 23:27-31) 등 모두 여자 이야기입니다. 그렇다면 누가는 왜 여자들에게 관심이 많은 것일까요?

그것은 당시 가난하고 소외된 계층 중에 가장 대표적인 인물이 여자라는 의미입니다. 누가가 여자에게만 관심이 있던 것이 아니라 가난하고 소외된 사람에 대한 관심이 많았고, 그것이 〈누가복음〉이 목표하는 독자였습니다. 잃은 양과 잃은 동전, 잃은 아들(15장) 등 잃어버리고 소외된 이야기도 〈누가복음〉에만 나옵니다.

누가는 왜 가난하고 소외된 사람들에게 관심을 가졌을까요? 그가 예수님에 대해서 기록할 때 예수님이 누구를 위해서 오셨는지 설명하고 싶었습니다. 예수님은 아무도 관심을 기울이지 않는 소외된 사람들을 사랑하셨습니다. 당시 세계는 가난한 사람에게 별 관심이 없었습니다. 그러나 예수님은 그들을 주목하셨습니다. 〈누가복음〉은 '성령복음'이라고도 합니다. 말하자면 성령께서 가난한 자와 여자들에게 관심을 기울이신 것이지요.

〈누가복음〉은 '인자 예수님', 즉 사람의 아들로 오신 예수님을 강조합니다. 같은 사람인 여자라든가, 이방인이라든가, 소외되고 가난한 사람들을 만나고 사랑하신 사실이 두드러집니다. 소외되고 가난한 사람들은 어떨까요? 그들은 예수님을 끝까지 지켜주었습니다. 예수님이 처형당하는 골고다에도, 예수님이 묻히신 무덤가에도, 안식일이 지나 제일 처음 예수님을 찾아온 이들도 모두 여자들이었습니다.

누가는 배운 것을 확실히 하기 위해서 데오빌로 각하에게 편지를 썼습니다(눅 1장). 누가는 목격자들이 예수님에 대해 전해준 얘기를 편집해서 〈누가복음〉을 완성했습니다. 예수님에 대해서 이야기하고 전파하는 사람이 많았으며, 그 이야기를 기록하기 위해 붓을 든 사람도 많았습니다. 누가도 그중의 하나였습니다.

예수님께서 복음을 전하라고 명령하셨기 때문에 예수님에 대하여 말하는 사람은 많았습니다. 말하는 것은 쉬웠지만 기록하는 것은 어려운 일이었습니다. 기록할 도구가 있어야 했고 문자를 알아야 했습니다. 예수님 당시 그런 수준의 사람은 별로 많지 않았습니다. 반면 누가는 지식과 도구를 두루 갖춘 의사였습니다.

예수님은 제자들에게 다시 오실 것이라고 약속하셨습니다. 사도들은 아무리 늦어도 한 세대가 지나가기 전에는 오실 것이라 믿었습니다(막 13:30). 그런데 사도들은 죽어갔고, AD 60년대가 되자 한 세대가 사라져갔습니다. 예수님이 언제 오실지는 알 수가 없었습니다. AD 70년에 예루살렘이 파괴되자, 위기의식을 느낀 사람들은 예수님에 대해서 기록해야 했습니다.

누가는 예수님에 대한 증언들을 잘 취합했습니다. 그리고 '데오빌로'를 위해서 복음서를 완성해냅니다. '데오빌로'가 누구인지는 알 수 없으나 어느 정도 지위가 있는 사람으로 여겨집니다. 따라서 누가의 수준과 데오빌로라는 수신자를 미루어 짐작하건대 누가가 일부러 소외된 사람들, 여자들의 이야기만 수집한 것이 아님을 알 수 있습니다. 오직 성령님께서 하신 일입니다.

누가는 1장에서부터 예수님은 우연히 태어난 존재가 아님을 밝힙니다. 제사장 사가랴가 태어날 자기 아들에 대한 예언을 받았고, 그 아들 요한이 예수님의 길을 예비하면서 예수님 탄생에 대한 필연성을 부과합니다. 엘리사벳을 임신시키고, 마리아를 감동시키는 등 치밀하게 준비하여 예수님의 탄생이 운명적인 일임을 보여주었습니다.

예수님은 로마의 아우구스투스(옥타비아누스) 황제가 칙령을 내렸을 때 호적등록을 위해 베들레헴에 내려온 요셉과 마리아 사이에서 태어났습니다. 있을 곳이 없어 말구유에 태어난 예수님께 경배하는 것은 천사와 목자들의 몫이었습니다. 〈마태복음〉과 달리 동방박사는 등장하지 않았고 목자들의 경배만으로 충분했습니다. 가난한 자를 위한 복음서답게 부자, 박사, 힘 있는 사람의 권위를 빌려오지 않았습니다.

예수님은 태어난 지 팔 일째 되는 날 부모님품에 안겨 성전으로 들어갔습니다. 그곳에서 시므온과 안나를 만납니다. 그들 역시 대단한 사람은 아닙니다. 의롭고 경건하며(시므온), 금식과 기도로 하나님을 섬겼으나(안나) 사회적으로 무슨 지위가 있는 사람은 아니었습니다. 그렇게 〈누가복음〉은 가난한 사람에게 계속 초점을 맞추고 있습니다.

로마의 초대 황제로 제정(帝政)을 정립한 옥타비아누스는 '아우구스투스'라는 명예로운 호칭을 갖게 되었습니다. 영어로 8월을 뜻하는 'August'가 바로 이 이름에서 유래했습니다. 아우구스투스가 죽은 8월을 기념한 것이지요. 그는 언젠가 죽을 것을 알았기 때문에 티베리우스(성경에서는 디베료)를 양아들로 삼아 후계자로 세웠습니다. 티베리우스가 양자된 바로 그 해에 예수님이 태어났습니다(BC 4년).

티베리우스 재위 15년이 되었을 때 이스라엘의 총독은 로마사람 본디오 빌라도였고, 갈릴리의 분봉왕은 헤롯, 이두래와 드라고닛의 분봉왕은 빌립, 아빌레네의 분봉왕은 루사니아, 대제사장은 안나스와 가야바였습니다(눅 3:1-2). 모두 대단한 사람들이었습니다. 그런데 〈누가

복음〉의 초점은 화려한 그들이 아니라 광야에 사는 요한에게로 향합니다. 가죽옷을 입고 메뚜기와 석청을 주식으로 삼는 별 볼일 없는 사람을 통해서 예수님의 역사가 시작되었습니다.

예수님은 요한에게 세례를 받고 본격적인 공생애를 시작하는데, 처음으로 말씀을 전하신 곳은 나사렛의 회당이었습니다. 선포한 말씀은 이사야 61장이었습니다. 역시 가난한 자, 포로된 자, 눈먼 자, 억울한 자에게 은혜가 선포될 것이란 말씀이었습니다. 예수님은 가난하고 소외된 자들을 위해 오셨습니다.

예수님은 고향 나사렛 회당에서 배척받았지만, 곧 수많은 무리에게 둘러싸였습니다. 그때에도 예수님이 그들에게 말씀하신 복과 화에 대한 선포는 가난하고 굶주리며 슬퍼하는 사람에게 집중됩니다(눅 6:20-26). 예수님의 가르침은 파격적이었습니다. 원수를 사랑하고, 뺨을 때리면 돌려대며, 달라는 사람에게 주라는 말씀이었습니다. 그리고 예수님은 가버나움의 백부장 하인을 고치고, 나인성 과부의 아들을 살리며, 죄인인 한 여자의 깨뜨린 향유 옥합을 받습니다(눅 7장). 모두 소외된 사람들이었습니다.

성경을 읽을 때는 내용이 중요합니다. 그러나 내용을 담는 그릇인 형식도 중요합니다. 형식을 무시하면 내용을 이해하는 데 걸림돌이 될 수 있습니다. 성경을 읽을 때 내용을 보십시오. 그러나 두 번째 읽는다면 형식을 살피며 읽어보십시오. 누가 말했고 누구에게 말했는지 등 육하원칙 같은 형식에 신경을 쓰며 읽어보길 권합니다. 그리고 나서 내용을 따라가면 보다 깊이 알게 됩니다.

세리와 죄인들이 예수님께 몰려왔을 때 바리새파와 율법학자들이 투덜거렸습니다. 그러자 예수님은 비유로 말씀하셨습니다. 잃어버린 양, 잃어버린 동전, 잃어버린 아들 등에 대한 비유였습니다(눅 15장). 형식을 생각해봅시다. 잃어버린 존재는 누구일까요? 세리와 죄인들입니다. 예수님은 다시 찾고 싶어 했습니다. 그렇다면 집에 있던 큰아들은 누가 됩니까? 못마땅해 하던 바리새파와 율법학자들입니다. 〈누가복음〉에만 기록된 잃어버린 것에 대한 이야기는 단순히 잃은 것을 찾는 내용이 아닙니다. 바리새파와 율법학자들 같은 힘을 가진 사람들이 아니라 가난하고 소외된 사람들이 얼마나 소중한지를 일깨워주는 이야기입니다. 이렇게 형식을 찾아서 읽으면 내용을 보다 깊게 이해할 수 있습니다.

가난한 자에 대한 관심은 더 있습니다. 돈을 좋아하는 바리새인들이 예수님의 비유를 비웃자 예수님은 부자와 거지 나사로의 이야기를 해주십니다. 주인공은 나사로이며 그 역시 가난한 자입니다(눅 16장). 그리고 열 명의 나병환자가 예수님께 와서 고침을 받았을 때 사마리아 사람 한 명만이 돌아와 감사인사를 전합니다(눅 17장). 역시 소외된 사람입니다.

그렇다면 권력과 힘을 쥔 사람들은 어떻게 되었을까요? 삭개오는 소외된 사람이지만 가난하지는 않았습니다. 그가 가진 돈 때문에 함부로 대할 수는 없었지만 사람들은 뒤에서 놀려대곤 했습니다. 삭개오는 작은 키 때문에 더욱 위축되었습니다. 인파를 뚫고 갈 용기가 없던 그는 나무 위에 올라갔고, 예수님은 그의 집에 가셨습니다. 부자였던 삭개오, 돈이라는 힘과 권력을 쥔 삭개오는 예수님을 만나자 완전히 달라졌습니다(눅 19장). 반면에 대제사장이나 율법학자들은 예수님을 얽어 매려고 했습니다. 예수님은 그들을 조심하라고 말씀하십니다(눅 20장). 그들의 무엇을 조심해야 하는 걸까요? 그들의 권력과 힘이 아니라 예수님을 만나도 변화하지 않는 모습을 조심해야 한다는 것입니다. 하나님 나라는 그들의 것이 아니었습니다.

　예수님은 유월절에 제자들과 함께 마지막 만찬을 나누십니다. 제자들은 누가 높은 사람인지 서로 겨루고 있었습니다(눅 22:24). 예수님은 권력과 힘을 얻고 싶은 자는 오히려 낮아져야 한다고 말씀하십니다. 하나님 나라는 가난하고 소외된 사람이 당당하고 번듯한 나라, 손가락질 받는 사람을 업신여기지 않는 나라입니다. 예수님은 그 나라의 주인공이 누구인지를 아셨기에 권력과 힘에 대해 조심하라고 하셨습니다.

　예수님은 권력자들의 위협 속에서도 어떻게 서야 하는지를 보여주셨습니다. 힘이 가장 세고, 권력의 가장 핵심에 앉은 사람들은 그 힘을 휘둘러 예수님을 십자가에 못 박아 죽였습니다. 그러나 그들은 하나님 나라를 몰랐습니다. 그렇게 해서 예수님을 없애지 못했습니다. 예수님은 부활하셨습니다. 어떤 힘과 권력도 예수님을 죽일 수 없었습니다.

　엠마오로 가는 두 제자는 부활하신 예수님과 같이 대화하면서도 예수님을 몰라보았습니다. 그러나 그들은 식사 중에 예수님이 누구인지를 깨닫게 됩니다(눅 24장). 부활한 주님을 만나면 처음에는 이해를 못할 수도 있지만 곧 알게 됩니다. 역사의 주인공이 누구인지를. 〈누가복음〉은 가장 소외되고, 어리석은, 그리고 가장 가난한 사람들이 하나님 나라를 통해 역사의 주인공으로 우뚝 서게 되는 역전의 드라마입니다.

신학적이고 영적인 복음서

마태는 유대인을 위해, 마가는 이방인을 위해, 누가는 여자와 소외된 사람들을 위해 복음서를 썼다면 요한은 누구를 위해 〈요한복음〉을 썼을까요? 〈요한복음〉이 쓰일 당시에 교회들은 어느 정도 체계를 갖추고 있었습니다. 소아시아에는 교회가 뿌리를 깊이 내리고 있었지요. 예수님의 제자들은 하나둘씩 순교의 제물로 바쳐졌고, 다음 세대가 교회의 지도자가 되었습니다.

요한은 사도들 중에 마지막까지 살아남아서 소아시아 교회의 성도들을 위해서 〈요한복음〉을 썼습니다. 〈요한복음〉이 관심을 기울이는 독자는 예수님에 대해서 이미 잘 알고 있는 사람들입니다. 신학적이고 영적 복음서인 〈요한복음〉을 통해서 예수님의 기적과 사역들의 의미를 더 깊이 볼 수 있습니다. 그렇다고 예수님에 대해 전혀 모르는 사람은

〈요한복음〉을 이해할 수 없을까요?

　그렇지 않습니다. 〈요한복음〉은 매우 쉬운 문체로 쓰였기 때문에 기독교에 대해서 전혀 모르는 사람도 읽으면 감동이 됩니다. 처음 기독교에 입문하게 되었다면 〈요한복음〉을 제일 먼저 읽는 편이 낫습니다. 영적이고 신학적인 부분을 다 이해하지 못해도 괜찮습니다. 〈요한복음〉 자체가 걸어 나와서 읽는 이의 마음을 움직이니까요.

　〈요한복음〉은 다른 세 개의 복음서와 매우 다릅니다. 공관복음은 서로 비슷한 내용을 공유하고 있지만, 〈요한복음〉은 전혀 다른 내용을 다루기에 예수님에 대해서 '아, 이런 부분도 있구나!' 하고 깨닫게 됩니다. 예루살렘에 한 번만 올라간 것으로 묘사하는 공관복음과는 달리 〈요한복음〉에서 예수님은 예루살렘을 세 번 방문하신 것으로 기록되어 있습니다.

　〈요한복음〉이 공관복음과 다른 점은 너무 많아 일일이 열거할 수 없을 정도입니다. 몇 가지 사건만 말하자면, 가나의 혼인잔치에서 물을 포도주로 만든 기적, 사마리아의 수가성 우물가에서 한 여인을 만난 사건, 베데스다 연못이 움직이기를 기다리며 38년 동안 중병으로 고생한 환자를 고친 사건, 간음하다 현장에서 잡힌 여인을 위해 땅에 글씨를 쓰신 일, 태어날 때부터 못 보는 맹인에게 진흙을 발라 실로암 연못에서 씻게 했던 사건, 죽은 나사로를 무덤에서 다시 살아나게 하신 일 등이 있습니다.

　요한은 공관복음에서 다 말하지 못했던 사건들을 하나하나 펼쳐 보이면서 예수님이 어떤 분인지를 이야기해 나갑니다. 사건만 기록한 것이 아니라 예수님이 스스로 자신을 누구라고 말씀하셨는지도 보여줍니다.

과연 '예수님이 그런 분이구나' 라고 깨닫고 거기에 동의하려면 진술만으로는 부족합니다. 증명해야 합니다. 요한은 그것도 놓치지 않았습니다. 예수님께서 베푸신 기적을 '표적'(sign)이라고 함으로써 사건 뒤에 있는 의미를 풀어냅니다. 예를 들면 공관복음은 5천 명을 먹이신 기적 뒤에 다른 사건으로 넘어가지만, 요한은 그 의미를 밝힙니다. 예수님이 생명의 떡이라고 하신 말씀을 보여줌으로써 오병이어의 의미를 확실하게 각인시킵니다. 그래서 사건이나 진술만 보아도 감동이 되지만 거기에 따른 신학적인 내용을 통해 더욱 감동을 받게 되는 것이 〈요한복음〉입니다.

〈요한복음〉의 표적들은 갈릴리 가나에서 물을 포도주로 바꾼 것(요

〈도표 26〉 예수님이 스스로 자신이 누구라고 밝히신 말씀

나는 ~이다	성경 말씀
나는 생명의 떡이다	요 6:35,48
나는 세상의 빛이다	요 8:12, 9:5
나는 양의 문이다	요 10:7,9
나는 선한 목자이다	요 10:11,14
나는 부활이요 생명이다	요 11:25
나는 길이요 진리요 생명이다	요 14:6
나는 참 포도나무이다	요 15:1,5

2:11)이나 왕의 신하의 아들을 살리신 일(요 4:54), 베데스다의 38년 된 병자를 고치신 일(요 5:2) 등이 있습니다. 예수님이 행하신 표적은 그 외에도 많습니다(요 20:30). 〈요한복음〉은 표적을 통해 사람들을 놀라게 하는 것이 목적이 아니라 예수님이 하나님의 아들이심을 보여주고 있습니다.

또한 〈요한복음〉에는 신학적인 내용이 처음부터 기록되어 있습니다. "태초에 말씀이 있었다"라고 시작하는 부분과 말씀이 육신이 되어 나셨다는 것은 '성육신'을 뜻합니다. 이는 매우 깊은 수준의 신학입니다. 그 외에도 이미 하나님 나라가 임했고 심판을 받았다는 사상(요 3:18, 5:24), 보혜사 성령에 대한 신학적인 주제들이 펼쳐집니다.

〈도표 27〉 요한복음에 나타난 예수님의 표적들

예수님의 표적	성경 말씀
가나의 혼인 잔치	요 2:1-12
왕의 신하의 아들	요 4:46-54
베데스다의 38년 된 병자	요 5:1-9
오병이어	요 6:1-15
물 위를 걸음	요 6:16-21
실로암	요 9:1-7
나사로	요 11:1-44

〈요한복음〉의 저자는 요한입니다. 예수님의 제자 중 하나이며 야고보의 동생입니다. 예수님은 베드로, 야고보, 요한에 대한 각별한 애정이 있었습니다. 변화산에도, 겟세마네 동산에도, 회당장 야이로의 딸이 죽었을 때도 이들과 함께하셨습니다. 이 셋 중에서도 예수님의 편애를 받은 제자는 요한입니다.

〈요한복음〉에는 "예수의 사랑하시는 자"라는 표현이 5번 나옵니다(요 13:23, 19:26, 20:2, 21:7,20). 그는 예수님을 의지해서 누워 있을 때도 많았고, 부활한 예수님을 제일 처음 알아보기도 했습니다. '예수의 사랑하시는 자'의 정체가 궁금한데 〈요한복음〉은 끝에 가서야 그 사람이 누구인지를 밝힙니다. 그 사람은 바로 요한 자신이었습니다(요 21:24).

요한은 다른 제자들이 복음을 위해 세상 속에 들어가서 핍박을 받거나, 교회를 부흥시키거나, 기적을 일으키고, 순교를 당하는 등 여러 일을 할 때 예수님의 어머니 마리아를 챙겨주느라 인생을 허비하다시피 살았습니다. 예수님이 십자가에서 죽으면서 어머니 마리아를 맡겼기 때문에 예수님을 대신해서 아들 몫을 해야 했습니다.

그러다 보니 제자 마태의 시각이 담긴 〈마태복음〉이나 베드로의 증언을 담은 〈마가복음〉이나 제자들로부터 들은 증언을 정리한 〈누가복음〉과는 완전히 다른 시각을 갖게 되었습니다. 기록된 시기도 가장 늦었고, 독자들의 수준도 〈요한복음〉이 가장 높았습니다. 그래서 요한은 공관복음과 달리 자신의 시각과 관점으로 예수님을 담아낼 수 있었습니다.

〈요한복음〉은 새롭고 신선한 시각을 보여줍니다. 〈마가복음〉은 예수님에 대해서 빨리 보여주려는 조급함이 있다면 〈요한복음〉은 예수님에 대해 요한의 입장에서 소화하고 느끼며, 생각하고 해석해서 천천히 들려줍니다. 요한이 독자들에게 가까이 다가앉아서 예수님은 이런 분이라고 대화하는 것처럼 보입니다.

〈누가복음〉이 예수님에 대해 토론한다는 인상을 준다면(눅 24:15), 〈요한복음〉은 예수님과 함께 산책하는 듯한 느낌을 줍니다. 그래서 〈요한복음〉은 예수님을 더 가까이하게 만듭니다. 혈통이라든가 육정 같은 사람의 기준이 아니라 예수님을 믿음으로써 하나님의 자녀가 되기 때문입니다(요 1:13).

〈마가복음〉에서 제자들이 무식하고 어리석어 보였다면 〈요한복음〉의 몇몇 제자들은 빛이 나는 것 같습니다. 제자들 중에는 처음부터 깊이 고뇌하는 사람이 있는가 하면 진리를 찾기 위해서 애쓴 사람도 있었습니다. 그들은 세례 요한의 제자이기도 했습니다(요 1:35). 그런 그들이었기에 예수님을 만날 때는 이미 성숙하고 진지한 모습이었습니다.

〈마가복음〉에 '곧'이라는 헬라어 단어가 41회나 나왔다면, 〈요한복음〉에는 '믿음'이란 단어가 무려 98회나 반복됩니다. 예수님이 누구이신지 그분에 대해서 증명하면서 읽는 이들이 예수님을 믿기를 바랐습니다. 예수님의 설교(14-16장)와 기도(17장)까지도 요한은 길게 기록했습니다.

〈요한복음〉에는 기적이라는 어떤 특정한 사건이 먼저 나오고, 그다음에 그에 대한 해석이 뒤따라 나옵니다. 예를 들면 요한복음 2장에는 성전 정화사건이 나옵니다. 〈요한복음〉은 그 사건의 의미로 성전이 바로 예수님의 몸이라는 사실을 보여줍니다. 그런 사건을 통해 믿음을 얻게 합니다(요 2:23).

요한복음 5장에는 예수님이 중풍병자를 고치신 사건이 나옵니다. 그런데 하필이면 그날은 안식일이었습니다. 공관복음에는 사건으로 끝이지만 〈요한복음〉은 안식일에 대한 의미, 권위에 대한 예수님의 설교가 이어집니다(요 5:19-47). 이것은 예수님을 만나고, 일생 동안 예수님의 하신 일들을 깊이 묵상하며 곱씹어본 노(老) 제자가 나중에야 그런 뜻임을 알고 기록한 것이라고 봐도 좋겠습니다.

〈요한복음〉에 나오는 예수님의 표적과 해석, 그리고 말씀은 읽는 이로 하여금 새로운 깨달음을 갖게 합니다. 동물과 인간의 차이점은 무엇일까요? 삶을 해석하고 의미를 부여할 수 있는 능력이 있는 것 아니겠습니까? 〈요한복음〉은 수수께끼 같은 인생의 어려움에 대해서 예수님의 입을 통해 그 해석을 드러나게 함으로써 의미를 줍니다. 말씀(로고스)이신 예수님의 인도함을 받아 인간이 인간답게 되도록 만들어줍니다.

요한이 열심히 〈요한복음〉을 기록했지만 예수님에 대한 이야기는 하늘을 두루마리 삼고 바다를 먹물 삼아도 다 기록할 수 없을 것입니다. 〈요한복음〉은 "오직 이것을 기록함은 너희로 예수께서 하나님의 아들 그리스도이심을 믿게 하려 함이요 또 너희로 믿고 그 이름을 힘입어 생명을 얻게 하려 함이니라"(요 20:31)는 말씀으로 자신이 이 말씀을 기록한 목적을 밝혀줍니다. 〈요한복음〉은 믿음을 위해 우리에게 주어진 생명의 말씀입니다.

땅끝까지 이른
초대교회의 히스토리

Bible
History

* * * * * *

　누가는 〈누가복음〉과 〈사도행전〉을 썼습니다. 그는 첫 번째 책인 〈누가복음〉의 서두에서 자신처럼 예수님에 대해 글을 쓰는 사람이 많다는 사실을 밝혔습니다. 생각나는 대로 아무렇게나 기록하는 것이 아니라 '처음부터', 즉 조직적이고 체계적으로 기술(記述)하는 사람들이 있었습니다. '목격자와 말씀의 일꾼 된 자들', 즉 제자들의 증언이 있었고, 누군가 그것을 기록으로 남겼습니다. 제자들은 어부나 하층민 출신이었기 때문에 글을 제대로 배울 기회가 없었습니다. 예수님은 승천하시면서 복음을 전하라고 하셨습니다.

　그들은 앞다투어 예수님을 알리기 시작했고, 사람들은 그 이야기를 듣고 싶어 했습니다. 그런 와중에 시간과 공간을 뛰어넘어 더 많은 사람에게 예수님을 전할 방법이 필요했습니다. 기록을 하면 그것이 가능했습니다. 이 놀랍고 신비로운 이야기를 기록한 사람들은 대부분 지식인들이었고, 누가도 그들 중 하나였습니다.

누가는 데오빌로 각하에게 편지를 보냈습니다. 데오빌로가 누구인지 우리는 알 수 없습니다. 아마도 가명일 겁니다. '데오'(Theos)는 하나님, '빌로'(Philos)는 친구란 뜻인데 합치면 '하나님의 친구'가 됩니다. 이름으로는 영 어색하지요. 권력을 쥔 로마 고위관료 중 하나가 예수님을 믿었지만 정체를 밝힐 수는 없었습니다. 누가는 그에게 예수님께서 하신 모든 일을 순서대로 써내려갔습니다. 그것이 〈누가복음〉입니다. 그리고 예수님의 부활 이후 제자들은 어떤 길을 걸어갔는지를 추적한 두 번째 편지가 바로 〈사도행전〉입니다.

누가의 직업은 의사입니다. 지금처럼 병원에서 최첨단 의료장비로 치료하는 사람은 아닙니다. 오히려 철학자이면서 논리학자에 가깝습니다. 그런 사람이었기에 누가는 사실에 대한 진지한 탐구정신을 발휘합니다. 예수님의 이야기를 분석하고 검토하지요. 제자들이 전해준 이야기에 빈틈이나 허구는 없는지 살펴보았습니다. 데오빌로 각하에게 전달해야 하기에 확신할 수 없는 얘기를 거짓말로 포장할 수는 없었습니다. 그렇게 〈사도행전〉이 시작됩니다.

"데오빌로여 내가 먼저 쓴 글에는 무릇 예수께서 행하시며 가르치시기를 시작하심부터 그가 택하신 사도들에게 성령으로 명하시고 승천하신 날까지의 일을 기록하였노라. 그가 고난받으신 후에 또한 그들에게 확실한 많은 증거로 친히 살아 계심을 나타내사 사십 일 동안 그들에게 보이시며 하나님 나라의 일을 말씀하시니라"(행 1:1-3).

〈누가복음〉에 의하면 예수님은 부활하신 후에 막달라 마리아를 만나셨고, 엠마오로 가는 두 명의 제자와 동행하셨으며, 그 후 여인과 제자들을 만나셨습니다. 그리고 의심이 많았던 도마에게 손과 허리를 만지게 해주시면서 부활의 확실함을 보여주셨습니다. 그렇게 제자들과 만난 지 40일이 지나갔습니다. 그 기간 동안 예수님은 제자들과 함께 '하나님 나라'에 대한 이야기를 나누셨습니다. 제자들에게 '예루살렘을 떠나지 말고 아버지께서 약속하신 것'을 기다리라고 당부하셨습니다.

예루살렘을 떠나지 않는 것은 한시적인 일이었습니다. 스데반이 순교한 뒤 큰 박해가 일어나자 제자와 교인들은 뿔뿔이 흩어졌습니다. 떠나지 말라던 예루살렘을 다들 훌훌 떠났습니다. 그들이 예루살렘을 떠날 때는 '아버지의 약속하신 것', 즉 성령을 받은 뒤였습니다. 제자들의 삶은 완전히 바뀌었습니다.

자기 살 길을 찾아 예루살렘을 떠난 것이라면 아무 일도 벌어지지 않았을 것입니다. 그러나 성령을 받고 떠났기에 그들은 자신의 의도와는 전혀 다른 길로 갔습니다. 그들 앞에 끔찍한 미래가 펼쳐졌습니다. 유대인들의 시기와 질투가 있었고, 로마의 온갖 끔찍한 고문과 박해가 있었습니다. 그런데도 성령을 받았기에 결국 세계 최강대국 로마가 예수 그리스도께 무릎을 꿇는 일이 벌어지게 됩니다(BC 313년).

로마의 '기독교 공인' 같은 역사적인 사건을 이야기하기 전에 〈사도행전〉에는 다양한 기적과 사람들의 회심사건이 나옵니다. 이 모든 일이 성령의 역사입니다. 등장인물의 발자취에 성령님이 따라다니며 마치 그 걸음이 빛나는 것 같은 〈사도행전〉을 '성령행전'이라고 부르는 이유가 거기에 있습니다. 여기서 〈사도행전〉을 쉽게 이해할 수 있는

팁 하나를 드리겠습니다.

"오직 성령이 너희에게 임하시면 너희가 권능을 받고 예루살렘
과 온 유대와 사마리아와 땅끝까지 이르러 내 증인이 되리라 하
시니라"(행 1:8).

많이 접하고 외웠던 말씀입니다. 이 말씀을 주목할 필요가 있습니
다. 〈사도행전〉은 이 흐름을 따라 진행되거든요. 아래와 같은 순서와
방향을 굵직한 뼈대처럼 붙들고 〈사도행전〉을 읽어가면 길을 놓치지
않을 겁니다.

사도행전 1:8	내용
성령이 너희에게 임하시면 너희가 권능을 받고	1-2장
예루살렘과	3-5장
온 유대와	6-7장
사마리아와	8장
땅 끝까지 이르러 내 증인이 되리라	9-28장

사도행전 1-2장 : 성령이 임하시면 권능을 받고

하늘로 올라가신 예수님을 멍하니 바라보는 제자들 앞에 흰 옷을 입은 두 사람(천사)이 나타나서 말합니다. 예수님은 지금 본 그대로 오실 것이다! 제자들은 망연히 있을 필요가 없었습니다. 다시 오실 테니까요. 그들은 예루살렘으로 돌아갔습니다. 예루살렘 성 안에 있는 마가 요한의 어머니 마리아의 집이었습니다. 제자들은 그 집의 다락으로 올라가 '하나님의 약속하신 것'을 기다립니다.

지도를 확인해보니 현재 감람산에서 예루살렘 중심지까지는 약 6km가 됩니다. 〈사도행전〉에서는 감람산에서 예루살렘까지가 "안식일에 가기 알맞은 길"(행 1:12)이라고 되어 있습니다. 랍비 전통에 의하면 안식일에는 2,000규빗, 즉 1km 내외만 걸을 수 있었습니다. 예루살렘의 마리아의 집은 예수님이 승천하신 감람산에서 대략 1km 정도 떨어진 곳에 있어야 했습니다. 열두 제자만이 아니라 무려 120명의 제자들도 함께 들어갔기에 결코 작은 집이 아니었습니다. 마리아의 집은 예루살렘 북동쪽 언덕에 위치한 대저택이었습니다.

베드로는 예수님을 배신하고 자살한 가룟 유다 대신에 새로운 제자를 뽑자고 제안했습니다. 바사바 또는 유스도라고 불리는 요셉과 맛디아 두 명을 세워놓고 제비를 뽑았더니 맛디아가 선출됩니다. 그 후 요셉이나 맛디아의 활약이 성경에 기록되지는 않았지만 나름대로의 역할을 했겠지요. 중요한 점은 가룟 유다의 죽음과 그의 자리를 대신할 제자를 뽑은 일이 모두 성경의 예언을 따른 것이란 사실입니다(행 1:20). 제자들의 행동 하나하나에 의미가 없는 일이 없었습니다.

그렇게 며칠이 흘러 오순절이 됩니다. 그때까지 120명의 제자들은 마치 동굴 안에서 모닥불을 피워놓고 공동생활을 하는 사람들처럼 때로는 희망적으로, 때로는 불안감 속에서 살아갑니다. 그러나 곧 대단한 일이 벌어집니다. 오순절은 칠칠절, 맥추절입니다. '오순'(五旬)이란 말에 '순'(旬)은 열(10)이라는 뜻이니까 '50일'이란 뜻이고, '칠칠절'에서 '칠칠'이란 7×7, 즉 49일이란 뜻입니다. 유월절 후 첫 안식일 다음날로부터 약 50일이 지난날이 '오순절'이고 '칠칠절'이었습니다. 그때가 보리를 거두는 때라서 '맥추절'이라고도 하지요. 제자들은 며칠 동안 그 집에 머물며 기도했던 것일까요?

예수님은 유월절이 지나고 십자가에 못 박히신 후 3일 만에 부활하셨습니다. 그리고 40일 동안 제자들과 함께 계셨고 승천하셨지요. 제자들은 예루살렘의 마리아의 집으로 가서 전력을 다해 기도했습니다. 그리고 오순절에 성령을 받았습니다. 오순절의 50일에서 부활하신 주님이 함께한 40일을 빼고, 예수님이 무덤에 있었던 3일을 다시 빼면 7일이 됩니다. 그러므로 그들이 다락방에서 기도한 기간은 일주일 남짓 됩니다.

하늘에서 바람소리가 들렸고 불의 혀가 갈라지는 모습이 보였습니다. 제자들은 성령으로 충만하게 되었습니다. 성령이 임하자 그들은 방언을 했습니다. 이 방언은 천사의 말이 아니라 외국어였습니다. 해외에 흩어졌던 유대인(diaspora)에게 오순절은 유월절 못지않게 중요한 절기였고, 그날도 예루살렘에 많은 유대인이 모였습니다.

외국에서 나고 자란 유대인들은 모국어인 히브리어는 잊었지만 유대문화는 몸에 배어 있었습니다. 성령 세례를 받은 제자들이 밖으로 나왔습니다. 제자들은 세계 각국에서 모여든 유대인들과 조우하지요. 소가 닭을 보듯 무심했던 유대인들은 성령 충만한 제자들을 보고 깜짝 놀랐습니다. 유대 땅에 사는 제자들이 유창한 외국어로 복음을 전하는 것이 아닙니까!

> "우리는 바대인과 메대인과 엘람인과 또 메소보다미아, 유대와 갑바도기아, 본도와 아시아, 브루기아와 밤빌리아, 애굽과 및 구레네에 가까운 리비야 여러 지방에 사는 사람들과 로마로부터 온 나그네 곧 유대인과 유대교에 들어온 사람들과 그레데인과 아라비아인들이라. 우리가 다 우리의 각 언어로 하나님의 큰 일을 말함을 듣는도다 하고"(행 2:9-11).

앞의 짧은 3절 안에 15개의 나라와 지방의 언어들이 등장하는데, 제자들이 그토록 다양한 언어를 유창하게 구사하는 것은 있을 수 없는 일이었습니다. 그래서 유대인들은 '새 술'에 취했다고 놀려댔습니다. 사람들은 이해할 수 없으면 억지 논리로 이해하는 경향이 있습니다. 궁색한 해석이 "새 술에 취했다"는 것이었지요.

베드로가 나섰습니다. 지금 시간이 제삼시, 즉 오전 9시이기에 아침부터 취하는 것은 불가능한 일이라고 밝힙니다. 제자들이 유창한 외국어를 하게 된 이유는 오직 하나, 하나님의 말씀이 그대로 이루어졌기 때문이라고 말합니다. 그는 〈요엘〉을 인용합니다. 예언서에 익숙한 유대인들에게 요엘 선지자의 예언이 이루어졌다고 설명했습니다. 유대인들은 그제야 이해하고 마음이 찔렸습니다.

"그들이 이 말을 듣고 마음에 찔려 베드로와 다른 사도들에게 물어 이르되 형제들아 우리가 어찌할꼬 하거늘 베드로가 이르되 너희가 회개하여 각각 예수 그리스도의 이름으로 세례를 받고 죄 사함을 받으라. 그리하면 성령의 선물을 받으리니 이 약속은 너희와 너희 자녀와 모든 먼 데 사람 곧 주 우리 하나님이 얼마든지 부르시는 자들에게 하신 것이라 하고 또 여러 말로 확증하며 권하여 이르되 너희가 이 패역한 세대에서 구원을 받으라 하니 그 말을 받은 사람들은 세례를 받으매 이날에 신도의 수가 삼천이나 더하더라"(행 2:37-41).

유대인들은 세례를 받았습니다. 그 수가 3,000명이었고, 120명 제자들의 모임(교회)은 무려 25배로 증가하게 됩니다. 교회는 사도들의 가르침을 받아 서로 교제하고, 떡을 떼며(성만찬과 예배), 기도하기 시작합니다. 여러 가지 기적이 나타났습니다. 교인들은 재산을 팔아 헌금했고 필요한 사람들은 적절히 가져갔으며, 성전에 매일 모였고 식사를 함께 나누었으며, 하나님께 찬송을 올렸습니다. 누가 시킨 것도 아니었습니다. 주위 사람들은 칭찬하기에 바빴고, 구원받는 사람이 날마다 늘어났습니다(행 2:42-47). 이렇게 예루살렘교회가 탄생한 것입니다.

무엇이 교회를 만들었던 것일까요? 무엇이 그들을 매료시켰던 것일까요? 전통을 지키기 위해 예루살렘에 방문했던 유대인들이 제자들을 따라간 원동력은 무엇이었을까요? 제한적이고 억압된 삶에서 벗어나 그들에게 목표가 생겼습니다. 새로운 자유가 주어졌고, 예루살렘교회 공동체 속에서 하나님의 역사가 발휘되었습니다. 요엘이 그토록 외쳤던 예언이 실현되었습니다. 성령께서 임하셨습니다.

사도행전 3-5장 : 예루살렘
- - - - - - - - - - - - - - - - - -

사도 베드로와 요한은 오후 3시면 성전에 들어가 기도했습니다. 느헤미야가 성벽을 재건할 때 다양한 문을 세웠습니다. 그중에서 니가노르(Nicanor) 문이 인기가 많았습니다. 크고 아름다워 사람들은 '미문'(美門)이라고도 불렀습니다. 태어나 한 번도 걷지 못한 한 사람이 있었습니다. 그는 매일 그곳에 출근해서 구걸하고 있었습니다. 기도하러 가던 베드로와 요한이 그와 마주쳤습니다. 곧 그는 자신의 발로 성전 안팎을 뛰어다녔습니다. 기적이 일어났습니다.

평소 그곳을 지나던 사람들은 눈을 의심합니다. 나면서부터 불구였던 그가 자유롭게 돌아다니고 있으니 얼마나 놀랐겠습니까? 사람들은 구경거리가 생긴 듯이 모여들었습니다. 그는 베드로와 요한이 자신을 고쳐주었다고 말했습니다. 그러자 사람들은 베드로와 요한을 둘러싸고 솔로몬의 행각 앞으로 모여들었습니다.

베드로는 그들 앞에서 복음을 전했습니다. 당신들이 얼마 전에 십자가에 죽었던 바로 그 예수님께서 이 사람을 뛰어다니게 했다고 증언했습니다. 수많은 인파에 난동이 벌어진 줄로 알았던 제사장들과 성전 맡은 자, 사두개인들이 다가왔습니다. 이들은 겟세마네 기도 후에 예수님을 잡기 위해 찾아왔던 그들과 동일한 사람들이었습니다(눅 22:52).

베드로가 성전에 들어갈 때만 해도 오후 3시였는데 어느새 날이 저

물었습니다. 경비병들은 예수님을 잡았듯이 베드로와 요한을 체포했고 감옥에 가두었습니다. 해산하는 사람들은 베드로가 선포한 말을 마음에 두었습니다. 그 결과, 남자만 5천 명이 예수님을 믿게 되었습니다 (행 4:4).

다음날 아침이 되자 관리와 장로들, 서기관들이 모여서 베드로와 요한을 어떻게 처리할지를 의논했습니다. 대제사장 안나스와 가야바와 요한과 알렉산더와 및 대제사장의 문중이 다 참여했는데(행 4:6), 이들은 모두 예수님을 끌고 가서 사형판결을 받게 했던 세력들입니다. 그들 앞에서 베드로는 전혀 주눅 들지 않고 말했습니다.

"다른 이로써는 구원을 받을 수 없나니 천하 사람 중에 구원을
받을 만한 다른 이름을 우리에게 주신 일이 없음이라"(행 4:12).

그들은 베드로와 요한을 때리고, 예수의 이름을 더 이상 말하지 말라고 경고한 뒤 풀어주었습니다. 베드로는 "사람의 말을 듣는 것보다 하나님의 말씀을 듣는 것이 옳다"고 말했습니다. 베드로와 요한은 교회로 돌아갔습니다. 무사히 돌아온 것을 본 교인들은 하나님께 기도드렸고, 기도를 마치자마자 지진처럼 땅이 진동했습니다. 성령이 교회를 강력히 지키고 계시다는 증거였습니다. 이 일을 계기로 예루살렘교회는 더욱 든든히 서게 되었습니다. 교인들은 재산을 팔아 헌금하고, 필요한 만큼만 쓰는 공동생활을 유지했습니다.

헌금한 사람들 중에 대표적인 사람이 요셉이었는데, 그는 구브로 섬에서 태어났으며 레위 지파 출신이었습니다. 사도들은 그에게 '바나

바' 라는 별칭을 주었습니다. '바르나바스'(Barnabas)란 이 이름은 '위로(권면)의 아들' 이란 뜻입니다. 바나바는 마가의 삼촌이며, 120명이 모인 예루살렘 대저택 주인인 마리아의 남동생이었습니다.

바나바는 사울(바울)의 은인이기도 했습니다. 회심한 사울을 사도들에게 소개시켜 주었으니까요. 바울은 그리스도인과 유대인들 모두에게 의심받는 존재로 전락하여 아라비아 사막으로 도피했다가 다소로 낙향하는 등 칩거생활을 했습니다. 그런 바울을 바나바가 안디옥교회로 불러 동사(同事)하도록 추천했습니다.

바나바는 마가에게도 은인이었습니다. 제1차 선교여행을 떠났다가 중간에 가버린 그를 격려해서 바울과 다른 루트의 제2차 선교여행에 동참시켰으니까요. 예루살렘교회에는 헌금과 구제를 한 사람이 많았는데, 바나바를 특별히 소개하는 이유는 〈사도행전〉의 주인공 바나바를 예고하기 위함이기도 합니다.

예루살렘교회에는 바나바 같은 사람만 있던 것은 아닙니다. 땅을 팔아 헌금하려던 아나니아와 삽비라 부부는 막상 현금을 손에 넣자 아까운 마음이 들어 얼마를 감추었습니다. 문제는 그것이 전 재산이라는 거짓말을 서슴없이 했다는 데 있었습니다. 아나니아는 베드로의 호령에 그 자리에서 즉사했고, 3시간 뒤에 온 그의 아내 삽비라도 죽었습니다. 성령을 속인 죄였지요.

이것은 새로운 제도가 생겼을 때의 특징이라고 볼 수 있습니다. 만약 아나니아와 삽비라의 사정을 참작해주고 거짓말을 용납했다면 교회는 그 이후 사라졌을지도 모릅니다. 한 번의 거짓말은 두 번, 세 번의 거짓말로 뒤덮이고, 교회에는 온갖 거짓이 창궐할 수 있었으니까요. 작은 거짓과 위선도 허용되지 않았기 때문에 교회는 바르게 세워지기 시작했고, 두려움 속에서도 더 부흥할 수 있게 되었습니다.

사도들의 기적도 많이 일어났는데, 특히 베드로를 통해 신기한 일들이 많이 생겼습니다. 베드로의 그림자라도 덮이면 병이 나을 거로 생각할 정도였으니까요(행 5:15). 예수님의 이름으로 연달아 기적이 일어나자 대제사장과 사두개인들은 가만히 있지 못했습니다. 그들은 또다시 사도들을 잡아가두었습니다. 그러자 이번에는 저절로 옥문이 열렸습니다. 아무리 사도들을 잡아도 버젓이 거리를 다니고 있으니 대제사장 일당들에게 비상이 걸렸습니다. 도대체 이 일을 어떻게 해야 할까요?

그때 백성들의 존경을 받는 율법교사 가말리엘이 그대로 놔두자고 제안했습니다. 그의 논리는 이랬습니다. 이 일이 하나님으로부터 났으면 무너뜨릴 수 없고, 사람에게서 났으면 저절로 없어질 것이란 말이었습니다. 세월이 흘러 기독교는 없어지지 않았으니 가말리엘의 논리라면 하나님으로부터 온 것임에 틀림없지요. 가말리엘은 바울의 스승이기도 했습니다.

사도들은 기쁨에 겨워 복음을 전했습니다. 성전과 집에서 예수님이 그리스도임을 전하는 일들이 계속 일어났습니다. 그렇게 승승장구하던 예루살렘교회에 먹구름이 닥치게 될 줄을 그들은 아직 알지 못했습니다.

사도행전 6-7장 : 온 유대

예루살렘교회 안에 갈등이 생겼습니다. 교인들을 두 종류로 나눌 수 있는데 유대 땅에 살던 유대인과 해외 출신 유대인이었습니다. 전자는 히브리어를 주로 사용했고, 후자는 헬라어(그리스어)를 사용했습니다. 이들을 히브리파와 헬라파로 불렀습니다. 주도권을 잡은 부류는 다수를 차지한 히브리파였습니다. 구제금은 한정적인데 가난한 사람은 너무 많았습니다. 히브리파 과부들이 먼저 혜택을 받았고, 헬라파 과부들은 미뤄지곤 했습니다. 그러자 헬라파 과부들의 원성이 자자했습니다.

사도들이 교통정리를 해야 했지만 재정과 구제까지 일일이 맡다 보면 기도할 시간도 말씀을 전할 시간도 없게 될 터였습니다. 그래서 전문사역을 맡길 믿음과 성령이 충만한 일곱 명을 뽑았습니다. 그들에게 책임을 주어 살림이 돌아가게 했습니다. 최초의 안수집사인 그들은 디몬, 니가노르, 바메나, 브로고로, 스데반, 빌립, 니골라입니다.

이중에서 스데반은 지혜와 성령으로 충만했습니다. 자신의 역할보다 복음을 전하는 일에 더 전념했습니다. 그러자 자유민들의 회당에 소속된 유대인들이 스데반에게 시비를 걸었습니다. 그들은 모세와 하나님을 모독한다는 죄목을 씌워 공의회에 스데반을 고발했습니다. 스데반에 대해 거짓으로 증언하는 사람들이 나타났습니다. 스데반은 그만 함정에 빠지고 말았습니다.

스데반에게 마지막 변호할 기회가 생겼습니다. 그는 자신을 옹호하지 않았습니다. 대신에 아브라함부터 시작해서 이삭과 야곱, 열두 족장과 요셉의 이야기에 이어 모세와 시내산의 장막 이야기를 지나 여호수아, 다윗, 솔로몬을 통해 이어진 성전의 유구한 역사를 풀어 놓았습니다. 성전의 본질이 무엇인지 가르쳐주었습니다. 유대인들은 더욱 분노했습니다. 성 바깥으로 끌려 나간 스데반은 돌에 맞아 죽었습니다. 첫 순교자였습니다.

사도행전 8장 : 사마리아

스데반의 순교를 시작으로 큰 박해가 일어나기 시작했습니다. 교인들은 예루살렘에서 유대 전역으로, 사마리아로 흩어지지요. 교회를 지킬 몇몇 사도들을 제외하고는 모두 예루살렘 밖으로 피신했습니다. 여기에서 우리가 주목할 또 다른 사람이 등장합니다. 일곱 집사 중 하나인 빌립입니다. 그는 사마리아로 내려갔습니다. 그곳에서 귀신들린 사람을 고쳐주었고, 중풍병을 비롯한 각종 병에 걸린 사람들을 낫게 했습니다. 사마리아 성에 '큰 기쁨'이 생겼습니다.

사마리아에서 인기를 누리던 시몬이라는 마술사가 빌립을 따라다녔습니다. 예수님을 믿고 세례까지 받게 되지요. 사마리아 사람들이 복음을 받아들인다는 소식은 예루살렘교회에 전해졌고, 베드로와 요한이 파견을 왔습니다. 와서 보니 사마리아 사람들이 세례는 받았으나 성령 세례는 아직 못 받은 걸 알았습니다. 베드로와 요한이 기도하자 사마리아인들도 성령을 받게 됩니다. 그 광경을 지켜보던 시몬은 자신의 마술과는 차원이 다른 현상에 놀랐습니다. 그는 돈을 주고 성령을 사려 했다가 베드로에게 혼쭐이 났습니다.

빌립 집사의 행보는 사마리아에서 멈추지 않았습니다. 빌립은 가사 길에서 에티오피아의 여왕 간다게의 고위관리를 만났습니다. 그는 예루살렘을 방문하고 내려가던 길이었지요. 관리는 성경(사 53:7-8)을 읽어도 이해를 못했습니다. 빌립은 성경이 말하는 분이 예수님임을 설명해주었고, 에티오피아 내시는 그 자리에서 즉시 세례를 받았습니다.

사도행전 9-28장 : 땅끝

〈사도행전〉 9장부터는 복음이 땅끝까지 전해지는 과정입니다. 여기서 다시 복습해봅시다. '예루살렘'과 '온 유대'와 '사마리아'와 '땅끝'까지! 각 지역의 주역들이 기억나십니까? '예루살렘'은 베드로입니다. 베드로는 예루살렘교회의 초대 수장이었고 사람들을 이끌었습니다. 그는 권력자들의 억압적인 분위기 속에서도 복음을 전했습니다.

'온 유대'는 스데반입니다. 성령 충만하여 거침없이 복음을 전한 그는 성 바깥으로 끌려 나가 순교당했습니다(행 7:58). 성 안에서는 사람을 함부로 죽일 수 없었기 때문이었지요. 순교로써 그는 예루살렘이라는 경계를 넘어섰고, 박해는 그리스도인의 무대를 온 유대로 넓혔습니다.

'사마리아'의 주역은 빌립이었습니다. 빌립은 유대인임에도 거리끼지 않고 사마리아의 경계선을 넘어갔습니다(행 8:5). 빌립 이후로 베드로와 요한이 사마리아를 방문하는 등 많은 그리스도인이 사마리아로 들어갔습니다. 빌립은 선구자적인 역할을 감당한 것이지요.

'땅끝'의 중심은 바울입니다. 여기에서부터 이야기는 재밌어집니다. 경계를 막았던 사람이 경계를 허무는 이야기니까요. 스데반을 돌로 쳐 죽일 때였습니다. 사람을 죽이는 것은 쉬운 일이 아닙니다. 개인적인 감정이 아니라 공적인 처형이라는 것을 증명하기 위해서 사람들은 옷을 벗어 증인에게 주었습니다. 증인의 발 앞에 옷이 수북이 쌓였습니다. 스데반의 죽음에 대한 책임이 그에게 전가되었습니다. 그가 바로 청년 바울이었습니다.

바울은 스데반이 죽는 것을 마땅히 여겼습니다. 옷은 얼마든지 쌓아도 상관없었습니다. 내친김에 교회들마저 없애려고 날뛰었습니다. 집집마다 들이닥쳐 남녀를 잡아다 감옥에 넣었습니다(행 8:3). 바울은 일을 굉장히 잘 처리했습니다. 만약 그때 그의 얼굴을 쳐다보았더라면 살기에 찬 눈빛 때문에 고개를 돌려야 했을 겁니다.

그는 회당에 보낼 공문을 대제사장으로부터 받아들고 건장한 청년들과 함께 다메섹으로 말을 몰았습니다. 예수님을 믿는 사람들을 모조리 잡아올 생각이었지요. 바울은 다메섹으로 가던 중에 엄청난 빛에 노출되어 말에서 떨어졌습니다(행 9:3). 앞을 못 보게 된 그는 다른 사람의 손에 이끌려 다메섹으로 갔습니다. 그는 3일 동안 먹거나 마시지도 않은 채 집안에 틀어박혀 있었습니다. 다메섹에 사는 아나니아가 그에게 안수를 해주었고, 비늘 같은 것이 벗겨지면서 다시 눈을 뜨게 되었습니다.

그가 눈을 떴을 때 세상은 달라졌습니다. 아니, 세상은 그대로인데 그가 완전히 달라졌습니다. 예수 믿는 사람을 혐오하고 감옥에 넣던 바울이었습니다. 그랬던 그가 이번에는 예수님을 전하기 시작했습니다.

눈을 멀게 한 그 빛은 바로 예수님이었고, 그의 인생은 예수님으로 인해 송두리째 바뀌었습니다. 그리고 땅끝을 향한 사역이 시작되었습니다. 그렇게 핍박자 바울이 경계를 넘어 땅끝을 향해 나아갔습니다. 그러나 땅끝을 향한 사역은 바울이 전부가 아니었습니다.

우리는 '땅끝'이라고 하면 머리에 화살표를 그리고 예루살렘부터 시작되어 유대와 사마리아를 거쳐 길게 긋는 선을 생각합니다. 그러나 땅끝을 향한 화살표는 하나만 있지 않았습니다. 바울을 통한 선이 가장 선명하지만 베드로도 여전히 활동하고 있었고, 여러 그리스도인들도 복음을 전했습니다. 그러니까 땅끝까지 가는 복음의 선은 다양한 방향으로 뻗어나간 화살표였습니다. 그렇게 되려면 뛰어넘어야 할 단계가 있었습니다. 선교의 대상이 유대인에서 이방으로 넘어가야 했습니다.

베드로가 중풍병을 앓던 애니아를 룻다에서, 죽은 다비다(도르가)를 욥바에서 살린 일이 있었는데, 그때까지만 해도 이방인은 선교의 대상에 포함되지 않았습니다. 로마의 백부장 고넬료는 하나님을 두려워하는 사람이었습니다. 그는 베드로를 초청하라는 하나님의 명령을 받고 종들을 보냈습니다. 같은 시간, 베드로는 지붕에서 기도하다가 보자기 환상을 보았습니다. 보자기에 부정한 짐승들이 가득했으나 "하나님이 깨끗하게 했으므로 먹어라"는 말씀을 세 번이나 들었고, 그 뒤에 고넬료의 종들을 만났습니다. 환상이 없었다면 베드로는 고넬료에게 가지 않았을 겁니다. 이제 복음의 화살은 가이사랴의 로마인에게 뻗어나갔습니다.

베드로가 예루살렘교회로 돌아왔을 때 고넬료를 만난 소문은 삽시간에 퍼졌습니다. 이방인을 만난 것만으로도 베드로에게 치명적일 수 있었습니다. 그러나 베드로는 성령의 역사임을 역설했습니다. 그 결과 예루살렘교회가 이방인들에게 눈을 뜨는 계기가 되었습니다. 스데반의 박해 이후에 흩어진 성도들은 브루기아, 구브로, 안디옥 등 가는 곳마다 교회를 세웠습니다. 복음은 다양한 선을 그리며 땅끝까지 전파되고 있었습니다. 그중에서 수리아의 안디옥교회 교인들은 최초로 그리스도인이라는 별명을 얻었습니다.

> "바나바가 사울을 찾으러 다소에 가서 만나매 안디옥에 데리고 와서 둘이 교회에 일 년간 모여 있어 큰 무리를 가르쳤고 제자들이 안디옥에서 비로소 그리스도인이라 일컬음을 받게 되었더라"(행 11:25-26).

팔레스타인 전역에 기근이 오자 예루살렘교회는 재정적인 어려움에 봉착했습니다. 안디옥교회는 구제헌금을 예루살렘에 보내고 싶었습니다. 안디옥교회는 헌금을 전달할 사람으로 바나바와 바울을 세웠습니다. 한편 예루살렘교회에는 제자 야고보가 참수당해 죽는 일이 발생했고, 베드로도 감옥에 갇혀 사형당할 위기에 처해 있었습니다. 그러자 하나님은 천사를 보내 베드로를 극적으로 꺼내주셨습니다. 예루살렘교회에 구제헌금을 무사히 건넨 바나바와 바울은 예루살렘에 사는 마가를 데리고 안디옥교회로 돌아왔습니다.

안디옥교회의 사역자는 바나바, 시므온(니게르), 루기오, 마나엔, 바울 이렇게 다섯 명이었습니다. 바나바가 담임목사이고, 바울은 제일 후배였습니다. 성령께서 안디옥교회에 명령을 내려 두 사람이 땅끝까지의 선교를 이어가게 하셨습니다. 교회는 바나바와 바울을 선택했습니다. 본격적인 선교여행이 시작된 것이지요. 세 차례에 걸친 선교여행을 간단하게 정리하면 〈도표 28〉과 같습니다.

〈도표 28〉 바울의 3차에 걸친 선교여행

제1차 선교여행(13-14장), AD 47-49년

안디옥 - 실루기아 - 구브로 섬(살라미 - 바보) - 밤빌리아의 버가
- 비시디아 안디옥 - 이고니온 - 루스드라 - 더베 - 루스드라 - 이고니온
- 비시디아 안디옥 - 버가 - 앗달리아 - 안디옥

제2차 선교여행(15:36-18:22), AD 49-51년

안디옥 - 수리아 - 길리기아 - 더베 - 루스드라 - 이고니온 - 브루기아
- 갈라디아 - 무시아 - (비두니아로 가고자 했으나 예수의 영이 허락하지 아니함)
- 드로아 - 사모드라게 - 네압볼리 - 빌립보 - 암비볼리 - 아볼로니아 - 데살로니가
- 베뢰아 - 아덴 - 고린도 - 겐그레아 - 에베소 - 가이사랴 - 예루살렘 - 안디옥

제3차 선교여행(18:23-21:16), AD 52-57년

안디옥 - 다소 - 이고니온 - 에베소 - 미둘레네 - 앗소 - 드로아 - 빌립보
- 데살로니가 - 베뢰아 - 고린도 - 베뢰아 - 데살로니가 - 빌립보
- 드로아 - 앗소 - 미둘레네 - (기오, 사모를 거쳐) - 밀레도
- (고스, 로도를 거쳐) - 바다라 - 두로 - 가이사랴 - 예루살렘

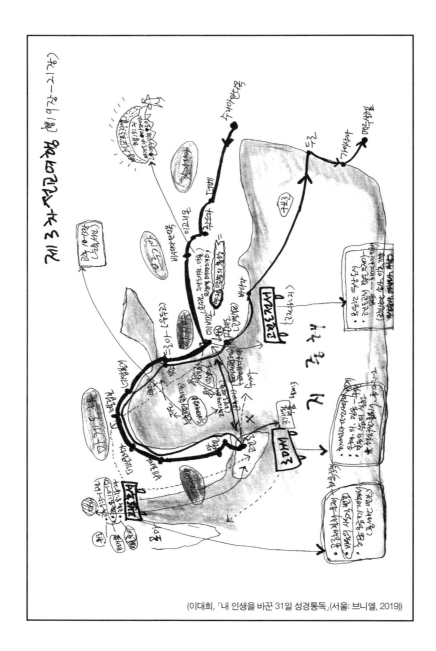

(이대희, 「내 인생을 바꾼 31일 성경통독」(서울: 브니엘, 2019))

사도행전 15장 : 예루살렘 공의회

바울과 바나바가 제1차 선교여행을 마치고 안디옥교회로 돌아오니 좋은 점은 선교지에서 받은 은혜를 나눌 수 있었던 것이고, 나쁜 점은 유대에서 온 사람들이 분탕질한 덕에 교회가 논란에 빠진 것이었습니다. 예루살렘교회 출신의 전직 바리새파 그리스도인 몇몇은 안디옥교회까지 찾아와 할례를 주장했습니다. 안디옥은 엄연히 이방인의 땅이었습니다. 현재 튀르키예 남부지역에 있는 안타키아(Antakya)가 당시의 안디옥인데, 예루살렘에서 무려 700km 이상 떨어져 있습니다.

유대인들은 예수님의 이름으로 교회에 모인 것은 인정했습니다. 그러나 할례를 받지 않으면 구원받을 수 없다고 고집했습니다. 바리새파 출신답게 모세의 율법을 강조했습니다. 구원받기 위해 할례를 받아야 한다고 하니 안디옥 교인들 중에 귀가 얇은 사람들은 동조하기 시작했습니다. 무엇인가를 해서 구원을 얻을 수 있다면 그 정도 희생은 당연하다고 생각했습니다.

바울과 바나바는 할례가 아니어도 이방인들이 구원받은 것을 보았습니다. 구원과 율법을 결합시키는 일은 용납할 수 없는 일이었습니다. 그들은 유대인들의 의견에 반대했습니다. 유대인들의 기세도 만만치 않았습니다. 이방인 구원의 조건에 율법이 포함될 것인지가 큰 이슈로 떠올랐습니다. 안디옥교회는 이 문제를 예루살렘교회에 상정하기로 했습니다. 바울과 바나바는 교회의 대표로 예루살렘으로 갔습니다.

예루살렘교회에서도 이 문제는 쉽게 풀리지 않았습니다. 예루살렘 교인들이 모두 유대인이었기 때문이었습니다. 그들에게 할례는 당연한 일이었습니다. 바리새파 출신들이 할례 문제에 대해서 가장 강하게 주장했습니다. 이방인이 할례받는 것이 무리가 아니라는 견해와 믿음으로 구원을 얻는다는 신념이 부딪혔고, 연일 공방전이 펼쳐졌습니다.

누군가는 이 문제를 매듭지어야 했습니다. 베드로가 일어났습니다. 결론을 내렸습니다. "이방인들도 복음을 들었고 믿었습니다. 하나님께서는 그들의 믿음을 인정해주셨습니다. 율법은 우리 조상들에게도 버거운 일 아닙니까? 이방인들에게 율법의 굴레를 구원의 조건으로 내거는 것은 부당합니다. 주 예수의 은혜로 구원을 얻는 것이 맞습니다"(행 15:7-11 참조). 교인들은 모두 이 의견을 받아들였고, 공의회는 "믿음으로 구원을 얻는다"는 결론을 안디옥교회로 돌려보냈습니다. 바나바와 바울은 유다와 실라를 증인으로 데리고 안디옥으로 돌아왔습니다.

사도행전의 열린 결론

제2차 선교여행이 계속 되었습니다. 바울과 바나바가 결별하기는 했으나 선교지를 향한 그들의 선은 계속 이어졌습니다. 선교지에서 흥미로운 일들이 많이 일어났습니다. 하지만 자세한 이야기는 하지 않겠습니다. 다하려면 이야기가 너무 방대해집니다. 여러분이 직접 〈사도행전〉을 읽으면서 제1차, 2차, 3차 선교여행의 지역과 사건을 확인해 보십시오.

그 대신에 몇 가지 중요한 포인트만 짚고 넘어가겠습니다. 첫 번째로 바나바와 바울이라는 이름의 순서가 바뀐 사실을 언급하고 싶습니다. 예루살렘교회에 헌금을 전달하기 위해 떠날 때만해도 바나바가 먼저였습니다. 안디옥교회 지도자 서열에서 바울은 제일 마지막이었습니다. 제1차 선교여행이 시작될 때만 해도 '바나바와 바울'이란 순서는 바뀌지 않았습니다.

그런데 그들이 비시디아 안디옥에 도착해서 바울이 말씀을 전한 후에는 '바울과 바나바'로 순서가 바뀌었고(행 13:43), 그것은 다시 원위치가 되지 않았습니다. 성경에서 순서는 중요합니다. 누가 높고, 누가 앞서며, 누가 주도권을 쥐고 있는지를 엿볼 수 있는 중요한 자료니까요. 처음에는 바나바가 바울을 이끌어갔지만 지금부터는 바울이 적극적으로 선교를 이끌어갔습니다. 모든 설교는 바울이 담당했습니다(행 13:16-41).

이것은 〈사도행전〉의 역사가 화석화되지 않았다는 증거입니다. 주도권은 바뀌었고, 새로운 인물은 계속 등장했습니다. 먼저 된 자가 나중 되고 나중 된 자가 먼저 되기도 했습니다. 땅끝까지의 화살표는 다양한 사람들이 길을 열고 헌신하고 주도하고 따라가면서 지금 현재까지 이어졌습니다. 〈사도행전〉은 역사(歷史)를 통해 수많은 사람에 의해 지금까지도 진행되는 중입니다.

한 가지 더, 사울이라는 이름이 바울로 바뀌는 부분도 살펴볼 필요가 있습니다(행 13:9). 아브람이 아브라함으로, 야곱이 이스라엘로 바뀐 것과는 의미가 다릅니다. 바울은 히브리어 이름인 '사울'과 헬라어 이름인 '바울'을 동시에 가지고 있었습니다. 〈마가복음〉을 쓴 마가가 헬라식 이름인 '마가'와 히브리식 이름인 '요한'을 동시에 가지고 있는 것과 마찬가집니다. 그런데 '사울'에는 '희망'이라는 뜻이 있고, '바울'

은 '작은 자'라는 뜻이 있어서 교만했던 사울이 겸손한 바울로 바뀌었다고 설교하기에 좋은 재료입니다.

그러나 이름이 바뀐 게 아니라 두 가지 이름 중에 헬라식 이름인 바울을 선택한 것이었습니다. 왜 그랬을까요? 그가 이방인을 위한 사도였기 때문입니다. 히브리어는 유대 지역에 한정되어 있었습니다. 그는 보다 보편적인 헬라어 이름을 사용했습니다. '바울'이란 이름에 애정을 갖게 된 또 다른 계기도 있었습니다. 바울과 바나바가 바보라는 섬에 가서 총독 서기오 바울에게 복음을 전했습니다(행 13:7). 바예수라는 거짓 예언자의 방해에도 총독 바울은 예수님을 믿게 되었습니다.

사람들은 섬에 악영향을 미치던 바예수의 눈이 먼 것과 총독 바울이 예수님을 믿게 된 것을 보았습니다. 그때 바울은 총독이 자신과 이름이 똑같다는 것에 주의를 기울였습니다. 선교 여행에서 복음의 첫 열매가 된 총독 바울, 그 이름을 어떻게 잊어버릴 수 있겠습니까? 바울은 이방인들에게 익숙하며 자신에게도 의미 있는 이름으로 땅끝까지 증인으로 나서고 싶었기에 '바울'이란 이름을 선택하여 사용하게 된 것입니다.

바울은 우여곡절 끝에 드디어 로마에 도착했습니다. 제3차 선교여행에서 에베소에 머무를 때 로마에 가봐야겠다(행 19:21)고 결심했던 바울은 고린도에서 3개월을 머물며 겨울을 지나는 동안 〈로마서〉를 썼습니다(행 20:3). 그동안 가이오라는 친구가 바울에게 극진한 대접을 했습니다(롬 16:23, 고전 1:14).

바울은 뵈뵈 자매를 통해 그 편지를 로마교회에 전달했습니다(롬

16:1-2). 그동안의 선교에 대한 경험과 유대인과 이방인에게 역사하신 일과 구원이란 무엇이며, 구원을 얻는 믿음의 도리가 무엇인지가 담긴 걸작이었습니다.

그토록 가고 싶었던 로마교회였으니 로마에 도착하고 얼마나 감격했을지는 우리의 눈에 선합니다. 어떤 대가를 치르더라도 가야만 했던 로마였습니다. 도착하자 성도들이 마중 나오기도 했습니다. 바울은 유대인 지도자들을 만나 자신이 왜 로마에 오게 되었는지를 설명했습니다(행 28:17-20). 유대인들의 반응은 미적지근했습니다. 바울에 대해 들어본 적도 없고, 로마 어느 지역이든 기독교에 거부감이 많다는 분위기만 전했습니다(행 28:21-22).

바울은 하나님 나라에 대한 설득을 계속했지만 믿는 사람 반, 의심하는 사람 반이었습니다. 얼마나 실망했던지 바울은 이사야 말씀을 인용하면서 하나님께서 그들의 마음을 닫아버리셨다고 말할 정도였습니다.

"서로 맞지 아니하여 흩어질 때에 바울이 한 말로 이르되 성령이 선지자 이사야를 통하여 너희 조상들에게 말씀하신 것이 옳도다. 일렀으되 이 백성에게 가서 말하기를 너희가 듣기는 들어도 도무지 깨닫지 못하며 보기는 보아도 도무지 알지 못하는도다. 이 백성들의 마음이 우둔하여져서 그 귀로는 둔하게 듣고 그 눈은 감았으니 이는 눈으로 보고 귀로 듣고 마음으로 깨달아 돌아오면 내가 고쳐 줄까 함이라 하였으니"(행 28:25-28).

그뒤 바울은 셋방살이를 하는 두 해 동안 찾아오는 사람에게 하나님 나라와 예수 그리스도에 대해서 전했다는 말로 〈사도행전〉은 끝납니다.

결말도 없이 끝난 〈사도행전〉은 하나님의 히스토리가 지금도 진행 중이란 사실을 보여줍니다. 인간의 역사가 아직 끝나지 않았듯 〈사도행전〉도 아직 끝나지 않았습니다. 상황은 녹록치 않았습니다. 바울은 가택연금 상태였습니다. 로마 사람들은 복음을 듣고서도 반신반의했습니다. 할 일은 태산 같은데 시간도 없고 한계도 너무 많았습니다. 몇 년 뒤 바울은 로마 당국에 의해 참수형으로 순교를 당합니다. 바울은 역사 속에서 퇴장했고, 〈사도행전〉은 끝납니다.

그러나 역사는 계속 진행되고 있습니다. 어떤 일들이 펼쳐지게 될까요? 다음 장에서 바울과 제자들이 쓴 서신들을 살펴보고, 그다음 장에서 요한이 쓴 예언서를 자세히 본 뒤에 성경 이후 역사가 어떻게 흘러갔는지 살펴보게 될 것입니다.

그리스도인의
삶의 지표 서신서
히스토리

Bible
History

로마교회를 향한 체계적인
교리와 신학적인 편지

〈로마서〉를 통해서 변화된 사람이 많습니다. 방탕했던 성 어거스틴은 진리를 탐구하는 진지한 모습도 있었지만 쾌락에 빠져 살기도 했고, 영적 해갈을 하겠다고 마니교라는 이상한 종교에 자신을 밀어 넣는 등 밑 빠진 독에 물 붓듯 인생을 허비했습니다. 스스로가 어떻게 할 수 없는 상황에서 번뇌하고 있을 때 그의 집 담 너머에서 아이들의 노랫소리를 듣게 되었습니다.

"들고 읽어라! 들고 읽어라!"(toll lege! toll lege!).

그는 성경의 아무 데나 펴서 읽었습니다.

"낮에와 같이 단정히 행하고 방탕하거나 술 취하지 말며 음란하
거나 호색하지 말며 다투거나 시기하지 말고 오직 주 예수 그리

스도로 옷 입고 정욕을 위하여 육신의 일을 도모하지 말라"(롬 13:13-14).

이 말씀을 읽은 어거스틴은 우리가 아는 성 어거스틴으로 탄생하게 되었습니다. 로마서가 그를 완전히 바꾸어 버렸습니다. 중세 말기를 살던 마틴 루터는 종교적인 삶을 살았습니다. 그러나 죄와 심판에 대한 두려움은 목에 걸린 가시처럼 그의 영혼에 깊이 꽂혀 있었습니다. 어느 날 말을 타고 가던 중 근처에 벼락이 내렸고, 충격을 받은 그는 수도원으로 들어갔습니다. 죄와 심판을 해결하지 않으면 다음에는 정통으로 벼락에 맞을지도 모를 일이었습니다.

루터는 사제와 신학박사로, 비텐베르그대학의 교수가 되었습니다. 열심히 살았지만 그의 고뇌는 줄어들지 않았습니다. 죄 사함의 확신이 없었고 심판은 여전히 그를 짓누르고 있었습니다. 아우구스티누스 수도원의 탑에 올라가 기도하며 성경을 읽던 어느 날, 그는 평생 질문의 답을 로마서 1장 16~17절을 통해서 얻게 됩니다.

"내가 복음을 부끄러워하지 아니하노니 이 복음은 모든 믿는 자에게 구원을 주시는 하나님의 능력이 됨이라. 먼저는 유대인에게요 그리고 헬라인에게로다. 복음에는 하나님의 의가 나타나서 믿음으로 믿음에 이르게 하나니 기록된 바 오직 의인은 믿음으로 말미암아 살리라 함과 같으니라."

목에 걸린 가시가 뽑히는 순간이었습니다. 대단한 선행을 하고, 몸을 불사르듯 고행을 해도 심판에서 벗어날 수 없었습니다. 유일한 길은 "의인은 믿음으로 말미암아 살리라", 즉 행위가 아닌 '믿음'이란 사실을 깨달았습니다. 그의 인생은 완전히 새로워졌습니다. 고뇌하는 사제가 아닌 중세 시대를 마감하는 주인공으로 서게 됩니다. 어거스틴과 마틴 루터뿐만이 아닙니다. 존 칼빈, 존 번연, 존 웨슬리, 존 크리소스톰, 존 스토트 등 수많은 위대한 신앙인이 〈로마서〉로부터 영향을 받았습니다.

자유주의적이고 인본주의적인 흐름이 대세였던 제1차 세계대전 당시, 유럽 신학에 반기를 든 이가 있었습니다. 주류에 저항하는 일은 쉽지만 실제로 흐름을 바꾸는 일은 어렵습니다. 그런데 칼 바르트는 그 어려운 일을 해냅니다. 그가 쓴 「로마서 강해」는 "자유주의 신학자의 놀이터에 떨어진 폭탄"이라는 비유처럼 자유주의를 종료시키고 신정통주의 시대를 열었습니다. 이처럼 〈로마서〉는 개인의 인생뿐만 아니라 인간의 역사에 중요한 책으로 자리 잡고 있습니다.

사도 바울이 쓴 성경은 〈로마서〉말고도 12권이나 됩니다. 그런데 유독 로마교회를 위해 쓴 이 편지가 이토록 큰 영향력을 주는 이유는 무엇일까요? 그것은 아이러니하게도 로마교회가 바울이 세운 교회가 아니기 때문입니다. 바울은 세 차례에 걸친 선교여행을 통해 이방인들을 만나 복음을 전했습니다. 가는 지역마다 교회를 세웠고, 돌아온 뒤에는 각 교회가 처해진 상황에 맞춰 편지를 썼습니다. 바울이 세운 교회에 일정한 문제가 생겼고, 바울에게 해답을 구했기 때문입니다. 바울의 서신들은 각 교회의 특정 문제에 국한되어 있습니다. 그러나 로마교회는 바울이 아직 가보지 않았기 때문에 복음에 대해 자세히 설명할 필요가 있었습니다.

그렇다면 로마교회는 누가 세웠을까요? 오순절에 성령이 임하여 방언(외국어)을 받은 제자들과 예루살렘에 순례를 온 해외 출신의 디아스포라 유대인들이 만났습니다. 유대인들은 제자들에게 "새 술에 취했다"고 빈정댔지만 베드로의 설교를 듣고 무려 3천 명이나 세례를 받았습니다. 그리고 예루살렘교회가 시작되지요.

유대인들이 제자들에게 했던 말 중에 출신 지역을 설명한 부분이 있습니다. 유대인들은 "브루기아와 밤빌리아, 애굽과 및 구레네에 가까운 리비야 여러 지방에 사는 사람들과 로마로부터 온 나그네 곧 유대인과 유대교에 들어온 사람들"(행 2:10)이라고 자신을 소개했습니다. 로마는 세계의 허브였기 때문에 다양한 종류의 사람들이 모여 살았습니다. 로마 출신의 유대인들이 예루살렘을 순례했고, 그들 중에는 이방인으로 유대교를 믿는 사람들도 끼어 있었습니다. 그랬던 그들이 오순절에 예수님을 믿게 되었고 예루살렘교회의 구성원으로 지냈습니다.

그러다가 어느 순간 다시 로마로 돌아갔습니다. 원래 삶의 터전이기도 했고 스데반의 순교로 박해를 피하기 위해서라도 예루살렘을 떠나야 했습니다. 그들이 로마로 돌아가 예루살렘의 추억을 나누다가 '여기에서도 교회를 세우면 어떨까?'라고 생각했습니다. 그렇게 그들은 로마교회를 개척하게 됩니다.

로마교회는 점점 커졌습니다. 로마는 다양한 인종이 모여 사는 곳이었습니다. 당시 세계의 중심이었으니까요. 로마교회가 특정 건물이 있었는지 아니면 가정집에서 모였는지 알 수는 없으나 '로마교회'라는 이름으로 예배를 드렸습니다. 그들은 예수님과 사도들의 가르침을 기억하며 신앙생활을 해나갔습니다. 그러나 한계도 있었습니다.

교회가 교회다워지려면 체계적인 가르침이 있어야 합니다. 바울은 개척한 교회에 디모데, 브리스길라, 아굴라, 아볼로 등 후배들을 보내서 제대로 된 신앙교육을 받게 했습니다. 로마교회는 바울이 세우지 않았으니 바울의 후배들이 갈 수는 없었습니다. 그렇다고 사도들이 가기에는 너무 멀었고, 예루살렘교회도 지켜야 했습니다. 로마교회가 이상해지는 것은 시간문제였습니다.

사도 바울은 제3차 선교여행을 하던 중에 "로마도 보아야 하리라"(행 19:21)고 결심하게 됩니다. 그러려면 먼저 예루살렘에 가야했고, 그러면 또 여러 일정이 겹쳐졌습니다. 로마에 가는 시간이 자꾸 미뤄진 것이지요. 그래서 편지라도 써서 예수님이 누구시며, 구원은 무엇이고, 복음이 어떤 것인지를 가르쳐주고 싶었습니다. 그것이 〈로마서〉가 되었습니다.

그렇다면 〈로마서〉를 어떻게 읽어야 할까요? 교회라는 곳을 처음 가보았지만 교회에 대해서는 전혀 모른다는 입장으로 대하면 어떨까요? 진지한 탐구정신으로 기독교 신앙을 접해보겠다는 생각으로 읽으면 도움이 될 것입니다. 그러나 만만치 않을 겁니다. 〈로마서〉는 좀 어렵기도 하거든요.

로마교회 교인들의 수준은 상당했던 것 같습니다. 담임목사나 사제가 없는, 한 번도 가보지 못한 신생교회에 보낸 편지치고는 〈로마서〉의 내용이 매우 교리적이고 신학적인 것이 그 때문입니다. 바울은 로마교회가 지식이 있고 수준이 높은 사람들로 구성되어 있다고 여겼습니다.

흥미롭고 신비로운 이야기보다 신학적이고 교의적인 내용이 〈로마서〉에 가득 차 있습니다. 그렇다고 처음부터 겁낼 필요는 없습니다. 여러분이 기독교 신앙에 대해 듣고 아는 기본적인 지식을 바탕으로 읽기 시작하면 됩니다.

〈로마서〉는 총 16장으로 되어 있는데 1장부터 11장까지는 복음에 대한 설명입니다. 로마교회의 구성원은 유대인도 있고 이방인(그리스 사람)도 있었습니다. 그들의 배경이 어떻고 인종이 어떻든지 하나님 앞에서는 모두가 죄인이라는 전제로 시작합니다. 타락한 인간의 모습을 나열하고(롬 1:24-32) 하나님의 심판이 가까웠음을 말합니다. 유대인은 율법을 다 지키지 못하는 한계가 있고, 이방인은 양심을 다 따르지 못하는 한계가 있습니다(2-3장). 그래서 모두 죄인이며 다 죽어야 마땅합니다.

그런데 그때 하나님의 한 의가 나타났는데(롬 3:21), 그분이 바로 예수 그리스도이십니다. 할례라는 의식은 유대인에게 매우 중요한데, 공교롭게도 최초로 할례를 받은 아브라함이 의롭다는 인정을 받은 것은 할례 때문이 아니라 믿음 때문이었습니다. 할례 이전에 하나님께서 인정해주셨기 때문입니다(4장). 그러므로 할례가 중요한 것이 아니라 믿음이 중요합니다.

한 사람 아담으로부터 들어온 죄는 모든 이를 죽음으로 이끌었지만 한 사람 예수님으로 시작된 은혜는 모든 이를 생명으로 이끌었습니다(5장). 세례를 받아 옛 사람은 죽고 새 사람이 되어 자유하게 되며(6장), 율법으로부터도 자유하게 되고(7장), 성령을 따라 살기 때문에 더욱 자유롭게 됩니다(8장). 예수 그리스도는 유대인이나 이방인이나 모든 믿는 사람의 의가 되어 주십니다(9-11장).

그렇다면 이제 예수 그리스도를 통해 구원을 얻은 우리는 어떻게 살아야 할까요? 로마라는 세상의 풍조를 따르는 것이 아니라 하나님의 뜻대로 살아야 합니다. 그리스도인으로 어떻게 살아야 하는지는 12장부터 마지막 장까지 조목조목 설명되어 있습니다. 이것이 로마서의 내용입니다.

대략적이고 얕게 요약했으나 〈로마서〉를 읽을 때 하나의 이정표가 될 수는 있을 것입니다. 여러분이 2천 년 전 로마교회를 다니는 사람이라고 생각해봅시다. 말로만 듣던 바울이 우리 교회에 편지를 보냈습니다. 그 편지가 당신 손에 있습니다. 그 마음으로 〈로마서〉를 읽어보면 어떨까요?

고린도교회의 문제에 대한 편지

사도 바울은 제3차 선교여행 중 에베소에서 〈고린도전서〉를, 마게도냐의 빌립보에서 〈고린도후서〉를 썼습니다. 아테네에서 복음을 전하고 고린도에 도착했을 때(행 18:1) 본도 출신인 아굴라와 브리스길라 부부를 만났습니다. 마침 바울과 직업도 같았고 말도 잘 통했기 때문에 그들은 함께 사역했습니다. 데살로니가에 남았던 실라와 디모데도 뒤늦게 고린도에 합류하면서 바울의 사역은 힘을 얻게 되었습니다.

바울의 선교전략은 유대인의 회당(Synagogue)을 공략하는 것이었습니다. 유대인은 구약성경을 이해하기 때문에 유대인들에게 복음을 전하는 일이 쉬웠습니다. 그러나 회당의 기득권을 가진 유대인의 저항도 만만치 않았습니다. 회당에서의 활동이 어려워진 바울은 회당 바로 옆에 있는 디도 유스도라는 이방인의 집에서 사람들을 모았습니다. 회당장인 그리스보의 집안사람도 유스도의 집으로 왔습니다. 그렇게 고린도교회가 시작되었습니다. 1년 하고도 6개월이 지나는 동안 고린도에 믿는 사람이 많이 생겼습니다(행 18:8).

무엇이든 어렵게 시작하면 정이 많이 들 수밖에 없습니다. 바울은 고린도교회에 대한 개인적인 애정이 각별했습니다. 그러나 제3차 선교 여행 중 에베소에서 들은 고린도교회의 소식은 절망적이었습니다. 고린도교회가 세워진 지 4~5년 정도가 되었을 시점이었습니다.

"내 형제들아 글로에의 집 편으로 너희에 대한 말이 내게 들리니
곧 너희 가운데 분쟁이 있다는 것이라"(고전 1:11).

고린도교회는 분쟁하고 있었고, 다양한 문제를 안고 있었습니다. 당파 문제가 있었고(1-4장), 불륜 사건도 있었으며(5장), 서로 소송까지 했습니다(6장). 독신, 이혼, 재혼 등 결혼에 대해서도 정리되지 않았고(7장), 우상의 제물 문제도 심각했으며(8-10장), 여인들이 머리에 수건을 쓰느냐 하는 문제(11장), 성찬에 대한 문제(11장), 성령의 은사(11-14장), 부활(15장), 헌금(16장)에 대한 문제 등 다양한 난제들이 있었습니다. 처음 교회가 생겨나면서 일어날 수 있는 거의 모든 문제가 고린도교회에 종합선물처럼 산적해 있었습니다.

바울은 2년 동안 에베소 지역에 살면서 교회를 개척하는 한편, 고린도교회에 편지를 써나갔습니다. 바울은 교회의 문제를 하나하나 짚어 주었습니다. 그 편지가 바로 〈고린도전서〉이고, 그 덕분에 우리는 교회 문제의 해결책을 갖게 되었습니다. 바울은 고린도교회에 대한 애정을

듬뿍 가지고서 먼저 칭찬하고, 나중에 꾸중하는 방식을 사용했습니다. 갈등이 있다는 것은 자기만이 옳다고 믿기 때문입니다. 그러나 바울은 진실로 지혜 있는 사람은 독단에 빠지지 않고 오직 하나님의 영광을 위해 사는 사람이라고 지적했습니다(고전 10:31). 문제를 접근하는 방식, 문제를 해결해나가는 지혜와 적용에 대해서 생각하면서 〈고린도전서〉를 읽어봅시다.

Bible History

고/린/도/후/서

거짓 형제에 대한 경고 편지

　　사도 바울은 고린도교회를 향해 몇 번의 편지를 썼습니다. 그중에서 잃어버린 편지(고후 2:4, 7:8)도 있고, 지금까지 읽히는 것도 있습니다. 눈물로 썼던 그의 모든 편지를 읽어볼 수 있다면 얼마나 좋을까요? 바울은 〈고린도후서〉에서 구제와 헌금에 대해서 이야기했습니다(8-9장). 고린도교회가 바울에게 헌금을 보내주려면 신뢰가 있어야 합니다. 그런데 어떤 사람은 바울을 혹평했습니다. 이에 대해 바울은 자신을 자랑하기 시작합니다(11장).

　　"나는 히브리 사람이고, 이스라엘인이며, 아브라함의 후손이다. 39대나 되는 태형을 다섯 번 맞았고, 세 번의 채찍질을 당했으며, 돌에 맞기도 하고, 파선을 당하기도 했다. 셀 수 없는 감옥행에 강도나 동족이

나 이방의 위험을 당했고, 도시와 광야와 바다의 위험에 빠지기도 했다. 숱한 고난의 연속이었다. 그런데 그 많은 어려움 중에 '거짓 형제'의 위험이 제일 힘들었다. 사람에 대한 상처는 자연재해에 맞먹는 어려움이었다. 그리고 나는 환상을 보기도 했다"(12장 참조).

그렇다면 바울이 이렇게 자신을 자랑하고 사도권을 주장한 이유는 무엇일까요? 그것은 역시 '거짓 형제들' 때문이었습니다. 이들은 다른 예수를 전하는 사람들이었고(고후 11:4), 겉모양만 보고 평가를 끝내는 사람들이었으며(고후 10:7), 때로는 거물급 사도들이기도 했고(고후 11:5), 우두머리 사도들이기도 했습니다(고후 12:11). 또한 바울을 이간질하고(고후 12:16), 죄를 지은 사람들이기도 했습니다(고후 13:2). 바울은 디도를 고린도교회에 파송하여 교회의 안정을 도모했습니다(고후 12:18). 바울의 마음에 고린도교회가 얼마나 크게 자리 잡고 있는지를 엿볼 수 있는 대목입니다. 그런 바울의 마음을 생각하며 〈고린도후서〉를 읽으면 많은 도움이 될 것입니다.

거짓 사도에 대한 경계 편지

〈갈라디아서〉를 읽으면서 우리는 두 가지 중요한 내용을 발견할 수 있습니다. 첫 번째는 누가의 관점이었던 〈사도행전〉과 달리 바울의 입장에서 그때 어떤 일이 있었는지 보게 됩니다. 빛이신 예수님을 만난 이후에 바울은 예루살렘으로 갔다고 되어 있으나(행 9:26), 실제로는 바로 예루살렘에 가지 않았습니다(갈 1:17). 바울은 아라비아 사막과 다메섹으로 가서 영적훈련을 쌓았습니다. 그 뒤 3년이 지난 후 예루살렘을 방문해서 게바(베드로)와 야고보를 만나 교제를 시작합니다(갈 1:18). 그렇다면 〈사도행전〉과 〈갈라디아서〉 중에 어느 쪽 말이 맞을까요? 둘 다 맞습니다. 〈사도행전〉이 워낙 급박하게 다루다 보니 마치 다메섹에서 바로 예루살렘으로 간 것처럼 쓰고 있지만 그 사이에 3년의 세월이 흐른 것입니다.

이처럼 〈갈라디아서〉에서는 바울의 구체적인 행적을 살펴볼 수 있는 구절들이 있습니다. 14년이 지나서 바울은 예루살렘을 다시 방문하고 바나바, 디도와 함께 안디옥으로 돌아갔습니다. 사도들은 유대인을 전담하고 자신은 이방인을 맡기로 합의했기 때문입니다. 그러던 어느 날 한 가지 사건이 생겼습니다(갈 2:1). 베드로가 안디옥교회를 방문했을 때 일어난 일입니다(갈 2:11).

베드로는 안디옥교회 교인들, 즉 이방인들과 함께 식사하던 중에 야고보와 일행이 거의 도착했다는 소식을 들었습니다. 베드로는 식사하다 말고 황급히 자리를 떴습니다. 야고보에게 책망받을까 봐 염려했던 것입니다. 그 자리에 있던 유대 사람들도, 심지어 바나바도 같이 사라졌습니다. 바울은 위선적인 그들의 모습을 보고 실망했습니다. 베드로는 바울의 대선배였지만 바울은 그 일에 대해 충고했습니다(갈 2:11).

바울이 이 사건을 이야기하는 이유는 무엇일까요? 자신의 성질이 괴팍해서 베드로 같은 거장도 눈에 잘못 띄면 가만히 두지 않겠다는 뜻일까요? 그렇지 않습니다. 중요한 것은 베드로가 아니라 교회였습니다. 갈라디아교회에 위기가 있었습니다. 베드로가 했던 위선적인 일이 갈라디아 교인들에게 악영향을 끼쳤고, 그들은 걷잡을 수 없이 탈선하게 되었습니다. 그래서 바울은 경고합니다.

"너희가 이같이 어리석으냐. 성령으로 시작하였다가 이제는 육체로 마치겠느냐"(갈 3:3).

바울은 하나님께서 아브라함과 약속하신 말씀을 상기시킵니다. 하나님이 하신 그 약속이 430년 뒤에 모세를 통해 받은 율법보다 훨씬 우위에 있음을 말합니다. 약속의 내용이 무엇일까요? 어떤 행위나 조건, 조항이나 율법이 아니라 예수님을 믿는 '믿음'이었습니다. 믿음으로 하나님의 자녀가 되며, 믿음으로 세례를 받고 예수 그리스도와 하나가 되고, 믿음으로 하나님의 상속자가 됩니다. 믿음으로 하나님을 "아빠 아버지"라고 부를 수 있는 것이지요(갈 4:6).

바울은 갈라디아교회와 깊은 인연을 맺고 있었습니다(갈 4:12-20). 병든 바울을 도운 갈라디아교회는 눈이라도 빼어주고자 했을 정도로 바울을 아꼈습니다. 그랬던 갈라디아교회가 약속도 믿음도 저버리고 '거짓 사도들'에게 놀아나고 있었습니다(갈 4:17 참조). 베드로가 거짓 사도라는 뜻이 아닙니다. 외식에 전염되는 그들이 거짓 사도에게도 쉽게 마음을 빼앗긴 현실을 통탄했던 것입니다.

바울은 거짓 사도들을 쫓아내라고 명령했습니다(갈 4:30). 그래야 진정한 자유를 누릴 수 있다고 강조했습니다(갈 5:1). 그들은 갈라디아 교인들을 노예로 부리려고 했습니다. 할례를 강조하고, 율법을 절대시했습니다. 바울은 속히 그들을 버리고, 성령을 따라 선한 일을 행하라고 명령했습니다. 〈갈라디아서〉의 두 번째로 중요한 내용은 무엇일까요? 그것은 '거짓 교리의 적들'의 정체가 폭로된 것입니다. 바울처럼 안타까워하는 심정으로 〈갈라디아서〉를 읽어봅시다.

변화된 에베소 교인을 향한 편지

에베소 교인들의 믿음과 사랑에 대한 소문이 바울의 귀에까지 들렸습니다. 바울은 교회들을 향해 늘 기도하고 있었지만 에베소교회가 잘하고 있다는 소식을 듣고 감사의 마음이 생겼고, 기왕 이렇게 잘 믿는 거 하나님을 잘 알고, 그리스도 안에서의 소망이 무엇이며, 하나님의 자녀로 얻게 되는 상속이 얼마나 큰지를 알기 바랐습니다(1장).

에베소 교인들이라고 처음부터 완전한 존재가 아니었습니다. 바울은 이렇게 말합니다. "당신들은 허물과 죄로 이미 죽은 사람들이었고 정욕대로 살았던 진노의 자식이었지. 그런데 하나님께서 예수 그리스도로 인해서 당신들을 살려주셨어. 그래서 당신들은 풍성한 은혜로 선한 일을 하며 살 수 있게 되었단다"(엡 2:1-7 참조).

예수님이 막혔던 벽을 허물어주신 덕분에 인간은 하나님과 다시 가까워졌습니다. 십자가는 할례와 같은 율법의 조항들을 소멸했습니다.

"그는 우리의 화평이신지라. 둘로 하나를 만드사 원수 된 것 곧
중간에 막힌 담을 자기 육체로 허시고 법조문으로 된 계명의 율
법을 폐하셨으니 이는 이 둘로 자기 안에서 한 새 사람을 지어
화평하게 하시고"(엡 2:14-15).

이전에는 외부인이었고 소외된 죄인이었으며 진노의 자녀였으나
이제는 하나님의 자녀가 되었고 하나님 나라의 공동 상속자가 되었습
니다(2장). 영원 전부터 감추어졌던 비밀스러웠던 계획이 이제는 교회
를 통해서 알려졌습니다(3장). 따라서 에베소 교인들은 겸손하고 온유
하며, 오래 참고 사랑하며 평화를 지키는 사람이 되어야 합니다. 머리
이신 예수님 아래에서 결합되어 있기 때문에 이제는 옛 사람을 버리고
새 사람이 되어야 합니다(4장).

하나님을 본받고 사랑으로 살며, 음행이나 더러운 말, 어두운 일,
술에 취하는 것을 다 버리고 성령에 충만하여 살아야 합니다(5장). 아
내와 남편, 부모와 자녀, 종과 주인들이 어떻게 살아야 할지, 그리스도
인으로서 전신갑주를 입어 영적인 전쟁에서 어떻게 승리해야 할지 알
아야 합니다(6장). 이것이 에베소교회를 향한 바울의 편지였고, 그의
진심이 담긴 말이었습니다.

고마운 빌립보 교인을 향한 편지

사도 바울은 빌립보교회의 교인들을 생각하면 웃음이 배어나왔습니다. 그저 하나님께 감사할 뿐이었습니다. 빌립보교회는 복음에 동참했습니다. 복음에 동참한 교인들은 두 가지 부류였습니다. 좋은 뜻으로 동참한 교인들이 더 많았지만, 바울이 감옥에 간 일을 빌미로 시기와 다툼으로 복음에 참여한 사람들도 있었습니다. 그런데도 바울은 복음이 전해질 수 있다면 그것도 감사했습니다.

바울은 빌립보 교인들을 향해서 복음에 합당하게 생활하라고 권면합니다. 그러면 좋은 뜻으로 참여한 복음에서 벗어나지 않을 것이고, 시기심으로 참여했어도 예수님만 높일 수 있기 때문이었습니다. 바울은 자신과 같은 생각, 같은 마음을 품을 것을 계속 요청했습니다.

바울은 매우 긍정적인 사람이어서 시기와 질투를 당하면서도 그것이 역전될 수 있다는 사실을 알고 있었습니다. 그러나 빌립보교회에 대한 안타까움이 없는 것은 아니었습니다. 바울은 교인들이 한마음이 되기를 바랐습니다. 어떤 마음인가 하면 바로 "예수 그리스도의 마음"이었습니다.

빌립보 교인들을 향해서 "개들과 행악하는 자들과 할례에 대해 왜곡하는 자들"을 조심하라고 경고합니다. 그들은 대단해 보이는 경력과 신상을 자랑했던 것 같습니다. 바울도 지지 않고 자신이 얼마나 훌륭한 배경을 지니고 있는지, 베냐민 지파에 히브리파 사람이라고 말합니다. 얼핏 자랑처럼 보이는 그 말의 끝에 그는 모든 것이 배설물에 지나지 않다는 것도 덧붙였습니다.

"그러나 무엇이든지 내게 유익하던 것을 내가 그리스도를 위하여 다 해로 여길뿐더러 또한 모든 것을 해로 여김은 내 주 그리스도 예수를 아는 지식이 가장 고상하기 때문이라. 내가 그를 위하여 모든 것을 잃어버리고 배설물로 여김은 그리스도를 얻고 그 안에서 발견되려 함이니 내가 가진 의는 율법에서 난 것이 아니요 오직 그리스도를 믿음으로 말미암은 것이니 곧 믿음으로 하나님께로부터 난 의라"(빌 3:7-9).

바울에게 가장 중요한 것은 예수 그리스도였습니다. 바울은 고난에 동참한 빌립보 교인들에게 감사한 마음을 가지면서 믿음의 길을 계속 걸어갈 것을 격려했습니다.

사랑으로 결속된
골로새교회를 향한 편지

 믿음과 사랑의 소문이 가득한 교회인 골로새교회는 에바브라를 통해서 복음을 배웠습니다. 바울은 골로새 교인들을 향해 자부심과 긍지를 가질 것을 당부하면서 남은 고난을 교회를 위해 채워갈 것을 당부했습니다. 안타깝게도 골로새교회에도 철학과 헛된 속임수로 다가온 사람들이 있었습니다. 바울은 골로새교회가 사랑으로 결속되어 풍요로운 하나님의 비밀을 알기를 바랐습니다.

 골로새교회가 처해진 환경은 만만치 않았습니다. 할례를 받아야 한다고 주장하는 사람을 비롯해서 먹는 것, 마시는 것, 절기와 관련된 것, 안식일 문제와 관련된 것, 천사 숭배에 대한 것 등이 골로새교회 내부의 문제였습니다. 바울은 이런 헛된 것으로부터 이길 방법을 말합니다. "위의 것을 찾으라!"

"그러므로 너희가 그리스도와 함께 다시 살리심을 받았으면 위의 것을 찾으라. 거기는 그리스도께서 하나님 우편에 앉아 계시느니라. 위의 것을 생각하고 땅의 것을 생각하지 말라. 이는 너희가 죽었고 너희 생명이 그리스도와 함께 하나님 안에 감추어졌음이라"(골 3:1-3).

그렇다면 땅의 것은 무엇일까요? 음란, 부정, 사욕, 정욕, 탐심 등입니다. 이것은 우상 숭배와 같았습니다. 이 모든 것을 버리고 새 사람을 입을 것을 촉구했습니다. 서로 용납하고 용서하며, 사랑하고 감사할 줄 아는 것, 그것이 그리스도인의 길임을 말합니다. 아내와 남편, 자녀와 종이라면 마땅히 해야 할 일을 당부한 후에 여러 사람들에 대한 인사를 합니다.

예수님의 재림을
강조하는 편지

〈데살로니가전서〉는 마게도냐와 아가야의 모범인 데살로니가교회를 향한 편지입니다. 신약성경의 순서로는 중간쯤이지만 기록 연대로 따지자면 바울의 최초 서신입니다. 이 서신의 특징은 각 장의 끝에 예수님이 오실 것을 언급하고 있는 것입니다. 바울은 예수님이 곧 오실 것으로 기대했습니다.

바울은 빌립보에서 고난과 모욕을 당했던 일을 떠올렸습니다. 만약 바울이 사람들에게 아첨하는 기회주의자였다면 유대 사람들로부터 공격을 받지 않았을 것입니다. 그러나 바울은 하나님만 기쁘시게 하려다가 어려움을 당했습니다. 바울은 데살로니가교회도 하나님만 기쁘시게 하라고 권면합니다. 바울은 데살로니가교회에 가고 싶었지만 아테네에 남아야 했습니다. 대신에 그는 디모데를 보냈고, 그가 바울에게 데살로니가교회의 소식을 전해주었습니다. 그 소식을 듣고 기쁨에 찬 바울이 쓴 편지가 〈데살로니가전서〉입니다.

데살로니가 교인들은 배운 대로 성결하게 살아야 했습니다. 이방 사람들은 색욕에 사로잡혀 있었습니다. 당시 데살로니가 지방의 전반적인 분위기는 거룩함이라곤 찾아볼 수 없는 사악한 모습이었습니다. 데살로니가교회가 그런 지역에 위치했기 때문에 오히려 더 성결해야 했고, 서로 사랑하는 교회가 되어야 했습니다. 데살로니가교회는 그 일을 잘해서 바울에게 칭찬을 들었습니다.

> "또 주께서 우리가 너희를 사랑함과 같이 너희도 피차간과 모든 사람에 대한 사랑이 더욱 많아 넘치게 하사 너희 마음을 굳건하게 하시고 우리 주 예수께서 그의 모든 성도와 함께 강림하실 때에 하나님 우리 아버지 앞에서 거룩함에 흠이 없게 하시기를 원하노라"(살전 3:12-13).

그리고 바울은 잠든(죽은) 사람의 부활문제에 대한 비밀을 이야기합니다. 그들은 모두 공중에서 예수님을 영접하게 될 것입니다. 언제 그런 일이 일어날까요? 때와 시기는 모릅니다. 도둑이 언제 온다고 예고합니까? 임신한 여인이 정확히 언제 해산할 지 압니까? 모릅니다. 그러나 분명한 것은 아기가 태어난다는 것이고, 예수님이 다시 오신다는 사실입니다. 바울은 예수님 오실 때까지 기뻐하고 기도하며, 감사하며 살자는 격려를 아끼지 않았습니다.

가짜 편지를 가리라는
내용의 편지

사도 바울은 데살로니가교회가 믿음과 사랑으로 더 풍성한 교회가 되었다는 소식을 들었습니다. 그런데도 걸리는 점이 있었는데 가짜 편지가 난무한 일이었습니다. 주님이 곧 오신다고 하자, 날짜가 언제라고 하는 사람들, 자기가 주님이라고 하는 사람들이 난립하고 있었습니다. 교인들 중에 거기에 편승해 경거망동하는 자들이 있었습니다.

"형제들아 우리가 너희에게 구하는 것은 우리 주 예수 그리스도
의 강림하심과 우리가 그 앞에 모임에 관하여 영으로나 또는 말
로나 또는 우리에게서 받았다 하는 편지로나 주의 날이 이르렀
다고 해서 쉽게 마음이 흔들리거나 두려워하거나 하지 말아야
한다는 것이라. 누가 어떻게 하여도 너희가 미혹되지 말라. 먼저

배교하는 일이 있고 저 불법의 사람 곧 멸망의 아들이 나타나기 전에는 그날이 이르지 아니하리니"(살후 2:1-3).

바울은 이런 데살로니가교회에 경고해야 했습니다. 바울은 말합니다. "미혹하는 그들의 말에 속지 말라. 멸망의 아들이 나타나겠지만 예수님께서 그들을 없애실 것이다. 교인들은 게으르거나 무질서하게 살지 말아야 한다. 심지어 일하기 싫다면 먹지도 말아야 한다. 믿음의 전통을 잘 지키고, 선을 행해야 하며, 넘어져도 다시 일어서라." 데살로니가교회를 향한 바울의 경고에는 따뜻함이 담겨 있었습니다. 바울은 예수님의 평강을 빌어주었습니다.

디모데를 위한 목회적 차원의
첫 번째 편지

사도 바울은 에베소교회에서 목회를 하는 디모데에게 편지를 썼습니다. 에베소교회에는 신화와 족보로 교인들을 어지럽히는 세력이 있었고, 바울은 디모데가 그들을 제어할 수 있도록 힘을 보탰습니다.

바울은 이전에 교회에 대해서 비방자이자 박해자요, 폭행자였습니다. 죄인 중에 괴수인 바울은 예수 그리스도의 은혜로 완전히 변화되었고, 사도의 직분을 받았습니다. 그에 비하면 디모데는 바울보다 훨씬 나았고 훌륭한 신앙적인 배경이 있었습니다. 바울은 디모데에게 어려운 목회 환경이지만 용기를 내라고 권면합니다.

바울은 높은 지위에 있는 사람들을 위해 중보기도하라고 조언했습니다. 그들에게 아부하라는 뜻이 아니라 복음을 전하는 데 방해받지 않도록, 또 그들도 구원을 받도록 기도해야 한다는 의미였습니다. 바울은 질서를 지켜서 교회를 이끌어가도록 조언합니다. 질서 있게 잘 이끌어 가려면 어떻게 해야 할까요? 리더를 잘 세워야 합니다. 감독과 집사를 어떻게 세우며 누가 적합한지 조언합니다. 적합한 사람을 세워야 진리와 기둥의 터인 교회가 바르게 세워질 수 있습니다.

"미쁘다. 이 말이여, 곧 사람이 감독의 직분을 얻으려 함은 선한 일을 사모하는 것이라 함이로다. 그러므로 감독은 책망할 것이 없으며 한 아내의 남편이 되며 절제하며 신중하며 단정하며 나그네를 대접하며 가르치기를 잘하며 술을 즐기지 아니하며 구타하지 아니하며 오직 관용하며 다투지 아니하며 돈을 사랑하지 아니하며 자기 집을 잘 다스려 자녀들로 모든 공손함으로 복종하게 하는 자라야 할지며"(딤전 3:1-4).

리더가 될 만한 교인이 있는가 하면 믿음에서 떠나 외식하고 거짓 말하는 사람도 있었습니다. 극심한 금욕주의자도 있었고, 망령되고 허탄한 신화를 좇는 사람들도 있었습니다. 디모데가 목회하는 교회는 절대 만만치 않았습니다. 그러나 절망적인 것만도 아니었습니다. 말씀과 기도로 형제들을 예수님의 일꾼으로 세워갈 때 보람 있고 기쁜 목회가될 수 있었습니다. 늙은이와 젊은이, 형제와 자매, 과부와 수고하는 일꾼들을 적절하게 세워나가는 것이 중요했습니다.

다만, 바울이 걱정하는 것은 어린 디모데를 업신여기는 사람이 있지 않을까 하는 것과 평소 디모데의 지병인 위장병이었습니다. 돈을 사랑해서 부자가 되려고 안달 난 사람들에게 시달릴 것도 염려되었습니다. 그러나 바울은 믿었습니다. 디모데는 잘 해낼 것이라는 것, 의와 경건과 믿음과 사랑과 인내와 온유로 믿음의 선한 싸움을 잘 싸울 것이란 것, 그리하여 하나님 나라를 위해 교회를 잘 이끌어갈 것을 믿었습니다.

디모데를 위한 목회적 차원의
두 번째 편지

그렇게 믿으면서도 디모데를 향한 두 번째 편지를 쓴 이유는 디모
데의 눈물과 거짓 없는 믿음 때문이었습니다. 할머니 로이스와 어머니
유니게를 통해 전해온 믿음을 잘 간직하여 바르게 목회하는 디모데가
떠올랐고, 더 기도하게 되었습니다. 바울에게 디모데는 아들과 같았습
니다. 바울은 이를 악물고 말합니다.

"하나님이 우리에게 주신 것은 두려워하는 마음이 아니요 오직
　능력과 사랑과 절제하는 마음이니 그러므로 너는 내가 우리 주
　를 증언함과 또는 주를 위하여 갇힌 자 된 나를 부끄러워하지
　말고 오직 하나님의 능력을 따라 복음과 함께 고난을 받으라"
　(딤후 1:7-8).

바울은 예수 그리스도를 믿는 도리를 가르쳐주고 싶었습니다. 어려운 상황이지만 복음은 그를 자유롭게 만들고, 영원한 구원을 얻게 한다는 사실을 강조하고 또 강조했습니다. 부활이 이미 지나갔다는 사람들, 망령되고 헛된 말을 하는 사람들을 주의하라고 당부했습니다. 청년의 정욕을 피하고, 깨끗한 마음으로 의와 믿음, 사랑과 화평을 따를 때 진리를 알게 될 것을 믿었습니다.

말세가 되면 돈을 사랑하고 부모를 거역하는 일이 생기고, 쾌락을 사랑하는 사람이 많아질 텐데 이것도 조심해야 할 것 중에 하나였습니다. 이고니온과 루스드라에서 받았던 박해를 이겨냈던 일을 상기시키면서 어떤 어려움에도 믿음을 잃지 않기를 바랐습니다. 어렸을 때부터 접했던 성경을 더욱 가까이하며, 때를 얻든지 못 얻든지 간에 말씀을 전파할 것을 권면했습니다.

바울은 자신이 곧 죽을 것을 알았습니다. 의의 면류관이 준비되어 있음을 확신했고, 디모데도 그 면류관의 주인공이 되기를 원했습니다. 목회의 길을 걷고 있거나, 혹은 신앙의 길을 진지하게 고민하는 사람이라면 목숨 걸고 그 길을 먼저 걸었던 바울이 나에게 쓴 편지라고 생각하고 읽으면 많은 유익이 있을 것입니다.

그레데 섬의 목회자
디도를 위한 편지

사도 바울에게는 좋은 후배가 많았습니다. 그러나 목회 편지를 받은 사람은 디모데와 디도가 전부였습니다. 둘 다 열악한 환경 가운데 목회하는 신실한 사람들이었습니다. 바울은 디도를 그레데 섬으로 보냈습니다. 그 교회에는 장로가 없었고 감독도 세워지지 않았습니다. 그레데 섬에는 불순종하는 사람들, 헛된 말을 하는 사람들, 특히 할례파 같은 거짓말을 하는 사람들이 있었는데, 그들 중에서 옥석을 가려야 했습니다.

어떻게 해야 할까요? 바른 교훈에 합당한 것을 말하고 절제, 경건, 믿음, 사랑, 인내가 요구되었습니다. 그들을 알아보기 위해서는 디도 자신이 경건하게 살지 않으면 안 되었습니다.

"범사에 네 자신이 선한 일의 본을 보이며 교훈에 부패하지 아니
함과 단정함과 책망할 것이 없는 바른 말을 하게 하라. 이는 대
적하는 자로 하여금 부끄러워 우리를 악하다 할 것이 없게 하려
함이라"(딛 2:7-8).

또한 바울은 하나님의 은혜가 그레데교회에 나타나 선하고 바른 길
을 가는 교회가 되도록 권면하고 기도했습니다. 섬사람들이 얼마나 거
친지 잘 알았던 디도는 두려웠습니다. 디도의 두려움을 이해하는 바울
은 처음부터 완성된 사람은 없으며, 자신을 포함한 많은 일꾼이 처음에
는 어리석고 순종하지 못했던 자들이었음을 상기시켜주었습니다. 예
수 그리스도의 자비와 사랑으로 중생의 씻음과 성령의 새롭게 하심을
통해 하나님의 사람을 만들어내셨기에 그레데교회도 얼마든지 가능성
이 있다고 덧붙였습니다.

어리석은 변론으로 분쟁하려는 사람, 이단에 속한 사람은 아무리
권면해도 말을 듣지 않았습니다. 그럴 때는 한두 번 훈계하고 멀리하는
게 좋습니다. 하나님께서 그들을 심판하실 것입니다. 디도 혼자서 그
일을 감당하기는 어렵기에 바울은 아데마와 두기고, 세나, 아볼로를 파
견합니다. 일종의 드림팀입니다. 그레데교회에서 목회하는 디도에게
큰 힘이 될 것입니다.

/ 빌 / 레 / 몬 / 서 /

감옥에서 만난
오네시모를 위한 편지

사도 바울은 감옥에서 오네시모를 만났습니다. 그는 주인집에서 몰래 탈출했다가 잡힌 노예였습니다. 행색은 초라하고 품행은 저급했으나 복음을 받아들이자 조금씩 변화되었습니다. 오네시모가 어느 집의 노예였는지를 물어보았더니 빌레몬의 노예였다고 대답했습니다. 뜻밖의 대답이었습니다. 빌레몬은 바울이 잘 아는 사람이었으며, 바울에게 은혜를 입은 사람이었습니다. 바울은 출소하는 오네시모의 손에 빌레몬에게 보낼 편지를 쥐어줍니다. 그것이 바로 〈빌레몬서〉입니다.

바울은 빌레몬에게 오네시모가 유익한 사람이 되었다고 적었습니다.

"갇힌 중에서 낳은 아들 오네시모를 위하여 네게 간구하노라. 그
　가 전에는 네게 무익하였으나 이제는 나와 네게 유익하므로 네

게 그를 돌려 보내노니 그는 내 심복이라"(몬 1:10-12).

그러면서 그를 옆에 두고 싶었지만 빌레몬의 허락이 필요하다고 말했습니다. 오네시모를 더 이상 종이 아니라 가족처럼 맞이해 달라는 부탁도 잊지 않았습니다. 손해를 끼친 일이 있으면 바울이 대신 갚겠다는 말도 덧붙였습니다. 보통 사랑으로는 표현할 수 없는 내용이었습니다.

감옥에는 에바브라, 마가, 아리스다고, 데마, 누가도 있었습니다. 바울은 편지 말미에 그들의 문안인사도 함께 전했습니다. 그래서 바울 개인 차원에서 공동체 차원의 편지가 된 셈이지요. 빌레몬은 바울의 부탁을 들어주었을까요? 〈골로새서〉 4장에서 바울은 골로새교회에 편지를 전달하는 사람으로 두기고와 '신실하고 사랑을 받는 형제 오네시모'를 소개합니다. 빌레몬은 자신에게 손해를 끼쳤던 오네시모를 용서하고 받아주었습니다. 바울의 부탁대로 오네시모는 바울의 사역자로 동역하게 되었습니다.

구약 전통의 히브리인을
위한 편지

〈히브리서〉를 쓴 사람이 누구인지를 알 수 없습니다. 그러나 시편, 사무엘서, 신명기 등 구약성경을 다수 인용하는 점으로 봐서 성경을 정확히 꿰뚫고 있는 사도나 교회의 지도자가 썼다는 것, 수신자 역시 구약의 전통에 익숙한 유대계 기독교인이라는 것을 알 수 있습니다. 〈히브리서〉 기자는 성경의 익숙한 구절을 인용하면서 구약이 말하려던 바로 그분이 예수 그리스도라는 사실을 상기시킵니다. 익숙한 것과 낯선 것이 만나 이해의 폭을 더 넓히게 되었습니다.

〈히브리서〉에도 초대교회와 똑같은 문제들이 언급됩니다. 당시 교회가 처해 있는 상황, 그리스도인들이 서 있는 자리가 어떤 것인지를 우리는 알게 됩니다. 〈히브리서〉는 허용할 수 있는 것은 무엇이며, 타협해서는 안 되는 것이 무엇인지를 보여줍니다.

잘못된 길로 가지 않도록 올바른 길을 보여주고, 죽음의 공포로 죄의 종노릇하는 사람들을 해방시키려고 합니다. 어떻게 그 길에서부터 완전해질 수 있을까요? 그 해답은 예수 그리스도입니다. 구원의 창시자인 예수님은 인간을 죽음과 고난으로부터 해방시켜줍니다. 아직 그들에게 익숙하지 않은 예수 그리스도를 효과적으로 소개해주기 위해서 〈히브리서〉 기자는 모세와 제사장 이야기를 합니다. 익숙한 것과 낯선 것의 만남이지요.

유대인들이 존경하는 모세는 하나님의 집안사람에 불과합니다. 그러나 예수님은 하나님의 아들입니다. 모세가 이스라엘 백성들을 이집트에서 이끌고 나왔으나 불순종했기 때문에 광야에서 진노를 받았습니다. 시험을 받았을 때 불순종하지 않는 방법은 없을까요? 있습니다. 시험을 받았으나 죄는 없으신 대제사장 예수님을 따르는 일입니다. 예수 그리스도는 모세와 비교할 수 없는 하나님의 아들이기 때문입니다.

"우리에게 있는 대제사장은 우리의 연약함을 동정하지 못하실 이가 아니요 모든 일에 우리와 똑같이 시험을 받으신 이로되 죄는 없으시니라"(히 4:15).

역사상 모든 제사장은 본인도 죄인이기에 속죄제를 드려야 했습니다. 그러나 예수님은 제사장이면서 죄가 없으신 분이기에 자신을 위한 속죄제가 필요 없습니다. 제사장은 레위 지파 출신이어야 합니다. 그런데 어떻게 유다 지파인 예수님이 제사장이 될 수 있을까요? 그것은 지파란 말이 생기기 훨씬 이전의 사건으로 돌아갑니다.

야곱의 아들들이 지파의 원조인데, 그보다 한참 전인 야곱의 할아버지 아브라함이 만났던 제사장이 있었습니다. 멜기세덱이란 제사장은 아브라함에게서 십일조를 받았습니다. 그는 지극히 높으신 하나님의 제사장이었습니다. 예수님은 레위 지파를 잇는 제사장이 아니라 바로 이 멜기세덱의 신분을 따랐습니다. 예수님이 여타의 대제사장과 또다른 점이 있었습니다. 그것은 예수님이 스스로 제물이 되셨다는 사실입니다. 예수님은 새 언약의 중재자가 되기 위해 스스로 십자가의 제물이 되어 우리를 위해 바쳐졌습니다.

그래서 우리는 대제사장만이 갈 수 있었던 휘장 너머까지 들어갑니다. 영원한 제사장 되신 예수님을 따라가기 때문입니다. 예수님의 피를 힘입어서 담대하게 휘장을 뚫고 지성소까지 나아갈 수 있습니다. 예수님을 믿는 사람으로서 성도들은 서로 격려하고, 모이기에 힘쓰며, 고난의 싸움을 인내로 이겨내며, 믿음으로 살아가야 합니다. 〈히브리서〉 기자는 믿음의 길을 먼저 간 선배들(11장)과 구름 떼처럼 숱한 증인들을 따라 "예수님을 바라보자"고 소리쳐 외칩니다.

흩어진 열두 지파를 위한
실천적 편지

예수님의 동생 야고보는 예루살렘교회가 생겼을 때 베드로와 함께 교회를 이끌어간 기둥 같은 존재였습니다(갈 2:9). 야고보는 '흩어져 있는 열두 지파'에게 편지를 씁니다. 이것이 〈야고보서〉입니다. 그런데 생각해봅시다. 이 시기는 이스라엘이 앗시리아(BC 722년)와 바벨론(BC 586년)에 의해서 망하고 난 후 600년에서 750년 이상이 지났을 때입니다. 누가 어느 지파인지 그 지파가 어디에 흩어져 있는지도 알수가 없을 때입니다. 그런 때에 어떻게 '흩어져 있는 열두 지파'에게 편지를 쓸 수 있을까요?

여기서 야고보가 '흩어진 열두 지파'라고 말한 것은 실제로 어떤 지역에 사는 지파들을 지칭한 말이 아니라 유대인의 정체성을 가지고서 예수님을 믿는 사람들이라는 뜻입니다. 가까이 혹은 멀리 흩어져서 예수 그리스도를 향한 믿음을 가진 유대교 전통에 속한 성도들이었습니다. 그들은 어떤 상황이었을까요?

성도들은 시험을 받고 있었습니다. 야고보는 시험을 기쁨으로 여기면 인내가 생기고, 그래서 더욱 성숙해질 수 있다고 격려합니다. 피하고 싶은 시련과 고난을 어떻게 기쁘게 여길 수 있을까요? 여기에 지혜가 필요합니다. 하나님께서 주신 지혜로 시련이 다가와도 흔들리지 않고 성숙해질 수 있습니다.

> "내 형제들아 너희가 여러 가지 시험을 당하거든 온전히 기쁘게
> 여기라. 이는 너희 믿음의 시련이 인내를 만들어내는 줄 너희가
> 앎이라. 인내를 온전히 이루라. 이는 너희로 온전하고 구비하여
> 조금도 부족함이 없게 하려 함이라"(약 1:2-4).

야고보는 두 가지를 비교합니다. 믿음과 행함을 비교하고, 부자와 가난한 자, 착한 행동과 시기심, 시험을 당하는 자와 시험을 주는 자, 고난과 즐거움을 비교합니다. 야고보는 부자를 우대하고 가난한 사람을 업신여기는 성도가 있는 것을 알았습니다. 성도들이 진실로 믿음이 있다면 그렇게 행동해서는 안 된다고 경고합니다. 믿음은 행동을 통해서 드러나야 한다고 강조합니다. 야고보는 날카롭게 양심을 찌르면서 그들이 올바른 길을 가도록 이끌었습니다.

교회 안에서 남을 깎아내리고 상처를 주는 말을 하는 성도는 한 개의 입으로 주님을 찬양하다가 같은 입으로 저주를 하는 모순에 빠져 있습니다. 성도는 그래서는 안 된다고 강조합니다. 〈야고보서〉가 행함을

강조하기 때문에 〈로마서〉와 대척점에 있는 것처럼 보입니다. 종교개혁자 마틴 루터는 지푸라기 서신이라고 폄하했지만 그리스도인이라면 마땅히 해야 할 일에 대해서, 믿는 자로서의 삶과 인격이 무엇인지를 알려주는 의미에서 〈야고보서〉는 현 시대의 교회에 많은 도전을 던져주는 실천적인 성경입니다.

부활과 사랑을 강조하는 편지

야고보가 '흩어져 있는 열두 지파'에게 편지를 썼다면, 베드로는 '흩어진 나그네'를 대상으로 합니다. 지파보다는 나그네가 좀 더 포괄적이긴 합니다. 그리고 지형적으로도 넓은 곳을 지향합니다. 본도, 갈라디아, 갑바도기아, 아시아, 비두니아에 흩어진 교회를 향한 편지니까 지금의 튀르키예 지역, 소아시아 지역의 모든 교회를 통틀어서 편지를 씁니다.

베드로는 〈이사야〉를 많이 인용하는데, 예수님의 하신 모든 일을 복기해보니 구약의 말씀이 그대로 이루어졌음을 알게 된 것이지요. 베드로는 자신이 만난 예수님이 예언의 결과임을 깨닫고 그 사실을 나누고 싶었습니다. 베드로가 꼭 전하고 싶은 가장 중요한 사실은 무엇이었을까요? 그것은 '부활'이었습니다. 그의 인생에서 가장 인상 깊은 이야기, 엄청난 신비이면서 너무나 분명하여 강조하지 않을 수 없는 이야기가 부활입니다. 시련이 아무리 커도 부활이 있기에 기뻐할 수 있습니다.

그리스도인은 썩지 않을 씨로 다시 태어났습니다. '썩지 않을 씨'는 살아계시고 영원하신 하나님의 말씀입니다. 성도들은 신령한 젖인 말씀을 사모해야 합니다. 베드로가 보기에 성도들은 돌처럼 서로 부딪히면서 상처를 주고 있었습니다. 베드로는 자신도 돌(반석)이었기 때문에 돌이라는 재료는 교회를 세우는 데만 사용해야 한다고 생각했습니다. 그래서 살아 있는 돌(산 돌)이신 예수님을 닮아 주님을 기쁘게 하는 성도들이 되기를 원했습니다.

성도들의 상태는 깨어진 조각돌 같았습니다. 아내와 남편(가정)이, 주인과 종(사회)이 모두 불신과 미움, 다툼과 증오 속에 있었습니다. 교회는 그래서는 안 되는 것입니다. 베드로는 한마음으로 서로를 품으라고 권합니다. 이전에 세상의 풍조를 따라서 방탕하고, 정욕대로 살고, 술과 환락에 빠져 살았지만 이제는 빠져나와야 합니다. 심판이 있기 때문입니다.

베드로는 서로 사랑하자고, 그것도 아주 뜨겁게 사랑하자고 강조합니다. 베드로가 예수님으로부터 뜨거운 사랑을 받아보았기에 할 수 있는 이야기였습니다. 베드로는 계속해서 성도들이 어떤 존재인지를 이야기해줍니다.

"그러나 너희는 택하신 족속이요 왕 같은 제사장들이요 거룩한
나라요 그의 소유가 된 백성이니 이는 너희를 어두운 데서 불러

내어 그의 기이한 빛에 들어가게 하신 이의 아름다운 덕을 선포
하게 하려 하심이라"(벧전 2:9).

베드로는 하나님의 양 떼를 먹이라고 장로들에게 부탁합니다(벧전
5:2). 이것은 〈요한복음〉 21장이 자동적으로 떠오르는 대목이지요. 예
수님은 베드로에게 "내 양을 먹이라"고 부탁하셨습니다. 베드로는 양
을 먹이고 보살폈습니다. 이제는 새로운 리더들에게 자신을 이어 양 떼
를 책임지도록 응원하고 지지합니다. 영광의 면류관을 쓰고 후배들을
응원하는 베드로의 모습이 보이는 듯합니다.

거짓 선지자를 경고하는 편지

베드로가 쓴 두 번째 편지에는 특정한 사람에 대한 경고의 말씀이 나옵니다. 베드로는 "나의 장막을 벗어날 것이 임박했다"(벧후 1:14)는 사실, 즉 죽음이 다가왔다는 것을 알았습니다. 베드로가 떠나게 되면 교회 안에서 거짓 선지자들이 판을 칠 것이고, 그러면 지금까지 가르쳤던 진리의 말씀이 훼손될 수 있었습니다. 그래서 베드로는 강도 높게 그들에 대해 비판합니다. 그들은 누구일까요?

그들은 불의한 자, 육체를 따라 정욕 속에 사는 자, 믿음으로 사는 사람을 멸시하는 자들입니다. 베드로는 그들에 대해서 이성 없는 짐승, 저주의 자식, 발람의 길, 물 없는 샘, 광풍에 밀려가는 안개라는 비유를 사용합니다. 무릇 비유란 아는 사람은 알고 모르는 사람은 모르기 마련이기에, 이에 해당하는 사람은 뜨끔할 것입니다.

이들은 교회를 공격할 때 "예수님이 재림한다는데 대체 언제 오느냐? 안 오시는 것은 아니냐? 세상이 멀쩡한데 다 거짓말 아니냐?"라고 시비를 걸었습니다. 베드로는 하나님은 심판하실 것이며, 그때까지 잠시 유예했을 뿐이라고 설명합니다. 주께는 하루가 천 년 같고 천 년이 하루 같다는 사실, 오래 참으실 뿐이란 사실을 상기시킵니다.

"사랑하는 자들아 주께는 하루가 천 년 같고 천 년이 하루 같다는 이 한 가지를 잊지 말라. 주의 약속은 어떤 이들이 더디다고 생각하는 것같이 더딘 것이 아니라 오직 주께서는 너희를 대하여 오래 참으사 아무도 멸망하지 아니하고 다 회개하기에 이르기를 원하시느니라"(벧후 3:8-9).

그러므로 새 하늘과 새 땅을 사모하며 살아가는 것, 거룩한 행실과 경건함으로 그날을 기다리며 사는 것, 억지로 성경을 풀다가 스스로 멸망하지 말고 예수 그리스도의 은혜와 지식에까지 자라가는 것, 믿음, 덕, 지식, 절제, 인내, 경건, 형제 우애, 사랑으로 가득해지는 것, 그리하여 예수 그리스도의 영원한 나라에 넉넉히 들어가게 되는 것, 그것이 베드로가 바라는 그리스도인의 모습이었습니다.

빛과 사랑이신
하나님에 대한 편지

　〈요한복음〉과 〈요한서신〉은 세상의 시작(태초)부터 이야기를 시작
합니다. 이러한 거대 서사구조를 가질 수 있는 것은 요한이 예수 그리
스도를 만났기 때문입니다. 태초부터 보았던 생명의 말씀을 듣고 보고
만질 수 있었던 것은 전적으로 하나님의 은혜였습니다. 요한은 하나님
에 대해서 말하지 않을 수 없었습니다. 하나님은 어떤 분일까요?

　하나님은 빛이십니다(요일 1:5). 이 빛을 통해서 거짓, 죄, 불법 등
이 드러납니다. 빛이신 하나님을 믿으면서도 죄짓고 속이며 불의를 행
할 수는 없습니다. 그런데도 성도가 죄짓는 것을 보면서 요한은 이 편
지를 썼습니다. 빛 가운데 있으면 죄를 지을 수가 없다고 말합니다. 그
런데 만약 죄를 지으면 어떻게 될까요?

　화목제물이 되신 예수님이 계십니다. 예수님이 우리를 죄로부터 건

져주셨기 때문에 우리는 예수님의 말씀과 계명을 지키는 자로 서 있어야 합니다. 말씀을 지켜나갈 때 하나님의 사랑 안에 있다는 것을 알게 됩니다. 그리고 그 말씀(새 계명) 속에서 참된 빛이 비춰집니다. 빛 속에 있다는 것을 어떻게 증명할 수 있을까요? 그것은 두 가지입니다. 무엇을 사랑하고 누구를 죽이고 있느냐를 보면 됩니다.

세상을 사랑하여 육신의 정욕, 안목의 정욕, 이생의 자랑을 추구하는 사람은 거짓에 속해 있게 됩니다. 죄를 짓고 불법을 행합니다. 그렇게 되면 마귀에게 속하게 되고, 결국 살인까지 합니다. 남을 미워하는 일도 일종의 살인입니다. 세상을 사랑하고 자신을 사랑해서 형제를 죽이는 사람은 절대로 빛 속에 있지 않습니다.

"이 세상이나 세상에 있는 것들을 사랑하지 말라. 누구든지 세상을 사랑하면 아버지의 사랑이 그 안에 있지 아니하니 이는 세상에 있는 모든 것이 육신의 정욕과 안목의 정욕과 이생의 자랑이니 다 아버지께로부터 온 것이 아니요 세상으로부터 온 것이라"(요일 2:15-16).

반면에 형제를 사랑하는 사람은 자기를 죽입니다. 남을 위해 목숨까지도 버립니다. 가진 것을 나눠주는 일도 자기를 죽이는 것의 일종입니다. 나누는 일은 쉽지 않습니다. 아무리 형제가 어려워도 그렇습니다. 내가 수고해서 갖게 된 것이거든요. 그러나 사랑이 무엇인지 아는 사람은 그것을 해냅니다. 말과 혀로만 사랑하는 게 아니라 진짜로 나눠줍니다. 그것이 빛 속에 사는 사람의 특징입니다.

요한은 여기에서 편지를 끝내지 않습니다. 그렇다면 도대체 그 사랑은 어디에서 왔는지 그 출처를 밝힙니다. 하나님은 사랑이십니다(요일 4:8). 하나님이 유일한 아들 예수 그리스도를 세상에 보내신 것은 자기를 죽이는 것이나 마찬가지였습니다. 그 정도로 완전히 사랑하셨기 때문에 우리가 살아나게 되었습니다. 하나님을 본 사람이 없지만 우리가 서로 사랑하면 하나님을 증명하는 셈입니다. 사랑할 것이냐, 미워할 것이냐? 살릴 것이냐, 죽일 것이냐? 예수님으로부터 진한 사랑을 받은 요한이 쓴 편지에는 이렇게 사랑이 뚝뚝 묻어납니다.

믿음의 어머니들을 향한 편지

요한은 믿음의 어머니들에게 편지를 썼습니다. '내리사랑'이라는 말이 있습니다. 예수님께서 먼저 사랑해주셨기에 어머니들도 자녀들을 사랑으로 키우고 계명대로 살도록 격려해야 합니다.

"부녀여, 내가 이제 네게 구하노니 서로 사랑하자. 이는 새 계명 같이 네게 쓰는 것이 아니요 처음부터 우리가 가진 것이라. 또 사랑은 이것이니 우리가 그 계명을 따라 행하는 것이요 계명은 이것이니 너희가 처음부터 들은 바와 같이 그 가운데서 행하라 하심이라"(요이 1:5-6).

어머니들의 마음에 이미 하나님께서 능력을 주셨기에 그것이 가능합니다. 속이는 사람이 세상에 많이 있는데, 그들은 예수님이 육체로 오지 않았다고 미혹했습니다. 그렇게 되면 하나님과 아들 예수 그리스도를 오해할 수 있습니다. 요한은 이런 사람들을 집에 들이는 것은 물론이고, 아예 인사도 하지 말라고 경고합니다. 요한은 그 어머니들을 속히 보고 싶어 했습니다.

가이오에게 쓴 편지

요한은 가이오에게 이 편지를 썼습니다. '기쁘다'는 뜻의 가이오는 〈사도행전〉(19:29, 20:4)과 〈로마서〉(16:23)에도 등장합니다. 같은 인물인지는 알 수 없으나 가이오는 성실하고 진실한 사람이었으며 낯선 성도들을 잘 챙겨주는 사람이었습니다.

"사랑하는 자여 네 영혼이 잘됨같이 네가 범사에 잘되고 강건하기를 내가 간구하노라"(요삼 1:2).

요한은 가이오 외에도 두 사람을 더 언급하는데 사람들에게 좋은 평을 받은 데메드리오와 으뜸이 되기를 좋아하는 디오드레베가 있었습니다. 〈요한삼서〉는 그 내용이 전부입니다. 우리는 그들을 모르지만 하나님의 심판대 앞에서 그들의 전모가 드러날 것입니다. 참고로 성경 중에서 〈요한삼서〉가 가장 짧습니다.

이단에 대한 경고를 담은 편지

예수님의 남동생은 야고보 말고도 유다, 요셉, 시몬 등 네 명이 있습니다. 그중에서 유다가 기록한 성경이 〈유다서〉입니다. 유다는 성도들에게 격려와 주의를 주기 위해 이 편지를 썼습니다. 교회에 몰래 숨어 들어온 몇 사람들이 성도를 넘어뜨리고 있었기 때문입니다. 그들은 경건하지 못하고, 하나님의 은혜를 업신여기며, 예수님을 부인하는 자들입니다. 가인, 발람, 고라와 같은 악인의 길로 따라간 사람들입니다.

유다는 그들에 대해서 이성 없는 짐승, 애찬의 암초, 자기 몸만 기르는 목자, 바람에 불려가는 물 없는 구름, 뿌리까지 뽑힌 열매 없는 가을 나무, 더러운 거품을 품은 거친 바다 물결, 캄캄한 흑암에 돌아갈 별들로 비유합니다. 시적인 비유입니다.

"그들은 기탄없이 너희와 함께 먹으니 너희의 애찬에 암초요 자기 몸만 기르는 목자요 바람에 불려가는 물 없는 구름이요 죽고 또 죽어 뿌리까지 뽑힌 열매 없는 가을 나무요 자기 수치의 거품을 뿜는 바다의 거친 물결이요 영원히 예비된 캄캄한 흑암으로 돌아갈 유리하는 별들이라"(유 1:12-13).

〈유다서〉를 읽은 성도들은 그들이 누구인지 정확히 알았을 것입니다. 믿음의 기초 위에 자신을 건축하고 성령으로 기도하지 않으면 자신도 같은 길로 가게 된다는 경각심을 줍니다. 이단으로 인해 골머리를 앓는 교회는 〈유다서〉를 주의 깊게 읽을 필요가 있습니다.

다시 오실
예수님에 대한
예언의 히스토리

Bible
History

* * * * *

〈요한계시록〉의 첫 인상, 난해와 공포

　〈요한계시록〉을 왜 읽지 않는 것일까요? 우선 어렵기 때문입니다. 아무리 읽어도 무슨 말인지 모르지요. 숫자와 색깔, 괴물과의 쟁탈전이 난무합니다. 마치 고대의 비밀을 파헤치듯이 미로 속을 헤매는 것 같습니다. 성경 중에서 가장 난해한 성경이 〈요한계시록〉이 아닌가 싶습니다. 그리고 무섭습니다. 내용 자체가 겁이 나서 읽기가 꺼려집니다. 종말에 일어날 일을 예언하는 내용이라 당장이라도 끔찍한 일이 일어날 것만 같습니다. 공포는 그뿐만이 아닙니다. 많은 이단이 〈요한계시록〉을 자의적으로 해석해서 인용합니다. 〈요한계시록〉을 읽다가 이단으로 몰릴까 봐 염려가 되고 곡해할까 봐 불안하기도 합니다. 그래서 〈요한계시록〉을 본문으로 한 설교가 드물고, 읽는 것도 멀리하게 됩니다.

그런데도 〈요한계시록〉을 읽어야 합니다. 당연합니다. 성경은 66권이고 〈요한계시록〉을 읽지 않으면 일독이 되지 않습니다. 박해와 억압 속에 처했던 초대교회 성도들은 〈요한계시록〉을 읽고 위로를 받았으며 어려움을 헤쳐나갔습니다. 〈요한계시록〉을 펼치면 성경 자체가 어서 나를 읽으라고 소리지르는 것 같습니다.

"이 예언의 말씀을 읽는 자와 듣는 자와 그 가운데에 기록한 것을 지키는 자는 복이 있나니 때가 가까움이라"(계 1:3).

그러므로 우리는 열심히 〈요한계시록〉을 읽어야 합니다. 그렇다면 어떻게 읽어야 할까요? 〈요한계시록〉은 구원의 복음을 전해주는 놀랍고도 환희에 찬 이야기입니다. 그러기에 그 말씀이 꼭 성취될 것이라고 믿으면서 읽어야 합니다. 복음의 핵심은 예수 그리스도입니다. 고난의 시기를 겪어야 했던 성도들은 〈요한계시록〉을 읽으면서 소망을 가졌습니다. 비록 지금은 말할 수 없이 고통스럽지만 "예수님은 아신다" "예수님은 오신다" "예수님의 말씀대로 살자"라면서 험한 시대를 견뎠습니다.

세상의 역사가 언제나 교회에 반감을 가진 것은 아니지만 말씀을 지키는 교회는 세상으로부터 멸시당할 때가 많았습니다. 오늘날의 교회도 마찬가지입니다. 예수 그리스도를 믿고, 소망을 가지며 사랑으로 결속하기 위해서는 오늘의 교회들도 〈요한계시록〉을 읽어야 합니다. 묵시라는 장르가 어려운 이유는 비유와 상징이 많기 때문입니다. 그러나 풀기 어려운 암호는 아닙니다. 비유와 상징을 정확히 파악할 수 있으면 됩니다. 예를 한번 들어봅시다.

"너의 죄가 눈처럼 희어질 것이다"라는 말씀이 있습니다. 비유이지요. 평생 '눈'을 보지 못한 열대기후의 사람과 연중 절반은 '눈' 속에 파묻혀 사는 북반구의 사람이 이 말씀을 처음 들었을 때 이해하는 바는 다를 것입니다. '눈'을 본 적이 없더라도 모르지는 않습니다. '눈'이란 하얗고 깨끗한 것이라는 추측은 할 수 있습니다. 그 정도로도 말씀을 이해하는 데 문제가 없습니다. 여기까지는 비유입니다. 그런데 상징이 있습니다. 상징은 그 수준으로는 안 됩니다. 당시 시대 상황, 그 시대가 가지고 있는 위기, 문화적인 내용을 모르면 전혀 엉뚱하게 해석할 수밖에 없습니다.

그러니까 이 말은 시대 상황, 문화, 환경 등을 알면 비유와 상징을 풀어낼 수 있다는 뜻이 됩니다. 〈요한계시록〉은 사도 요한이 AD 90년대에 소아시아에 흩어져 있는 교회들을 향해서 쓴 편지입니다. 로마가 세계를 장악하고 있었고 로마의 권좌에는 황제가 있었습니다. 당시 로마 황제는 도미티아누스였는데, 그는 교회를 박해하기 위해서 태어난 사람 같았습니다.

앞 세대 황제인 베스파시아누스는 두 아들 티투스와 도미티아누스가 차기 권력을 누리도록 계획했습니다. 자신이 죽으면 큰아들이 10년에서 20년 정도 다스리다가 그도 죽으면 둘째 아들이 황제를 물려받게 해놓았지요. 그러나 사람이 죽고 사는 일이 계산대로 되겠습니까? 아버지를 이어 황제가 된 티투스가 2년 뒤 요절하는 바람에 동생 도미티아누스가 즉위했습니다. 서른 살에 일어난 일이었습니다. 그가 황제가 되었을 때는 베수비오 화산의 폭발로 폼페이시가 매몰되는 대재난이 일어난 뒤였습니다.

실무 경험이나 군사적인 실적이 없는 도미티아누스에게는 위기이 자 기회였습니다. 잘 생기고 꼼꼼하며 엄격하고 야망에 가득한 이 젊은 황제는 국방을 강화하고 제도를 개선하며 부정부패를 말소하고 지방 자치를 통해 중앙 집권과 지방 분권을 지향하면서 로마를 부강하게 만 들려고 했습니다.

그가 사용한 방법은 공포정치와 황제 우상화였습니다. 힘을 숭상하 는 황제답게 올림픽 같은 경연대회를 장려했습니다. 그는 자신에게 역 행하는 자는 원로원 의원이라도 가차 없이 추방하거나 사형시켰습니 다. 군단으로부터 과도한 충성을 받았고, 여사제 제도는 엄격히 집행할 정도로 종교에 집착했습니다. 그러나 도미티아누스는 마흔 여섯의 나 이에 암살로 생을 마감합니다. '기록말살형'이라는 치욕적인 사후 형 벌에도 처해졌습니다. 악한 황제이기 때문이었지요.

도미티아누스의 우상화를 격렬하게 거부한 종교는 유대교와 기독 교였습니다. 황제는 두 종교 중에서 주로 기독교인들을 박해했습니다. 교회를 말살하는 수준이었습니다. 재산을 압수하고, 교인들을 로마 시 에서 추방했으며, 그래도 말을 안 들으면 경기장에 끌고 가 맹수에게 물어 뜯게 했습니다. 황제의 명령을 받은 지방 정부는 지역교회를 억 압했습니다. 교인들은 교회를 떠나거나 배교했습니다. 지도자들은 순 교의 제물로 바쳐졌습니다. 사도 요한은 밧모 섬에 유배되었습니다. 이 것이 〈요한계시록〉을 쓰던 당시의 현실이었습니다.

요한의 편지는 금서가 되어 교회에 배달되기 전에 불태워지곤 했습 니다. 검열하는 사람들에게 책잡히지 않기 위해서 교회만 아는 용어가 필요했습니다. 일반인들은 아무리 읽어도 무슨 말인지 모르지만 교인들은 의미를 알 수 있게 썼습니다. 하나님의 뜻이 은폐되어 있으면서도 개방된 비밀로 써야 했습니다. 바로 그 자리, 그 장소에서 외로이 핍박당하는 그리스도인들은 〈요한계시록〉을 읽으면서 현실을 이길 각오를 다졌습니다.

〈요한계시록〉 각 장의 줄거리

〈요한계시록〉은 묵시이기 때문에 줄거리를 나열하는 것은 큰 의미가 없어 보입니다. 그러나 우리가 여러 번 읽을 것을 전제로 하고 〈요한계시록〉을 있는 그대로 읽어보는 것도 좋은 방법입니다. 줄거리를 거칠게 요약함으로써 한눈에 보고, 이 후에 깊은 뜻에 대해서 생각해 보겠습니다.

▶ **1장** : 예수 그리스도께서 요한에게 보여주신 계시의 말씀입니다. 밧모 섬에 유배된 요한은 하나님의 말씀을 꼼꼼하게 기록했습니다. 이 묵시의 편지를 받을 대상은 아시아에 있는 일곱 교회입니다. 요한은 교회들에게 인사하며 편지를 시작합니다. 그날은 주의 날이었습니다. 요한은 뒤에서 들리는 소리를 알아보려고 돌이켰다가 일곱 금 촛대 가운데 인자 같은 분이 계신 것을 보게 됩니다. 그분은 오른 손으로 일곱 별을 쥐고 있었습니다.

▶ **2-3장** : 이 편지를 읽을 대상인 일곱 교회는 에베소, 서머나, 버가모, 두아디라, 사데, 빌라델비아, 라오디게아 교회입니다. 예수 그리스도께서는 이 교회들에 대한 칭찬과 책망을 하시고, 고통의 때를 이기면 얻게 될 보상도 말씀해주십니다. 일곱 교회에 대한 이야기는 따로 다루겠습니다.

▶ **4장** : 요한은 하늘에 열린 문을 봅니다. 그때 나팔 소리 같은 음성이 들립니다. 보좌에 한 분이 앉아 계시는데, 그 옆으로 24개의 보좌가 있고 그 위에 24명의 장로가 있습니다. 보좌 앞에는 일곱 개의 등불이 있는데 그것은 일곱 영입니다. 보좌 주위로는 사자, 송아지, 사람, 독수리 등 네 개의 형상을 한, 앞뒤에 눈이 가득한 여섯 날개의 생물이 있었습니다. 그 생물은 밤낮 거룩하신 하나님을 찬양하며 외칩니다. 24명의 장로들 역시 엎드려 보좌에 계신 분께 경배합니다. 이들을 '4생물과 24장로들'이라고 하겠습니다.

▶ **5장** : 보좌에 앉으신 그분의 오른손에는 일곱 인으로 봉한 두루마리가 있습니다. 요한은 그것을 보면서 크게 웁니다. 인을 떼고 읽을 사람이 없기 때문이었습니다. 그때 죽임을 당했던 어린 양이 일곱 영과 함께 두루마리를 가져갑니다. '4생물과 24장로들'은 어린 양 앞에서 찬양합니다. 수많은 천사도 어린 양께 경배를 올립니다.

▶ **6장** : 어린 양께서 일곱 인을 차례로 떼기 시작합니다. 첫째 인을 떼자 흰 말을 탄 사람이 활을 갖고 면류관을 받아 이기려고 합니다.

둘째 인을 떼자 붉은 말을 탄 사람이 큰 칼을 받습니다. 셋째 인을 떼자 검은 말을 탄 사람이 손에 저울을 들고 나타납니다. 넷째 인을 떼자 청황색 말을 탄 '사망'이라는 이름의 사람이 땅 1/4을 죽입니다. 다섯째 인을 떼자 말씀 때문에 죽게 된 영혼들이 제단 아래에서 소리를 칩니다. 그들은 흰 두루마기를 갖게 되지요. 여섯째 인을 떼자 큰 지진이 납니다. 해는 검게 되고, 달은 피처럼 붉어지며, 별들은 다 떨어집니다. 임금들을 비롯한 천하의 강한 자들이 굴에 숨어듭니다. 그들은 차라리 바위가 떨어져 어린 양의 진노로부터 가려달라고 호소합니다.

▶ 7장 : 그 후에 천사 넷이서 땅의 각 면을 붙잡아 바람이 불지 못하게 합니다. 하나님의 인을 가진 천사 하나는 천사 넷에게 하나님의 종들의 이마에 인을 치기까지 해치지 말라고 외칩니다. 인을 받은 자의 수는 이스라엘 12지파로 총 144,000명입니다. 나라와 족속과 백성과 방언에서 흰 옷을 입은 큰 무리가 종려 가지를 들고 어린 양을 찬양하고, 천사들 역시 보좌에 엎드려 경배합니다. 흰 옷을 입은 자는 누구일까요? 장로 중 하나가 대답하길, 어린 양의 피에 옷을 씻어 희게 된 자들이라고 대답해줍니다. 어린 양이 그들의 목자가 되고, 하나님은 그들의 눈에서 눈물을 씻어주실 것입니다.

▶ 8장 : 아직 인이 하나 남았습니다. 어린 양이 일곱째 인을 떼자 하늘이 고요해집니다. 요한은 하나님 앞에 선 일곱 천사를 보았습니다. 그들은 하나씩 나팔을 받았습니다. 또 다른 천사가 성도의 기도인 향로를 하나님께 올리고, 제단의 불은 땅에 쏟습니다. 우레와 번개, 지진이

납니다. 이제 일곱 천사가 일곱 나팔을 불기 시작합니다. 첫 나팔을 불자 피 섞인 우박과 불이 땅에 쏟아져 1/3이 타버립니다. 둘째 나팔을 불자 불붙는 큰 산이 바다에 던져져 바다의 1/3이 피가 됩니다. 셋째 나팔을 불자 쑥이란 이름의 큰 별이 하늘에서 떨어져 강들의 1/3이 쓰게 됩니다. 넷째 나팔을 불자 해, 달, 별의 1/3이 어두워집니다. 독수리들은 날아다니며 화가 있다고 소리칩니다.

▶ **9장** : 다섯째 나팔을 불자 별 하나가 무저갱의 열쇠를 받습니다. 무저갱을 열 때 연기가 올라와 온통 어두워지더니 황충이 연기와 함께 땅 위에 올라옵니다. 황충은 하나님의 인침을 받지 않은 사람들만 골라서 해치지만 죽이지는 않습니다. 황충에게는 왕이 있었는데, 무저갱의 사자로 히브리어로는 '아바돈', 헬라어로는 '아볼루온'이란 왕이었습니다. 여섯째 나팔을 불자 유브라데강에 결박된 4명의 천사를 풀어주라는 음성이 들립니다. 그 천사들은 사람들 1/3을 죽이기 위해 준비된 천사였습니다. 뱀 같은 꼬리를 단 말들과 그것을 탄 자들이 나와 사람 1/3을 죽입니다. 죽지 않고 남은 사람들이 회개는 하지 않고 우상을 숭배하기에 바쁩니다.

▶ **10장** : 요한은 무지개가 머리 위에 있는, 해 같은 얼굴에 불기둥 발을 하고 있는 힘이 센 천사 하나가 작은 두루마리를 들고 하늘에서 내려오는 것을 봅니다. 천사의 오른 발은 바다, 왼 발은 땅을 밟고는 우레처럼 큰소리로 외칩니다. 요한이 서둘러 그 내용을 쓰려는데 기록하지 말라는 소리를 듣게 되지요. 천사는 일곱째 천사가 나팔을 불 때에

하나님의 비밀이 이루어질 것이라 말합니다. 천사는 두루마리를 요한에게 줍니다. 요한은 그 두루마리를 먹습니다. 입에는 꿀처럼 달았는데 배에서는 씁니다. 천사는 요한에게 "백성과 나라와 임금들에게 다시 예언해야 한다"고 말합니다.

▶ **11장** : 천사는 요한에게 갈대를 주면서 성전과 제단을 측량하라고 합니다. 권세를 받은 두 증인이 굵은 베옷을 입고 있는데 그들은 두 감람나무와 두 촛대입니다. 누군가 두 증인을 해치려고 하면 입에서 불이 나와 죽게 될 것입니다. 두 증인이 예언하는 동안 비가 오지 않고 물은 피로 변하는 등 재앙이 속출합니다. 그들이 증언을 마칠 때 짐승이 무저갱에서 전쟁을 일으켜 그들을 죽입니다. 두 증인의 시체는 소돔, 이집트 또는 주님께서 십자가에 못 박히신 곳에 널브러져 장사도 치르지 못한 채 방치됩니다. 짐승들은 그것을 보고 좋아합니다. 그러나 사흘 반 뒤 하나님의 생기가 그들에게 들어가서 다시 일어섭니다. 두 증인은 구름을 타고 하늘로 올라가지요. 땅에는 지진이 납니다. 드디어 천사가 일곱째 나팔을 붑니다. "세상 나라가 그리스도의 나라가 된다"는 큰 음성이 하늘로부터 들리며, 24장로들이 엎드려 하나님께 경배합니다. 하나님의 성전이 열리고 언약궤가 보입니다.

▶ **12장** : 요한은 하늘을 봅니다. 해를 옷처럼 입고 달을 발아래 두었으며 머리에 12별의 관을 쓴 여자가 보입니다. 여자는 잉태했는데 아기가 나올 때가 된 것인지 진통이 심합니다. 하늘을 보니 일곱 머리에 열 뿔이 달린 큰 '붉은 용'이 왕관 일곱 개를 쓰고 있는 것이 보입니

다. 용은 꼬리로 별의 1/3을 땅에 던집니다. 여자가 아기를 낳으면 삼키려고 벼르고 있는 중이지요. 장차 만국을 다스릴 남자였는데 다행히 아기는 하나님의 보좌 앞에 올라갑니다. 아기를 낳은 여자는 가까스로 광야로 도망하지요. 그 사이에 천사 미가엘은 용과 전쟁을 벌여 이깁니다. 용은 도망갑니다. 용은 무엇일까요? 요한은 그 용의 정체를 폭로하는데 옛 뱀, 곧 마귀, 사탄입니다. 쫓겨난 용은 그 와중에도 여자를 박해하기 위해 입에서 강물을 토해 떠내려가게 합니다. 땅은 입을 벌려 토한 물을 다 삼켜 여자를 구해줍니다. 용은 여자를 포기하고 이번에는 여자의 남은 자손과 싸우기 위해 바다 모래 위에 섭니다.

▶ **13장** : 요한은 바다를 바라봅니다. 바다에서 열 개의 뿔이 달려 있고, 머리가 일곱인 '짐승'이 올라옵니다. 온통 신성 모독하는 이름이 머리에 쓰여 있습니다. 짐승은 표범처럼 생겼고 곰의 발에 사자의 입을 하고 있었습니다. 용은 짐승에게 능력과 권세를 부여했습니다. 짐승의 머리가 일곱인데 그중 하나가 죽은 것 같다가 다시 살아납니다. 온 땅이 놀라서 짐승을 따라갑니다. 짐승은 하나님을 비방하면서 성도들과 싸웁니다. 짐승이 노리는 대상은 생명책에 기록되지 못한 사람들이었고, 그들은 짐승에게 경배합니다. 요한은 또 다른 '짐승'을 봅니다. 그 짐승은 땅에서 올라옵니다. 어린 양처럼 뿔이 두 개이고, 용처럼 말을 합니다. 그 짐승 역시 용으로부터 권세를 받았습니다. 짐승은 이적을 보여서 사람들을 미혹하고 자기에게 경배하지 않으면 죽였습니다. 사람들의 이마에 표를 받게 하고, 표가 없으면 매매를 못하게 합니다. 표는 그 짐승의 이름 혹은 숫자인데 666입니다.

▶ **14장** : 요한은 어린 양이 144,000명의 성도와 함께 시온산에 서 있는 것을 봅니다. 그들은 보좌 앞과 '4생물과 24장로들' 앞에서 새 노래를 부릅니다. 그들은 여자와 더불어 더럽히지 아니하고 순결한 자 들로 어린 양의 길을 따라가는 사람들입니다. 요한은 날아가는 첫 번 째 천사를 봅니다. 그에게는 영원한 복음이 있었습니다. 그 뒤로 두 번 째 천사가 "큰 성 바벨론이 무너졌다"고 외치며 날아갑니다. 세 번째 천사는 짐승에게 경배하고 이마나 손에 표를 받으면 하나님의 진노가 있다고 경고하며 날아갑니다. 요한은 구름 위를 바라봅니다. 인자 같 은 이가 금 면류관을 쓰고 예리한 낫을 갖고 서 있습니다. 네 번째 천 사는 그분께 낫을 휘둘러 곡식을 거두시라고 큰소리로 말합니다. 그분 은 낫을 휘둘렀고 땅의 곡식은 거둬집니다. 다섯 번째 천사가 성전에 서 나오는데 예리한 낫을 갖고 있습니다. 불을 지배하는 여섯 번째 천 사는 다섯 번째 천사에게 낫을 휘둘러 익은 포도를 거두라고 말합니 다. 낫은 휘둘러져 진노의 포도주 틀에 포도가 던져졌고, 그 틀에서 피 가 나와 퍼집니다.

▶ **15장** : 요한이 하늘을 보니 일곱 천사가 일곱 재앙을 갖고 있는 것이 보입니다. 이것이 마지막 재앙이었습니다. 짐승과 짐승의 숫자를 이긴 사람들이 유리 바닷가에 서서 하나님과 어린 양의 노래를 부릅니 다. 그러자 하늘에는 증거 장막의 성전이 열리고, 일곱 천사가 4생물 중 하나로부터 하나님의 진노가 가득히 담긴 일곱 금 대접을 받게 됩니 다. 성전에는 하나님의 영광으로 연기가 가득 찹니다. 일곱 대접의 재 앙이 마칠 때까지 성전에 들어갈 사람은 아직 없습니다.

▶ **16장** : 하나님은 일곱 대접을 땅에 쏟으라고 명령합니다. 첫 번째 대접이 쏟아지자 짐승의 표를 받고 우상에게 경배한 사람들에게 악성 종기가 납니다. 두 번째 대접이 쏟아지자 바다가 피같이 되어 바다 생물이 다 죽습니다. 세 번째 대접은 강물 근원에 쏟아졌고 피가 됩니다. 천사는 성도와 선지자들의 피를 흘리게 했으므로 사람들이 피로 된 강물을 마시는 것은 합당한 일이라며 하나님을 찬양합니다. 네 번째 대접은 해에 쏟아졌고 해가 권세를 받아 불로 사람들을 태웁니다. 다섯 번째 대접은 짐승의 왕좌에 쏟아졌는데 짐승의 나라가 어두워지고 사람들은 고통스러워합니다. 그러나 회개는 하지 않습니다. 여섯 번째 대접은 유브라데강에 쏟아지는데 강물이 말라버려서 왕의 길이 예비됩니다. 그때 용의 입과 짐승의 입과 거짓 선지자의 입에서 더러운 귀신의 영이 개구리처럼 뛰어나옵니다. 그 세 영은 왕들을 아마겟돈으로 모읍니다. 일곱 번째 대접은 공중에 쏟아집니다. 번개와 우레가 치고, 지진이 나서 모든 나라의 성이 무너지고 섬과 산들도 사라집니다. 하늘에서 한 달란트 무게의 우박이 떨어집니다.

▶ **17장** : 일곱 대접을 가진 천사 중 하나가 요한에게 큰 음녀가 받을 심판에 대해 말해줍니다. 음녀는 임금들과 함께 음행을 했던, 성도들의 피에 취한 여인이었습니다. 요한은 붉은 빛 짐승을 타고 있는 음녀를 보게 됩니다. 짐승의 몸에는 하나님을 모독하는 이름으로 가득 차 있고 머리는 일곱에 뿔은 열 개나 달려 있었습니다. 이 여자의 정체는 무엇일까요? 음녀의 이마에는 '큰 바벨론', 즉 땅의 가증한 것들의 어미라고 적혀 있었습니다. 천사는 여자가 탄 짐승에 대해서도 폭로하는

데 일곱 머리는 일곱 왕, 열 뿔은 열 왕이었습니다. 그 왕들은 어린 양과 싸우게 될 것입니다. 그러나 만왕의 왕 되신 어린 양이 이깁니다. 싸움에 진 짐승은 음녀를 불사릅니다.

▶ **18장** : 요한은 또 다른 천사가 땅을 환하게 비추며 하늘에서 내려오는 것을 봅니다. 천사가 더러운 소굴인 큰 도시 바벨론이 음행과 사치에 의해서 무너졌다고 외치는 소리를 듣습니다. 요한은 바벨론 도시를 떠나라고 백성들에게 외치는 또 다른 소리를 듣습니다. 도시는 불에 탑니다. 세상의 왕들은 그것을 보고 가슴을 치며 웁니다. 도시와 함께 음행과 사치를 일삼은 장본인이기 때문입니다. 땅의 상인들 역시 가슴을 치며 웁니다. 각종 보석과 물품을 살 사람이 없어졌기 때문입니다. 바다에 떠 있는 선장과 선객, 선원들도 애통해합니다. 멀리 도시가 불타며 연기를 내는 것을 보았기 때문입니다. 그러나 성도와 사도와 예언자들은 하나님을 찬양합니다. 주님께서 도시를 심판하셨기 때문입니다. 힘 센 천사 하나가 큰 맷돌을 바다에 던집니다. 바벨론이란 거대한 악의 도시는 맷돌처럼 사라지고 말았습니다.

▶ **19장** : 요한은 큰 음성을 듣게 됩니다. "할렐루야. 구원과 영광과 능력이 우리 하나님께 있도다." 하나님의 심판으로 음녀는 사라졌고 주의 종들의 억울함은 풀렸습니다. '4생물과 24장로들'은 보좌를 향해 경배합니다. 수많은 성도는 하나님의 통치와 어린 양의 혼인잔치를 노래하며 빛나고 깨끗한 세마포 옷을 입습니다. 그 소리가 많은 물소리와도 같았습니다. 감격한 요한은 앞에 있는 천사에게 절을 할 뻔

했고, 천사는 영광과 찬양은 오직 하나님께만 돌리는 것이라며 말립니다. 하늘이 열리고 백마 탄 분이 보입니다. 그분은 불꽃같은 눈에 많은 관을 썼으며 피 뿌린 세마포 옷을 입고 있었습니다. 하늘의 군대들은 백마 탄 그분을 따르고 있었습니다. 그분을 대적했다가 전쟁에서 패한 땅의 임금들과 거짓 선지자들, 짐승의 표를 받은 사람들은 죽었고, 공중의 새들이 시체를 다 뜯어먹습니다.

▶ **20장** : 용은 어떻게 되었을까요? 요한은 무저갱의 열쇠와 쇠사슬을 가진 천사가 천 년 동안 용을 결박하는 것을 봅니다. 용은 천 년 뒤에 잠깐 놓이게 될 것입니다. 요한은 보좌들을 봅니다. 예수 그리스도를 위해 순교한 영혼들, 짐승의 표를 받지 않은 사람들이 살아나서 보좌에 앉아 그리스도와 함께 천 년 동안 왕 노릇합니다. 이것이 첫째 부활입니다. 천 년이 지난 뒤에 용은 옥에서 나옵니다. 용은 바다 모래처럼 많은 백성을 모아 전쟁을 벌입니다. 성도들과 하나님의 사랑하는 도성을 공격하지만 곧 하늘에서 불이 내려 용과 적들을 모두 태워버립니다. 용은 불과 유황 못에 던져집니다. 요한은 흰 보좌를 보는데 순식간에 땅도 하늘도 모두 사라집니다. 죽은 자들이 보좌 앞에 모여 심판을 받습니다. 그들 각각의 행위가 적힌 책에 따른 심판입니다. 그들은 심판을 받아 둘째 사망인 불 못으로 가지만 자신의 이름이 생명책에 기록된 자는 심판이 유예됩니다.

▶ **21장** : 요한은 새 하늘과 새 땅을 봅니다. 이전의 하늘과 땅과 바다는 다 사라졌습니다. 거룩한 성 새 예루살렘이 하늘에서 내려오는

데 마치 신부처럼 아름답습니다. 보좌에 앉으신 분께서 말씀합니다. 하나님의 장막이 준비되었고, 하나님의 사람은 하나님의 백성과 함께 있게 될 것이며, 그들의 눈물을 닦아 다시는 사망이나 아픔과 고통은 없을 것이라고 합니다. 그분은 만물을 새롭게 하십니다. 요한에게 이 모든 말을 기록하라고 합니다. 일곱 번째 대접을 가졌던 천사는 요한에게 어린 양의 아내를 보여주는데, 높은 산에 올라가 하늘에서 내려오는 보석처럼 빛나는 거룩한 성 예루살렘을 보여줍니다. 그것이 어린 양의 신부였습니다. 어린 양의 생명책에 이름이 기록된 사람들이 그곳으로 들어갑니다.

▶ **22장** : 요한은 보좌로부터 흐르는 생명수의 강을 봅니다. 강 좌우에는 매월 새로운 열매를 맺는 생명나무가 있고 그 잎사귀들은 만국을 치료합니다. 천사는 요한에게 속히 오시겠다는 주의 말씀을 기억할 것과 예언의 말씀을 지킬 것을 부탁합니다. 요한이 천사에게 경배하려고 하자 자신도 똑같은 종이라면서 하나님께만 경배할 것을 권유합니다. 때가 다 되었기 때문에 예언의 말씀을 봉인하지 말라고 합니다. 다윗의 뿌리이자 광명한 새벽 별인 예수 그리스도는 교회를 위해 사자를 보내 증언하게 합니다. 이 기록 외에 더하면 재앙도 더해지고, 제하면 혜택도 제해지게 될 것이라 경고합니다. 그분은 진실로 속히 오겠다고 말씀하십니다. 요한은 말합니다. "아멘. 주 예수여 오시옵소서."

어떻게 이해하고 해석할 것인가?

줄거리를 읽어보니 어떻습니까? 이해가 되는 것도 같고, 어떤 것은 전혀 모를 것 같기도 합니다. 그렇다면 〈요한계시록〉을 어떻게 이해하고 해석하면 좋을까요? 우선은 다른 성경과 마찬가지로 그냥 있는 그대로 받아들이는 것이 좋습니다. 성경을 읽을 때 우리는 스토리에 따라서, 혹은 교훈에 따라서 그대로 받아들입니다. 〈요한계시록〉도 마찬가집니다. 경고하는 말씀은 자신을 살펴서 조심하며 읽고, 승리의 내용은 기쁘게 받아들이며, 놀라운 내용은 환희에 차서 읽으면 됩니다.

기본적인 상징을 잘 이해하는 것도 필요합니다. 〈요한계시록〉은 악과 선을 일관되게 기록하고 있습니다. 하나님과 예수 그리스도, 교회, 성도, 천사가 의미하는 것과 마귀나 악한 자의 상징을 구별해야 합니다. '보좌'는 하나님의 임재를 상징하고, '4생물'은 모든 피조물의 대표이고, '24장로들'은 교회를 상징합니다. '어린 양'은 예수 그리스도입니다. '용'이라든가 '짐승'은 하나님을 대적하고 성도들을 괴롭히는 사탄과 마귀, 그리고 그 추종세력들입니다. 이런 상징들만 잘 알아도 성경을 이해하는 것이 훨씬 쉽습니다.

'보좌'가 하나님의 임재를 상징한다는 것을 어떻게 알 수 있을까요? 당시 교회는 '보좌' 하면 하나님의 통치와 권세란 사실을 설명하지 않아도 알았습니다. 왕이나 황제가 보좌에 앉아서 명령을 내리듯 하나님께서 보좌에 앉아서 영광을 받으실 것을 믿었습니다. 로마가 아무리 세다고 해도 그들이 세상을 다스리지 않습니다. 로마의 황제들, 각 나라와 지방의 왕들은 사라지지만 하나님은 보좌에 앉으셔서 영원히 세상을 다스리심을 알았습니다. 그래서 '보좌' 하면 하나님을 떠올릴 수 있었습니다.

'용' 이 하나님처럼 보좌에 앉아 있거나 '짐승' 이 예수님처럼 죽었다가 부활하기도 합니다. 때로는 용이 하나님인지, 짐승이 예수님이나 천사는 아닌지 헷갈리게 되는데 그래서 기본적인 상징을 아는 것이 중요합니다. 바울은 사탄도 광명의 천사처럼 위장한다고 말했습니다(고후 11:14). 상징을 잘 알아야 속지 않습니다.

또 하나 도움되는 것은 다른 성경과 유사한 점이 있는지를 살피면서 읽는 것입니다. 성경 전체는 일관성이 있습니다. 따라서 구약의 예언서에서 유사한 내용이 있는지, 모세오경 내용 중에 〈요한계시록〉에 반복되는 말씀은 없는지 잘 살펴보면 도움받을 수 있습니다. 가령 요한계시록 11장에는 두 증인이 나오는데, 짐승이 전쟁을 일으켜 그들을 죽입니다. 요한은 두 증인을 두 감람나무와 두 촛대라고 말합니다. 그렇다면 두 증인은 누구일까요?

〈스가랴〉 4장에도 '두 감람나무' 가 나옵니다. 천사는 스가랴에게 그것이 기름 부음 받은 자 두 명이라고 설명합니다. 그들은 누구일까요? 바벨론 포로에서 돌아온 이스라엘 백성들은 온 힘을 다해서 성전을 건축합니다. 포로 귀환과 성전 건축의 중심에는 총독 스룹바벨과 대제사장 예수아가 있었습니다. 그들이 바로 '두 감람나무' 입니다. 그들은 성전과는 떼려야 뗄 수 없는 사람들입니다. 두 촛대는 무엇일까요? 촛대는 교회를 상징합니다. 따라서 두 감람나무와 두 촛대를 의미하는 '두 증인' 은 성전 혹은 교회가 됩니다. 소아시아 지역의 교회들이 두 증인입니다. 교회는 비록 어려운 상황에 처했으나 반드시 승리하게 될 것입니다.

또 〈요한계시록〉을 읽을 때 예수님의 말씀과 성경 전체의 정신, 주제와 일치하는지를 살피며 읽어야 합니다. 견디고 참아야 하는 내용은 믿음으로 인내하면서 순종하고, 악에 대한 경고는 주의하고 살피며 읽어야 합니다. 예수님은 종말에 일어날 일에 대해서 말씀하셨습니다. 성경 전체가 말씀하는 고난과 역경, 그리고 최후의 승리와 연결되어야 할 부분은 무엇인지 유념하며 읽어봅시다. 악이 커 보이고 대단해 보이지만 하나님은 분명히 갚으신다는 것은 성경이 계속 견지하는 내용입니다.

그렇다면 숫자에 대한 것은 어떻게 설명할 수 있을까요? 〈요한계시록〉에는 숫자가 많이 나옵니다. 실제로 유대인들은 숫자에 관심이 많았고, 거기에 의미를 부여했습니다. 히브리어 단어에는 숫자가 들어가 있습니다. 이런 것을 게마트리아(Gematria)라고 합니다. 유대인은 수비학을 통해 단어나 문장을 암호화했습니다. 이상한 일이 아닙니다. 지금도 사람들은 숫자에 의미를 부여합니다.

빌딩의 엘리베이터 숫자에는 '4' 대신에 'F'가 있습니다. 어떤 건물은 아예 '4'를 빼고 '5'로 이어지기도 합니다. 죽을 사(死)가 연상되기 때문이지요. 미국은 어떨까요? '4'를 사용합니다. 대신에 '13'이라는 숫자는 금기시하지요. 유태인들은 '18'이란 숫자를 행운으로 여기지만 우리는 욕할 때 씁니다. 숫자 자체는 중립적이지만 거기에 의미를 부여하면 환영하는 숫자와 거리끼는 숫자가 생기기도 합니다.

마찬가지로 성경에 나오는 숫자에도 의미가 있습니다. 교회는 숫자를 읽는 순간 그 의미를 알았습니다. 가령 1은 하나님, 3은 신성, 4는 세상, 6은 인간, 7은 완전, 10은 많음, 12는 교회 등으로 이해됩니다(조영민, 「소망의 복음: 요한계시록」(서울: 죠이북스, 2018), 70쪽). 그래서 이런 숫자의 의미들을 확장하면 〈요한계시록〉에 등장하는 숫자의 의미를 알 수 있습니다.

'24장로들'은 교회를 상징한다고 했습니다. '12'가 교회의 숫자이고, 12지파, 12제자 등에도 나옵니다. 이 12를 더하면 '24'가 됩니다. 교회 더하기 교회인 것이지요. '24장로들' 그러면 소아시아의 교회는 자신을 말한다는 것을 알았습니다. '4생물'이 모든 피조물의 대표가 되는 것은 '4'가 동서남북, 춘하추동 등 세상을 의미하기 때문입니다. 이렇게 기본적인 숫자의 의미를 잘 기억하면 〈요한계시록〉의 의도를 파악할 수 있습니다.

시온산에 서 있는 144,000명은 어떤 뜻일까요? '12'는 교회의 숫자입니다. 12와 12를 곱하면 '144'가 됩니다. '10'은 많다는 뜻입니다. 10을 3번 곱한 '1,000'은 많고, 많고, 많다는 의미가 됩니다. 자, 이제 '144'에 '1,000'을 곱하면 무엇이 됩니까? 144,000이 나옵니다. 무엇을 의미할까요? 고난과 역경을 이겨낸 '많고 많고 많은 충분한 숫자의 교회'라는 뜻이 됩니다. 어느 이단이 주장하듯 자기 교회에 속한 사람, 자기들 교회에 나와야만 구원받는 사람의 숫자일 수가 없습니다. 교회가 시작되고 역사적으로 구원받은 사람이 고작 144,000명일 수가 없습니다. 이런 것에 현혹되지 말아야 합니다.

'666'은 무슨 의미일까요? 히브리어 단어에 부여된 숫자를 '666'에 대응하고, 그것을 헬라어로 바꾸면 'nrwnqsr'이 됩니다. 이게 무슨 뜻인지 우리는 모릅니다. 그러나 당시의 교회는 무엇인지 알았습니다. 'nrwnqsr'에 모음을 붙여 읽으면 'Neron Qesar'(네론 케사르), 즉 '네로 황제'가 됩니다. 666은 로마의 황제 '네로'였습니다.

왜 네로(Nero)가 아니고 네론(Neron)일까요? 네로와 네론은 같은 이름이었습니다. 네로라고도 부르고 네론이라고도 불렀습니다. 그래서 〈요한계시록〉의 어떤 사본은 666이 아니라 616으로 나옵니다. 네론에서 n(=50)을 빼면 616이 되기 때문입니다. 요한은 교회를 핍박하고 우상 숭배를 강요하는 '네로'를 조심하라고 말하는 것입니다.

그런데 요한이 계시를 받을 때는 '네로'가 이미 죽은 뒤였습니다. 그렇다면 요한이 경고하는 666은 정확히 말하면 '네로'의 화신과 같은 '도미티아누스'를 의미했습니다. 도미티아누스 황제는 소아시아 교회를 박해했습니다. 교회는 짐승의 표를 이긴 성도들이 살아나서 보좌에 앉아 그리스도와 함께 천 년 동안 왕 노릇한다는 내용을 읽으며 환호했습니다(계 20:4). 교회는 당시 세계 최고의 권위와 힘을 지니고 있던 황제 도미티아누스의 치세에서 그를 숭배하며 편하게 지내기보다는 죽음을 택했습니다. 영혼과 진리를 위해 분별하고 버티며 이겨내는 편이 훨씬 나은 것임을 알았습니다.

따라서 '666'은 베리칩일 수가 없습니다. 베리칩은 사람의 몸에 투입하는 작은 마이크로 칩을 말하는데 'VeriChip'이라는 회사가 만들었습니다. 이 회사는 2004년에 세워졌습니다. 핍박받는 교회가 '666'을 읽을 때 2000년 뒤에나 나올 베리칩을 떠올릴 수는 없는 일입니다. 마찬가지로 히틀러라든지 소련이라든지 컴퓨터 등등도 '666'이 될 수 없습니다. 분명히 말합니다. 666은 '네로 황제'입니다. 그렇다면 오늘날 교회에게 '네로'는 무엇이겠습니까? 하나님보다 더 사랑하고, 하나님의 자리를 차지하고 있는 우상화된 모든 것은 '666'이 됩니다. 이렇듯 〈요한계시록〉에 나오는 숫자를 정확하게 이해할 때 우리는 엉뚱한 해석에 빠지지 않게 됩니다.

〈요한계시록〉을 이해하기 위한 좋은 방법은 논리적인지 따져보는 것입니다. 성경의 정신 속에서 하나님의 바른 뜻이 구현되고 있는지 제대로 살펴볼 때 우리는 '용'의 후예들에게 이용당하지 않을 수 있습니다. 항상 깨어 있어 기도하며(골 4:2), 올바르게 분별(롬 12:2)할 줄 아는 지혜가 필요합니다. 그것은 숫자든, 상징이든 마찬가집니다. 성경을 읽고 해석할 때 겸손하게 하나님의 인도하심을 구해야 합니다. 더불어 성경의 전문가, 혹은 이에 대한 확실한 연구자료 등을 통해서 도움받을 수 있습니다.

어떻게 적용하고 실천할 것인가?

〈요한계시록〉에 등장하는 숫자나 상징에 대해 자신의 해석이 맞다고 우기는 사람이 등장할 때가 있습니다. 이런 사람들은 어김없이 직통계시를 주장합니다. 그럴싸해 보여서 거기에 혹하게 됩니다. 〈요한계시록〉이 난해하기 때문입니다. 성령이 깨닫게 해주셨다고 하지만 과연 그 근거가 올바르고 합리적인지 의심해봐야 합니다. 성령께서 가르쳐주신 것이 아니라 망상에 불과할 수도 있습니다.

일관성 없이 성경을 읽는 것도 주의해야 합니다. 어떤 때는 좋게 보고, 어떤 때는 나쁘게 보며, 같은 상징을 가져다가 다른 문맥에서는 정반대로 해석하는 등 객관적이지 않는 아전인수(我田引水)식 해석도 경계해야 합니다. 성경의 정신과는 상관없이 자의적으로 해석하면서 겁을 주는 경우도 주의해야 합니다. 성도는 세상 속에서 살아갑니다. 세상에는 온갖 정욕이 가득하기 때문에 깨어 있어야 합니다. 그러나 깨어 정신을 차리는 것과 공포분위기로 위협하는 것은 다른 이야기입니다.

〈요한계시록〉을 해석하고 이해한다면서 자신의 욕심이 담겨 있지는 않는지, 남을 비판하기 위한 도구로 사용하는 것은 아닌지 주의 깊게 보아야 합니다. 끔찍한 재해를 보면서 〈요한계시록〉의 때가 지금이라고 말하는 것도 조심해야 합니다. 성경이 말씀하는 말세가 바로 지금이라는 생각은 오만일 수 있습니다. 한때라도 전쟁이 없던 때가 있었으며, 한 해라도 자연재해 없이 지났던 해가 있었습니까? 종말론적인 관점으로 세상을 보아야 하나 내가 살아가는 현재가 그 주인공이라 여길 수는 없습니다. 예수님이 오신 이후에 세상은 말세가 되었습니다. 언제라도 예수님이 오시기에 딱 알맞습니다. 그러나 정확한 시간은 하나님만 아십니다(마 24:36).

따라서 겸손하게 〈요한계시록〉을 읽고 하나님의 뜻 안에 바르게 서기 위해 해석해야만 합니다. 그래야 바르게 적용하고 실천할 수 있습니다. 남을 위협하고 괴롭혀서 자신의 이익을 도모하기 위해 〈요한계시록〉을 읽어서는 안 됩니다. 내가 깨어 있어야 하고 나 자신에게 가장 먼저 적용해야 합니다. 내 삶에서 올바르지 못한 것은 무엇인지, 하나님 앞에서 심판을 받을 때 과연 나는 구원을 얻을 자인지, 초대교회 성도의 입장이 되어 과연 내가 그들이 보기에 올바르게 살고 있는지 주의 깊게 읽고 적용하는 지혜가 필요합니다.

소아시아 일곱 교회를 향한 예언

요한이 쓴 이 편지는 소아시아의 교회들을 향한 예언이었습니다. 그중에서도 일곱 교회가 대상이었습니다. 그들에게 성부(이제도 계시고 전에도 계셨고 장차 오실 이)와 성령(그의 보좌 앞에 있는 일곱 영)과 성자(땅의 임금들의 머리가 되신 예수 그리스도)의 이름으로 은혜와 평강을 빌어주면서 편지를 시작하고(계 1:4-5), "주 예수의 은혜가 모든 자들에게 있을지어다. 아멘"(계 22:21)이라고 하면서 마칩니다.

일곱 교회는 에베소, 서머나, 버가모, 두아디라, 사데, 빌라델비아, 라오디게아 교회입니다. 왜 일곱 교회일까요? 7은 '완전하다'는 뜻입니다. 따라서 일곱 교회는 완전한 교회, 모든 교회, 다양한 교회라는 의미가 됩니다. 그러니까 소아시아의 일곱 교회만을 위한 것이 아니라 모든 교회, 심지어 시간과 공간을 뛰어넘어 세계 각지에 있는 과거와 현재, 미래의 교회에도 해당되는 편지입니다(신기하게도 바울의 쓴 서신서도 로마, 고린도, 갈라디아, 에베소, 빌립보, 골로새, 데살로니가 등 일곱 교회가 그 대상입니다. 재미있는 우연의 일치입니다).

그렇다면 〈요한계시록〉은 오늘 우리가 다니는 교회에도 해당됩니다. 우리 교회를 향해서 요한이 열심히 편지를 썼습니다. 〈요한계시록〉이야말로 우리를 위해서 쓴 편지이기에 읽지 않을 수가 없습니다. 각

교회의 특징은 〈도표 29〉와 같습니다. 내가 다니는 교회와 얼마나 비슷하고 얼마나 다른지, 우리 교회는 어떤 교훈을 얻고, 어떤 질책을 받으며, 어떤 상급을 기대할 수 있을지를 생각하면서 읽어보면 좋겠습니다.

요한은 왜 계시록을 썼을까?

요한이 계시를 본 이유는 무엇이었을까요? 하나님께서 요한에게만 계시를 보여주지는 않았을 것입니다. 그런데 왜 요한만 계시의 글을 썼을까요? 신약의 예언서는 왜 〈요한계시록〉이 유일한 것일까요? 계시록의 저자인 '요한'을 주목해봅시다. 그는 오래 살았습니다. 로마가 교회를 말살하려는 시대까지 살아남았습니다. 다른 사도들이 젊어서 죽어갈 때 요한은 살아남았고 장수했습니다.

그러나 요한은 나이만 많이 먹은 것이 아니었습니다. 그는 신비로운 '계시'의 말씀을 기록하고 전할 정도로 성숙해졌습니다. 요한이 처음부터 고매한 인격의 사람은 아니었습니다. 하나님은 요한이 준비될 때까지 기다렸습니다. 젊었을 때 요한은 어땠습니까? 세배대의 두 아들 중 막내인 요한은 형 야고보와 함께 예수님의 제자가 되었습니다. 물고기를 잡다가 아버지를 버려두고 즉시 예수님을 따라갈 정도로 즉흥적이었습니다. 화가 났을 때는 하늘에서 불이 내리기를 예수님께 요청하기도 했습니다(눅 9:54). 이 형제의 별명이 '우뢰의 아들'(보아너게)이었습니다. 그들은 예수님의 나라가 오면 좌우에 앉게 해달라고 청탁을 했습니다. 다들 고생하는 제자들인데 자기들만 요직에 앉게 해달

〈도표 29〉 소아시아 7교회의 특징과 주요 내용

교회	특징	예수님	칭찬	책망	이기는 자
에베소	일반적인 교회	일곱 별을 붙잡고 일곱 금 촛대 사이를 거니시는 이	참고 견디고 게으르지 아니한 것	처음 사랑을 버렸느니라	생명나무의 열매
서머나	궁핍하나 실상은 부요한 교회	처음이며 마지막이요 죽었다가 살아나신 이	죽도록 충성하라	없음	둘째 사망의 해를 받지 않음 (생명의 관)
버가모	사탄의 권좌가 있는 곳에 세워진 교회	좌우에 날선 검을 가지신 이	믿음을 저버리지 아니하였도다	발람과 니골라 당의 교훈을 지키는 자들	만나와 흰 돌
두아디라	악한 자를 받아들인 교회	눈이 불꽃같고 그 발이 빛난 주석과 같은 하나님의 아들	네 나중 행위가 처음 것보다 많도다	이세벨을 용납함	만국을 다스리는 권세와 새벽 별
사데	살았다 하는 이름은 가졌으나 죽은 교회	하나님의 일곱 영과 일곱 별을 가지신 이	옷을 더럽히지 아니한 자 몇 명	네 행위의 온전한 것을 찾지 못하였노니	흰 옷을 입고 이름이 생명책에 기록됨
빌라델비아	연약하나 충성된 교회	다윗의 열쇠를 가지신 이	내 말을 지키며 배반하지 않음	없음	하나님 성전의 기둥
라오디게아	부요하나 실상은 가난한 교회	아멘이시요 충성되고 참된 증인이시요 하나님의 창조의 근본이신 이	없음	차지도 아니하고 뜨겁지도 아니하도다	보좌에 함께 앉게 함

라던 이기적인 형제였습니다.

요한은 예수님의 사랑을 많이 받았습니다(요 13:23, 21:7). 사랑하는 예수님이 십자가에서 피를 흘리며 죽어갑니다. 요한은 어머니 마리아를 부탁하는 예수님의 목소리를 들었습니다. 형 야고보가 헤롯에 의해 목이 잘려 최초의 순교자가 되었습니다. 요한은 형을 잘 따랐습니다. 형과 항상 함께 다녔습니다. 그랬던 형이었습니다. 요한은 가족과 같은 교회가 핍박을 당하고 동생 같은 성도들이 죽어가는 것을 보았습니다. 극단적인 시대였습니다.

그 모든 시간은 요한이 준비되는 시간이었습니다. 계시록에 기록된 환상을 자신의 눈으로 보고서도 기절하지 않고 잘 소화시켜 글로 옮길 정도로 성숙해졌습니다. 어떻게 하면 하나님의 뜻을 교회에 잘 전달할 수 있을지 고민했습니다. 사랑하는 사람들의 죽음을 보았고, 예수님의 어머니 마리아를 평생 봉양하는 동안 인격과 삶이 성숙해졌습니다. 연륜과 경험으로 성장한 요한에게 비로소 하나님은 계시를 주셨습니다.

〈요한계시록〉은 인내 속에서 성숙하게 준비된 위대한 사도가 죽음을 넘어서는 환희로 기록한 성경입니다. 요한은 어떤 위협이나 어떤 칼에도 눈 하나 깜박하지 않았습니다. 요한 한 사람이 로마제국 전체와 싸워 이길 수 있게 되었을 때 하나님은 그의 인생을 받으면서 〈요한계시록〉이라는 위대한 성경을 남기게 했습니다. 그래서 오고 오는 모든 세대가 그것을 읽고 겸손히 주의 길을 따라 걷게 하셨습니다. 그 위대한 성경이 바로 〈요한계시록〉입니다.

로마 시대에서
기독교 공인까지의
히스토리

Bible
History

* * * * *

신약성경이 끝난 뒤에

〈사도행전〉은 바울이 로마에 도착한 후 2년간 셋방살이를 하는 것으로 끝나는 역사서입니다. 이것으로 우리가 갖고 있는 신약성경도 끝나지요. 그 뒤에 어떤 일이 벌어졌을까요? 전승에 의하면 바울은 참수형으로 순교당합니다. 네로 황제가 한창 독기를 품었던 AD 67년경에 일어난 일이지요. 신약성경의 맨 마지막은 〈요한계시록〉입니다. 〈요한계시록〉은 밧모섬에 유배된 요한이 기록했습니다. 요한은 어떻게 되었을까요? 그는 기름이 끓는 가마솥에 들어갔습니다. 로마가 죄인을 처형하는 방식 중 하나였죠. 그러나 기적적으로 살아나옵니다.

다른 제자들에게도 핍박은 비켜가지 않았습니다. 베드로는 거꾸로 십자가에 못 박혀 처형당했습니다. 안드레는 그리스에서 엑스(X)자 모양의 십자가에서 처형을 당했습니다. 죽는 순간에도 자기를 처형시키는 사람들에게 설교했다고 합니다. 마태는 에티오피아로 가서 칼에 찔리는 부상을 입고 오랫동안 고통당하다가 순교했습니다. 도마는 인도로 건너가서 창에 찔려 순교합니다. 지금도 인도의 첸나이에는 도마의 손가락뼈와 피의 흔적이 있습니다. 예수님의 동생 야고보는 예루살렘교회의 지도자로 베드로와 함께 예루살렘 공의회의 주역이었습니다. 예루살렘교회의 책임자였던 그는 성전의 남동쪽으로 끌려가 땅 아래로 던져졌습니다. 높은 데서 떨어졌는데도 죽지 않았으나 결국 매를 맞고 순교했습니다.

신약성경이 끝난 뒤에 교회가 위치한 지역과 시대는 절대로 호의적이지 않았습니다. 제자들은 순교를 당했고, 살아남은 성도들은 언제 죽을지 모를 위험에 노출되어 있었습니다. 결코 녹록한 상황이 아니었지요. 그런데 신기하게도 교회는 세상에서 사라지지 않았습니다. 오히려 세계의 중심이던 로마가 교회에 무릎을 꿇게 됩니다. 교회를 핍박한 것과 교회를 수용한 일 사이에 무슨 일이 있었던 것일까요? 이 장에서는 그 내용을 중점적으로 살펴보겠습니다.

로마가 저지른 일

로마의 세상에는 수많은 신이 있었습니다. 로마는 다신교 국가라서 그 모든 신을 수용하고 있었고, 그것은 대략 30만에 이르는 신들이었습니다. 그런데도 미처 숭상하지 못한 신이 있을까 봐 '알지 못하는 신'을 위한 자리도 마련했습니다(행 17:23). '다신교' 라는 것은 모든 신을 다 받아들인다는 의미입니다. 포용적이고 관용적인 신관이지요.

'이시스' 라는 여신을 숭배하는 사상이 이집트에서 로마로 들어왔을 때 처음에 로마는 거부했습니다. '이시스' 숭배자들을 수차례 탄압하기도 했습니다. 그러나 결국 '이시스' 는 로마의 여러 신들 중에 하나로 당당히 자리매김됩니다(래리 허타도, 「처음으로 기독교인이라 불렸던 사람들」(파주: 이와우, 2017), 45쪽). 외국에서 온 다양한 신들이 그런 식으로 로마 문화에 동화되었습니다. 그런데 유독 기독교만큼은 유대교와 함께 로마와 갈등을 빚었습니다.

로마인들이 보기에 기독교는 음란했고 위험했으며 사회 질서를 위협하는 이상한 종교였습니다. 로마인들은 기독교인의 신인 예수를 자신들이 믿는 신들 중의 하나로 받아들이지 않았습니다. 기독교인도 예수님 외에 다른 신을 인정할 마음이 없었지요. 로마는 기독교가 못마땅했습니다. 혐오와 증오는 물리적인 충돌이 수반되기 마련이라 권력을 쥔 로마가 교인들을 죽이기 시작합니다. 성경에는 최초의 순교자 스데반이 돌에 맞아 죽는 장면이 나오고(행 7:60), 사도 중에서 최초의 순교자 야고보가 헤롯에 의해서 참수당하는 얘기도 나옵니다(행 12:2). 이것은 박해의 시작에 불과했습니다.

네로 황제는 로마의 화제에 대한 비난을 기독교인들에게 돌렸습니다. 1923년에 일본 관동 지방에 대지진이 일어나 14만 명 이상이 죽거나 사라졌습니다. 그 자체로도 비극적인 일이지만 일본 정부는 국민들의 원성을 엉뚱한 곳에 돌리려고 조선인이 우물에 독을 풀었다는 등의 헛소문을 퍼뜨렸습니다. 한 달도 안 되어 수천 명의 무고한 조선인이 성난 일본인들의 손에 죽었습니다. 이것이 관동대학살이었습니다. 네로 황제는 이와 비슷한 일을 저질렀습니다. 자신에게 돌아오는 원망의 화살을 기독교인에 대한 이상한 소문으로 바꿔서 박해를 부추겼지요.

핍박을 주도한 황제는 네로만이 아니었습니다. 네로 이후에 기독교를 박해했던 황제들은 도미티아누스 황제(81-96년), 트라야누스 황제(98-117년), 하드리아누스 황제(117-138년), 마르쿠스 아우렐리우스 황제(161-180년), 셉티무스 세베루스 황제(202-211년), 막시미누스 황제(235-236년), 데키우스 황제(240-251년), 발레리아누스 황제(253-260년), 디오클레티아누스 황제(284-305년) 등이 있었습니다. 이들이 재위기간 내내 기독교를 핍박한 것은 아니었지만 잠잠해질 만하면 박해가 이어져서 성도들은 숨 쉴 틈이 없었습니다.

그렇다면 로마는 왜 기독교를 잔인하고 집요하게 핍박했던 것일까요? 로마의 입장에서, 특히 로마의 시민들을 보호해야 하는 황제의 입장에서 생각해봅시다. 로마가 교회를 미워한 이유는 오해에서 비롯되었습니다. 교회는 모이면 성찬식을 했습니다. 예수님은 "이것을 행하여 나를 기념하라"(고전 11:24) 명령하셨고, 교회는 모일 때마다 성찬식을 했습니다. 지금처럼 작은 빵 조각과 포도주를 나누는 것이 아니라 식사도 겸했습니다.

예수님은 성찬을 예수님의 살이요, 피라고 했습니다. 성도들은 빵과 포도주를 먹고 마시면서 예수님의 살과 피를 기억했습니다. 우리에게는 당연해보이는 이 일은 외부 사람들에게 이상하게 보였습니다. 포도주는 피처럼 붉었습니다. 포도주를 마시면서 예수님의 피를 마시고 빵을 먹으면서 예수님의 살을 먹는다고 표현했습니다. 어느 문화권에

서나 피는 금기시합니다. 사람을 먹는 것은 혐오스러운 일입니다. 그런데 교회는 예수님의 살과 피를 먹는다고 하니 오해를 사기에 딱 알맞았습니다. 로마는 교회가 '식인'을 한다고 여겼습니다.

계급사회인 로마는 교회가 신분을 없애고 사회 질서를 어지럽히는 집단으로 보았습니다. 성도들은 서로를 한 형제, 자매라고 불렀습니다. 그렇게 가까워진 교인들은 서로 결혼하고 가정을 이루었습니다. 하나님 안에서 한 형제와 자매로 존중하는 그들이 부부가 되는 것은 아름다운 일이었지만 교회 밖에서는 의아하게 여길 만한 일이었습니다. 로마는 교회가 '근친상간'을 한다고 오해했습니다.

로마제국은 다신교 국가였습니다. 온갖 종교와 문화는 제국 로마에 헌신하도록 꾸며졌습니다. 외국의 각종 신들도 로마의 신들 속에 포함되었습니다. 세계는 신들로 가득한 세상이었습니다. 그런데 기독교는 신들을 싹 다 무시하고 로마가 파견한 빌라도 총독이 십자가로 사형시킨 한 젊은이를 유일한 신으로 받들었습니다. 로마인이 보기에 기독교는 신이 없는 것과 같았습니다. 로마는 교인들을 '무신론자'라고 여겼습니다(양희송, 「세계관 수업」(서울: 복있는사람, 2018), 140쪽).

로마제국은 강력한 국가주의 사회였습니다. 개인보다는 나라가 우선시되었고, 애국심과 충성심은 제국을 이끌어가는 근원이었으며, 로마의 신들에게 경배하는 것으로 충성심을 확인했습니다. 기독교는 로마의 신들에게 경배할 의향이 없었습니다. 로마인이 보기에 교회는 제국에 대한 충성심과 애국심이 없는 것으로 보였습니다. 기독교는 로마에 저항하고 로마를 전복시킬 위험한 종교였습니다. 로마는 기독교를 '역적의 집단'으로 여겼습니다.

로마 황제의 입장이 되어 내재적으로 생각해보면 기독교는 식인 풍습에 근친상간이 이루어지는 무신론적이고 반역의 가능성이 있는 신흥 종교였습니다. 곱게 보일 리가 없었지요. 기독교는 로마제국에 해로운 종교였기에 빨리 없앨수록 좋았습니다. 황제만이 아니었습니다. 일반 대중과 지식인들은 기독교에 대한 고발, 조롱, 비난 등 다각도로 기독교를 탄압했습니다(래리 허타도, 「처음으로 기독교인이라 불렸던 사람들」(파주: 이와우, 2017), 60쪽).

박해를 이긴 원동력

로마가 기독교를 박해한 원인은 오해 때문이었습니다. 오해에는 두 종류가 있지요. 하나는 미워하는 마음이 너무 커서 일부러 방관해버리는 오해가 있고, 또 하나는 어쩔 수 없는 오해입니다. 식인이나 근친, 무신론과 같은 것은 잘 살펴보기만 해도 얼마든지 이해할 수 있는 성질의 것이었습니다. 그러나 '충성심'이 없다는 오해는 어쩔 수 없는 것입니다. 실제로 기독교는 로마에 대한 충성과 애국심이 없기도 했습니다.

로마의 황제는 제국 전체를 하나의 운명공동체로 여겼지만 기독교는 로마를 타락한 세상으로 보았습니다. 기독교는 하나님 나라만이 진정한 공동체였습니다. 하나님 나라는 세상 나라와는 비교할 수 없는 엄청난 보화가 있는 나라였습니다. 세계 최강대국 로마와 견주어도 결코 질 수 없는 어마어마한 보상이 있는 나라가 하나님 나라였기에 교회는 로마에 충성하지 않았습니다. 교인들은 공직이나 병역을 피하려고 했습니다. 로마에 대한 일종의 소극적인 저항이었지요(시오노 나나미, 「로마인 이야기 12 : 위기로 치닫는 제국」(파주: 한길사, 2004), 396쪽). 교회는 온 세계 만국을 창조하신 하나님이 다스리는 나라를 소망했습니다.

그렇다면 기독교가 추구한 나라, 로마와 달랐던 하나님 나라는 어떤 나라였을까요? 그것은 인간을 인간답게 여기는 나라였습니다. 특히 기독교는 여인들의 종교였습니다. 교회에서 여성의 지위는 당시 로마 사회 전반보다 월등히 높았습니다. 로마 세계는 남성중심의 사회였습니다. 남성의 숫자가 여성보다 훨씬 많은 것은 여자나 기형아가 태어나면 얼마든지 버릴 수 있었기 때문이었지요. 거기에는 어떠한 죄책감도 없었습니다. 여인들은 낙태하다가 사망하는 경우도 많았습니다. 비인간적인 처사가 아닐 수 없습니다. 그러나 교회는 낙태를 살인으로 여겼습니다.

교회 공동체의 성비는 로마와는 정반대가 되었습니다. 교회에는 여성의 수가 훨씬 많았습니다. 교회의 구성원뿐만 아니라 교회의 리더 중에도 여성이 많았습니다. 여성이 기독교인이 될 가능성이 남성보다 훨씬 높았습니다. 기독교인 중에 상류층이 많아진 것은 상류층 집단에 속한 남자들의 아내가 기독교인이었기 때문입니다. 여성들은 교회를 보호하기 위해서 남편에게 영향을 미쳤습니다(로드니 스타크, 「기독교의 발흥」(서울: 좋은씨앗, 2016), 150-154쪽).

여성은 영예롭고 권위 있는 직분을 맡아 교회의 리더로 훌륭한 역할을 담당했습니다. 여성이라는 소외되고 배척당했던 부류의 사람들이 교회를 이끌고 교인들을 도우면서 당시 사회의 고정관념과는 다른 길을 걸었습니다. 그렇게 강인한 여성들이기에 이방종교를 가진 남자와 결혼해도 신앙이 흔들리지 않았습니다. 오히려 남편이 아내를 따라 기독교인이 되는 경우가 많았습니다. 그렇지 않더라도 그들의 자녀는 백퍼센트 기독교인이 되었습니다.

로마의 상류층에서는 기독교인 여성과 결혼하는 일이 빈번했습니다. 황제의 어머니가 기독교인인 경우도 종종 있었습니다. 황제가 기독교를 박해하더라도 그의 어머니가 황제를 위해서 기도할 정도였습니다. 로마 여인의 출산력과 비교가 안 될 정도로 기독교인은 자녀를 많이 낳았습니다. 생육하고 번성하라는 하나님의 말씀을 충실히 이행했고, 그것은 기독교인의 높은 증가율로 이어졌습니다.

교회들은 주로 도시에 있었습니다. 신약성경은 대부분 도시에서 기록되었습니다. 도시에 교회가 세워졌고, 도시 인구가 증가할 때 기독교 인구도 증가했습니다. 당시에는 여행이 보편화되어 있었고, 3개월이면 로마제국을 횡단하는 일도 가능했습니다. 도시와 도시 사이에 정보가 오갔고, 다양한 소통의 창구가 열려 있었습니다. 선교사들이 도시로 진입하기가 쉬웠고, 교회는 선교사들을 따뜻하게 맞아주었습니다.

로마의 도시는 현재의 세계적인 도시들, 그러니까 런던, 파리, 뉴욕, 서울보다 '인구밀도'가 높았고, 상하수도 시설이 발달되지 않아 불결했으며, 지진이라든가 전염병이 창궐하기도 했습니다. 도시 빈민 등 각종 문제가 발생했습니다. 그러자 교회가 그 문제를 해결해나가기 시작했습니다. 구제에 앞장섰고, 위험에 처한 사람들을 가족처럼 보살폈습니다. 역병이 나돌거나 화재와 지진으로 도시가 무너질 때 성도들은 도시로 뛰어들었습니다. 도시인들은 교회를 통해서 다양한 혜택을 받았습니다. 살아 있으면 간호를 받을 수 있었고, 죽으면 천국에 갈 희망을 가질 수 있었습니다.

교회는 왜 그토록 희생할 수 있었을까요? 성도들은 예배를 통해 하나님께서 주시는 은혜를 맛보았고, 교회 안에서 안전하다는 느낌을 받았으며, 성도들 간의 충분한 사랑을 나누며, 어떠한 차별도 없이 서로를 존중해주었습니다. 로마의 어떤 종교보다도 기독교는 가장 매력적인 공동체가 되었습니다(앞의 책, 281-282쪽). 교회의 희생이 어느 정도였을까요? 성도들은 기꺼이 순교하는 데까지 이르렀습니다.

로마가 기독교를 핍박할수록 교회는 더욱 부흥했습니다. 교회에 대한 탄압이 기독교를 더욱 도약하게 하는 원동력처럼 보였습니다. 교회는 박해를 받을수록 하나님 나라에서 주어지는 보상이 더욱 크다는 것을 알았습니다. 하나님 나라에는 영원한 생명이 있었습니다. 죽더라도 먼저 떠난 신앙의 선배를 만날 수 있고, 고통스러운 세상이 아닌 천국을 기대할 수 있었습니다. 이방인은 순교하는 성도들을 보며 목숨을 버릴 정도로 고귀한 가치가 교회에 있다는 것을 깨달았습니다.

순교는 무차별적으로 아무에게나 일어나지 않았습니다. 사람들은 교회의 지도자 중에 누가 순교하게 될 것인지 알았고, 여러 지역에 소문이 날 정도로 충분한 시간이 있었습니다. 순교당할 사람들은 영생에 대한 믿음이 있었습니다. 그들은 죽기 전에 풍족한 음식과 넉넉한 관심을 받았습니다. 교인들은 순교자를 찾아 감옥으로 몰려들었습니다. 순교를 당하기 전에 설교도 할 수 있었고, 편지 쓰는 일도 가능했습니다. 순교의 영향력은 그렇게 극대화되었습니다(앞의 책, 268-269쪽). 순교 덕분에 교회는 더욱 부흥하게 되었습니다.

순교가 아니더라도 성도들은 죽거나 희생당할 기회가 많았습니다.

로마 시대 도시에는 전염병과 지진 같은 재난이 많았습니다. 갑작스러운 사고로 도시 인구의 상당수가 소멸되기도 했습니다. 그런데 역병과 재앙의 한가운데에 기독교인들이 들어갔습니다. 처참한 일이 일어난 이유에 대답해줄 수 없어도 어떻게 해야 할지는 가르쳐주었습니다. 교회는 환란 가운데 있는 이웃을 돕고, 고통받는 사람들을 건져내는 데 앞장섰습니다. 죽어가는 그들에게 천국이 있다는 사실을 알렸고, 성도가 감염되어 죽는다면 기쁘게 천국으로 입성할 수 있었습니다. 로마 황제의 핍박은 교회의 소망을 꺾을 수가 없었습니다.

기독교는 그렇게 확장되어 갔습니다. 교회가 드디어 로마의 황제에 의해서 공인을 받게 되자, 로마의 전통적인 종교들은 어떻게 되었을까요? 로마 당국은 더 이상 다신교에 자금을 대지 않았습니다. 자금줄이 막히게 된 이방종교는 급격히 쇠락해갔습니다. 국가로부터 낭비하듯이 세금을 받아 누리던 그들은 자신을 지탱해주던 연줄이 사라지자 금방 사라져갔습니다(앞의 책, 296쪽).

반면에 교회는 따뜻한 공동체생활을 했고, 불굴의 의지로 핍박을 버텼으며, 복음을 나누려는 의지를 가지고 세상으로 뛰어들었습니다. 기독교는 로마 시대에 살아남기에 가장 훌륭한 종교였고 사람들은 기독교로 속속 합류했습니다. 로마 황제 중에서 마지막으로 기독교를 핍박했던 디오클레티아누스는 이미 거대해진 교회에 대한 두려움을 박해로 막아보려고 했는지도 모르겠습니다.

유대교와 기독교의 차이점

예루살렘 성전이 불타서 없어졌습니다. 베스파시아누스 황제는 두 아들 티투스와 도미티아누스에게 각각 차기 왕권을 주었지만 의도대로 되지는 않았습니다. 큰아들 티투스는 고작 2년간 황제였던 것이 전부였습니다. 황제가 되기 전 티투스는 여러 전쟁에 참전한 장군이었습니다. 그가 아버지를 이어서 예루살렘 성전을 점령했고, 성전 건물을 완전히 무너뜨리고 맙니다. 예수님께서 돌 위에 돌 하나도 남기지 않을 거라는 예언처럼 성전이 초토화된 것은 AD 70년의 일이었습니다.

성전이 함락된 이후에도 일부 유대인들이 저항했지만 이미 대세는 기울어졌습니다. 성전이 없기 때문에 유대인도, 기독교인도 흩어지지 않을 수 없었습니다. 그때를 기해서 기독교는 유대교와 결별하기 시작했습니다. 팔레스타인 지역에 국한된 유대교와 달리 기독교는 지중해와 로마로 뻗어나갔습니다(김상근, 「기독교의 역사」(서울: 평단문화사, 2007), 26쪽).

기독교는 유대교와 다른 길을 갔습니다. 유대교는 이방인에게 할례를 강요했습니다. 오랜 선민사상 때문이었습니다. 그러나 기독교는 할례를 중요하게 여기지 않았습니다. 세례면 족했습니다. 살을 도려내는 고통도 없고 비용도 거의 들지 않았습니다. 유대인이 되는 것보다 기독교인이 되는 일이 훨씬 쉬웠습니다.

기독교와 유대교는 둘 다 로마로부터 박해를 받았습니다. 그런데 하나는 성장했고 하나는 제자리걸음이었습니다. 그 이유는 무엇일까요? 기독교가 박해를 받은 것은 로마가 처음이 아니었습니다. 기독교는 유대교로부터 나왔지만 유대교에게 끝없이 박해를 받았습니다. 바울과 베드로, 예수님은 모두 유대인이었습니다. 예수님은 어렸을 때 성전에서 할례를 받았습니다. 기독교는 유대교의 경전인 구약성경을 그대로 사용합니다. 그런데도 기독교는 유대교와 달랐습니다.

사도 바울은 할례를 강조하는 유대인 기독교인들에게 끝까지 저항했습니다. 율법에 대한 거부감을 가졌고 율법적인 요소를 강조하더라도 유대교적인 방식과는 달랐습니다. 바울은 각 지역에 흩어져 있는 유대교 회당을 복음 전파의 근거지로 삼았습니다. 유대인들은 여호와 신앙이 있었고, 선지자들을 통해 메시아에 대한 기대감을 갖고 있었습니다. 바울은 그런 유대인에 대해 잘 알고 있었기 때문에 복음 전파의 효과적인 방법으로 유대인 공동체를 활용했습니다. 그러니 유대교가 바울을 곱게 볼 리 없었습니다. 유대교는 기독교를 박해했습니다.

로마는 유대교를 합법적으로 보았으나 기독교는 그렇지 않게 여겼습니다(최종원, 「초대교회사 다시 읽기」(서울: 홍성사, 2018), 97쪽). 그래서 기독교는 로마로부터 박해를 더 많이 받았습니다. 로마의 박해는 끝도 없이 이어진 것처럼 보였습니다. 그런데도 기독교는 유대교보다 훨씬 더 성장했습니다. 혈통을 중요시 여기고 할례를 받아야 하며 율법을 준수해야 하는 유대교와 달리 기독교는 차별이 없었습니다. 여자, 남자, 어른, 아이, 종, 자유인, 부자, 가난한 사람 등 누구든지 예수님을 믿기만 하면 기독교인이 될 수 있었습니다. 바울은 유대교 회당을 선교의 전략기지로 삼았고, 그곳에서부터 이방인들, 특히 로마인들이 복음의 대상이 되어 그들에게로 뻗어나갔습니다.

유대교는 로마로부터 독립하는 것을 원했습니다. 그러나 기독교는 달랐습니다. 기독교는 오히려 로마제국을 점령하는 것이 목표였습니다. 로마제국이 점점 약해질 때 기독교는 점점 커졌습니다. 성도들은 로마의 공직과 병역을 피하는 것으로 소극적인 저항을 했으나 그렇다고 공직이 가진 권위를 부인하거나 군인들에 대해 비난하지도 않았습니다. 군사적인 규율은 칭찬의 대상이었습니다(시오노 나나미, 「로마인 이야기 12 : 위기로 치닫는 제국」(파주: 한길사, 2004), 406쪽). 기독교는 변화에 유연했습니다. 기독교는 서서히 로마에 침투해갔습니다. 그래서 시오노 나나미는 말했습니다. "로마가 피폐해졌고 기독교는 로마제국을 탈취하고야 말았다"(위의 책, 423쪽).

콘스탄티누스가 기독교를 공인한 이유

212년에 로마의 황제 카라칼라는 '안토니우스 칙령'을 선포했습니다. 로마제국 안에 살고 있는 자유민이라면 누구에게나 로마시민권을 부여한다는 내용이었지요. 같은 자유민이라도 시민권자와 그렇지 않은 자 사이에는 차별이 있었습니다. 로마의 속주에 사는 시민권 없는 사람들은 로마제국의 2등시민일 뿐이었습니다. 안토니우스 칙령은 그들이 시민권을 소유할 수 있는 길을 열어주었습니다. 칙령이 발효되자 2등시민은 어깨를 펴게 되었습니다. 제국의 어느 곳이든지 인종과 민족은 물론이고 종교나 문화에 상관없이 로마시민권을 누릴 수 있게 되었지요.

시민권을 갖게 된 그들은 어깨만 편 것이 아니었습니다. 큰 부담이던 속주세를 더 이상 내지 않아도 되는 경제적 이익까지 챙겼거든요. 신약성경에서 '세리'가 심심치 않게 등장하는 것을 보면 속주 중에 하나인 이스라엘만 해도 로마에 세금을 바치느라 얼마나 고생했는지 알 수 있습니다. 이제 그들도 로마 시민으로 더 이상 세금을 바치지 않아도 되었고, 그것은 로마제국 운영이 타격을 입었다는 뜻이기도 했습니다.

디오클레티아누스 황제(284-305년)는 이러한 세금문제를 개혁해야 했습니다. 복잡하게 계산되는 세금을 토지세와 인두세로 간단히 나누고, 각 세제에 대한 세부적인 내용을 하나하나 만들었습니다. 로마시민권을 얻은 속주민들에게 세금을 뜯어내기 위한 전략이었지요. 세금부담이 없어진 줄 알았는데 그들은 새로운 황제 때문에 더 큰 부담을 갖게 되었습니다. 농민들이 도시로 대거 몰려들었습니다. 때마침 야만족의 침입으로 어딘가 도망쳐야 했는데 토지세로부터도 벗어날 겸 그들은 도시로 내달렸습니다.

디오클레티아누스 황제는 거두어들인 세금으로 군사력을 키웠고 야만족을 몰아내는 데 성공했습니다. 그러나 전쟁이 끝나자 군인들을 먹여 살리기 위해 더 많은 세금이 필요했습니다. 황제는 과세 대상을 물색하다가 도시로 몰려든 농민들을 발견하게 됩니다. 황제는 도시에 거주하는 자들에게 세금을 왕창 부과했습니다. 시민들의 원성이 자자해진 것은 말할 것도 없었지요.

황제는 절대적인 권력이 필요했습니다. 그들의 원망을 들어주다가는 제국이 흔들릴 정도였습니다. 황제는 권위를 가져와야 했습니다. 어디에서 가져올 수 있을까요? 그는 신의 이름을 빌려왔습니다. 당시 로마에는 30만의 신들이 있었습니다. 그중에서 가장 힘이 센 제우스의 라틴어인 '요비우스'라는 이름을 자신에게 붙였고, 오른팔인 막시미아누스에게는 헤라클레스라는 이름을 주었습니다. 본격적인 황제의 신격화 작업이었습니다.

디오클레티아누스 황제는 로마의 신을 통해서 권위를 얻으려고 했지만, 그는 다신교에 대한 이해가 모자랐던 것 같습니다. 다신교란 가장 센 신이 있고, 가장 각광받는 신이 있을 수는 있지만 모든 신을 아우르는 절대적인 하나의 신은 없었습니다. 신들은 인간의 필요를 채우기 위해 기능했고, 다른 종교에도 관용적이었습니다. 절대적인 신이 없기에 제우스가 인기가 많고, 헤라클레스가 힘이 세도 그 신들이 권위를 제대로 세워주지 못했습니다.

그러나 디오클레티아누스는 그것이 가능하다고 믿었습니다. 로마의 신들을 인정하지 않는 집단만 제거하면 권력이 집중될 수 있다고 여겼습니다. 그런 종교가 무엇일까요? 그렇습니다. 기독교였습니다. 디오클레티아누스 황제의 집요하고 악랄한 기독교 탄압이 시작됩니다. 303년부터 309년까지 로마제국은 기독교인들을 핍박했습니다.

로마 당국은 교회를 파괴하고, 기독교인들의 모임인 예배, 세례, 혼인, 장례를 금지시켰으며, 성경과 십자가 등 기독교를 상징하는 모든 성물을 소각했고, 기독교인이 로마의 지도부에 있다면 지위를 박탈했습니다. 또한 교회의 재산은 경매에 붙여 개인이 가져가게 했고, 모든 공직에서 기독교인을 해임했습니다.

황제의 배후에는 강력한 군대가 있었기 때문에 박해는 효과적으로 이루어졌습니다. 대항하는 모든 움직임은 초기에 진압되었지요. 다행스러운 일은 순교당한 숫자가 그렇게 많지 않았다는 점입니다. 대부분 옥살이나 강제노동에 그쳤고, 로마 도시민들은 기독교인들을 숨겨주었습니다. 309년이 되자 박해는 슬그머니 사라집니다. 디오클레티아누스 황제는 격무와 피로에 시달리다 자신의 부하 막시미아누스와 함께 은퇴하여 낙향해버렸습니다. 그 후 4년이 지나지 않아 완전히 반대되는 현상이 일어납니다. 콘스탄티누스와 리키니우스가 공동으로 '밀라노 칙령'을 발표했습니다.

313년 6월, 로마제국 전역에 선포된 밀라노 칙령의 내용은 "신앙은 각 개인의 양심에 비추어 결정해야 하며 기독교에 대해서도 똑같이 적용하여 신앙을 인정해야 한다. 기독교뿐만 아니라 어떤 종교를 신봉하든 각자가 원하는 신을 믿을 권리를 인정한다"는 것이 골자였습니다. 얼핏 보면 디오클레티아누스가 기독교를 핍박하기 이전으로 회귀하는 것처럼 보이지만 실제적인 내용에 있어서는 기독교 우대의 성격이 강했습니다.

로마는 전통적으로 신들에게 제물을 바치고 로마의 황제에게 충성을 맹세하는 의식을 행했습니다. 그 어떤 종교를 갖던 상관없이 '국민의 의례'에 해당되는 일이었습니다. 그런데 밀라노 칙령에서는 그 마저도 참여할 필요가 없게 했습니다. 콘스탄티누스 황제는 노골적으로 기독교에 혜택을 주는 정책을 펼쳤습니다. 디오클레티아누스 황제 때 몰수했던 교회와 기도처는 반환되었고, 경매로 소유했던 사람에게는 국가가 보상해주었습니다.

국고로 로마의 성 베드로 성당과 새로 건설한 로마의 수도 콘스탄티노폴리스에 여러 교회들을 세웠고, 예루살렘에 성묘교회도 지어주었습니다. 교회가 경제적으로 독립할 수 있도록 농경지와 상점을 교회에 기증했고, 성직자에게 공무(군대)를 면제하였으며, 동시에 세금도 감면해주었습니다.

우리는 여기에서 이런 의문을 갖게 됩니다. 어째서, 갑자기, 왜, 무엇 때문에, 어떻게, 콘스탄티누스 황제가 기독교를 공인했고, 기독교에 관대한 정책을 썼는가 하는 것입니다. 기독교가 공인됨으로써 교회는 긴 억압의 사슬을 끊고 승리하게 되었습니다. 콘스탄티누스가 앞선 황제와는 완전히 다른 길을 가게 된 극적인 변화는 무엇 때문이었을까요?

콘스탄티누스는 콘스탄티우스 클로루스와 헬레나 사이에서 태어났습니다(272년). 어머니 헬레나는 여관 주인의 딸이었는데 콘스탄티누스가 19세였을 때 남편에게 버림받았습니다. 콘스탄티누스의 아버지 콘스탄티우스는 황제의 오른팔인 막시미아누스의 딸 테오도라와 재혼했고, 그 덕분에 2명의 부제(카이사르) 중에 하나가 되었습니다.

디오클레티아누스 황제가 막시미아누스와 동반 은퇴하자 아버지는 정제(아우구스투스)가 됩니다. 콘스탄티누스는 아버지 아래로 들어갔으나 어떤 권력도 얻지는 못했습니다. 1년 뒤 아버지가 브리타니아 원정에 나갔다 병사합니다. 군인들은 비어 있는 정제 자리에 콘스탄티누스를 추대해 세웠습니다. 그의 나이 33세 때 일어난 일이었습니다(306년).

콘스탄티누스는 어머니 헬레나에 대한 연민이 많았습니다. 가난한 집안에서 태어나 불행한 결혼생활 끝에 남편으로부터 버림받고 혼자서 자신을 키운 어머니였습니다. 콘스탄티누스가 로마의 황제가 되었을 때 어머니에 대한 공경으로 그녀의 신앙인 기독교를 공인했다는 말도 있습니다. 그러나 그것은 맞지 않습니다. 헬레나는 밀라노 칙령 이후에 기독교를 받아들였습니다. 그녀가 예루살렘 성지순례로 예수님의 십자가를 발견한 전설적인 이야기가 있으나 기독교 공인과는 아무런 관련이 없었습니다.

기독교 공인과 관련된 사건은 밀라노 칙령이 선포되기 1년 전에 일어났습니다. 콘스탄티누스는 정제가 되었으나 전권이 주어지지는 않았습니다. 군인들은 콘스탄티누스를 밀었지만 로마의 원로원은 막시미아누스의 아들인 막센티우스를 황제로 인정했습니다. 막센티우스는 6년 동안 로마의 황제로 재위했습니다. 콘스탄티누스는 6만의 군인들을 이끌고 로마로 진격했습니다. 막센티우스에게는 19만에 달하는 대군이 있었습니다. 그들은 로마 근교의 밀비우스 다리에서 격돌합니다.

전투가 있기 전날 콘스탄티누스는 환상을 보았습니다. "깃발을 만들고 전쟁으로 나가라. 너는 이길 것이다"라는 음성과 라바룸(laba-rum), 즉 XP라는 헬라어 두 글자가 새겨진 깃발을 보았습니다. 콘스탄티누스는 부하들에게 그 깃발을 만들어 높이 들게 하고 전쟁에 나갔습니다. 군사들의 열세에도 콘스탄티누스는 완전무결한 승리를 거두었습니다.

전쟁 후에 콘스탄티누스가 글자에 대해 알아보았더니 예수 그리스도(Χριστος)의 앞 두 글자 '카이'(Χ)와 '로'(Ρ)란 것을 알게 되었습니다. 그리고 그 이듬해 밀라노 칙령을 반포하여 기독교인에게 신앙의 자유를 허락해주지요. 지금도 XP(☧)는 가톨릭의 상징으로 사용되고 있습니다. 그러나 이 사건만으로 기독교를 공인하는 일은 좀 의아한 부분이 있습니다. 전쟁에 이기게 된 것은 좋은 일이기에, 거기에 일조한 교회에게 상을 내리고 공로가 있는 사람들에게 보상해주면 그만이었습니다. 그런데 콘스탄티누스는 밀라노 칙령으로 교회에 파격적인 대우를 해주었습니다. 콘스탄티누스는 황제이지만 정치가이기도 했습니다. 기독교 공인이라는 역사적인 사건 뒤에는 정치적인 계산이 깔려 있었습니다. 그 계산이란 무엇일까요?

앞서 이야기했다시피 당시 로마제국의 도시에는 기독교가 깊이 뿌리내리고 있었습니다. 물론 그래봐야 전체 인구의 5%밖에 되지 않았지만 교회는 시민들로부터 각광받았습니다. 그렇다면 기독교인들은 어느 계층에 많이 분포되어 있었을까요? 기독교는 가난한 자라든가 노예, 하류층을 대변하는 종교가 아니라 중산층의 종교였습니다.

당시 교회의 언어와 문체를 분석해보면 학식과 교양을 갖춘 사람들이 교회의 주류임을 알게 됩니다. 장인이나 상인 또는 전문직이 많았습니다. 교인 중에는 부와 명망이 있는 사람도 꽤 있었습니다. 여인들이 중상류층과 결혼해서 그들이 교회에 속하게 된 경우도 있고, 다신교를 진부하게 여기는 식자층, 새로운 문화와 사상에 소양이 있는 기득권층이 기독교에 관심을 기울였습니다.

로마가 교회를 핍박할 때 정치적으로 접근하지 않고 문화 종교적으로 접근한 것도, 간헐적이고 제한적인 박해에 그친 것도 교회가 로마 전복을 목적으로 한 정치적인 집단이 아니란 것을 확인했기 때문입니다. 로마 당국은 교회의 박해에 대한 황제의 명령에도 기독교인을 못 본 체했고, 감옥에 보냈다가 사면해주기도 했습니다(로드니 스타크, 「기독교의 발흥」(서울: 좋은씨앗, 2016), 76~80쪽).

자, 결론적으로 생각해봅시다. 기독교는 도시에서 재앙에 빠진 사람들을 도우면서 시민들의 지지를 받았습니다. 기득권자들이 대거 교인이 되었고, 그러다 보니 교회는 점점 커져서 도시 곳곳에 세워졌습니다. 교회의 큰 비중을 차지하고 있는 중산층 기독교인은 비호할 정치인을 찾고 있었고, 황제가 되었지만 연약한 기반을 갖추고 있는 콘스탄티누스는 기독교인 중산층의 지지를 필요로 했습니다(앞의 책, 29쪽). 기독교가 가장 좋아하는 것이 무엇이겠습니까? 자유롭게 신앙생활을 하는 것입니다. 황제는 교회가 원하는 것을 주고, 교회는 황제의 지원군이 되는 것, 꿩 먹고 알 먹는 일이었습니다.

그렇다면 기독교가 공인된 것은 잘되기만 한 일이었을까요? 기독교 공인과 더불어 세상은 바뀝니다. 중세 시대가 열립니다. 기독교 시대가 열리기도 했고, 그것은 잘된 점과 안된 점이 공통으로 드러난 시대가 되었습니다.

결국은 성경

이번 장을 마치기 전에 한 가지만 짚고 넘어갔으면 합니다. 힘도 못쓰고 박해만 받던 기독교가 콘스탄티누스의 기독교 공인으로 갑자기 거대해진 것은 아니란 점은 확인했습니다. 로마의 황제들은 기독교를 억압하든지 방치하든지 둘 중에 하나였는데, 적지 않은 황제들이 핍박의 대열에 합류하였고 4세기가 되어서야 겨우 기독교를 환영하는 황제가 나왔습니다. 숱한 오해와 억압 속에서도 기독교는 점점 커져갔으며 사람들의 마음을 얻었습니다.

기독교가 명맥을 이어갈 수 있었던 힘은 어디에 있었을까요? 매우 중요한 한 가지 요소가 있습니다. 바로 '성경'입니다. 초기 교회는 예배, 성찬, 세례 등 예전적인 요소를 중요시 여겼지만 그에 못지않게, 아니 그보다 더 중요하게 여긴 것은 성경을 봉독하고 연구하며, 필사하고 배포하는 등 성경과 관련된 일이었습니다.

로마의 다신교적인 종교 관행에 비추었을 때 경전을 중요시 여기는 것은 독특한 일이었습니다. 타종교에도 나름 경전이 있었지만 교회처럼 중요시 하지는 않았습니다. 초기 교회는 예배드리면서 성경을 봉독하는 일을 필수적인 행위로 여겼습니다. 복음서를 읽었고 구약도 낭송했습니다. 구약성경을 읽는 것은 유대교 회당의 관행이었으나(눅 4:16-21) 기독교는 그것을 더 발전시켰습니다.

교회는 성경을 낭송하기 위해 성경책을 구비하는 데 많은 힘을 기울였습니다. 그것은 유대교가 하지 못한 일들이었습니다. 언제부터 그런 일을 했을까요? 예배에 봉독을 추가한 것은 바울 서신이 교회로 배달되기 시작할 때부터였습니다. 바울의 편지는 인접한 교회에도 회람되었습니다.

신약성경의 정경화는 아직 요원한 일이었습니다. 그러나 성도들을 위해 성경을 읽거나 이방인들을 위한 성경 공부를 하는 것, 성경에 대해 가르치고 토론하고 연구하는 일은 활발히 이루어졌습니다. 교회는 다양한 기독교 문헌과 구약성경을 사용했습니다. 사복음서나 바울 서신에는 구약성경의 인물이나 내용이 들어간 경우가 많았습니다. 이방인들은 구약성경을 몰랐기 때문에 성경이 낯설 수밖에 없었습니다.

그들이 성경을 이해하지 못하면 기독교 신앙 안으로 들어오는 일이 불가능했습니다. 따라서 교회의 지도자들은 적절한 조치를 취해야 했습니다. 성경에 대하여 가르치고 연구해야 했습니다. 그리고 그것은 성공을 거두어 이방인들이 성경을 이해하여 기독교인이 되는 데 큰 도움이 되었습니다.

성경의 중요성을 알았던 교회는 사본을 구해서 그것을 필사하고, 유포하거나 보관하는 일에 상당한 노력을 기울였습니다. 그런데 또 한 가지 문제에 봉착합니다. 글자를 읽는 것은 매우 고급스러운 일이었습니다. 시민의 대다수는 문맹이었지요. 성경이 있어도 읽지 못하는 사람들이 태반이었습니다. 어떻게 해야 할까요? 간단합니다. 읽기가 가능한 한 명만 있으면 됩니다. 교회의 구성원 중에는 기득권층이 많았고, 그들 중에 글자를 읽을 수 있는 사람이 성경을 봉독하고 회중은 경청하면 되었습니다.

로마에 있는 교회에는 부유한 신자가 많았기에 넓은 집에 모여 집회를 열었고 그때마다 바울의 편지를 읽었습니다. 바울은 교회들에게 편지를 읽으라는 명령을 내렸습니다(골 4:16). 요한, 야고보, 베드로 같은 성경 기자들은 교회에 편지를 쓸 때 읽고 전달하라는 당부를 잊지 않았습니다. 따라서 편지들은 목적지에 도달하기도 전에 전달자가 읽고, 교회가 읽으면서 은혜를 받았습니다. 이것은 나중에 정경을 정할 때 매우 중요한 근거가 되었습니다. 2세기 중엽이면 교회들은 바울 서신과 복음서에 구약성경과 마찬가지의 권위를 부여했고, 후에는 신약성경이 되었습니다.

교회가 집단적으로 성경을 소유하기도 했지만 개인적으로 성경을 읽는 경우도 있었습니다. 실제로 바울의 편지 중에는 특정한 개인을 대상으로 하는 글들, 개인적인 연구를 위한 편지도 있었습니다. 따라서 개인이 휴대하기 쉽고 읽기에도 좋은 성경이 필요했습니다. 기독교인은 점점 많아졌고 읽고 싶은 편지는 한정적이었습니다. 어떻게 하면 좋을까요? 그렇습니다. 필사하면 됩니다.

적절한 크기의 필사본을 만들기 위해서 교회는 당시 주류였던 두루마리 방식이 아니라 코덱스를 선호했습니다. 코덱스는 오늘날의 책과 같은 모습이었습니다. 코덱스로 성경을 만들려면 파피루스 용지의 길이를 계산하여 접고 자르고 결합한 뒤에 필경해야 합니다. 복잡하고 어려운 작업이었지만 완성되면 휴대가 간편했습니다. 교회가 발전시킨 이 방식은 두루마리가 아닌 책이 주도하는 세상으로 만들었습니다.

초기 기독교는 구성원의 숫자에 비해 경이로울 정도로 많은 문헌이 있었습니다. 당시 어떤 종교와도 비교할 수 없는 일이었습니다. 내세울 수 있는 교회 건축물은 없어도 문서들은 대단히 많이 남아 있었습니다. 경전에 대한 존중과 성경에 대한 경외감은 타 종교를 뛰어넘었습니다.

바울 서신은 유명한 로마의 철학자에 비교해도 압도적이었습니다. 내용도 신학적, 윤리적인 주제를 담고 있고 깊이도 상당했습니다. 복음서는 예수님의 생애와 사상이 기록되어서 마치 로마 전기문학처럼 보이지만 영웅의 출현이 아니라 신앙의 대상으로서 예수님을 소개하고 있었습니다. 복음서의 수량 역시 방대한 기록이었습니다. 2세기 후반이 되면 비기독교인도 복음서를 널리 읽게 됩니다. 많은 이방인이 예수 그리스도를 알게 된 이유도 성경 때문이었습니다.

처음부터 기록하기 위한 〈요한계시록〉은 물론이고(계 1:11), 사복음서와 바울 서신들을 보면 초기 기독교가 얼마나 문자를 중요시 여겼고, 기록하고 읽는 것을 좋아했는지 짐작할 수 있습니다. 성경의 기자들은 전문작가가 아니며 시간과 자본이 넉넉하여 비서를 거느리고 글을 쓰는 사람들이 아님에도 상당한 양의 글을 기록한 것은 매우 존경스러운 일이 아닐 수 없습니다.

필사와 배포의 과정에도 상상을 뛰어 넘는 노력이 들어갔습니다. 필사는 한 획 한 획 모두 손으로 써야 했습니다. 더욱이 하나님, 예수님의 이름을 쓸 때는 특별히 유의해서 썼습니다. 일반적인 필사와는 격이 달랐지요. 교회는 널리 유포하는 일에도 게으르지 않았습니다. 그것도 매우 짧은 기간에 멀리 퍼뜨렸습니다. 지역마다 교회들이 있었는데 끈끈한 유대관계를 유지하며 활발한 상호작용을 하고 있었습니다. 성경은 잘 닦인 도시의 길을 넘나들며 온 로마로 퍼졌습니다.

성경은 사람과 사람 사이를 여행했고, 그래서 세상은 바뀌었습니다. 예수 그리스도의 십자가의 죽음과 부활, 승천이 없었다면, 아무도 그것을 증언하지 않았다면, 증언했어도 아무도 귀를 기울이지 않았다면, 그 증언을 수집하는 사람이 없었다면, 수집된 증언을 기록하는 사람이 없었다면, 그 기록이 널리 읽히지 않았다면, 널리 읽히던 그 글들이 보관되지 않았다면, 보관된 그 글들이 사람들 사이에서 읽히고 이해되어 마음을 울리지 않았다면, 그 모든 과정 중에 하나라도 삐끗했더라면 성경은 세상에서 사라졌을 것이고 기독교는 탄생하지 못했을 것입니다.

성경과 관련된 기적 같은 일은 역사를 통해 이루어졌습니다. 기독교인이 아무리 선한 일을 많이 하고, 도시의 어려움 속에서 희생하였으며, 유대교에 비해서 교인이 되는 과정이 아무리 쉽다고 해도, 성경 없이 생긴 기독교는 불안한 기반에 세워진 것이라 잠깐 반짝하고 사라졌을 것입니다. 그러나 성경이라는 든든한 기반 위에 세워진 기독교는 로마를 무릎 꿇게 만들었습니다. 성경을 통한 하나님의 역사였습니다(이 단락의 근거는 (래리 허타도, 「처음으로 기독교인이라 불렸던 사람들」(파주: 이와우, 2017)의 3장. "이전에는 없었던 책의 종교"에서 상당 부분을 가져와 재구성하였습니다).

〈도표 30〉 신약성경의 정경화 과정

연도	주요 내용
30-50년경	수난, 부활, 세례, 성만찬, 말씀, 이적, 어록, 신앙 고백 등 예수님에 대한 전승이 구전되고 있었다
50-100년경	신약성경이 문서화되었다. 바울 서신(50년대), 공관복음(70-80년경) 요한의 저작(80-90년경), 공동 서신의 기록(1세기 말경)
100-150년경	정경화 시작 단계 바울 서신이 교회에서 수집되어 사용되었다(벧후 3:15) 교부들이 복음서를 인용했고 사본들이 작성되었다
150-200년경	정경화 초기 단계 ① 저스틴(Justin)이 구약과 신약으로 구분 ② 마르시온(Marcion)이 11권을 정경으로(144년) ③ 이레니우스(Irenaeus)가 21권 정경으로 ④ 무라토리(Muratori)가 23권을 정경으로(200년경)
3-4세기	정경화 마무리 단계 ① 오리겐(Origen) 이레니우스가 21권과 논란되는 10권 언급 ② 유세비우스(Eusebius) 정경. 약, 유, 벧후, 요이, 요삼의 논란 언급 ③ 시리아(Syria) 정경 ④ 아타나시우스(Athanasius)의 정경. 현재의 27권 언급(367년) ⑤ 제롬(Jerom)의 정경. 아나타시우스 정경을 인정 ⑥ 어거스틴. 아나타시우스 정경을 인정 ⑦ 히포(Hippo)의 종교회의. 393년. 정경 확증 ⑧ 칼타고(Karthago)의 종교회의. 정경으로 공식 인정(397년)

(성종현, 「신약성경연구」(서울: 장로회신학대학교출판부, 1994), 429-432쪽)

중세 암흑기와
근세 시작의
히스토리

Bible
History

$$* \quad * \quad * \quad * \quad *$$

기독교 공인의 또 다른 이유

핍박을 당하다가 자유를 얻게 되면 과연 좋을까요? 밟힐수록 뿌리를 내리는 잔디처럼 기독교는 로마의 핍박을 견디면서 융성하게 자랐습니다. 시작이 미약했던 기독교는 콘스탄티누스가 신앙의 자유를 공인해주자 숨 쉴 틈을 얻었습니다. 모든 종교에 똑같은 자유를 준다면서도 콘스탄티누스는 유독 기독교에 애정을 쏟았습니다. 기독교는 힘센 후원자 덕분에 권력을 얻게 되었습니다. 그러자 세계는 이상한 방향으로 흘러가기 시작했습니다.

중세의 시작을 서로마제국의 멸망(476년)이나 어거스틴의 별세(430년), 칼케돈 공의회(451년) 등으로 보는 시각이 있으나 콘스탄티누스 황제의 밀라노 칙령(313년)으로 잡아도 큰 무리는 없습니다. 이제 우리는 중세 시대로 건너오게 되었습니다. 콘스탄티누스가 기독교를 공인하게 된 이유는 이미 살펴보았습니다. 로마제국에 뿌리 내린 기독교가 시민들의 응원을 얻어 성장하고 있었습니다. 기독교인 중에는 중산층이 많았고 콘스탄티누스는 그들의 지지를 받기 위해서 교회를 공인해주었습니다. 콘스탄티누스의 정치적인 계산이 깔린 것이지요.

콘스탄티누스의 정치적인 계산은 한 가지가 더 있었습니다. 황제는 로마 제국의 안정을 최우선 순위로 여겼습니다. 정국의 안위를 위해서는 무엇이든 할 수 있었습니다. 그런데 황제들이 자주 바뀌면서 정국은 혼란에 빠지곤 했습니다. 콘스탄티누스는 황제들이 어떻게 재위를 마쳤는지 살펴보았습니다. 뜻밖에 자연사한 황제보다 살해당한 황제가 훨씬 더 많다는 것을 발견했습니다. 황제가 살해될수록 제국은 격변에 싸였으며 그것은 로마의 절대적인 손해였습니다.

콘스탄티누스는 정국을 안정시키는 것이 가장 중요했고, 그 방법을 세습에서 찾았습니다. 황제의 핏줄이 아닌 측근이나 야심꾼들이 황제가 되는 것을 차단할 수 있었고, 그러면 장기적으로 암살의 가능성이 줄어들었습니다. 세습권을 강화하기 위해서는 어떻게 하면 좋을까요? 로마의 시민은 물론이고 원로원이 황제를 세울 수 있게 되면 황제 세습은 위태로울 수밖에 없었습니다. 그들에겐 황제가 되고 싶은 욕구가 있으니까요.

콘스탄티누스는 황제를 세울 수 있는 권위를 사람이 아닌 신에게서 가져오고 싶었습니다. 로마의 다신교로는 그것이 불가능하다는 것을 디오클레티아누스의 실패로부터 이미 학습했습니다. 다신교는 모든 신을 존중하기 때문에 물에 물 탄 듯 보이는 종교로는 힘을 쓸 수가 없었습니다. 이때 그의 눈에 숱한 박해에도 살아남은 강력한 일신교인 기독교가 보였습니다(시오노 나나미, 「로마인 이야기 14 : 그리스도의 승리」(서울: 한길사, 2006), 207-210쪽).

콘스탄티누스는 기독교를 주목했습니다. 왕후장상의 씨는 따로 있으며 그것이 하나님의 뜻이라고 하면 감히 황제를 넘보는 일은 없게 됩니다. 인간이 이해할 수 없는 신의 뜻으로 황제가 되었으므로 그 자리는 대를 이어 유지할 수 있었습니다. 콘스탄티누스는 신의 권위를 가져오고 싶었습니다. 그렇다면 누가 신의 뜻을 전달해줄까요?

신의 뜻은 성직자를 통해서 전해질 수 있었습니다. 당시 기독교 성직자는 크게 세 종류가 있었습니다. 사제와 수도사와 주교였습니다. 사제는 숫자도 많고 세속적이어서 특별해보이지 않았습니다. 수도사는 은둔해 있기에 자주 볼 수 없는 존재였습니다. 적당한 성직자는 주교였습니다. 사제보다 적은 수에 훨씬 권위가 있었으며 수도사보다 만나기 쉬웠습니다.

콘스탄티누스는 주교들을 회유하기 위해 교회를 건설해주고, 성직자의 사유재산을 인정했으며, 교회 재산의 세금을 면제해주었고, 영지 내의 독립적 사법권을 주었습니다. 그뿐만이 아니었습니다. 성직자의 공무를 면제해주어 신적 임무에만 전념하도록 했고, 몰수되었던 교회의 재산을 국가가 보상해주었으며, 성직자를 부양하며 교회를 유지하고 가난한 사람들을 위한 자선이 가능하도록 교회의 재산을 불려주었습니다 (시오노 나나미, 「로마인 이야기 13 : 최후의 노력」(서울: 한길사, 2005), 345-348쪽).

그 덕분에 교회는 독보적인 힘을 갖게 되었습니다. 다른 종교는 물론이고 로마 내의 어떤 계층보다 더 강해졌습니다. 콘스탄티누스의 이러한 정책은 중세 내내 겪어야 했던 갈등의 원인이 되었습니다. 콘스탄티누스가 교회에 기증한 수많은 재산과 영토로 인해서 그 땅의 일부를 사용하는 유럽의 제후들은 교회의 말이라면 고분고분할 수밖에 없었습니다. 교회는 말을 안 들으면 재산을 빼앗겠다는 위협을 하곤 했지요. 15세기가 되면 콘스탄티누스가 교회에 재산과 땅을 기증했다는 '기증장'이 위서였음이 드러나지만, 이미 교회가 그 힘을 잘 써먹은 후였습니다.

테오도시우스의 기독교 국교화

기독교가 공인된 지 70년이 지난 후에 로마는 기독교를 정식 국교로 정했습니다. 300년의 핍박을 이겨내고 양지에 나온 지 얼마 되지도 않았는데 모든 종교를 제압하고 로마 유일의 종교로 우뚝 서게 되었습니다. 기독교 국교화의 장본인은 테오도시우스 황제였습니다. 그는 왜 기독교를 국교로 정했을까요? 배후에는 밀라노의 주교인 암브로시우스가 있었습니다. 테오도시우스는 서른세 살의 나이에 세례를 받았습니다. 오랜 중병이 있던 그는 세례를 받는 것과 동시에 기적처럼 병이 낫게 됩니다.

당시에는 알렉산드라, 안티오키아, 콘스탄티노폴리스, 로마, 밀라노라는 다섯 개의 대교구가 있었는데, 그중에서 밀라노의 주교였던 암브로시우스는 다른 주교들보다 황제에게 가까이 가서 영향력을 행사할 수 있었습니다. 로마의 명문 집안에서 태어나 20여 년간 고위관료로 재직했던 암브로시우스는 매우 똑똑하고 설득력이 강한 사람이었습니다. 젊은 황제 뒤에서 갖가지 문제들에 대한 효과적인 조언을 해주곤 했습니다.

동로마제국의 공동황제였던 그라티아누스가 죽고, 서로마제국에서 발렌티니아누스 황제도 죽게 되자 테오도시우스 황제는 동로마와 서로마 모두를 통치하게 되었습니다. 서른여섯 살에 일어난 일이었습니다. 로마제국 전체를 다스리는 부담을 쥔 황제는 암브로시우스 주교를 더욱 의지하게 되었습니다. 암브로시우스에 대한 두터운 신임과 함께 기독교가 로마제국의 공식적인 국교가 되면서(392년) 기독교 부흥정책이 쏟아졌습니다.

그러나 로마제국은 얼마 지나지 않아 서로마와 동로마로 다시 나뉘게 됩니다. 그는 자신의 아들들에게 제국의 통치를 맡겼으나 서로마제국은 얼마 가지 못했습니다. 게르만 족의 용병 대장인 오도아케르가 제국의 실권자들을 제거하고 아우구스툴루스라는 황제를 퇴위시키면서 서로마는 역사에서 사라집니다(476년). 그런데도 기독교의 영향력은 여전히 굳건했습니다(시오노 나나미, 「로마인 이야기 14 : 그리스도의 승리」(서울: 한길사, 2006), 326-346쪽에서 발췌 정리함).

중세의 어두운 모습과 동서 교회의 분열

5세기 말에 멸망한 서로마제국과는 달리 동로마제국은 그 후로도 15세기까지 유지되었습니다. 콘스탄티누스 황제가 로마제국의 수도를 현재의 이스탄불인 콘스탄티노폴리스로 천도(330년)한 뒤에 동로마제국은 비잔틴(Byzantine)제국이라고도 부르게 되었습니다.

비잔틴제국은 천 년 동안 기독교 세계를 보호하고 후원했습니다. 게르만족이 서로마제국을 멸망시킨 뒤 중세의 사회 문화에 미신, 점술, 마법 등을 부활시키면서 기독교 문화와 게르만 문화가 뒤엉켰습니다. 영지 내의 귀족과 영주들의 부와 권력은 공고해졌고, 그 권리를 자녀에게 물려주면서 영속화되었습니다. 백성들은 농노로 전락해서 생산물의 대부분을 영주들에게 바쳐야 했습니다.

귀족과 영주들에게 힘을 부여한 것은 제도였습니다. 그리고 그 제도를 만든 것은 정부였고 정부는 황제의 손 안에 있었습니다. 황제가 세습으로 권력을 누리니까 영주나 귀족들도 덩달아 세습하며 힘을 휘둘렀습니다. 국가에 피해만 주지 않는다면 영토 내에서 힘을 사용하도록 방조하거나 부추긴 것은 황제였습니다. 황제는 어떤 이익을 얻게 될까요? 세금을 거둬들일 수 있었습니다.

그렇지 않아도 힘든 농노들은 세금까지 내야했습니다. 귀족 영주들은 절대적인 권위를 갖게 되었고, 무력한 농노들에 대한 착취를 가속화했습니다. 백성들의 피폐한 삶은 말로 다할 수 없었습니다. 17세기가 될 때까지 마녀 사냥의 광기가 널리 퍼졌고, 페스트 등 전염병이 창궐했습니다. 이것이 중세의 어두운 모습이었습니다(원종우, 「조금은 삐딱한 세계사(유럽편)」(고양: 역사의아침, 2012) 52–53쪽).

교회의 힘은 막강해졌습니다. 주교들이 권력을 누리는 교구는 앞서 얘기했듯이 알렉산드라, 안티오키아, 콘스탄티노폴리스, 로마, 밀라노라는 다섯 개의 대교구였습니다. 대도시가 중심이었습니다. 처음에 교구들은 서로 협력하고 사이좋게 지냈습니다. 그러다가 로마 대교구가 독자적인 힘을 기르게 되었고, 로마와 나머지 지역으로 나눠졌습니다 (1054년). 로마 대교구를 중심으로 한 가톨릭교회를 '서방교회'라 하고, 나머지 4개 교구는 '동방교회'로 불리게 되었습니다.

동방교회와 서방교회가 분열된 것은 단어 하나의 차이에서 시작되었습니다. 동서 교회는 전통의 '니케아신경'을 신앙으로 고백했습니다. 그중에 "성령은 성부로부터 나시며"라는 표현이 있었습니다. 라틴어 버전에는 "성령은 성부와 성자에게서 나시며"라고 'et Filioque'(또한 성자에게서)라는 말이 삽입되었습니다. 동방교회는 서방교회가 다른 신앙을 고백한다고 지적했습니다.

우리가 보기에 성령이 성부로부터 나셨는지, 성부와 성자로부터 나셨는지 별 차이가 없어 보이지만 이 논쟁으로 두 교회는 결별하게 되었습니다. 세월이 흘러 19세기 말과 20세기 초에 서방교회를 대표하는 가톨릭교회와 동방의 정교회는 이 문제에 대해 논의했지만 합의에는 실패했습니다. 앞으로도 서방교회와 동방교회는 계속 평행선을 그릴 것으로 보입니다.

동서 교회 분열의 또 다른 이유는 이탈리아 남부 관할권에 대한 다툼 때문이었습니다. 동고트 왕국의 멸망(553년) 이후 대대로 비잔틴제국이 통치하고 있었던 이탈리아 남부에 노르만족이 침입하면서 비잔틴제국의 지배권이 흔들렸습니다(11세기). 교황 레오 9세가 비잔틴제국과 손잡고 노르만족에 대항해 싸운 것은 이탈리아 남부를 교황의 관할권 아래 두고 싶었기 때문이었습니다. 콘스탄티노플 총감독 미카엘 케룰라리오스는 교황 레오 9세와 분쟁했고, 여러 중재에도 협상은 실패하였으며, 교황은 콘스탄티노플 감독을 저주하며 파문합니다(김광채, 「중세교회사」(서울: CLC, 2016), 71쪽). 동방교회와 서방교회는 이로써 완전히 갈라지게 되었습니다. 이러한 교회의 분열에도 교회의 힘은 중세 시대 내내 막강했습니다.

교회의 힘이 강하게 되자 젊은이들은 성직자라는 직업에 매료되었습니다. 로마의 전통적인 다신교는 시들해졌고 신분 상승의 길로 성직자가 선망의 대상이 되었습니다. 똑똑하고 전도유망한 젊은이들도 모였지만 한몫 잡고 싶어 하는 야망가들도 몰려들었습니다. 성직자가 많아져서 질적인 하락도 생겼고, 욕심을 가진 많은 사람이 교회로 몰려들면서 신앙의 순수성이 깨지기도 했습니다.

문제는 또 있었습니다. 정치가 신학에 개입하고 교회가 정치권력을 좌지우지하는 일이 생겼습니다. 그 최초는 콘스탄티누스 황제였습니다. 황제는 교리문제에 관여했습니다. 강한 로마가 되려면 신앙이 나눠져서는 안 되는데 교회는 아리우스파와 아타나시우스파로 갈라져 있었습니다. 콘스탄티누스는 서방의 주교 10명, 동방의 주교 290명이 모여 치열한 논쟁을 한 니케아공의회(325년)를 소집해서 아리우스파를 이단으로 정죄하고, 아타나시우스파를 인정했습니다. 이렇게 정치가 종교에 관여하는 일은 중세 내내 끊어지지 않았습니다.

반대로 교회가 힘이 커졌을 때 교회는 정치에 참견했습니다. 교황이 왕을 세우거나 황제를 폐위시키기도 했습니다. 황제와 교회는 서로의 눈치를 보거나 서로 결탁했습니다. 종교와 정치는 영향을 주고받을 수 있습니다. 그러나 둘 사이에 갈등이 생길 때, 혹은 특정 목적을 위해 공모할 때 진리는 변질되기 쉬웠습니다. 말씀을 따르기보다 이익과 욕심을 위한 진흙탕 싸움이 되곤 했습니다.

로마로 들이닥친 게르만족의 대이동

원래 게르만이란 '사람을 산출하는 우수한 지력'을 뜻했습니다. 딸이 태어나면 서슴없이 갖다버리고, 선택된 자식은 엄격하게 양육했던 로마 사회와는 달리 게르만은 되는대로 자녀를 낳았고 아무렇게나 키우곤 했습니다. 게르만은 청동기와 철기문화를 거치면서 발트해 연안에서 흑해 연안까지 천천히 이동하면서 발트인, 슬라브인, 켈트인 등을 흡수했습니다. 게르만족은 하나의 민족이나 같은 조상이 아니라 다양한 문화와 언어를 가진 집단들의 결합이었습니다. 게르만족에는 색슨, 수에비, 앵글, 주트, 부르군드, 롬바르드, 반달, 고트족 등이 있었습니다(유희수, 「낯선 중세」(서울: 문학과 지성사, 2018), 32-37쪽).

게르만족은 라인강 동쪽에 거주했지만 로마로 쳐들어올 엄두는 내지 못했습니다. 로마가 워낙 강했기 때문이죠. 그런데 훈족이 게르만족을 압박하기 시작했습니다. 중앙아시아에 불어 닥친 한파 때문에 훈족은 코카서스산 북쪽에서 다뉴브강을 건너(375년) 서쪽으로 전진했습니다. "모든 길은 로마로 통한다"고 했으니 훈족의 압박으로 본의 아니게 이동하게 된 게르만족은 로마의 길로 쳐들어가게 되었습니다. 훈족이 이동하다가 머문 곳을 '훈의 나라'라고 해서 훈+가리, 즉 헝가리(Hungary)가 되었습니다.

게르만이 대이동할 때 게르만 중에 하나였던 고트족이 로마로 진격했습니다. 비잔틴제국은 고트족을 막을 수는 없었으나 방향을 틀도록 유도할 수는 있었습니다. 어디로 틀게 했을까요? 서로마제국이었습니다. 로마인은 게르만족에게 채찍과 당근 작전을 썼습니다. 게르만족에 대항해서 쫓아낸 것이 채찍이라면 노동력이 부족한 로마가 게르만족을 용병으로 삼은 것이 당근이었습니다.

고트족도 같은 작전을 사용했습니다. 로마에 들어와 도시를 약탈하고 방화했으나(410년), 로마의 문화를 수용하고 존중하기도 했습니다. 고트족 출신의 울필라스(310-383년)는 기독교로 개종한 뒤 수년간 헬라어와 라틴어로 성경을 배워 로마 군대의 용병인 고트족 군인들에게 성경을 읽어주곤 했습니다. 고트족은 언어는 있지만 문자가 없었습니다. 울필라스는 고트족에게 성경을 주고 싶었습니다. 그는 고트어를 발명해서 고트족을 위한 성경을 번역하기도 했습니다.

로마에 게르만족이 들어오게 되면서 여러 민족이 섞이기 시작했습니다. 다양한 이교도들이 들어왔는데, 그중에서 가장 유력한 게르만 세력은 프랑크족이었습니다. 프랑크족은 프랑크 왕국을 세웁니다.

프랑크 왕국과 신성로마제국

프랑크 왕국의 두 왕조인 메로빙 왕조와 카롤링 왕조가 차례로 세상에 등장했습니다. 메로빙 왕조의 클로비스 왕은 아내 클로틸드의 간곡한 기도로 기독교인이 되었습니다(496년). 콘스탄티누스 황제가 기독교를 공인했듯이 클로비스는 메로빙 왕조를 기독교 국가로 바꾸었습니다. 메로빙 왕조는 5세기 중엽에 시작했다가 7세기 중엽에는 약화되고 말죠. 그다음 카롤링 왕조가 뜨기 시작했습니다.

카롤링 왕조는 궁내대신 피핀 2세 때부터 시작되었고(687년), 그의 아들 카를 마르텔이 주도권을 잡을 때는 비잔틴제국보다 훨씬 거대한 나라가 되었습니다. 카를 마르텔의 아들 피핀 3세가 권력을 잡았을 때 그는 카롤링 왕조 최초의 왕이 되었습니다. 왕족의 피가 한 방울도 섞이지 않은 피핀 3세는 어떻게 왕이 될 수 있었을까요?

콘스탄티누스가 주교를 통해 황제권을 정당화한 방식과 비슷했습니다. 그는 자카리아스 교황의 추인을 받았습니다. 게르만족이 로마에 침입한 뒤 교황의 운신은 교황령으로 제한되었습니다. 게르만족 중에 랑고바르드족은 교황령도 뺏으려고 기회를 노리고 있었지요. 교황은 떠오르는 카롤링 왕조의 도움을 받으면 교황령만큼은 확실히 지킬 수 있겠다고 판단했습니다. 그래서 교회의 이름으로 피핀 3세에게 공식적인 왕의 제위를 인정해주었던 것입니다.

피핀 3세의 아들인 카를(샤를마뉴)은 아예 제국의 황제가 될 정도로 세력을 넓혔습니다(800년). 교황 레오 3세(795-816년)는 카를 대제를 서로마제국의 황제로 추대했습니다. 여기에도 정치적인 계산이 깔려 있었지요. 황제는 교황의 인준으로 권력을 쥐었고, 교황은 황제의 후광을 입었습니다. 로마 시민들은 교황을 선출 및 해임할 수 있었으나 황제는 시민들을 제어할 수 있었습니다. 황제는 교황의 눈치를 보고, 교황은 시민의 눈치를 보고, 시민은 황제의 눈치를 보는 삼각관계가 이루어졌습니다.

그러나 프랑크 왕국의 영광은 절정에 오르자마자 곧 쇠락했습니다.

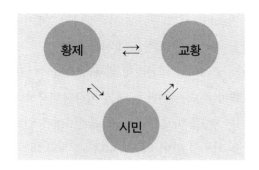

카를 대제가 죽은 뒤(814년) 프랑크 왕국은 동프랑크, 서프랑크, 중프
랑크로 나눠진 후 차례차례 멸망했습니다. 교황이 황제를 임명하고 힘
을 실어주는 것은 고도로 계산된 정치행위였습니다. 교황은 자신이 세
웠던 서로마의 황제 카를 대제가 죽고 프랑크 왕국이 사라졌을 때 당황
스러웠습니다. 하지만 이때부터 교황은 황제라든가 유럽의 왕들을 손
수 세우면서 교황권을 강화해 나갔습니다.

동프랑크 왕국은 소멸된 뒤 독일 왕국이 되었고(911년), 서프랑크
왕국은 프랑스 왕국으로 재편되었습니다(987년). 중세의 독일과 프랑
스는 경쟁관계였습니다. 문화적으로는 프랑스가 우월했으나 정치와
군사적인 부분은 독일이 앞섰습니다. 비어버린 프랑크 왕국의 공석은
오토 대제(936-973년)가 등장하면서 주도권을 잡기 시작했습니다. 그
나라가 바로 '신성로마제국'이었습니다.

24세의 나이에 독일 왕으로 즉위한 오토 대제는 이탈리아에 대한
세 차례의 원정을 통해 황제로 즉위하며 비잔틴제국을 흡수했습니다.
오토 대제는 기독교제국의 부활을 꿈꾸었습니다. 교황 요한 1세는 '신
성로마제국'이라는 칭호와 함께 오토 대제를 황제로 인준해주었습니

다(962년). 교황권이 강화된 교황은 황제를 좌지우지하고 싶었습니다. 그러나 오토 대제는 만만한 상대가 아니었습니다.

오토 대제는 교황 요한 12세를 폐위시키고 자기가 원하는 사람을 교황으로 옹립했습니다. 당연히 새 교황은 황제에게 복종하였지요. 교황의 입장에서도 교회 재산을 노리는 영주들로부터 영지를 지키기 위해 황제의 보호가 필요했습니다. 오토 대제는 교회령을 확장시켜주었고, 주교에게는 영주의 권세를 주었으며, 왕이 주교를 임명할 수 있게 했습니다.

이후로 독일 국왕이 황제가 되는 것이 관례가 되었고, 독일 국왕은 즉위한 후 로마에 가서 교황으로부터 황제의 관을 받는 것이 전통이 되었습니다. 프랑크 왕국에 교황, 황제, 시민의 삼각관계가 있었다면 신성로마제국은 황제와 교황 둘만의 상호관계로 바뀝니다. 황제는 교황권을 보호해주고, 교황은 황제에게 충성을 맹세하는 관계를 이어갔습니다.

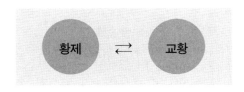

황제와 교황의 목적은 같았습니다. 기독교 세계의 보호와 확장. 기독교가 어떤 종교보다 가장 우월해야 하며 기독교 세계인 유럽 역시 세계에서 가장 월등해야 한다는 생각은 같았습니다. 명목은 그럴듯해 보였지만 둘 사이의 권력 투쟁에서 유리한 고지를 점령하기 위해 기독교

를 이용한 것이지요. 이에 프랑스의 계몽주의 사상가인 볼테르는 "신성로마제국은 신성하지도 않고 로마라는 나라도 제국도 아니다"라고 조롱했습니다. 962년에 시작된 신성로마제국은 1806년까지 존속했습니다. 교황과 황제 사이의 권력구조는 팽팽했습니다. 그러다 한 가지 사건으로 교황은 황제를 누르고 세계의 일인자로 우뚝 서게 됩니다(김광채, 「중세교회사」(서울: CLC, 2016), 20-45쪽에서 발췌 정리함).

교황에게 힘을, 카노사의 굴욕(1077년)

신성로마제국의 황제 하인리히 3세가 죽고 그 아들 하인리히 4세가 왕위를 이어받았습니다. 그러나 그의 나이 겨우 여섯 살. 섭정이 이루어졌지만 정치력은 약화될 수밖에 없었습니다. 황제의 권력이 약해지자 교황이 기회를 노렸습니다. 황제가 힘이 있을 때는 직접 교황을 세울 수 있었는데 힘이 떨어지자 교황 선출은 교황청으로 넘어갔습니다. 교황청은 교황권 강화를 위해 스데반 9세를 교황으로 선출했습니다.

스데반 9세를 이어 교황이 된 니콜라우스 2세는 황제가 앞으로도 교황 선출에 관여할 수 없도록 교서를 세웠습니다. 그 무렵 프랑스의 노르만디 지방에서 온 노르만족은 이탈리아 남부에 자리를 잡은 후 급격히 세력을 키우는 중이었습니다. 교황은 황제보다 우월한 군사력을 확보하기 위해서 이런 노르만족과 협력하기 시작했습니다.

어린 시절을 수도원에서 보냈고, 청소년 때는 개혁적인 로마 주교의 제자가 되었으며, 커서는 교황에게 발탁되어 교황청에서 일을 하게 된 인물이 있었습니다. 그는 교황청과 노르만족 사이의 동맹을 성사시켰고, 신성로마제국이 교황 선출에 압력을 넣으려고 할 때 추기경들만으로 교황을 선택할 수 있도록 하인리히 4세의 모후와 담판을 지어 추인을 받아내기도 한 사람입니다. 한마디로 막후 실력자였죠. 이 실력자는 이전 교황이 세상을 떠나자 추기경들의 열광적인 지지를 업고 교황으로 선출됩니다. 그의 이름은 힐데브란드이며, 교황 그레고리우스 7세입니다(1073년).

그레고리우스 7세는 교황이 되자마자 교황 중심의 개혁을 단행합니다. 로마교회가 모든 교회의 중심이 되기 위해 교황이 세계 교회의 수장이어야 하며, 세속의 모든 군주는 로마 교황에게 복종해야 한다는 주장이 담긴 교서를 펴내는 등 교황의 힘을 강화해 나갑니다. 그 사이 황제 하인리히 4세는 20대 중반이 되었습니다. 열다섯 살에 정치에 뛰어들어 왕권의 안정을 위해 영주들의 힘을 뺐고, 로마를 포함한 이탈리아에 영향력을 펼치면서 황제를 중심으로 한 강한 나라를 꿈꾸었습니다. 그런 황제와 교황 그레고리우스 7세는 부딪힐 수밖에 없었습니다.

하인리히 4세가 먼저 치고 나왔습니다. 그는 친한 성직자들을 대거 주교로 위촉했습니다. 성직자 임명권은 교황에게 있는데, 황제가 주교를 마음대로 세웠으니 교황의 심기가 불편해졌습니다. 교황도 가만히 있을 수가 없었습니다. 그는 황제에게 "지금 도를 넘고 있으니 이런 일들을 중단할 것이며 지은 죄를 당장 회개하라"는 편지를 보냈습니다. 그러자 황제의 편이었던 독일의 주교들은 황제를 대신해서 교황에게 대항하기 시작했습니다. 보름스회의를 열어 교황 그레고리우스 7세의 폐위를 선언해버렸습니다(1076년). 교황도 이에 맞서 황제에 대한 파문과 퇴위 선언으로 받아쳤습니다.

어수선한 상황 속에서 독일의 영주들이 나섰습니다. 평소 자신을 억압했던 황제에게 저항할 기회라 여긴 그들은 하인리히 4세가 교황의 용서를 받지 못한다면 다른 사람을 왕으로 세울 수밖에 없다고 압박을 가했습니다. 영주들의 반란을 두려워한 하인리히는 하는 수 없이 카노사에 있는 교황에게 가서 용서를 구했습니다. 당시는 1월. 하인리히 4세는 죄를 회개할 때 입는 베옷을 입고 맨발로 땅에 꿇어앉았습니다. 교황이 나타나 황제를 용서해준 것은 그로부터 나흘이나 지난 후였습니다. 이것이 카노사의 굴욕입니다(1077년).

이 사건은 교황과 황제 사이의 팽팽했던 권력 구조가 교황에게로 쏠리게 된 계기가 되었습니다. 세속의 어떤 군주보다 교황권은 압도적이 되었습니다.

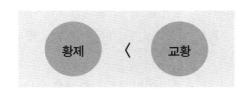

교황의 힘이 그토록 절대적이 되었으니 온 세계는 하나님 나라가 되었을까요? 그렇지 않습니다. 절정에 선 교회는 교황 우르바노 2세 때에 시작된 십자군 전쟁과 아비뇽 유수 등으로 내리막길을 걷기 시작합니다. 중세에 어둠이 더욱 짙어진 것이지요(김광채, 「중세교회사」(서울: CLC, 2016), 72-87쪽에서 발췌 정리함).

십자군 전쟁(1092-1291년)과 아비뇽 유수(1309-1377년)

성지순례는 중세의 유행이었습니다. 예수님이 계셨던 이스라엘을 여행하는 것은 인기 있는 일이었습니다. 그 선두주자는 콘스탄티누스 황제의 어머니 헬레나였습니다. 고령의 헬레나는 성지순례를 갔다가 예수 그리스도의 묘와 십자가를 발견하기도 했습니다. 그 이후 기독교인들이 성지순례를 할 때 그녀가 발견한 성묘에 들르는 일은 중요한 이벤트가 되었습니다.

이슬람 교도가 이스라엘을 장악하게 된 후에도(638년) 성지순례는 별 문제없이 계속 진행되었습니다. 그런데 셀주크 투르크가 성지를 점유하면서 순례는 어려움에 봉착했습니다. 순례자들은 번번이 박해를 받았고, 성지는 이교도들에 의해서 더럽혀졌다는 소문이 무성했습니다. 교황 우르바노 2세는 공의회를 통해 십자군을 소환했습니다(1095년). 빼앗긴 성지 탈환이라는 명목으로 십자군 전쟁을 시작한 것이지요. 십자군 전쟁은 8차에 걸쳐서 진행되었지만, 그 결과는 대실패였습니다.

그냥 실패도 아니고 대실패라고 하는 이유는 무엇일까요? 하나하나 나열해 보겠습니다. 십자군은 성지를 탈환하지 못했으며, 십자군은 일반 백성 및 이교도를 착취하거나 학살했고, 십자군에 참여한 사람들은 광기에 휩싸였습니다. 또한 십자군을 지휘한 교황은 불순한 의도를 가지고 전쟁에 참여했습니다. 일반인들을 독려하기 위해 '면죄부'를 발행한 것이지요. 차후에 이 일은 종교개혁운동의 단초가 되기도 합니다. 그리고 신성로마제국과 교황청 사이에 불화는 여전했습니다. 제4

차 전쟁 때는 십자군이 콘스탄티노플을 잔인하게 노략함으로써 동방 교회와 서방교회가 영원히 결별하는 빌미를 제공하기도 했습니다. 이 외에도 끔찍한 결과가 수없이 많았으니, 더 이상 무슨 말이 필요하겠습니까?

그러나 십자군 전쟁이 마냥 나쁜 것만은 아니었습니다. 어둠이 짙을수록 새벽이 가깝기 마련이지요. 어떤 좋은 점이 있을까요? 종교적으로는 십자군 전쟁의 실패로 교황의 권위가 땅에 떨어지면서 종교적인 각성이 일어날 배경이 되었습니다. 여러 차례의 전쟁은 지중해에 위치한 이탈리아와 프랑스에 상업도시를 발달시켰습니다. 도시가 발달하자 무역도 덩달아 발전했고, 화폐경제도 성행하게 되었습니다.

이슬람으로 대변되는 동방과 싸우면서도 한편으로는 동방의 문화를 접할 계기가 되었습니다. 중국에서 발명된 나침반, 종이, 화약과 같은 당시 최첨단의 물품은 아랍권을 통해 서구에 유입되었습니다. 세계의 중심이라 여겼던 서구는 동방이란 새로운 곳에 눈을 뜨게 되었습니다. 아랍인들은 서구보다 희랍의 철학자를 더 많이 연구하고 있었는데, 서구 세계가 철학과 자연과학 등의 학문에 관심을 갖는 중요한 계기가 되었습니다. 이성에 눈을 뜨고, 인간에 대해 생각하게 된 것이지요. 말하자면, 십자군 전쟁의 실패는 종교에 대한 각성, 과학 기술에 대한 경이, 이성과 학문에 대한 개화 등을 가져왔습니다. 중세와는 어울리지 않는 분위기였으며, 새로운 시대가 열리는 조짐이었지요.

이런 상황 가운데 십자군 전쟁 말고도 교황의 힘을 약화시키고, 중세가 무너지게 되는 한 사건이 발생합니다. 그 사건은 십자군 전쟁이 끝난 뒤에 일어났지요. 중세 교황의 권세는 온 세상에서 가장 높았습니다. 그러나 높을수록 추락하게 될 때 충격은 더 크게 다가오지요. 십자군 전쟁은 패배했고, 흑사병이 창궐하여 유럽의 인구는 줄어들었으며, 여러 도시의 왕들은 서서히 자신의 힘을 키워갔습니다. 이런 와중에 교황청은 백성의 삶은 아랑곳없이 사치와 타락을 일삼으면서 교회의 권위를 더욱 추락시켰습니다.

프랑스의 왕 필립 4세는 전쟁을 치르면서 힘을 기르고 있었습니다. 그런데 세수가 부족했습니다. 영주나 백성들로부터는 더 이상 세금을 뜯기 어려워진 필립은 교회로 눈을 돌렸습니다. 교황청에는 넉넉한 자금이 있었습니다. 필립은 귀족, 성직자, 평민으로 구성된 삼부회를 소집해서 그들의 지지를 받으면서 교회에 대한 압력을 행사했습니다. 왕의 요구를 거부하면 필립은 심복을 시켜 교황을 납치하는 등 무력으로 교회를 견제했습니다.

새롭게 선출된 교황 클레멘트 5세는 필립 왕의 눈치를 보다 로마에서 프랑스의 아비뇽으로 교황청을 이전했습니다(1309년). 그 후 70년간 프랑스 출신의 교황이 일곱 명이나 차례로 임명되었습니다. 교황청을 아비뇽에서 다시 로마로 이전하기까지 70년의 세월이 걸렸습니다. 그래서 사람들은 이스라엘이 바벨론에 패망하고 70년간 포로 된 뒤에 돌아온 기간과 일치한다고 해서 교황청이 아비뇽에 포로가 되었다고

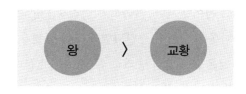

'아비뇽 유수'라고 불렀습니다. '카노사의 굴욕'에 비하면 전세가 왕에게로 완전히 역전된 사건이지요.

욕심이 잉태한 세 명의 교황

아비뇽 유수가 끝나고 교황 그레고리우스 11세는 아비뇽에서 로마로 교황청을 다시 이전했습니다(1377년). 그리고 그가 죽은 뒤 우르반 6세가 로마의 교황으로 임명되지요. 그렇다면 아비뇽의 교황청은 어떻게 되었을까요? 프랑스 출신으로 포진된 추기경들은 교황 클레멘스 7세를 아비뇽의 교황으로 추대합니다. 로마의 교황과 아비뇽의 교황, 졸지에 교황이 두 명이나 되어버렸습니다.

우르반 6세와 클레멘스 7세의 사이가 좋을 리 없었습니다. 이 둘이 싸우는 37년 동안 대분열이 일어났습니다(1378-1415년). 교회의 권위가 실추되는 일은 당연한 수순이었습니다. 국가들은 로마의 교황청에 설 것인지, 아비뇽의 교황청을 따를 것인지 갈등했습니다. 영국, 덴마크, 노르웨이, 스웨덴, 폴란드, 헝가리 등은 로마의 교황청을 지지했고, 프랑스, 나폴리 왕국, 스페인, 스코틀랜드 등은 아비뇽의 교황청을 지지했습니다. 영주들도 자기의 이해관계에 따라 서로 갈렸습니다.

영국과 프랑스 사이는 좋지 않아서 백년전쟁(1337-1453년)이 일어났습니다. 어느 한쪽이 이기면 중단되었다가 다시 싸우는 등 혼전이 계속 되었지요. 전쟁은 프랑스의 승리로 끝나는데, 오를레앙에서 영국군을 몰아내며 전세를 바꾼 잔 다르크(1412-1431년)의 등장에 힘입기도

했습니다. 영국에서 존 위클리프(1320년경–1384년)가 등장하여 교회의 개혁을 부르짖은 것도 이 시기였습니다. 위클리프에 동조하는 사람들을 롤라드파라고 불렀고, 보헤미아의 후스(1372–1415년)는 위클리프에게 영향을 받아 교회를 개혁하는 일에 앞장서기도 했습니다.

교황청은 내부의 문제를 해결하기 위해 애를 썼습니다. 피사회의(1409년)를 열었지만 교권에 대한 욕심을 버리지 못한 교황들은 상황을 더 악화시켰습니다. 당시 로마의 교황인 그레고리우스 12세와 아비뇽의 교황인 베네딕트 13세는 사보나에서 만나 동시에 물러나기로 합의했습니다. 그러나 그레고리우스는 약속 장소에 나타나지 않았고, 베네딕트도 그레고리우스를 마중하러 가다 멈추었습니다. 권력에 대한 미련 때문이었습니다.

두 교황에게 실망한 서방교회는 24명의 추기경과 수백 명의 성직자와 신학자가 다시 피사에 모여 회의를 열었습니다. 두 명을 다 폐위하고 새로운 교황으로 알렉산더 5세를 선출했습니다. 폐위당한 두 교황이 얌전히 물러날 리가 없었습니다. 그들이 버티는 바람에 결국 교황은 세 명이 되었습니다.

독일 왕 지기스문트는 콘스탄츠회의를 열어 교회의 개혁을 추진했습니다. 알렉산더 5세가 죽고 새로운 교황인 된 요한 23세는 개혁에 별 관심이 없었지만 콘스탄츠회의를 지지했습니다. 잘되면 자신이 유일한 교황이 될 수 있다는 꿈에 부푼 것이지요. 3년 반 동안 연인원 10만 명이 회의를 진행했습니다. 그러나 추이를 보니 자신이 정식 교황으로 선출될 가능성이 없어 보이자, 요한 23세는 도망치다 잡혀 결국 축출됩니다.

그 뒤 로마 교황 그레고리우스 12세는 스스로 물러났고, 아비뇽 교황 베네딕트 13세는 버티다 폐위되었습니다. 드디어 새로운 교황 마틴 5세가 선출되면서 한 명의 교황 시대가 다시 열렸습니다(1417년). 마틴은 겉보기에는 교황권 축소 등 교회 개혁에 찬성했지만 속으로는 야욕을 버리지 못한 인물이었습니다.

콘스탄츠회의에서는 일치, 개혁, 신앙이라는 세 가지 목적을 달성했다고 여겼습니다. 한 명의 교황이 되었으니 '일치'가 된 것이고, 교황은 '개혁' 하기로 약속도 했습니다. 그러나 '신앙'이라는 목적은 엉뚱한 곳으로 불똥이 튀었습니다. 교회 개혁을 부르짖었던 위클리프를 정죄하고, 후스를 화형에 처했습니다. 그러면서 '신앙'도 정화되었다고 믿었지요. 그러나 그것은 착각이었습니다.

당시 교회는 일치도, 개혁도, 신앙도 없었습니다. 자기 자신에 대한 통렬한 비판과 회개는 없고, 신념으로 가득한 사람을 십자가에 못 박으며 만족하고 말았습니다. 위클리프와 후스는 성경의 뜻대로 교회가 개혁되기를 바랐으나 비참하게 죽고 말았습니다. 그러나 그들의 후손을 통해 교회는 다시 개혁되기 시작합니다(김광채, 「중세교회사」(서울: CLC, 2016), 129-138쪽에서 발췌 정리함).

중세의 끝과 근세의 시작

독일의 남부, 스위스와 접한 콘스탄츠 지역에서 마틴 5세를 교황으로 선출한 콘스탄츠회의(1414-1418년)가 열렸던 건물은 지금도 남아 있습니다. 콘스탄츠 항구 선착장 뒤로 보이는 웅장한 붉은색 지붕의 건물입니다. 지금은 식당으로 사용된다고 합니다. 항구 입구에는 풍자 조각가 페터 렝크가 1993년에 만든 창녀 임페리아 상이 있습니다. 뉴욕 리버티 섬에 있는 46m의 자유의 여신상에 비하면 임페리아 상은 1/5 크기인 9m에 불과합니다.

임페리아 상을 자세히 보면 왕관만 쓴 벌거벗은 두 사람이 양손에 앉아 있습니다. 이 두 사람은 콘스탄츠회의를 소집했던 독일 왕 지기스문트와 새롭게 선출된 교황 마틴 5세입니다. 자유의 여신상이 '자유와 희망'을 상징한다면 임페리아 상은 콘스탄츠회의를 풍자하고 있습니다. 성공한 것처럼 보이는 콘스탄츠회의가 얼마나 허구적인지, 자복과 참회 없는 개혁이 얼마나 거짓투성이인지를 보여주는 사례입니다.

콘스탄츠회의에서는 30년 전에 죽은 위클리프에 대해 그의 시체를 꺼내 화형하고, 그 재를 강물에 뿌리라는 판결을 내렸습니다. 무덤을 파헤치고 위클리프의 유골이 밖으로 나오자 집행인들은 시체를 향해서 죄목을 읊었습니다. 그리고 콘스탄츠회의는 후스에게 소환장을 발부했습니다. 후스의 견해에 반대하는 사람들도 많았기에 지기스문트 왕은 신변안전을 보장하는 통행권을 후스에게 주었습니다. 후스가 콘스탄츠까지 가는 동안 후스의 지지자들은 환호와 응원을 아끼지 않았습니다.

위클리프와 후스에게는 공통점이 있었습니다. 그들은 교황에게 저항했지요. 황제나 영주가 그들의 뒤를 봐주는 일은 없었습니다. 그들은 평범한 학자이자 교수에 불과했습니다. 그런데도 공개적인 장소에서 교황을 적그리스도라고 대놓고 비난했습니다. 교황청이 가만히 있을

리가 없지요. 앞에서 본 것처럼 위클리프는 부관참시 후에 태워져 강에 뿌려졌고, 후스에게는 회유와 위협, 조롱과 설득을 반복하다가 화형으로 죽이고 말았습니다.

그렇다면 힘도 없는 그들이 당시 최고의 권력자에게 대항했던 이유는 무엇일까요? 성경 때문이었습니다. 위클리프는 성경을 통해서 교황의 권력이 얼마나 비성경적인지를 깨달았습니다. 하나님의 말씀에 의거하면 당시 권력자들, 특히 교회는 잘못되어 있었습니다. 후스가 위클리프의 견해를 옳다 판단한 이유 역시 성경에 근거한 것이었습니다. 후스는 기만당하고 화형으로 죽어가면서도 끝까지 찬송가를 부르면서 하늘나라로 갔지요.

성경의 진리를 전하다가 돌에 맞아 죽은 스데반을 시작으로 헤롯 왕이 칼로 죽인 야고보, 거꾸로 십자가에 죽은 베드로, 참수형으로 순교한 바울 등 여러 사도가 순교했습니다. 86세에 화형으로 죽은 서머나교회의 감독인 폴리캅(69-155년)과 로마 황제의 숱한 핍박으로 죽거나 감옥에서 고난당한 성도도 많았습니다. 그런데도 기독교는 사라지지 않았고 콘스탄티누스 황제의 기독교 공인과 테오도시우스 황제의 기독교 국교화로 교회는 새로운 시대를 맞이했습니다. 중세가 시작된 것이지요.

중세가 되고 자유가 생기자 교회는 더 이상 순교할 일이 없어졌습니다. 기독교는 힘을 갖게 되었고, 교회는 권력을 쟁취했습니다. 교회의 수장들은 힘, 명예, 권력 등을 누리게 되었습니다. 힘과 권력은 기독교를 어떻게 바꾸었을까요? 교황은 세속적인 힘의 대명사인 황제보다 더 높아졌고 엄청난 영향력을 갖게 되었습니다. 교회는 자기 교회, 자기 교구, 자기 땅, 자기 재산을 관리하고 지키기 시작했습니다. 힘이 힘을 낳고 부가 부를 낳았습니다.

교회는 성경이 말씀하는 진리보다 권위에 관심을 더 가졌습니다. 교리는 복잡하고 어려워졌으며, 성경으로부터 권위를 부여받기 위해 성경에 대한 일반인의 접근을 차단했습니다. 교회는 라틴어 같은 어려운 언어로 된 성경만 인정했습니다. 일부 특권층만 성경을 읽을 수 있었고, 평범한 사람들은 성경과 거리가 먼 신앙생활을 했습니다. 누군가 권위에 도전하면 가차 없이 제거되었습니다. 이것은 중세 내내 벌어진 일이었습니다.

몇몇 식자 중에 성경을 직접 읽게 된 사람들이 있었습니다. 성경의 진리에 비추어보니 교회의 권위는 기형적으로 비대해 있었습니다. 그들은 가만히 있을 수 없었습니다. 그들 중에 위클리프와 후스가 있었습니다. 그들은 성경 본래의 뜻대로 교회가 개혁되기를 바랐습니다. 그러다가 비참히 죽고 말았지요. 마치 예수님의 제자들처럼, 초대교회와 로마 시대의 성도들처럼 순교의 제물로 피를 흘렸습니다. 그러나 그들의 죽음은 헛되지 않았습니다. 그 죽음은 시대를 바꾸는 신호가 되었습니다. 중세의 커튼이 내려지고 근세가 시작되는 계기가 되었습니다.

위클리프와 후스가 저항했던 이유

옥스퍼드대학 출신 박사이자 정치가인 위클리프는 영국 국왕 에드워드 3세에 의해 주임사제로 임명을 받아 로마와 영국 사이의 중재자로 나섰습니다. 위클리프는 사치와 낭비를 일삼는 성직자들의 재산을 몰수해야 한다고 주장했습니다. 구원은 제도적인 교회나 사람을 통해 이루어지지 않으며, 참된 교회는 오직 성경에 근거한다고 강조했습니다.

로마 교황과 아비뇽 교황 사이에 대립과 갈등이 벌어졌을 때 각 진영을 대표하는 영주, 국왕, 추기경들은 자신이 지지하는 쪽을 높이고 상대 진영은 적대시했습니다. 그들은 온 마음과 힘을 다해 상대를 저주하고 욕을 퍼부었습니다. 위클리프가 보기에 그들은 더 이상 그리스도인이 아니었습니다. 위클리프가 "악마와 악마의 앞잡이"라고 할 정도로 그들의 말과 행동에는 하나님이 보이지 않았습니다.

위클리프는 많은 사람이 읽을 수 있도록 일상적인 언어로 성경을 번역했습니다. 당시 교회는 빵과 포도주 자체, 그리고 성찬을 베푸는 사제를 우상시했습니다. 빵과 포도주가 예수님의 살과 피가 된다는 화체설을 믿었기 때문입니다. 위클리프는 그것은 우상 숭배이며 비성경적이라고 공격했습니다. 위클리프의 설교와 사상에 동조한 사람들은 지배 체제에 대해 저항하고 비판했습니다. 당연히 지배층은 싫어했죠. 위클리프가 발간한 책은 정죄되었고, 옥스퍼드대학에서도 추방당했습니다. 그 충격으로 위클리프는 중풍에 걸려 결국 사망했습니다. 그 후 죽어서도 시체가 파헤쳐지고 태워져 강물에 뿌려지는 죽음을 또 한번 당하게 됩니다.

1369년 체코에서 태어나 프라하의 제롬과 함께 위클리프의 사상에 열광한 얀 후스는 교회가 타락을 멈추고 초기의 기독교 정신으로 돌아가야 한다고 주장했습니다. 사제들이 도덕적으로 타락했고 세속의 권력을 추구하는 등 성경 정신을 위배했다고 강력하게 비판했습니다. 그들에게 권력과 재산을 포기하라고 명령했지요. 후스는 마흔 살에 프라하대학의 총장을 역임하기도 했습니다.

그렇다면 위클리프와 후스가 저항했던 이유는 무엇일까요? 답은 하나, 성경 때문이었습니다. 아무리 권위 있어 보여도 신앙생활의 유일한 권위는 교황이 아니라 성경임을 알았기 때문입니다. 콘스탄츠회의에 참여한 후스는 자신의 주장을 철회하라는 요청을 받았습니다. 그것은 성경을 부정하라는 것과 같았습니다. 후스는 거절했고 화형에 처해졌습니다. 인격적인 모독을 받으며 순교당한 것이지요. 후스는 그렇게 될 줄 알았습니다. 그러나 기꺼이 죽음의 길로 갔고, 그의 타버린 재는 라인강에 뿌려졌습니다. 그때가 1415년이었습니다(이동희, 「꺼지지 않는 불 종교개혁가들」(파주: 넥서스, 2015), 23~45쪽).

후스가 죽은 지 102년이 지난 1517년에 34세의 젊은 교수 하나가 빼곡한 글씨가 써진 한 장의 문서를 비텐베르크대학 교회의 정문에 붙였습니다. 그리고 그 문서 한 장이 세상을 바꾸었습니다. 그것은 마틴 루터의 〈95개조 반박문〉이었습니다.

찬란한 근세를 넘어 오늘까지의 히스토리

Bible History

* * * * *

　근세라는 새로운 시대는 세 가지 중요한 사건을 통해 열리게 되었습니다. 르네상스, 종교개혁, 지리상의 발견(대항해 시대)입니다. 우리는 중세 말기가 되자 교황이 세 명이나 되는 등의 난맥상을 보았습니다. 종교개혁의 선구자라고 할 수 있는 위클리프와 후스가 순교당한 후 100여 년이 지난 1517년 마틴 루터가 〈95개조 반박문〉을 게시하면서 종교개혁이 시작되었고, 그것을 근세의 시작이라고 보기도 합니다. 종교개혁이 본격적으로 시작되기 전, 새로운 시대에 대한 징조는 르네상스였습니다. 이번 장에서는 중세에서 근세를 지나, 다시 근세에서 현대로 이어지는 숨가쁜 히스토리를 풀어보겠습니다.

새로운 시대의 징조, 르네상스

르네상스는 이탈리아 반도에서 일어난 고대 그리스와 로마의 정신으로 돌아가자는 운동입니다. 14세기 후반에서 16세기 후반의 일이었지요. 일부 사람들이 부와 권력을 독점하고 다수의 사람들은 노예나 다름없는 비참한 삶을 살아갈 때 바로 그 '사람'에게 관심을 기울이고 '사람'이 중요하다고 주장하는 운동이었습니다.

몰락한 귀족 출신으로 피렌체의 메디치 가문에 의해서 발탁된 미켈란젤로는 조각, 회화, 건축, 시 등 다양한 예술 작품을 창조해냈습니다. 미켈란젤로는 교황 율리오 2세의 후원을 받아 바티칸의 교황 관저에 있는 시스티나 성당의 천장에 프레스코 벽화를 그렸습니다. 르네상스 대가들의 전기물을 집필한 조르조 바사리는 미켈란젤로의 작품을 해석하면서 고대 그리스와 로마의 재림이라는 의미로 '리나시타'(부활)라는 라틴어로 명명했는데, 그것이 '르네상스'(재생)라는 말의 어원이 되었습니다.

신이 모든 것의 중심이고 인간에게는 별로 관심이 없던 시대가 중세 기독교 시대였다면, 신들이 인간을 위해 봉사했던 시대가 고대의 그리스와 로마의 다신교 시대였습니다. 중세가 지나면서 교황권이 약화되고, 흑사병(페스트)이 퍼져 많은 사람이 죽었습니다. 봉건제도는 점점 붕괴하고 있었고, 도시는 어느 시대보다 발전해 나갔습니다. 중세 시대가 막을 내리고 새로운 시대가 열릴 조짐이었지요. 그런데 새로운 시대의 징조가 르네상스인데 르네상스가 고대의 그리스와 로마를 지향한다면 미래가 아니라 과거로 돌아가는 것처럼 보입니다. 새로운 시대가 아니라 어두운 과거로 향하는 것일까요? 그렇지 않습니다. 그것은 방향이 아니라 수단이었습니다. 과거로 회귀하는 것이 아니라 고대 시대의 관점이 재해석되어 미래를 열어가는 것이었습니다. 그래서 '르네상스'(재생)입니다. 그런데 르네상스는 어째서 이탈리아에서 일어났을까요?

십자군 전쟁 이후 무역이 발달한 이탈리아 도시들은 경제력이 커졌습니다. 피렌체, 베네치아, 밀라노 같은 도시의 경제력이 비약적으로 늘어났지요. 도시들은 영주나 교황의 간섭에서 벗어나면서 중세 사상과는 결이 다른 문화를 꽃피웠습니다. 토마스 아퀴나스(1224/25년경–1274년) 같은 중세를 주름잡은 신학자들이 이탈리아를 꽉 잡고 있지 않았느냐고요? 그는 이탈리아 출신임에도 북유럽대학을 주무대로 다녔기에 이탈리아는 사상적으로도 무주공산이었습니다.

오스만제국이 콘스탄티노폴리스를 함락시키자(1453년) 그리스어를 사용하는 지식인들이 대거 이탈리아로 탈출했습니다. 그들은 이탈리아에 가득한 고대 그리스와 로마의 유산을 보면서 그리스 고전에 대한 관심을 키웠습니다. 피렌체는 로마의 공화정이나 고대 문화를 이입해서 도시의 정치적인 안정을 꾀하려고 했습니다. 이주한 지식인과 피렌체 시, 이 둘은 맞아 떨어졌습니다. 그리스와 로마의 인간중심사상은 피렌체의 문화와 예술을 번영시켰고, 이런 르네상스사상은 스위스의 알프스를 넘어 프랑스, 네덜란드, 영국, 독일, 스페인 등으로 퍼져나가게 되었습니다.

르네상스가 먼 거리로 전파될 수 있었던 것은 당시에 발달한 인쇄술도 한몫했습니다. 르네상스의 가치와 이념은 책으로 묶여 사람들에게로 퍼져갔습니다. 고대의 그리스와 로마로 돌아가자는 운동은 아드 폰테스(ad fontes), 즉 "원천으로 돌아가자"는 운동이었습니다. 이는 종교적으로도 적용될 수 있는데 사도들의 저술과 신약성경으로 돌아가자는 의미가 되기도 했습니다. 르네상스는 인문주의자들에게 영향을 미쳤고, 인문주의자들은 개혁자들에게 영향을 끼쳐서 교회 개혁까지 이를 수 있었습니다.

그러니까 르네상스는 단지 과거로 돌아가는 것이 아니라 인간의 본질과 능력을 새롭게 이해한 운동이었습니다. 인문주의자들은 하나님이 인간에게 사회와 세계를 바꿀 권한을 위임했다고 보았습니다. 인간은 하나님을 대신하여 세상을 바꿀 존재로 부름받았습니다. 아직 중세에 머물러 있는 교회와 교황청은 기존의 질서를 지키려 했고, 영주와 군주는 전통과 권위를 중시했습니다. 그러나 르네상스가 열리자 시대는 바뀌게 되었습니다.

「우신예찬」으로 교황을 통렬하게 비판했던 대표적인 인문주의자인 에라스무스는 「그리스도인 군사의 지침서」라는 책을 통해서 초대교회 교부들의 문헌과 성경, 특히 신약성경을 통해 교회를 개혁할 수 있다고 주장했습니다. 스스로 성경을 읽는 사람의 마음이 변화되어 하나님의 뜻을 알게 되면 교회는 새로워질 수 있다고 강조했습니다. 사제가 아니라 평신도가 소명을 확인할 때 교회는 부흥할 수 있으며, 그 모든 원천은 성경이라고 보았습니다(앨리스터 맥그래스, 「기독교의 역사」(서울: 포이에마, 2016), 279-286쪽).

그러나 아쉽게도 이탈리아의 르네상스는 빨리 종말을 맞았습니다(1530년경). 몇 가지 이유가 있었지만 가장 큰 이유는 부(富)의 이동이었습니다. 새로운 해로(海路)가 발견되면서 무역의 중심이 지중해의 갇힌 이탈리아에서 대서양의 열린 스페인과 포르투갈로 이동하였고, 그러면서 무역을 통해 거둬들였던 막대한 돈줄이 더 이상 이탈리아의 도시들로 들어오지 않았기 때문입니다. 그렇게 이탈리아의 르네상스는 빠르게 종말을 고하게 된 것이지요.

종교개혁도 한몫했습니다. 교회가 분열되자 이탈리아로 들어오던 교회의 세금은 중단되었습니다. 더욱이 이탈리아 내전이 일어나자 르네상스 운동도 더 이상 진전되기 어려웠습니다. 이탈리아의 지역과 도시는 자치적으로 정치와 행정을 집행하였기에 위기가 다가오면 일괄적인 대응이 힘들었습니다. 자유로운 사상도 막히기 일쑤였고요. 그 대표적인 예가 새로운 우주관을 주장한 갈릴레오 갈릴레이가 종교재판에서 유죄 판결을 받은 것입니다.

르네상스로 예술이 발달하였으나 예술가들은 대부분 베드로 대성당을 꾸미는 데 동원되었습니다. 그러자 성당 건축에 드는 비용은 상승했고, 이에 자금을 조달하고자 교황청은 면죄부를 발행했습니다. 면죄부는 로마 교황이 발행했던 증서로써 금전이나 재물을 봉헌한 사람들에게 죄를 면죄해 준다면서 발행되었습니다. 루터와 같은 종교개혁자들은 면죄부에 대한 반박문을 썼고, 종교개혁이 불처럼 일어나는 계기가 되었습니다. 교회는 갈라졌고, 지리상의 발견으로 경제적인 추는 옮겨졌습니다. 그렇게 이탈리아의 르네상스는 상업과 자본 모두를 잃으면서 쇠퇴해갔습니다. 한편 개신교에 대한 박해는 청교도들을 새롭게 발견된 땅 아메리카로 이동하게 만들었습니다. 그렇다면 신대륙 아메리카는 어떻게 발견되었을까요?

지리상의 발견, 대항해 시대

1490년대 포르투갈과 스페인의 항해자들이 펼쳤던 지리상의 발견은 남아프리카와 아시아에 이르는 새로운 무역로를 열었습니다. 아메리카 서인도제도가 발견되었고, 수도회들은 새로운 땅에 들어가 복음을 전했습니다. 유럽 안에 갇혀 있던 기독교가 전 세계로 퍼져나가는 계기가 되었지요. 새로운 항로가 개척되어 새로운 땅이 발견된 시대를 '대항해 시대'라 하고, '지리상의 발견'이라고도 불렀습니다. 바스코 다 가마, 콜럼버스, 마젤란 등이 활약하던 시대였습니다.

이탈리아 출신의 탐험가 마르코 폴로(1254-1324년)는 어린 시절 아버지와 함께 중국으로 여행을 떠났습니다. 당시는 몽골이 원나라를 세워 중국을 다스리던 시대였는데 중국 황제 쿠빌라이 칸은 서양인을 우대해주었고, 마르코 폴로는 중국 전역을 자유롭게 여행하다가 고국으로 돌아왔습니다. 그 후 지중해 해전에 참전하여 포로로 잡힌 마르코 폴로는 감옥에서 자신의 여행담을 들려주었고, 같은 방에 있던 작가에 의해 「동방견문록」이 집필되었습니다.

아시아라는 생경한 나라에 대한 소문을 들은 모험가 기질의 유럽인들은 마음이 부풀었습니다. 지도 제작 일을 하던 크리스토퍼 콜럼버스(1451-1506년)도 「동방견문록」을 읽고 아시아에 대한 포부를 키웠습니다. 그는 해외 진출에 관심을 가진 스페인 여왕의 지원을 받아 선박 2척으로 대서양을 횡단했습니다. 선교지가 필요했던 스페인, 땅을 넓히고 싶었던 여왕, 향신료와 금 같은 보물에 관심을 두었던 콜럼버스는 죽이 잘 맞는 파트너였습니다. 마침내 그는 아메리카 대륙에 도착했고(1492

년), 그가 가져온 금은 유럽에 센세이션을 일으켰습니다.

'신대륙 발견'이라는 말에는 어폐가 있습니다. 아메리카 원주민들은 선사 시대부터 아메리카 대륙에 살았기 때문에 발견이란 말은 맞지 않습니다. 아무도 몰랐던 것을 찾은 것이 아니니까요. 그러나 콜럼버스가 유럽인들에게 새로운 땅을 소개했고, 그로 인해 유럽인들의 세계관이 바뀐 것은 틀림없는 사실입니다. 콜럼버스는 죽을 때까지도 자신이 발견한 아메리카를 인도라고 믿었습니다. 그래서 아메리카 대륙의 원주민을 인디언(Indian, 인도사람)이라고 불렀습니다. 물론 올바르지 않은 용어이지요. 콜럼버스 이후 신대륙 아메리카는 유럽인들의 활동무대가 되었고, 이후 미국이라는 나라가 탄생했습니다.

면죄부로 발발한 종교개혁(1517년)

교회는 개혁의 대상이었습니다. 중세 시대 말에 교황은 재정을 함부로 낭비하고, 정부(情婦)를 여럿 두었으며, 사생아를 낳는 등 온갖 부패의 주범이었습니다. '명예와 부'라는 두 마리 토끼를 잡으려고 성직자를 지망한 젊은이가 많았고, 가문과 권력의 배경에 따라 성직자로 임명되기도 했습니다. 성직자는 이익을 많이 가져다주는 직업이었습니다.

반면 인쇄술이 발달해서 책이 널리 보급되자 돈 많은 중산층은 경건 서적과 설교집, 신약성경 등을 구입해서 읽었습니다. 그렇게 책을 읽을 줄 아는 평신도가 늘어나면서 능력도 없이 많은 특권을 누리는 성직자에 대한 반발이 생겼습니다. 직접 성경을 읽은 사람들의 마음속에 비판의식이 싹 트기 시작한 것이지요.

종교개혁의 근거지는 도시였습니다. 프랑스, 독일, 스위스 등 유럽의 여러 도시는 종교개혁을 지지했습니다. 도시는 독립적이었기 때문에 교황청의 간섭을 피할 수 있었습니다. 신성로마제국의 후신인 독일은 도시의 규모가 점점 커지고 있었습니다. 흑사병으로 농촌 인구가 감소하였고, 밀 가격이 폭락하자 식량 위기가 찾아왔으며, 농촌의 노동자들은 도시로 대거 모여들었습니다. 그러자 인구가 밀집된 도시에서는 사회적인 불안이 커졌으며 정치와 경제에 대한 불만도 많아졌습니다. 시의회는 대중들의 불평을 정치적인 압력으로 억눌렀습니다. 부패한 종교에 대한 비판의식과 정치적인 변화에 대한 시민들의 염원은 억눌릴수록 더욱 커졌고, 그것은 마침내 종교개혁으로 타올랐습니다(앨리스터 맥그래스, 「기독교의 역사」(서울: 포이에마, 2016), 311-318쪽).

종교개혁은 마틴 루터(1483-1546년)가 〈95개조 반박문〉을 비텐베르크대학 교회의 정문에 붙이면서 본격적으로 시작되었습니다(1517년). 이 작은 종이 하나가 그토록 큰 영향을 미친 이유는 무엇일까요? 면죄부는 교황청이 십자군에게 전사하면 천국에 간다는 보증서를 발행하면서 시작되었습니다. 면죄부는 날개 돋친 듯 팔렸고, 장사가 쏠쏠하다는 점을 알게 된 교황청은 제정을 충당하기 위해 적극적으로 면죄부를 판매하면서 죄 용서를 남발하였습니다. 이에 루터는 죄 용서는 하나님의 권한이지 교황의 일이 아니라고 주장하면서 〈95개조 반박문〉에 면죄부를 조목조목 반박하는 내용을 적어 붙인 것입니다. 이 일은 찻잔 속의 태풍으로 사라질 작은 사건에 불과했습니다.

하지만 종교 지도자들에 의해 이 사건은 일파만파로 커졌습니다. 면죄부 판매허가를 받은 대주교와 면죄부의 이론적 토대를 제공한 수도사들이 이 반박문을 보고 펄쩍 뛰었습니다. 그들은 교황청에 루터의 만행을 고자질했습니다. 반면 일반 백성들은 반박문을 읽고 그 내용에 공감하였으며 독일 전역으로 반박문을 퍼뜨렸습니다. 〈95개조 반박문〉은 전국적으로 유명해졌습니다. 교황 레오 10세는 루터를 정죄하고 파문 교서를 보내는 것으로 대응했습니다. 그러면 루터가 조용히 사죄할 줄 알았습니다. 하지만 루터는 사람들이 보는 앞에서 교황의 교서를 불태우면서 자신의 의지를 굽히지 않았습니다.

이번에는 황제 카를 5세가 나섰습니다. 그는 법의 보호에서 루터를 추방해버렸습니다. 누구든 루터를 죽일 수 있었고, 죽인 사람에게 아무 죄도 물을 수 없었습니다. 루터는 위클리프와 후스처럼 위태로운 목숨이 되었습니다. 그때 독일의 선제후 프리드리히가 바르트부르크 성에 루터를 숨겨주었습니다. 선제후는 독일 황제를 세울 막강한 권한을 가진 사람이라서 카를 5세도 함부로 어쩔 수가 없었습니다.

성에서 지내는 1년 동안 루터는 신약성경을 독일어로 번역했습니다. 성 안에 묶여 있는 루터와는 달리 루터의 추종자들은 종교개혁운동을 더 널리 퍼뜨렸습니다. 구텐베르크의 인쇄술이 발달되었을 때라 루터의 저작물과 종교개혁 사상을 담은 책들은 대량으로 인쇄되어 퍼졌습니다. 루터의 사상에 경도된 농민들이 반란을 일으켜 전쟁이 일어났고, 카를 황제는 의회를 소집해서 종교개혁의 중지를 선언했습니다. 그러나 도시의 제후들은 황제에게 항거하기 시작했습니다. 그때부터 그들을 항거자(Protestant, 개신교도)라고 불렸습니다. 마틴 루터는 64세의 나이로 죽었습니다(1546년).

루터는 죽었지만 종교개혁은 거역할 수 없는 역사의 물결이 되었습니다. 종교개혁의 가장 중요한 원천은 성경이었습니다. 하나님의 말씀은 교회의 전통이나 교황의 교서보다 훨씬 중요하며 그것을 넘어서는 것이었습니다. 루터는 물론이고 그의 개혁정신을 이어갔던 칼뱅도 성경을 강조하였고, 종교개혁의 슬로건 중의 하나로 '오직 성경'(Sola Scriptura)이 강조되었습니다. 많은 나라의 국민들이 성경을 자유롭게 읽기 위해 자국어로 성경을 번역하기 시작하였고, 성경을 잘못 이해하지 않도록 성경 주석도 펴냈습니다. 칼뱅의 「기독교 강요」가 그 대표적인 예라고 할 수 있습니다.

루터나 츠빙글리, 칼뱅 같은 종교 개혁자들이 모두 똑같은 견해를 취하지는 않았습니다. 종교개혁은 몇 사람이 주도한 통일운동이 아니라 산발적이고 다양한 견해를 지닌 운동이었습니다. 이에 대해 영국의 신학자이자 역사가인 앨리스터 맥그래스는 그의 책 「기독교의 역사」에서 "종교개혁은 다면성을 지니고 지역에 따라 다른 적용 형태와 서로 구분되는 여러 개혁운동이 서로 느슨하게 연결되어 한 묶음을 이루었다"라고 말했습니다(앞의 책, 309쪽).

따라서 종교 개혁자들이 좋은 모범이 되었지만, 그들은 성경의 권위를 뛰어넘는 판단을 내리지는 않았습니다. 종교개혁과 이후 생겨난 개신교는 누군가의 결정을 강조하는 권위주의적인 운동이 아니라 다양한 견해와 생각을 함께 공유하거나 나누는 운동이었습니다. 부차적인 문제에 대해서는 서로 용납해주면서 성경의 궁극적인 진리를 붙잡는 운동이었지요.

세 가지 발명품 : 인쇄, 나침반, 화약

새로운 시대가 열렸다는 것은 무엇을 통해 알 수 있을까요? 시대가 바뀐 조짐은 새로운 문물을 통해 알게 됩니다. 의상, 장비, 도구 등 새로운 발명품은 시대의 변화를 피부에 와 닿게 합니다. 자동차나 휴대폰 같은 기계를 사용하는 사람은 지금이 현대라는 시대를 보여줍니다. 그렇다면 중세에서 근세라는 새로운 시대가 열렸을 때는 어떤 문물이 등장해서 세상을 놀라게 했을까요? 대표적인 세 가지가 바로 인쇄, 나침반, 화약이라는 발명품이었습니다.

인쇄란 글이나 그림을 찍어내는 것을 뜻합니다. 인쇄술이 나오기 전까지 성경은 두루마리나 양피지에 필사자들이 일일이 적는 것이었습니다. 인쇄술은 나무판에 글자를 새기는 목판인쇄로 시작되었습니다. 가장 오래된 목판 인쇄본은 신라 시대에 만들어진 것으로 불국사 석가탑에 숨겨졌던 〈무구정광대다라니경〉입니다(751년). 목판 인쇄는 많이 찍어내지 못하고 판본도 오래가지 못한다는 단점이 있었습니다.

목판에 비해 더욱 정밀하고 대량 인쇄가 가능한 금속활자가 발명되었습니다. 구텐베르크(1398-1468년)는 인쇄기, 금속활자, 잉크 등을 개발하면서 인쇄술을 눈부시게 발전시켰습니다. 최초의 금속 활자본은 고려 시대에 나왔습니다. 세상에서 가장 오래된 금속활자는 〈직지심체요절〉로 고려 우왕 3년(1377년)에 있었지만, 세상을 바꾼 것은 유럽의 일이었습니다.

면죄부를 찍어내는 도구였던 인쇄술은 종교개혁이 일어나자 개혁의 이유를 알리는 데 사용되었고, 많은 이가 성경을 읽는 데 도움을 주었습니다. 인쇄술은 종교개혁사상을 발전하고 확대시켜 중세에서 근대로 넘어가게 하는 중요한 발명품이 되었습니다.

성경 필사는 사람의 손을 이용하는 것이라서 오류가 생기기 마련이었습니다. 그러나 인쇄는 더 정확한 판본이 가능하게 했습니다. 인쇄되어 나온 휴대 가능한 성경은 국경 너머에까지 전달되었습니다. 대량 출판이 가능해졌고 성경의 대중화가 시작되었습니다(앨리스터 맥그래스, 「기독교의 역사」(서울: 포이에마, 2016), 275-278쪽).

종이, 화약과 함께 중국의 3대 발명품이었던 나침반은 거대한 자성체인 지구와의 반응을 통해 방향을 알려주는 장비입니다. 배가 대서양을 건너 아메리카 대륙을 향할 때 선원들의 손에는 나침반이 있었습니다. 나침반이 발명되기 전에는 해가 뜨고 지는 것, 별자리 등을 통해서 위치를 짐작했지만 비가 오거나 흐릴 때는 문제가 있었습니다. 나침반은 항해술을 비약적으로 발전시켰습니다.

나침반은 중국에서 비롯되었습니다. 고대 중국인들은 나침반을 집터를 찾는 데 사용했습니다. 이 발명품이 유럽으로 건너가자 항해에 쓰이게 되었고, 콜럼버스가 신대륙을(1492년), 바스코 다가마가 인도 항로를 발견하는 데(1497년) 요긴하게 사용되었습니다. 더불어 유럽의 항구도 발달해서 스페인, 프랑스, 네덜란드의 세력이 커지고 유럽은 팽창하게 되었습니다.

화약도 중국에서 발명되었습니다. 중국 당나라 초기의 명의인 손사막이 발명했다고 알려졌으나 본격적인 군사적 사용은 북송대로 추정합니다. 장수들은 폭약을 사용했고 중국 도시에는 화약공장도 세워졌다고 합니다(1000년).

남송 시대에 화약이 이슬람 상인들에게 전해졌지만 결정적으로 유럽으로 건너가게 된 것은 몽골 때문이었습니다. 화약제조법을 얻어낸 몽골은 서쪽으로 팽창하여 러시아와 폴란드까지 정벌했습니다(1240년). 그때 화약에 대한 지식이 유럽으로 전달되었지요. 그 뒤 유럽에서 화약기술은 혁신적으로 발전했습니다. 다양한 화약무기를 개발한 유럽은 대항해 시대가 열릴 때 화약무기를 들고 아메리카로 진출했습니다.

스페인의 에르난 코르테스(1485-1547년)는 아즈텍 문명을 무너뜨렸는데, 수만 명의 군사와 수백만 명의 인구를 자랑하는 남아메리카 원주민들이 코르테스의 얼마 되지 않는 군사들에게 무너진 것은 총과 대포 같은 화약무기에 압도되었기 때문입니다. 프란시스코 피사로(1471-1541년)가 잉카제국을 정복한 일도 비슷한 경우였습니다. 이렇듯 화약은 무서운 무기였지요.

화약이 유럽에 들어오자 칼과 방패의 십자군 시대도 자연스럽게 종말을 맞이했습니다. 중세의 장원제도는 붕괴되었고, 왕권의 중앙집권화는 가속화되었습니다. 화약무기를 발전시킨 유럽의 여러 나라는 우월한 무기를 가지고 아시아와 아프리카로 침략해 들어갔습니다. 대항해 시대와 더불어 포르투갈과 스페인이 주도한 남아메리카의 식민지화, 유럽 강대국들의 아프리카 분할 및 영국과 프랑스를 비롯한 유럽 강대국들의 식민지 쟁탈전이 벌어졌습니다.

세상이 이렇게 정신없이 돌아가고 있을 때 교황은 무엇을 하고 있었을까요? 그는 총을 가지고 사냥이나 하며 한가로운 시간을 보내고 있었습니다. 당시 최첨단 과학기술인 총도 시대의 흐름에 관심 없는 사람의 손에 들어가면 유희나 즐기며 타락하게 하는 물건에 지나지 않았습니다.

종교개혁 이후의 시대

청교도혁명

곪은 곳을 터뜨리고 잘못된 것을 도려낼 때는 항상 아플 수밖에 없습니다. 종교개혁 이후에 온 세상에 평화와 복음이 넘쳤으면 좋았겠지만, 16세기를 지나면서 갈등의 양상은 전쟁으로 번지게 되었습니다. 프랑스의 위그노전쟁(1562-1598년), 독일의 30년 전쟁(1618-1648년), 영국의 청교도전쟁(1642-1651년) 등이 당시 생겨난 종교전쟁이었습니다.

프랑스에서는 개신교 신자들을 '위그노'라고 불렀는데 칼뱅에게 영향을 받은 그들은 상공업 계층에 많이 포진되어 있었습니다. 자신의 직업에 소명을 다해 성실히 임했기에 부와 권력은 점점 늘어나서 신흥 부르주아 계급이 되었습니다. 프랑스 가톨릭과 유착관계에 있었던 왕과 귀족 및 상류층은 자신들의 기득권에 위협이 되는 신흥세력인 위그노에 대하여 강한 견제심리가 있었습니다. 위그노들은 파리에 널리 퍼진 루터의 종교개혁사상 이상의 근본적인 변화를 원했습니다. 두 계층 간의 갈등은 결국 내전으로 확산되어 1만 명의 위그노들이 목숨을 잃었고, 낭트 칙령으로 전쟁은 종식되었습니다.

프랑스의 개신교도를 '위그노'라고 한다면 영국의 개신교도는 '청교도'라고 부를 수 있겠습니다. 칼뱅의 개혁사상은 영국으로도 건너가 개신교가 생겨났습니다. 그런데 종교개혁 이전에 영국 왕 헨리 8세는 결혼문제로 교황과 갈등을 빚자, 영국 성공회를 만들어 직접 성공회의 수장이 되었습니다(1534년).

종교개혁 후 개신교도들은 성공회와 구별하기 위해 라틴어로 '정결하다'는 뜻인 'Purita'에서 가져온 퓨리턴(puritan, 청교도)이라는 말로 자신들을 불렀습니다. 그 후 의회는 엘리자베스 1세를 성공회의 수장으로 인정했고, 여왕은 개신교와 가톨릭, 성공회가 공존하기를 바랐지만 청교도와 성공회 간의 대립은 커져만 갔습니다. 결국 개신교와 성공회와의 갈등은 내전으로 확산되고 말았습니다(1642년).

독일 내전인 30년 전쟁은 루터파, 개혁파, 가톨릭 등이 휘말린 전쟁이었고, 베스트팔렌조약으로 끝이 났습니다(1648년). 종교 갈등으로 인한 야만과 파괴는 상처만 남길 뿐이었습니다. 사회적으로는 혼란에 빠졌고, 이성에 호소하는 사람들이 하나둘씩 늘어났습니다.

종교전쟁 이후 파괴와 상처를 씻기 위해 평신도 신앙운동이 일어났는데, '경건주의운동'이 바로 그것이었습니다. 교리보다는 영적인 것과 경건의 능력을 강조한 이 운동은 필리프 야코프 슈페너(1635-1705년)가 시작하여 예수님과의 깊고 친밀한 사귐을 주장했습니다. 개인적인 성경 공부와 평신도를 중심으로 한 성서연구반이 조직되었습니다.

이런 영적인 분위기에서 자란 진젠도르프(1700-1760년)는 어려운 이웃들에게 관심이 많았는데 그는 유산으로 땅과 가옥을 사서 피난민들을 수용했습니다. 그에게 찾아온 피난민들은 대부분 모라비아 출신이었고, 존 후스의 후계자로 신앙의 자유를 찾아 떠난 피난민의 후손들이었습니다. 진젠도르프는 그들의 지도자가 되었고, 경건주의운동을 이어갔습니다. 그리고 흑인이나 에스키모 등 다양한 사람들을 만나면서 선교에 눈을 뜨기 시작했습니다. 그는 자신에게 모인 '모라비안 형제단'을 세계 곳곳으로 파견하기도 했습니다.

존 웨슬리(1703-1791년)는 미 대륙에 복음을 전하기 위해 대서양을 건너는 배에 탔다가 심한 폭풍을 만났습니다(1736년). 얼마나 폭풍이 심했던지 곧 죽을 거라 망연자실하고 있는데 함께 배를 타고 있던 한 무리의 형제들을 보게 되었습니다. 그들은 기도와 찬송을 하면서 평화로운 모습을 유지하고 있었습니다. 영국에서 함께 출발한 그들은 불편한 배 안의 생활이었지만 미소를 잃지 않았고 궂은일을 도맡아 했습니다. 그들이 바로 진젠도르프가 파송한 모라비안 형제단이었습니다.

모라비안 형제들에게 감동받은 웨슬리는 영국에 돌아온 뒤에도 그들과 함께 어울렸으며, 그 후 성화를 통한 하나님과의 교제를 추구하는 감리교운동을 창시했습니다. 귀족 가문에서 태어났지만 상류층 모임에 회의를 느낀 헌팅던 백작 부인이 있었습니다. 그녀는 웨슬리 형제와 함께 감리교운동의 리더가 되어 다양한 활동을 펼쳤습니다. 귀족들에게 멸시를 당하던 순회설교자들을 지지해주었고, 도드리지, 휘트필드, 토플레디, 로메인 같은 위대한 설교자들을 지원했습니다. 헌팅던 백작부인에게 도움을 받았던 조지 휘트필드(1714-1770년)는 후에 미국으로 건너가서 대각성운동의 한 축으로 큰 영향을 끼쳤습니다.

영국에서 종교전쟁이 한창일 때, 억압받던 개신교 신자들 중 102명의 이민자들은 신대륙인 미국으로 향했습니다. 원래 화물선이었던 메이플라워호는 180t의 무게에 길이 24m, 폭 7m에 불과했습니다. 1620년 9월 16일, 영국에서 출발한 메이플라워호는 두 달하고도 5일이 지난 11월 21일에 매사추세츠의 플리머스에 도착했습니다. 이들을 인도한 이는 윌리엄 브래드퍼드였습니다. 그들은 혹독한 겨울에 낯선 땅에 머물면서 어려움을 많이 겪었습니다. 그때 청교도를 도와준 이는 아메리카 원주민(인디언)이었습니다. 이들의 안정적인 정착 이후에 존 코튼, 토마스 셰퍼드, 토마스 후커, 존 엘리엇 등 많은 청교도가 이민하게 되면서 신대륙은 청교도의 중심지가 되었습니다(오덕호, 「청교도 이야기」(이레서원, 2001), 24-26쪽).

신대륙에 이민 온 사람들은 청교도가 처음은 아니었습니다. 다양한 유럽 사람들이 미국을 다녀갔고, 청교도보다 13년 일찍 버지니아에 정착해서 '제임스타운'을 건설한 영국 이민자들도 있었습니다. 그런데도 메이플라워호를 타고 온 청교도들이 미국 역사에서 중요한 이유는 그들이 배에서 '메이플라워 맹약'을 체결했기 때문입니다. 그들은 자유로운 개인의 동의와 시민의식에 의거한 정부 건립을 약속했습니다. 이 내용은 후에 건설된 다른 식민지에도 도입되었고, 미국 정치의 기초가 되었습니다. 오늘날 우리가 알고 있는 미국은 종교의 자유와 개인의 자유로운 시민의식에서 비롯된 나라입니다(앨리스터 맥그래스, 「기독교의 역사」(서울: 포이에마, 2016), 400-450쪽에서 발췌 정리함).

조나단 에드워즈로 시작된
미국의 대각성운동(1735-1745년)

신앙의 자유를 위해 신대륙으로 건너간 청교도 1세대들은 가난했지만 열정적인 신앙을 유지하며 살았습니다. 그러나 다음 세대는 믿음을 잃어가고 있었습니다. 마치 가나안 땅에 들어간 여호수아 세대가 죽고 2세대가 기성세대가 되자 급격하게 신앙을 잃어버린 것과 비슷한 양상이었습니다. 교인의 숫자는 줄어들었고, 그나마 남아 있던 사람들도 실용주의에 빠져 명목상의 신앙인으로 전락했습니다. 경제는 성장하여 풍요로웠고, 유럽의 이민자가 늘어나면서 종교는 다양해졌으며, 교회 안의 세대 간의 갈등은 적당한 타협으로 어정쩡한 분위기였습니다.

칼뱅주의에 충실한 조나단 에드워즈(1703-1758년) 목사는 길고 지루한 설교문을 읽는 것에 익숙한 사람이었습니다. 기독교 신앙과 이성을 결합하여 「종교적 감정론」과 같은 저술을 썼던 그였습니다. 매사추세츠의 노샘프턴교회는 미지근한 신앙으로 영적인 어두움에 있던 교회였습니다. 에드워즈는 노샘프턴교회로부터 설교 초청을 받았습니다. 그는 예전에 했던 설교인 '진노하시는 하나님의 손 안에 있는 죄인'이라는 설교를 읽어나갔습니다. 설교를 듣던 회중들은 마치 지옥을 눈앞에 보는 것처럼 고통스러워했고, 통곡하며 회개하기 시작했습니다. 대각성운동(1735-1745년)의 시작이었습니다.

부흥이 일어나자 술집은 텅텅 비고 교회는 회중으로 꽉 차기 시작했습니다. 조나단 에드워즈는 하나님의 심판을 설교했고, 조지 휘트필드는 자비와 용서를 설교했습니다(유재덕, 「거침없이 빠져드는 기독교 역사」(서울: 브니엘, 2018), 462쪽). 교회는 새로운 방향을 제시해주었고, 대각성운동을 통해 신앙적인 헌신의 새 시대가 열렸습니다. 대각성운동은 미국혁명(1776년)의 배경이 되었습니다. 비슷한 시기에 일어난 프랑스혁명(1789년)이 강력한 반종교적 성향이 된 것은 프랑스의 가톨릭 안에서 대각성운동이 일어나지 않았기 때문입니다. 프랑스혁명이 종교에 대한 환멸로 기독교를 적으로 돌려 세웠다면, 미국혁명은 기독교의 신앙 열정과 헌신으로 이루어진 혁명이었습니다(앨리스터 맥그래스, 「기독교의 역사」(서울: 포이에마, 2016), 454쪽에서 발췌 정리함).

영국으로부터 독립한 미국 혁명(1776년)

영국은 식민지 미국에 무거운 세금을 부과하여 많은 부담을 주었습니다. 아메리카에는 13개의 영국 식민지가 있었고, 각각의 대표가 있었지만 영국은 일방적으로 세금을 부과했기 때문에 식민지 대표들은 반발했습니다. 국민은 대표들을 지지해주었습니다. 그들은 대영제국에 대항하기 위해서 자치회의를 만들었습니다. 그들은 영국 국왕과 맞서 싸우기로 결의했습니다.

대각성운동을 통해 설교자들은 "하나님은 모든 사람을 평등하게 창조하셨다"는 말씀을 설파하곤 했습니다. 영국 국왕의 통치는 성경적으로 잘못된 것이라는 기독교 공화주의가 일어났습니다. 뉴잉글랜드 회중교회 목사들은 "종교의 자유, 정치의 자유, 영국의 폭정에 저항"이란 주제의 설교를 하곤 했습니다. 프랑스를 비롯해서 스페인, 네덜란드가 미국과 동맹하여 독립전쟁에 참여했습니다. 13개 식민지 대표들은 미국 독립선언에 서명하여 아메리카합중국(미국)을 수립했습니다(1776년).

영국이 군대를 파견했지만 미국인들이 조직한 민병대의 저항에 막혔고, 전쟁에 패배하여 파리조약(1783년)으로 평화협정을 맺었습니다. 미국의 독립이 인정된 것입니다. 그렇게 미국은 독립을 쟁취했으나 프랑스는 전쟁에 참여한 후 파산상태에 빠지게 되었습니다. 프랑스 정부는 모자란 재원을 마련하기 위해 국민들에게 무거운 과세를 부가하였고, 이에 항거하여 국민들이 봉기하면서 프랑스혁명(1789년)이 일어나게 되었습니다.

군주제의 몰락을 가져온 프랑스혁명(1789년)

프랑스 사회에 불안이 일었습니다. 재정문제로 식량이 부족했고, 빵 값이 폭등하자 농민과 노동자 사이에 빈곤이 만연했습니다. 미국의 독립전쟁에 참전하면서 프랑스는 빚더미에 앉았습니다. 지식인들은 프랑스 군주정에 맞섰습니다. 루이 16세(1754-1793년)는 삼부회(성직자, 귀족, 평민 대표)를 소집했습니다. 왕은 과세를 주장했으나 평민 대표는 사회개혁과 재정개혁을 요구했습니다. 왕은 대표들의 요구를 묵살했습니다. 소식을 들은 시민들은 분노하였고 항의하기 시작했습니다. 그것이 1789년 7월 14일, 바스티유가 시민에 의해 함락되면서 프랑스혁명으로 번지게 되었습니다.

프랑스혁명이 시작되었을 때 스무 살의 나이로 코르시카 섬의 국민병으로 활동한 나폴레옹은 프랑스혁명의 중심이었던 로베스피에르와의 친분으로 군대의 중요한 자리에 오르는 등 출세가도를 달렸습니다. 그러나 로베스피에르가 처형되자 나폴레옹은 반역자로 체포되었습니다. 그 후 왕당파가 반란을 일으켰을 때 국민공회는 나폴레옹 장군에게 반란의 진압을 요청했습니다. 나폴레옹은 진압에 성공하고서 파리에 들어와 권력을 잡고 "혁명은 끝났다"고 선언했습니다. 이때가 1799년 12월 15일이었습니다.

프랑스혁명은 무능력한 왕과 사치와 권력 유지에 급급한 귀족과 구체제의 모순이 뿌리 뽑히는 계기가 되었고, 나폴레옹이 이끄는 프랑스군은 스위스, 독일, 이탈리아를 점령하여 교황 비오 6세를 끌어내리기까지 했습니다. 처음에는 기독교에 대한 적대감이 없었으나 혁명은 가톨릭 제도를 공격하였고, 사상적으로는 무신론이 나오기도 했습니다. 프랑스혁명으로 주변 국가들도 영향을 받아 시민혁명이 촉발하기도 했습니다(앨리스터 맥그래스, 「기독교의 역사」(서울: 포이에마, 2016), 465-474쪽에서 발췌 정리함).

현대까지 이어지는
영국의 산업혁명(1760-1820년)

스코틀랜드에서 조선공의 아들로 태어난 제임스 와트(1736-1819년)는 고등학교를 졸업하고 런던으로 건너가 기계공 일을 배웠습니다. 증기기관은 고대에는 헤론이, 중세에는 에드워드 서머셋 등이 발명했지만, 그것을 혁명적으로 만들고 보급한 사람은 바로 제임스 와트였습니다. 그가 발명한 기계는 현대에 이르기까지 널리 쓰이며, 동력 단위인 와트(W)는 그의 이름에서 따왔습니다.

영국은 18세기에 접어들자 면직물의 수요가 급증하게 되었고, 제임스 와트가 개량한 증기기관은 대량생산을 가능하게 만들었습니다. 이로서 산업혁명이 시작되었고, 면직물 공업이 산업혁명을 주도하게 되었습니다. 산업혁명 기간에 수많은 기계가 발명되었습니다. 그 이전에는 사람들이 하던 생산을 기계가 극대화하기 시작한 것이지요.

유럽이 근대적인 발전을 겪고 있을 때 사상의 발전, 기계의 발명, 사회적 성숙, 경제의 변화 등이 맞물리면서 세상은 급속도록 변화되었습니다. 기술의 발전은 사회와 경제에도 영향을 미치면서 세상을 바꾸어버렸습니다. 영국은 중세 봉건제도가 해체되었고, 명예혁명(1688년)으로 정치적인 안정이 이루어지면서 부요한 농민이 많이 생겨났습니다. 인구가 비약적으로 늘었고, 세계적인 생산 역시 엄청나게 이루어졌습니다.

모직물 공업의 발달은 근대적인 산업의 발전으로 이어졌습니다. 영국에는 기계를 돌리기 위한 석탄이나 철 같은 광물이 많이 있었고, 노동력 또한 풍부해서 자본이 많이 쌓였습니다. 산업혁명 시기에 생겨난 모든 발명품과 사회제도는 현대까지 이어집니다. 우리가 살고 있는 세상은 산업혁명에서부터 시작됐다고 해도 과언이 아닐 것입니다. 그렇게 세상은 근세에서 현대로 바뀌었습니다.

근세에서 현대로

르네상스와 종교개혁, 지리상의 발견이라는 세 가지 사건으로 시작된 근세가 종교전쟁으로 이어졌습니다. 발전한 유럽의 여러 나라는 아메리카와 아프리카, 아시아의 식민지 경영을 경쟁적으로 행했습니다. 대항해 시대는 스페인과 포르투갈이 열었지만 영국은 미국을 식민지로 삼았고, 프랑스는 미국을 영국으로부터 독립시키는 데 도움을 주면서 역사의 추는 영국, 프랑스, 미국으로 옮겨졌습니다. 미국의 독립혁명, 프랑스혁명, 영국의 산업혁명이라는 세 가지 사건은 근세에서 현대로 넘어가는 중요한 사건이었습니다.

이제 새로운 시대가 열릴 때가 되었습니다. 근세에서 현대로 넘어가려면 사다리가 필요합니다. 인간은 무엇인가를 연결할 수 있는 상상력과 힘이 있습니다. 멀리 떨어져 있는 별들을 보면서 그것들을 연결해서 별자리로 만드는 능력이 있고, 점 세 개만 있으면 그것을 연결해서 사람의 얼굴을 상상할 수 있습니다. 이런 능력에 힘입어 근세에서 현대로 넘어가는 사다리, 종교개혁 이후 세상을 현대로 넘어가게 하는 선을 소개해드리겠습니다. 그것은 '선교사'입니다. 모라비안 형제들도, 존 웨슬리도 선교를 했지만 현대를 열어주는 대표적인 두 명의 선교사는 윌리엄 캐리와 허드슨 테일러입니다. 그들을 통해 이야기는 현대로 전진합니다.

인도로 간 윌리엄 캐리

영국의 산업혁명으로 면직물산업은 굉장한 발전을 이루었습니다. 그러나 면직물 직조공의 아들로 태어난 윌리엄 캐리(1761-1834년)는 아버지가 하던 일을 따라하고 싶지는 않았습니다. 그는 16세에 구둣방의 도제로 들어가서 28세까지 그 일을 했습니다. 구둣방 주인의 처제와 결혼한 그는 침례교회를 다니면서 틈을 내 성경공부를 했습니다. 구둣방 주인이 죽은 후에 그는 구둣방을 물려받았지만 주인의 과부와 4명의 자녀들도 떠맡아야 했습니다. 이미 그에게는 아내와 자녀들도 있었는데 말이죠.

24세에 침례교 목사가 된 그는 구둣방과 목사라는 직업으로는 가족을 먹여 살릴 수가 없어서 다른 직업도 찾곤 했습니다. 그러다가 그는 '대항해 시대'의 마지막 인물이자 최초로 하와이에 들어간 유럽인 쿡이 쓴 「쿡 선장의 항해기」를 읽으면서 세계 선교에 대한 꿈을 키웠습니다. 그는 쿡 선장의 책과 함께 성경을 통해 선교에 대한 강한 동기를 얻었습니다. 성경을 읽을수록 선교에 대한 확신이 커졌습니다. 그는 "하나님께로부터 위대한 일들을 기대하십시오. 하나님을 위해 위대한 일들을 시도하십시오"(Expect great things from God. Attempt great things for God)라는 말을 했습니다.

그가 꿈꾸던 대로 선교회의 파송을 받아 친구의 가족과 함께 인도로 향했지만 얼마 못가 중단되고 말았습니다. 동행했던 친구가 돈 관리를 잘못했기 때문이었지요. 그의 실패는 아내와 다른 식구들의 마음을 여는 계기가 되었고, 심기일전하여 아내 도로시, 딸 키티와 함께 다시 한번 인도를 향해 출발했고 5개월 뒤에 인도에 도착하게 되었습니다.

그러나 인도를 경영하던 영국의 동인도회사는 선교에 호의적이지 않았습니다. 윌리엄 캐리는 그들을 피해 인도의 내륙으로 이동했습니다. 이방인의 발길이 없었던 낯선 땅에서 그의 두 자녀가 말라리아로 죽었습니다. 아내 도로시는 반은 미쳐갔고, 취약한 기후와 열병, 열악한 환경은 윌리엄 캐리를 위축시켰습니다. 동인도회사의 지배인 중 하나는 그를 도와주었지만 다섯 살 아들 피터가 죽는 일이 또 생기기도 했습니다(1794년).

윌리엄 캐리는 그런 상황에서도 날마다 성경을 번역했고, 설교하였으며, 학교를 세웠습니다. 그가 세운 침례교회에 인도의 벵갈 원주민들이 가끔 찾아오기는 했으나 기독교를 받아들이지는 않았습니다. 그는 세람포로 이동하여 거기에서 34년을 보냈습니다. 학교를 설립하고, 번역 작업을 하면서 벵갈어, 산스크리트어, 마리디어로 성경을 완역했습니다. 그 외에도 여러 방언으로 신약과 쪽복음을 번역했습니다.

세람포에 있는 동안 놀라운 변화가 일어났습니다. 세례를 받은 인도인이 600명이 넘었고, 입교자는 수천 명에 이르렀습니다(1818년). 좋은 일과 힘든 일은 계속 이어지는 법, 아내 도로시가 사망하였고(1807년), 화재로 집이 타서 다국어사전, 문법책, 완역 성경의 원고가 잿더미가 되기도 했습니다(1821년). 엎친 데 덮친 격으로 영국 선교회가 윌리엄 캐리와 관계를 끊는 바람에 재정적인 타격도 왔습니다(1826년).

그런데도 윌리엄 캐리는 무너지지 않았습니다. 그를 후원해준 의료계 사업가도 있었고, 동역자들도 그를 떠나지 않았으며, 새로운 아내를 얻기도 했습니다. 잃어버린 원고는 처음부터 다시 썼습니다. 1834년 그의 나이 72세로 인도에서 사망하기까지 그는 성경 번역이나 학교 설립과 더불어 인도인의 나쁜 습관, 이를테면 과부를 화형하고 유아를 살해하는 등의 악습을 폐지하는 데 앞장섰습니다. 그러면서도 서구 문화를 이식하지 않고 인도 문화를 존중했습니다. 그가 죽은 뒤에 그의 정신을 이어받은 사람들은 인도와 중앙아시아, 남부의 여러 지역으로 들어갔습니다. 그로부터 해외 선교의 위대한 세기가 시작되었습니다(루스 터커, 「선교사 열전」(파주: 크리스찬다이제스트, 2000), 142-151쪽에서 발췌 정리함).

중국 내륙의 중심으로 허드슨 테일러

1832년 영국 요크셔에서 태어난 허드슨 테일러는 약사이자 평신도 설교가의 아들로 태어났습니다. 아버지의 영향으로 다섯 살 때부터 선교사가 되겠다고 결심한 그는 17세에 회심한 뒤 의학공부와 더불어 중국 선교에 대한 꿈을 키웠습니다. 태평천국의 난을 일으킨 홍수전이 청조에 반기를 들고 중국의 황제가 되어 기독교 국가를 세웠다는 소식을 들은 테일러는 곧바로 혈혈단신 상하이로 갔습니다(1854년).

상하이는 발달된 도시였습니다. 영국인 무역업자나 선교사들도 대부분 상하이에 살고 있었습니다. 그러나 허드슨 테일러는 선교사들을 보고 실망했습니다. 사치와 낭비를 일삼는가 하면 게으르고 방종한 모습이었고, 중국인들은 선교사에게 아무런 관심이 없었습니다. 테일러는 대도시를 떠나 중국 내륙 깊이 들어갔습니다.

내지로 들어가자 그를 신기하게 여기는 중국인들이 있었습니다. 관심을 끄는 데는 성공했으나 그것은 호기심에 불과했습니다. 그들의 마음을 얻기 위해 테일러는 중국인과 똑같은 옷을 입었고, 머리를 깎아 변발을 했으며, 머리와 얼굴에 염색을 하기도 했습니다. 그제야 중국인들은 그를 친구로 여기기 시작했습니다.

허드슨 테일러의 특이한 행동은 영국인들에게 소문났고, 다른 선교사들은 그를 비웃거나 골칫거리로 인식했습니다. 중국인들은 외국인이 돈이 많다는 소문에 그의 물건을 훔치기도 하는 등 테일러는 영국인과 중국인 모두에게 수난을 당했습니다. 목적 없이 이리저리 떠돌이로 다니던 그에게 마리아 다이어라는 여인과의 결혼은 새로운 계기를 마련해주었습니다(1858년).

마리아는 테일러를 이해해주면서 까다롭고 특이한 성격을 온화하고 부드러운 성품으로 바꾸어주었습니다. 그리고 선교의 사명과 열정이 이루어질 수 있도록 도와주었습니다. 테일러는 열정적으로 일하다 병으로 영국에 들어가 휴식 겸 공부의 시간을 가지면서 외과의사 자격

중을 갖추고, 성경을 번역하는 일과 선교회를 조직할 구상을 했습니다 (1860년).

그가 세운 선교회의 이름은 '중국내지선교회'였습니다. 이 선교회가 기존 선교회와 다른 점은 특정 교파에 속하지 않았고, 노동자 계급의 헌금과 후원에 의존한다는 점이었습니다. 지식인으로 중국의 복음화가 불가능하다고 여긴 그는 영국 노동자 중에서 헌신된 일꾼을 모집했습니다. 다른 선교회가 교파 위주의 지식인을 선발한 것과는 다른 파격적인 행보였습니다. 선교 본부는 중국에 두었고, 선교사에게 최소의 지원만 했습니다. 그야말로 하나님을 의지하게 했지요. 이렇게 중국내지선교회는 1865년에 정식으로 출범하게 되었습니다.

허드슨 테일러는 선교회의 대표로서 강력한 지도력을 발휘했습니다. 영혼을 향한 간절함이 통했는지 중국인들은 중국어도 잘 못하는 그에게 감동했고, 선교회의 지원자도 늘어났습니다. 그러나 수난은 끊이지 않았는데 선교회 건물이 습격당하고 방화가 일어나기도 했습니다 (1868년). 소식을 들은 영국의 정치인들은 이것을 빌미로 중국을 공격하려 했지만 허드슨 테일러는 반대했습니다. 정치인들은 선교회에 재정적인 후원을 끊었고, 악의적인 소문을 퍼뜨려 지원자도 크게 줄었습니다.

테일러는 선교회를 양조우로 옮겨서 사역을 계속해 나갔습니다. 난동과 공격, 비난과 시험이 있었고, 갈등의 연속이었습니다. 테일러 개인에게도 어려움이 닥쳤는데 아내 마리아가 서른세 살의 꽃다운 나이에 죽었고, 다섯 살 딸의 목숨이 끊어지는 일도 있었습니다(1870년).

그런데도 그는 중국 선교에 대한 원대한 계획을 품었습니다. 천 명의 선교사가 매일 50명에서 200명에게 복음을 전한다면 3년 이내에 모든 중국인에게 복음을 전할 수 있다고 보았습니다. 현실적인 계획은 아니었습니다. 그러나 '중국내지선교회'는 중국의 모든 성에 선교사를 파송하게 되었고(1882년), 선교회가 건립된 지 30년이 경과된 1895년에는 640명 이상의 선교사들이 헌신하게 되었습니다.

선교회의 단점도 있었습니다. 전 지역에 복음을 전하는 것이 목표라서 지방분권적이었고, 중국인 목회자를 훈련시키는 데 소홀하기도 했습니다. 또 다른 위기는 중국 내부에서 일어났습니다. 청일전쟁 이후 서구 열강이 중국 무역을 장악했는데 독일이 산동 일대를 점령하자 피해를 입은 농민들을 중심으로 한 의화단이 일어나 반외세, 반기독교 운동이 벌어졌습니다. 황제는 외국인을 살해하고 기독교를 말살하라는 칙령을 내렸습니다(1900년). 이로 인해 135명의 선교사와 53명의 선교사 자녀들이 살해되는 일이 발생했습니다. 대부분 중국내지선교회 소속 선교사들이었지요.

스위스에서 치료 중이던 테일러는 그 소식을 듣고 충격을 받았습니다. 1902년 대표직을 사임한 그는 광기가 가라앉은 후에 다시 중국으로 들어갔습니다. 그때에는 중국 사람들도 테일러를 은인으로 부르며 영접해주었습니다. 허드슨 테일러는 선교회 본부를 방문한 뒤, 자신에게 배타적이었던 곳을 다니다가 일흔세 살의 나이로 중국에 묻혔습니다(1905년).

중국내지선교회는 계속 성장해서 1914년에는 세계에서 가장 큰 선교회가 되었고, 1934년에는 1,368명의 선교사가 활동을 했지만 1950년에 공산당이 중국을 장악하면서 다른 선교단체들과 함께 추방되었습니다. 중국내지선교회는 1964년에 OMF(Overseas Missionary Fellowship)로 이름을 바꾼 뒤에 지금까지도 활발한 사역을 감당하고 있습니다.

'후방에 남은' 선교사로서 활발한 저술과 강연활동을 통해 많은 이들을 선교사로 이끌고 있는 루스 터커는 그의 책 「선교사 열전」에서 허드슨 테일러를 "사도 바울 이후 선교의 큰 비전을 갖고 체계적인 계획을 세워 광대한 지역을 복음화한 사람으로는 허드슨 테일러를 능가하는 인물은 없다"라고 평가했습니다(루스 터커, 「선교사 열전」(파주: 크리스찬다이제스트, 2000), 218-240쪽에서 발췌 정리함).

지금 내가 사는 한국으로
들어온 복음

허드슨 테일러가 태어나기 30년 전에 독일에서 태어난 칼 귀츨라프(1803-1851년)는 경건주의를 따르는 아버지의 영향 아래 신앙교육을 받았지만 너무 가난해서 학교에 다닐 형편이 아니었습니다. 그는 허리띠 제조공장에서 직업교육을 받으면서 가슴에는 선교에 대한 꿈을 키우고 있었습니다.

프로이센 군대 열병식에 참석한 황제 빌헬름 2세에게 돌발적으로 접근하여 황제의 허락 아래 베를린 선교신학교에 입학하게 된 것은 그의 엉뚱하고 재기발랄한 면을 보여주는 사건이었습니다. 귀츨라프는 경건주의, 후스의 후계자들인 헤른후트주의, 낭만주의에 영향을 받으면서 공부했습니다. 그러던 어느 날 네덜란드령 인도네시아에 선교사가 필요하다는 소식을 듣고 자원하여 파송선교사로 아시아를 향하게 되었습니다.

　아직 이십대에 불과한 귀츨라프는 동양 문화에 관심이 많았고, 호기심과 열정이 넘쳤습니다. 인도네시아에 온 중국 피난민들을 위해서 일한 것 때문에 네덜란드 선교회와 갈등이 생겨 독립선교사가 된 귀츨라프는 홀로 방콕으로 갔습니다. 거기에서 라오스어, 캄보디아어, 태국어, 샴어 등으로 성경을 번역하고, 아시아인의 복장을 하고 그 나라 언어를 하면서 여행을 다니곤 했습니다.

　그후 귀츨라프는 영국 동인도회사 소속의 군함 앰허스트 호를 타고 중국의 서해안을 다니다가 조선을 방문하게 되었습니다(1832년). 탁월한 언어 감각이 있던 귀츨라프는 통역관과 의사의 자격으로 배를 탔던 것입니다. 애머스트 호는 안면도 아래 있는 작은 섬 고대도에 도착했습니다. 그는 섬에 한 달간 머물면서 노인 환자를 위해서 약을 처방해주고, 감자 심는 법, 포도 재배법, 포도즙 만드는 법도 글로 써주었습니다. 그가 가지고 있던 의약품, 성경, 전도문서도 아낌없이 나누어주었습니다. 아쉽지만 조선과의 인연은 그것이 끝이었습니다.

　그는 죽기 전까지 300명이 넘는 중국인 사역자를 훈련해서 각 지역으로 파송했으며, 2,871명의 중국인에게 세례를 주었고, 유럽을 돌아다니며 선교에 대한 간증을 할 때는 센세이션을 일으키기도 했습니다. 반면에 귀츨라프의 선교방식에 대한 비판도 만만치 않았습니다. 중국 선교는 실패하였고, 헌금은 아편 밀매자금으로 사용되었으며, 모든 것이 허풍이라는 소리도 있었습니다. 열광하던 사람들은 그에게 등을 돌렸습니다. 과로와 병에 시달리던 귀츨라프는 49세의 나이로 사망했습니다.

귀츨라프는 허풍쟁이라는 혹평을 받을 사람이 아니었습니다. 그가 조선 땅을 밟고 성경과 감자를 전해준 일은 허위가 아니었습니다. 그가 죽고 난 뒤 중국복음화협회(The Chinese Evangelization Society)가 세워졌고, 그 선교회가 허드슨 테일러를 중국 첫 선교사로 파송한 것 역시 실제로 있었던 일이었습니다(1853년).

귀츨라프가 첫 번째로 조선을 방문한 선교사라면 두 번째는 토마스(1840-1866년)였습니다. 토마스는 독립선교사로 일하다가 런던선교회를 통해 선교사 임명을 받았습니다. 그는 황해도와 평안도 연안을 따라 한문 성경을 전달했습니다. 미국 상선 제너럴셔먼호에 통역관으로 동행한 토마스는 대동강을 지키던 조선군의 불화살에 배가 전소되고 선원이 모두 살해 되자 육지로 올라왔지만 성난 군민에 의해 죽임을 당했습니다.

흉흉한 분위기였지만 조선에 대한 선교는 끊어지지 않았습니다. 첫 번째 개신교 선교사로 임명된 사람은 헤론이었고(1884년), 첫 번째 한국주재 선교사는 알렌이었으며(1884년), 언더우드와 아펜젤러는 부활주일에 제물포에 상륙하면서(1885년 4월 5일) 한국교회 선교를 열었습니다. 교파와 교단마다 한국 선교의 첫 번째라는 영예를 차지하고 싶어서 누가 제일 첫 선교사인지, 누가 처음 한국에 들어왔는지, 어떤 교단이 한국 선교를 열었는지에 대한 다양한 주장들이 있습니다. 교파와 교단마다 선교의 처음이라는 영예를 자랑하고 싶어 합니다(이에 대한 논쟁들은 옥성득의 책 「다시 쓰는 초대 한국교회사」에 자세히 나와 있습니다).

중요한 점은 많은 선교사가 조선 땅으로 왔고, 조선에 복음이 전해졌다는 사실입니다. 언더우드, 아펜젤러, 스크랜턴, 알렌, 매클레이, 매켄지, 데이비스 등의 수많은 외국 선교사가 낯선 땅 조선에 들어와 복음을 전하고, 성경을 번역하였으며, 예수 그리스도를 통한 구원 사역을 전해주었습니다.

그렇게 조선에는 복음이 들어왔고 성경 이야기가 널리 퍼졌습니다. 그다음은 여러분도 잘 아는 이야기들입니다. 1907년에 평양 대부흥운동이 일어났고, 1910년은 치욕적인 한일병합이 이루어져서 대한제국이 일본에게 넘어갔으며, 1919년에는 3.1운동이 일어나 독립만세 운동을 펼쳤습니다. 장대현교회의 부흥을 통해 예수님을 믿는 사람이 많이 생겼고, 그리스도인들은 조국의 독립을 위해서 희생했습니다. 그러나 일제의 핍박도 만만치 않았습니다. 36년간의 모진 세월을 지나 1945년 8월 15일에 광복을 맞았지만, 겨우 5년도 지나지 않아 민족상잔의 비극인 한국전쟁이 터졌고, 1953년 7월 27일에 휴전협정을 체결하면서 전쟁은 멈추었습니다.

1960년대의 가난한 시절에는 쌀이 부족해서 혼식과 분식을 장려하였고, 쌀을 갉아먹는 쥐 잡기 운동이 전국적으로 벌어지기도 했습니다. 386세대가 이때 태어났습니다. 1970년대도 여전히 가난했으며 박정희 정부의 유신 시대가 열리기도 했습니다. 1980년대에는 민주화운동이 일어났고, 우리나라에 풍요의 시대가 열리기 시작했습니다. 1986년에는 아시안 게임이, 1988년에는 올림픽이 열렸습니다.

프랑스의 역사학자인 쿠베르탱은 프로이센과의 전쟁(1871년)에서 패배한 원인을 프랑스 청년들의 신체적인 허약에서 찾았습니다. 그래서 그는 육체적인 단련과 경쟁을 위한 스포츠 제전을 구상했고, 그것이 올림픽이었습니다. 첫 번째 올림픽은 아테네에서 열렸습니다(1896년).

고대 그리스와 로마에서 시행되었던 올림픽을 원형으로 한 근대 올림픽이 세계 곳곳에서 열리다가 대한민국 서울이 개최지가 되면서 우리나라는 세계무대에 뛰어들기 시작했습니다.

올림픽의 성공과 민주화에 대한 열광으로 1990년대가 열렸지만 성수대교, 삼풍백화점이 무너지는 사고도 잇달아 발생했습니다. 경제는 호황기를 이루어서 국내총생산이 세계 11위(1995년)가 되었습니다. 그러나 국가부도사태가 일어나면서 IMF의 관리를 받았던 외환위기도 있었습니다(1997년). 예수님이 이 땅에 오신 지 2천 년을 맞게 되면서 세상은 새로운 세기를 열었습니다.

2000년대에 들어서고 과학기술이 눈부시게 발전하면서 정치, 경제, 사회 등 모든 분야가 빠른 속도로 바뀌고 있습니다. 이 책을 읽고 있는 여러분이 살아가는 세상입니다. 세상은 변화하고 있지만 여전히 변하지 않는 것이 있습니다. 인간이 태어나면 늙고 죽어간다는 사실입니다. 아직까지는 그렇습니다. 인간이 죽고 다음 세대로 넘어가면서 역사가 쌓입니다. 그래서 히스토리는 중단되지 않을 것입니다. 그리고 하나님의 말씀은 세상의 시작부터 지금까지도 변하지 않고 살아 있습니다. 히스토리는 이렇게 이어져가고, 복음은 살아서 우리의 삶 속에서 역사합니다.

| 에필로그 | 이 책을 신앙의 지팡이로 삼아

조선의 마게도냐인이라 불리는 이수정은 왜?

가난한 집안에서 태어나 어려운 시대를 살았던 이수정은 입지전적인 인물이었습니다. 그는 출세를 위해 달렸고, 기회가 생기자 그것을 놓치지 않았습니다. 좋은 가문에서 태어나 대학자인 아버지를 두었으나 몰락한 집안이었습니다. 그러던 중 임오군란 때 명성황후의 목숨을 구해준 인연으로 조정의 허락을 받아 일본으로 갈 수 있게 되었습니다. 두 차례에 걸쳐 일본에 파견된 수신사는 일본의 선진문물을 배워야 한다고 주장했습니다. 김홍집을 위시한 여러 신하가 일본으로부터 융숭한 대접을 받은 뒤 그들은 일본이 한국에 진출하는 것을 환영했습니다.

서구의 문화를 받아들여 눈부시게 발전한 일본에 대한 소문은 조선에 퍼졌습니다. 이수정은 온건한 입장의 개화파로 제2차 신사유람단(조사시찰단)의 일원으로 일본에 건너가게 되었습니다. 그는 어쩌면 잘나가는 나라, 무엇인가 배울 만한 나라에 대한 동경으로 일본행을 택했는지도 모르겠습니다. 어디 한번 구경이라도 해보고 맛있는 것도 먹어

보자는 심산이었을 수도 있었습니다. 몰랐던 것을 보고, 신기하고 재미있는 것을 겪어보고, 소문을 직접 확인하고 싶어 하는 사람이었습니다.

그의 관심 분야는 농업이었습니다. 일찍이 개화의 물결을 타고 유럽을 다녀온 일본인 츠다센은 오스트리아 만국박람회에서 농업기술을 배워 책으로 출판했고, 그 책은 베스트셀러가 되었습니다. 그는 '학농사농학교'라는 농업학교도 설립하였고, 농업과 관련된 잡지도 발간했습니다. 그의 소문은 바다 건너 조선에까지 이르렀습니다. 이수정은 츠다센을 만났습니다.

츠다센은 딸이 미국 유학을 하던 중에 세례를 받았고, 그 자신도 기독교에 대해 알아보다가 역시 기독교인이 되었습니다. 이수정이 츠다센을 만났을 때 그는 이미 독실한 신자였습니다. 이수정은 농업을 배우는 일과 동시에 기독교에 대해서도 관심을 갖게 되었습니다. 츠다센은 예수님을 소개하면서 성경 이야기를 들려주었습니다. 이수정은 성경에 푹 빠지게 되었습니다.

호기심이 많아 궁금한 것에는 직접 뛰어드는 사람답게 그는 성경을 탐독하기 시작했습니다. 성경을 읽고 확신한 끝에 그는 1883년 4월 29일, 도쿄의 로게츠죠(露月町)교회에서 선교사 녹스에게서 세례를 받았습니다. 한국인 최초의 장로교인이 되는 순간이었습니다. 조선에서 온 양반이자 학자가 세례받은 소식은 일본에 뉴스거리가 되었습니다. 일본에 거주하는 미국성서공회 총무인 루미스는 이수정에게 한국어 성경 번역을 요청했습니다. 이수정은 성경 번역을 착수한 지 두 달 만에 신약을 전부 번역했습니다.

이수정은 미국인 선교사들에게 조선에도 선교사를 보내달라는 편지를 썼습니다. 조선은 기독교가 필요하고, 선교사가 파송된다면 자신이 돕겠다는 절절한 내용이었습니다. 편지는 미국의 선교잡지에 실렸습니다. 이수정은 그 편지로 '조선의 마게도냐인'이라는 별명을 얻었습니다. 그렇게 되기 1년 전, 1883년에 미국 커네티컷 주 하트포트에서는 신학생을 대상으로 하는 수련회가 열렸습니다. 참석한 젊은이들은 해외 선교에 대한 열정과 꿈을 갖게 되었습니다. 뉴브런스윅신학교 대표 언더우드와 드루신학교 대표인 아펜젤러도 참석했습니다. 인도 선교를 계획하던 언더우드와 일본 선교를 준비했던 아펜젤러는 조선이라는 나라에 대해 알게 되었고, 그곳으로 향하게 되었습니다.

조선에 가기 전에 일본에 들른 언더우드와 아펜젤러는 이수정을 만나 조선의 문화와 언어를 배웠습니다. 1885년 4월 5일 부활주일에 아펜젤러와 언더우드가 인천의 제물포 항에 도착했을 때 그들의 손에는 이수정이 번역한 한글 쪽복음인 마가복음이 들려 있었습니다.

"하나님의 말씀은 살았고 운동력이 있어 좌우에 날선 어떤 검보다도 예리하여 혼과 영과 및 관절과 골수를 찔러 쪼개기까지 하며 또 마음의 생각과 뜻을 감찰하나니"(히 4:12, 개역한글).

여기에서 '운동력'이란 헬라어로 '에네르고스'이며, 개역개정에서는 '활력', 새번역과 공동번역에서는 '힘'이라고 번역하고 있습니다. '에네르고스'는 영어 'energy'의 어원이 됩니다. 하나님의 말씀은 강력하고 효과적인 운동력이 있기에 시간과 공간을 뛰어넘어 이수정의 마음에 콕 박혔습니다. 외국인 선교사가 성경을 한국어로 번역한 것에

만족하지 않고 자신이 직접 성경을 읽고 번역하기 원했습니다.

외부에서 번역된 성경을 전달받는 것이 아니라 스스로가 자기 나라의 언어로 번역하는 일은 교회 역사에서도 드문 경우였습니다. 번역이란 모르는 언어를 소개하는 것입니다. 남이 알아주었으면 하는 것, 내가 깨닫고 알게 된 것을 당신도 알았으면 하는 마음이 있어야만 번역이 가능합니다. 이수정은 그렇게 성경 역사 한 귀퉁이의 주인공이 되었습니다.

당신을 위한 바이블 히스토리

지금까지 이 책은 세상이 시작된 이야기부터 이스라엘이 망하고, 로마 시대가 되어 예수님이 오셨으며, 교회가 세워진 뒤 성경의 바깥에까지 나가서 기독교가 공인되고, 교회가 로마에 자리 잡아 로마가 기독교 국가가 되는, 그러다가 부패하여 종교개혁이 일어난 후 세월이 흘러 여러 역사적인 사건이 일어난 이야기를 살펴보았습니다. 그리고 선교가 시작되어 세계 곳곳으로 성경이 퍼져나가고, 급기야 우리나라까지 성경이 들어온 이야기를 다루었습니다. 이 까마득하고 긴 이야기 속에서 당신의 이야기를 발견할 수 있었나요? 이 히스토리는 당신에게 어떻게 가 닿을 수 있을까요?

연결점은 역시 성경입니다. 모세로부터 시작된 이 성경의 기록이 시대와 환경, 언어를 뛰어넘어 오늘 여기까지 올 수 있었던 가장 큰 이유는 바로 성경 자체에 있습니다. 성경은 하나님의 말씀이기 때문입니다.

성경은 가만히 있는데 사람들이 성경으로 다가가는 것이 아니라 성경 자체가 뚜벅뚜벅 걸어서 사람들에게 다가갑니다. 그래서 이 단순한 부류는 더욱 단순해져서 온 세상이 성경의 영향력 아래로 모이게 됩니다. 성경의 진리 아래 놓인 사람들인 나와 너 사이를 성경이 이어가고, 아직 태어나지 않은 미지의 다음 세대까지도 어머니의 탯줄처럼 가 닿아 있습니다. 하나님과 아무 관계가 없었던 이수정은 성경을 만났고, 스스로 성경을 번역하여 하나님을 모르던 사람들을 연결해주었습니다. 그와 같은 일은 역사 속에서 수없이 일어났습니다. 그렇게 성경의 히스토리는 계속 이어집니다.

이 책은 2018년 10월 2일, 그러니까 두 번째 책인 「핑계 : 죄의 유혹」을 탈고하고 나서 딱 이틀 뒤부터 쓰기 시작해서 9개월 만에 완성한 책입니다. 그야말로 틈틈이 글을 썼습니다. 틈틈이. 틈이란 것은 기회와 여유인데, 세상일이 아무리 바빠도 자기가 관심을 갖는 일이라면 궁리해보고 글도 써볼 여유는 있습니다. 사람들은 자신의 관심사에 틈을 보여주지요. 저는 창세기부터 요한계시록까지, 그리고 세상으로 나가서 고대에서 중세, 근세, 현대까지를 생각해 보았습니다. 틈틈이 말이죠. 그래서 일구어낸 결과물이 바로 이 책입니다.

가장 많이 희생한 것은 가족이었습니다. 시간을 어디에 분배할 것인지 우선순위로 따지면 가족이 제일 마지막이었습니다. 가족끼리 휴가를 받아서 캐나다로 여행을 갔던 3월에도 숙소 로비로 나가서 글을 쓰기까지 했습니다. 가족에게 늘 미안하고 고마운 마음입니다.

때마침 교회에서 성경 읽기 캠페인이 있었습니다. 전교인이 일독하는 것이 목표였습니다. 캠페인을 준비하고 계획하면서 저 스스로에게 한 다짐이 있었는데, 이 책이 우리 교회 교인들처럼 평범한 사람들, 그러면서도 성경을 사모하는 사람들에게 조금이라도 도움이 되었으면 좋겠다고 생각했습니다. 그것이 저의 소박한 목표였습니다.

성경 안에도 사람들의 이야기가 있고, 성경 밖으로 나가도 여전히 숨 쉬고 부딪히는 사람들이 있습니다. 성경 시대에도 같은 공기를 마시며 살아가는 사람들이 있었습니다. 성경의 주인공도, 성경 뒤 히스토리에 등장하는 주인공도 모두 특별한 사람들입니다. 이야기 속에는 특별한 것이 있습니다. 평범하고 하나마나한 이야기가 성경에 실릴 리가 없지요. 어떤 사람은 나락으로 떨어지기도 하고, 어떤 사람은 욕망에 못 이겨 타락하기도 합니다. 그러면서 역사는 쌓여갑니다.

역사가 흐르면서 다양한 사람과 왕조와 사조, 사건들이 등장했다가 사라졌습니다. 어떤 것은 생명이 길어 몇 세기 동안 존재하기도 했고, 어떤 것은 잠깐 반짝이다가 사라지기도 했습니다. 어떤 것은 계절처럼 유행이 돌아와서 과거의 기억을 일깨워주기도 했습니다.

케케묵은 수천 년 전의 성경이 지금도 여전히 읽히고, 앞으로도 읽어야 할 이유는 무엇일까요? 그것은 단지 고전이라는 위치에만 있지 않습니다. 언어와 문화는 끊임없이 바뀌기 때문에 지금 시대와는 맞지 않는 문화가 반영된 부분도 있고, 어떤 것은 불쾌함과 시대착오적인 내용도 있습니다. 그런데도 여전히 성경이 불멸의 지위에 놓여 있는 이유는 인간을 인간답게 만들어주는 그 가치에 있습니다. 인간은 성경을 통해 자신의 삶에서 최고의 선을 끄집어내고, 성경은 인간을 통해 더욱 존중받습니다.

우리가 모든 것을 다 이해할 수 없는 하나님이지만 하나님은 우리를 다 이해하십니다. 하나님을 신뢰하고 믿고 맡기면서 우리는 각자의 인생을 살아갑니다. 우리가 그래도 인생은 살만한 가치가 있다고 믿으면서 자존감과 긍지로 살아가는 이유입니다. 이야기 저편 어딘가에서 성경이 인도하는 길을 걸어가는 사람이 있습니다. 당신이 그런 사람이면 좋겠습니다.

만약 세상에 성경이 없었다면 어떻게 되었을까요? 예수님에 대한 이야기는 지금까지 전해지긴 했을 것입니다. 그러나 이 사람 저 사람에 의해 이리저리 구전되어 온통 엉터리 이야기가 난무했을 테고, 그런 이야기로는 예수님에 대한 정확한 접근이 어렵겠지요. 복음을 믿고 세상을 바꾸기는커녕 마치 눈 먼 사람이 벽을 더듬어가듯 진리와는 거리가 먼 삶을 살았겠지요.

모세오경이 없었다면 유대교도 없었을 테고, 역사서와 시가서가 없었다면 인생이 어디로 가는지도 몰랐을 테지요. 예언서가 없었다면 어떤 경고도 받지 못해서 세상은 이미 사라졌을지도 모릅니다. 복음서가 없고, 사도행전이 없었더라면 교회가 세워진 경로를 몰랐을 테고, 교회가 세워졌더라도 무엇 때문에 교회가 기능하는지도 몰랐을 것입니다. 서신서가 없었더라면 믿음의 길을 가는 법도 몰랐겠지요. 성경이 없었다면 우리도 없었을 겁니다. 그래서 우리는 성경을 사랑하며 귀하게 여깁니다.

자, 이제 이야기를 마칠 때가 되었습니다. 아주 거대한 이야기였고 야심찬 스토리였습니다. 책 한 권이 우주의 모든 것을 다 담아낼 수 없습니다. 한 사람의 인생조차도 그 사람의 모든 것을 한 권의 책에 다 담을 수 없지요. 그러니 성경에 대한 이야기를 처음부터 현재까지 담겠다는 건 꿈에 불과한 일일 겁니다. 그러나 꿈이라도 좋으니 이야기를 해보면 좋겠다고 생각했습니다.

이 책이 성경과 관련된 최고의 이야기는 아닐 것입니다. 그러나 누군가에게는 작은 등불 같은 역할을 해줄 것입니다. 창조부터 오늘까지 그 거대한 담론을 이야기한다는 것은 불가능한 일이기도 하나, 그것을 해내고야 말겠다고 생각한 것은 그것이 옳고 유일하기 때문이 아니라 그렇게 읽고 해석하는 사람도 있다는 것을 보여주기 위한 것이었습니다.

책 한 권에 모든 것이 담기는 세계라면 그처럼 작은 세계도 없을 것입니다. 책을 쓰는 동안에도 저의 마음과 생각은 물결처럼 요동치고 변화하고 있었습니다. 수많은 사건과 사실 속에서 특정한 것을 취한다는 것, 그리고 그것을 하나의 주제로 꿰뚫는다는 것은 모순되기도 하고 말이 안 되기도 합니다. 그렇다면 이 책이 유용성은 어디에 있을까요?

저와 같은 평균적인 지식과 생각을 가지고 있는 사람들을 위한 작은 지팡이라고 보면 됩니다. 평소 걸을 때는 필요 없지만 땅의 변화가 심할 때는 지팡이처럼 유용한 것도 드뭅니다. 가령, 등산할 때나 갯벌을 걸을 때는 지팡이처럼 요긴한 물건도 없습니다.

이 세상과 역사는 확고부동하여 걷기 편한 산책로이기보다는 부글부글 끓고 있는 가마솥과 같아서 아무리 작고 보잘것없어도 지팡이가 필요하기 마련입니다. 이 책은 그런 길을 걷는 여러분과 동행해줄 것입니다. 그러니 여러분 마음대로 이 책을 딛고 인생과 역사의 길을 열심히 걸어가기 바랍니다. 안녕히 가세요. 또 뵐 수 있으면 좋겠습니다.

| 참고 문헌 |

김광채, 「중세교회사」, CLC, 2016

김상근, 「기독교의 역사」, 평단문화사, 2007

남성덕, 「갓 히스토리」, 브니엘, 2022

성종현, 「신약성경연구」, 장로회신학대학교출판부, 1994

심호섭, 「커피 한잔과 함께하는 교회와 세계사」, 말씀과만남, 2009

양희송, 「세계관 수업」, 복있는 사람, 2018

옥성득, 「다시 쓰는 초대 한국교회사」, 새물결플러스, 2016

원종우, 「조금은 삐딱한 세계사(유럽편)」, 역사의아침, 2012

유재덕, 「거침없이 빠져드는 기독교 역사」, 브니엘, 2018

유희수, 「낯선 중세」, 문학과지성사, 2018

이덕주, 「한국교회 처음 이야기」, 홍성사, 2006

이동희, 「꺼지지 않는 불 종교개혁가들」, 넥서스, 2015

이재철, 「성숙자반」, 홍성사, 2007

조병호, 「성경과 5대 제국」, 통독원, 2011

조영민, 「소망의 복음: 요한계시록」, 죠이북스, 2018

최종원, 「초대교회사 다시 읽기」, 홍성사, 2018

래리 허타도, 「처음으로 기독교인이라 불렸던 사람들」, 이와우, 2017

로드니 스타크, 「기독교의 발흥」, 좋은씨앗, 2016

루스 터커, 「선교사 열전」, 크리스찬다이제스트, 2000

마크 A. 놀, 「터닝 포인트」, CUP, 2007

소피 카샤뉴 브루케, 「세상은 한권의 책이었다」, 마티, 2013

시오노 나나미, 「로마인 이야기」, 한길사

앨리스터 맥그래스, 「기독교의 역사」, 포이에마, 2016

제프리 행크스, 「교회사를 빛낸 거인들」, 생명의말씀사, 2001

토니 레인, 「기독교 인물 사상 사전」, 홍성사, 2016

티모시 존스, 「하루만에 꿰뚫는 기독교 역사」, 규장, 2007

김수정, 총신대학교 선교대학원 선교학과 전문인사역전공 2015년 석사학위논문,
    '한국 최초의 선교사 귀츨라프의 전문인선교'

전태환, 학위논문(석사)총신대학교 선교대학원 : 선교학과 전문인사역 전공 2003,
    '초기 개신교 선교역사 중 평신도 전문인 사역연구 : 일본 성경번역 사역
    의 이수정 중심으로'